통일 지향의
평화를 향하여

통일 지향의 평화를 향하여
김대중 전 대통령 주요 연설·대담 2005-2007

초판 1쇄 인쇄 2007년 5월 7일
초판 1쇄 발행 2007년 5월 15일

엮은이 김대중평화센터
펴낸이 이기섭
편집장 김수영
기획편집 김윤정 김윤희 조사라
마케팅 부장 조재성 김기숙 성기준
디자인 DesignZoo

펴낸곳 한겨레출판(주)
등록 2006년 1월 4일 제313-2006-00003호
주소 121-750 서울시 마포구 공덕동 116-25 한겨레신문사 4층
전화 마케팅 02-6383-1602~3, 기획편집 02-6383-1607~9
팩스 02-6383-1610
홈페이지 www.hanibook.co.kr
이메일 book@hanibook.co.kr

• 값은 표지에 있습니다.
• 파본이나 잘못된 책은 서점에서 교환하여 드립니다.

ISBN 978-89-8431-218-0 03810

김대중 전 대통령 주요 연설·대담 2005-2007

통일 지향의
평화를 향하여

김대중평화센터 엮음

한겨레출판

서문 통일 지향의 평화를 향하여

1993년에 처음 제기된 북한 핵 문제는 지난 14년 동안 전쟁 직전의 위기, 회담의 결렬과 재개, 합의문 도출과 파기 등 여러 고비가 계속되었다. 그러나 이러한 힘겨운 고비를 넘기고 결국 2·13 6자회담 합의에 도달했다. 2·13 합의는 한반도 비핵화와 북미·북일 관계 개선을 위한 출발점으로서 매우 중요한 의미가 있다. 이 합의가 순조롭게 이행된다면 한반도에 평화가 정착되고, 동북아에 평화와 협력의 신질서가 만들어질 것으로 확신한다.

2·13 합의는 반드시 이행되어야 한다. 북한은 더 이상 기회를 놓쳐서는 안 된다. 북한이 원하는 모든 것이 이 합의에 들어 있다. 미국도 이번 합의로 과거 강경책으로 얻지 못했던 것들을 얻을 기회를 가졌다. 미국이 북한을 적극 끌어안는다면 큰 성공을 거둘 것이다.

1993년 북한이 핵확산금지조약(NPT)을 탈퇴함으로써 제1차 핵 위기가 발생했을 때 나는 영국 케임브리지 대학에서 독일 통일과 유럽 통합에 대해 연구하고 있었다. 당시에 나는 북핵 문제의 해법으로 '주고받는 협상'과 '일괄타결' 방안을 제시했다. 그것은 북한은 핵을 포기하고 철저한 검증을 받고, 미국은 북한의 안전을 보장하고 경제제재를 해제해주라는 것이었다.

1994년에 들어와 미국은 북한을 공격하는 계획을 세웠다. 한반도에서는 전쟁 위기가 최고조에 달했다. 이때 나는 워싱턴 내셔널프레스클럽에서 연설할 기회가 있었다. 나는 이 연설에서 북미 간의 '주고받는 협상'과 카터 전 대통령의 방북을 제안했다. 당시 나의 연설은 TV와 라디오를 통해 미국 전역에 방송되어 미국 조야의 여론을 움직였고, 결국 카터 전 대통령의 방북이 이루어졌다. 전쟁 일보 직전의 '대결국면'에서 '대화국면'으로 선회하는 결정적 계기가 만들어진 것이다.

대통령에 취임한 후 나는 햇볕정책을 추진했다. 미·일·중·러 주변 4대국과 세계 대부분 나라들이 햇볕정책을 지지해주었다. 분단 55년 만에 남북정상회담도 이루어졌다. 우리의 주선으로 북미 관계가 급진전되고 양국은 수교 직전까지 갔다. 그러나 양국 간에 합의된 클린턴-김정일 회담은 미국의 정권 교체로 무산되고 말았다. 만일 그때 회담이 이루어졌다면 북핵 문제는 완전히 해결되었을 것이다. 지금 생각해도 너무나 아쉬운 기회를 놓친 것이다.

부시 대통령이 취임한 후 미국의 대북 정책은 완전히 바뀌었다. 부시 공화당 정부는 '클린턴 정부의 정책은 어느 것도 따르지 않는다'는 이른바 ABC(Anything But Clinton) 정책 기조하에 강경한 대북 정책을 내세웠다. 결국 부시 정부 6년 동안 북핵 문제는 오히려 악화되고 북한은 핵실험까지 강행함으로써 세계를 놀라게 했다. 그러나 작년 미국의 중간선거에서 민주당이 의회의 다수를 차지하면서 부시 정부는 북한과 대화를 시작했다. 긴 시간을 돌아 결국 클린턴 정부 시절의 정책으로 돌아간 것이다.

나는 북핵 문제가 처음 발생한 1993년부터 일관되게 북미 간의 대화와 '주고받는 협상'을 주장해왔다. 2006년 10월 북한이 핵실험을 하자 세계는 충격과 혼란에 빠졌고, 모두가 파국이 다가오고 있다고 말했다. 그러나 나는 단호하게 주장했다.

"파국은 아니다. 해결의 길은 있다. 미국이 북한과 직접 대화하고 방코델타아시아(BDA) 은행 문제를 해결하고, 북한의 안전보장과 경제제재 해제, 국교 정상화를 약속한다면, 북한은 한반도 비핵화에 응할 것이다."

다행히 6자회담에서 합의가 이루어지고 지금 상황은 그런 방향으로 가고 있다. 이번에는 성공할 것으로 믿는다.

북한이 핵을 완전히 폐기하고, 북미 간 관계 정상화가 이루어진다면 남북 관계도 크게 발전할 것이다. 그리고 한반도 평화 체제 논의가 급물살을 탈 것이다.

한반도 평화 체제에는 많은 논의와 여러 단계가 필요하다. 여기에서 가장 중요하고 근본적인 것은 남북한의 통일을 지향하는 평화 체제가 되어야 한다는 것이다. 지금의 분단 상태를 고착화하거나 현상을 유지하는 평화 체제는 갈등과 분쟁의 위험이 도사리고 있어서 언제 다시 깨질지 모르는 불완전한 것일 수밖에 없다.

아울러 한반도 평화 체제는 남북이 주도적으로 이루어내야 한다. 한반도 평화 체제 논의에서 미국과 중국은 정전협정의 당사자로서 참여하겠지만, 평화 통일의 당사자인 남과 북이 서로 적극 협력하여 통일된 한반도에서 이익을 가져다줄 방향으로 논의를 주도해 나가야 한다.

2000년 6·15 남북정상회담 이후 남과 북 사이에는 적대 의식이 크게 해소되고 상호 신뢰가 조성되고 있다. 지금까지 이룩한 성과를 바탕으로 전면적인 남북 교류 협력의 시대를 열어야 한다. '6·15 남북공동선언'과 '남북기본합의서'를 통해 이미 합의한 화해와 교류 협력, 불가침, 군비 통제,

평화 체제 전환 등을 본격적으로 추진해 나가야 한다.

한반도 평화 체제를 구축하는 과정에서 통일을 어떻게 할 것인지 하는 논의도 활성화될 것이다. 우리는 통일에 있어서 베트남식의 무력통일도, 독일식의 흡수통일도 바라지 않는다. 남과 북 모두가 승자가 되는 통일을 해야 한다. 우리는 평화공존, 평화교류, 평화통일의 원칙 아래, 1단계 남북연합, 2단계 남북연방, 3단계 완전통일의 과정을 밟아야 한다.

우리 민족은 1,300년 동안 통일을 유지한 세계에서 보기 드문 민족이다. 이런 역사와 저력을 가진 우리 민족에게 지난 60년간의 분단이라는 시련은 결코 극복하지 못할 시련이 아니다. 인내심을 갖고 노력한다면 통일의 날이 반드시 올 것이다.

이 책은 2005~2007년 국내외 언론 회견과 강연 중에서 북한 핵 문제와 관련된 주요 내용을 모은 것이다. 1부와 2부는 6자회담이 장기간 열리지 못하고, 남북 관계가 경색되고 있는 상황에서 북한 방문을 계획했던 과정을 싣고 있다. 3부는 북한이 핵실험을 한 후 위기가 고조되는 상황에서 북미 간 대화를 촉구한 내용과 2·13 합의 후의 전망을 싣고 있다. 절체절명의 위기 앞에서 한반도 평화를 지켜내기 위해 제시한 해법이자 증언이라 할 수 있다.

2007년 4월 김대중

차례

서문 통일지향의 평화를 향하여..........4

제1부 위기에 처한 평화, 어떻게 지킬 것인가?

"민족 문제 상의 위해 방북할 생각 있다"..........14
MBC 라디오 '손석희의 시선 집중' 2005. 2. 21

"미국도 카드 내놓고, 북한은 '6자회담'에 참여해야"..........27
〈조선일보〉 창간 85주년 특별 회견 2005. 3. 1

한국과 동북아 평화 · 안보 · 번영을 위한 한국의 전략적 역할..........35
미국 아시아재단 창립 50주년 초청 강연 2005. 4. 25

남북 관계와 한반도 미래..........43
미국 스탠포드대학 초청 강연 2005. 4. 27

한반도 평화와 민족의 미래..........50
한신대학교 개교 65주년 초청 강연 2005. 5. 12

한반도 공존과 동북아시아 지역 협력..........62
일본 동경대학 초청 강연 2005. 5. 23

한반도 평화의 새로운 진전을 위하여.........71
6·15 남북공동선언 5주년 기념 국제학술회의 연설 2005. 6. 13

위기에 처한 평화, 어떻게 지킬 것인가?.........77
노벨평화상 수상 5주년 기념 강연 2005. 12. 8

한반도 평화와 독일 통일의 교훈.........82
노벨평화상 수상 5주년 기념 김대중·폰 바이체커 KBS 특별 대담
2005. 12. 10

제2부 한반도 평화의 조건

평화와 희망의 한국.........100
MBC 신년 특집 2006. 1. 2

"곧 평양행, '6자회담 상설화' 협의".........110
〈월간중앙〉 신년 인터뷰 2006. 1. 9

"다시 방북을 계획하는 한국의 김대중 전 대통령".........127
독일 〈프랑크푸르터 알게마이네 차이퉁〉 회견 2006. 2. 2

남북 관계의 발전과 민족의 미래.........133
영남대학교 초청 강연 2006. 3. 20

"미국, 신뢰받는 도덕성, 지도성이 필요하다".........149
일본 〈아사히신문〉 인터뷰 2006. 4. 25

5·18 광주민주화운동과 한반도 평화.........152
2006 노벨평화상 수상자 광주정상회의 개회식 연설 2006. 6. 16

"한반도 평화의 조건".........159
〈KBS 스페셜〉 김대중·고르바초프 특별 대담 2006. 6. 24

21세기와 우리 민족의 미래.........184
부산대학교 초청 강연 2006. 9. 15

제3부 대화만이 해결책이다

"북핵 문제, 네오콘은 손 떼고 한국 의견 존중하라".........196
프랑스 〈르 몽드 디플로마티크〉 한국어판 창간호 회견 2006. 9. 15

"미국과 북한은 주고받는 협상을 해야 한다".........218
미국 〈CNN Talks Asia〉 대담 2006. 10. 9

한반도의 현실과 4대국.........230
전남대학교 초청 강연 2006. 10. 11

"대화 거부는 있을 수 없다".........250
미국 〈뉴스위크〉 회견 2006. 10. 13

북한 핵과 햇볕정책.........256
서울대 통일연구소 초청 강연 2006. 10. 19

"대화만이 해결책이다".........278
미국 〈LA Times〉 Syndicate 기고문 2006. 10. 26

남북 관계와 '철의 실크로드'.........281
'UN ESCAP 교통장관회의 교통 물류 비즈니스 포럼' 연설
2006. 11. 8

"미국은 북한 제재를 해제해야".........287
미국 〈블룸버그〉 방송 회견 2006. 11. 21

"김대중 전 대통령, 워싱턴과 평양의 대화 당부".........290
프랑스 〈리베라시옹〉 회견 2006. 11. 21

"터널의 출구가 가까이 오고 있다".........294
'밴 플리트상' 수상 연설문 2006. 12. 7

"부시의 ABC 정책이 대북 정책 실패 초래".........300
일본 〈오마이뉴스 재팬〉 창간 기념 특별 회견 2006. 12. 11

"남북정상회담 노 대통령도, 다음 대통령도 해야".........314
〈연합뉴스〉 회견 2006. 12. 26

"북핵 해법에 전환점이 되는 해 낙관".........318
〈한겨레〉 신년 회견 2007. 1. 8

"북한은 이 기회를 놓쳐서는 안 된다".........337
일본 〈교도통신〉 회견 2007. 2. 15

"북한을 껴안는 것이 미국의 이익".........348
포트랜드 평화연구소 인터뷰 2007. 2. 22

6자회담은 성공할 것인가.........358
국제기자연맹(IFJ) 특별총회 특별 강연 2007. 3. 13

1

위기에 처한 평화, 어떻게 지킬 것인가?

2005년 부시 행정부 2기 출범을 맞아 미국은 더욱 강경한 대북 정책을 구사했고 이에 맞서 북한은 핵무기를 갖고 있다고 주장했다. 교착 상태에 빠진 북미 관계와 6자회담 재개를 위해 김대중 전 대통령은 국내외 강연과 언론 회견을 통해 북미 간 직접 대화를 촉구했다. 4~5월에는 미국, 일본을 직접 방문하여 북핵 문제 해결을 위해 노력했다. 다행히 베이징에서 개최된 6자회담을 통해 '9·19 공동성명'이 발표되고 북핵 문제가 평화적으로 해결되는 듯하였으나, 미국이 방코델타아시아(BDA) 은행의 북한 불법계좌 문제를 제기함으로써 다시 북미 간 대결은 계속되었다.

"민족 문제 상의 위해 방북할 생각 있다"

MBC 라디오 '손석희의 시선 집중'
2005. 2. 21

손석희 아나운서(이하 손석희) 이렇게 시간을 내주셔서 감사드립니다. 잘 아시겠습니다만 북한이 외무성 성명을 통해 '핵무기를 가지고 있다' 라고 선언했고, 또 6자회담에는 무기한 불참하겠다고 선언했습니다. 북한이 이런 태도로 나오는 근본적인 이유는 뭐라고 보시는지요?

김대중 전 대통령(이하 김대중) 북한은 미국하고 협상을 하고 싶은데 협상이 잘 안 되니까 약간 극단적인 태도를 취한 거라고 봅니다. 그러나 나는 북한의 그런 돌발적인 태도는 잘못된 일이고, 북한을 위해서나 또 국제적인 기대를 생각할 때 문제가 있다고 생각합니다. 북한이 말하는 '우리가 핵을 포기하고 검증을 받을 테니까 미국은 우리의 안전을 보장해라' 하는 것은 북한으로서도 정당하고 또 객관적으로 보더라도 그것이 해결책입니다. 그러면 북한은 당당하니 6자회담에 나가서 거기에서 주장을 해야지, 나가지 않겠다 하는 것은 내가 볼 때는 누구에게도 도움이 안 되는, 그리고 미국이나 일본, 강경파들만 도와주는 그런 결과라고 생각합니다.

손석희 미국도 부시 행정부 2기 출범을 전후해 북한에 대해서 예를 들면 '폭압 정치의 전초기지' 라든가 이런 쪽에서 자극한 부분도 있지 않나 생각합니다. 북한의 입장에서만 보자면 미국의 태도도 사실은 6자회담을 지속하려는 것처럼 보였겠느냐, 의구심을 가질 만하지 않았겠느냐, 이렇게 생각할 수도 있을 것 같은데요.

김대중 그러니까 6자회담에 나가서 그 얘기를 하면 되지 않느냐 그 말입니다. 안 나가니까 미국뿐 아니라 거기에 참가하고 있는 한국, 중국, 러시아, 일본도 다 실망할 것 아닙니까? 그리고 세계 여론도 왜 안 나가냐 이러고 있습니다. 북한이 잘못한 것이 없다 하더라도 지금 북한이 6자회담 잘 안 된 것에 대해 책임져야 될 것 같은 그런 입장이 되니까 북한을 위해서도 잘한 거 아니다, 그 얘깁니다.

손석희 일정 부분 시기가 지나고 나면 내지는 어느 정도 조건이 조금만 개선된다면 북한은 바로 6자회담에 돌아올 수 있다고 판단하십니까?

김대중 결국은 나갈 거라고 봅니다. 그리고 안 나가서 북한에게 이로운 것이 없어요.

손석희 알겠습니다. 미국은 좌우지간 지금은 추가보상은 없다, 이런 입장을 밝히고 있습니다. 최근에 여러 가지 보도를 종합해보면 '미국이 우선시하고 있는 것이 지금 이란하고 시리아가 아니냐. 그렇다면 북한은 선순위에서 밀려 있는 상황이고 그렇게 보자면 장기화시킬 가능성도 있다' 고 많은 전문가들이 그렇게 분석을 하고 있던데요. 김대중 전 대통령께서는 어떻게 보시는지요?

김대중 나는 지금 역시 미국에 있어서는 이라크와 이란이 선순위라고 봅니다. 그런데 내가 볼 때는 미국도 부시 정권 1기 4년, 거의 북한 문제는 진전이 없이 지냈거든요. 그런데 그 결과 어떻게 됐느냐 하면 북한이 핵확산금지조약(NPT)을 탈퇴하고 국제원자력기구(IAEA) 감시원을 추방하고 그렇게 해서 지금 북한도 미국에서 볼 때는 아주 바람직하지 않는 조치를 계속 취했거든요. 그리고 지금 북한이 공언도 했지만 북한이 핵무기 몇 개는 가지고 있을 것이다, 이런 정도까지 진전이 됐단 말이에요. 그래서 이런 것은 지난 4년 동안 적극적으로 해결을 안 한 데서 온 마이너스 요인이 아닌가 그런 생각을 합니다. 그런데 지금 다시 미국의 강경 세력들은 이 사태를 해결하지 않는 채로 끌고 가면서 북한을 압박하고, 또 북한을 악당으로 만들어 놓고 그런 것을 구실로 해서 군비 강화라든가 일본하고 군사적 제휴 강화에 이용하고 있습니다. 미국은 지금 일본하고는 미사일방어(MD)• 공동 개발에 합의했잖아요. 협상하고 있거든요. 그런 데서 어떻게 보면 북한이 이용당하고 있는 격인데 만일 그렇다면 북한은 이것을 역이용해 가지고 적극적으로 회담에 임하면서 할 얘기를 해야 합니다. '나도 내놓을 거 내놓는데 왜 당신네는 안 내놓냐, 내 카드만 내놓으라고 해놓고 자기네 카드는 안 내놓는 게 말이 되냐. 또 내가 핵무기 포기하면 그 다음에 미사일 문제 또 얘기할 거냐? 또 그 다음에 생화학무기 얘기할 거냐? 또 인권 문제 얘기할 거냐? 또 장거리포 얘기할 거냐? 그런 문제에 대해서 분명히 해라'. 북한이 왜 적극적으로 문제를 푸는 방향으로 능동적인 조치를 안 취하는지 내가 볼 때는 북한이 전략 전술을 잘못하고 있지 않나 생각합니다.

손석희 그 부분은 지금 북한하고 미국하고 서로 먼저 뭘 내놔라 이런 형국인 것 같습니다.

김대중 그렇지 않죠. 북한은 내놨어요. 북한은 '핵 포기하겠다. 또 검증받겠다' 고 말하고 있습니다. 그런데 미국이 거기에 대해서 북한이 바라는 안전 문제, 경제제재 문제에 대해서 확실하게 안 내놓은 거죠. 그것만 하면 일단 정상화되는 거냐, 아까와 같이 여러 가지 생화학무기나 이런 문제까지도

• **미사일방어(Missile Defense)** 지상과 함정, 항공기, 인공위성 등에서 미사일과 레이저를 발사, 적국의 탄도미사일을 격추시키는 다층적이고 입체적인 방어망.

다 돼야 되는 거냐, 이것도 확실치 않거든요.

손석희 그런데 아까 미국의 강경파 얘기를 잠깐 하셨습니다만, 미국의 이른바 강경파 관리들이 하는 얘기 중에 상황이 호전되지 않으면 궁극적으로는 안보리에 북한 핵 문제를 올려야 되는 게 아니냐, 이런 얘기를 하고 있거든요. 물론 우리 정부는 거기에 대해서 부정적으로 반응하고 있습니다만, 실제로 안보리까지 올라갈 수 있는 상황이 발생할까요? 예를 들어서 북한의 입장에서 러시아나 중국이 반대해줄 거라고 기대할텐데요?

김대중 북핵 문제를 안보리에 미국이 가지고 가려고 할 때는 중국이나 러시아한테 사전에 합의를 받지 않고는 가지고 가봤자 의미가 없는 거죠. 지금으로서는 중국이나 러시아가 거기에 동조할 이유가 없으니까. 또 우리나라도 안보리 이사국은 아니지만 이해당사자로서 동조 안 할 가능성이 많으니까 지금으로서는 그게 엄포지 가능성이 있는 문제는 아니죠.

손석희 그러면 미국의 입장에서는 안보리 상정도 현실적으로 불가능하고 또 6자회담도 잘되질 않고 그러면 미국이 취할 수 있는 카드는 아주 최악의 카드이긴 합니다만 군사적 옵션을 얘기할 수가 있는데요. 그것이 가능하다고 생각하시는지요?

김대중 그것이 아니고요. 지금 미국이 대화로서 해결하겠다는 것 아닙니까? 대화로서 해결하겠다면 상대방이 카드를 내놨으니까 미국도 카드를 내놓고 얘기해야죠. 지금은 그것이 핵심이에요. '북한은 핵 포기하겠다. 사찰을 받겠다' 고 했습니다. 그러면 미국은 '안전보장 해주겠다' 고 나와야 합니다. 그래 가지고 국교 정상화하고 그 다음에 또 다음 문제는 정상화 후에 얘기하겠다던가 이런 구체적인 얘기를 해줘야 북한도 무슨 마음을 정할 것 아닙니까? 북한은 아시다시피 군대가 외교 안보 등 모든 걸 장악한 나라인데, 그 사람들이 지금 미국에 대한 강한 불신과 적개심과 두려움 이런 걸 가지고 있기 때문에 김정일 위원장이 하고 싶어도 마음대로 못하는 문제가 있는 것입니다. 그러니까 그런 걸 생각해서 모든 문제를 아주 명백하게 손에 쥐어주듯이 뭘 주겠다는 것을 얘기 하냐 안 하냐 그 단계예요. 6자회담도 그 단계에서 하는 거거든요. 6자회담에 나가는 각국도 북한만 밀어붙일 것이 아니라 미국에 대해서도 내놓을 걸 내놓도록 요구하는 그런 대화가 돼야 돼요. 결국은 6자회담하건 양자 회담하건 문제는 북한하고 미국하고 주고받는 문제니까요. 그 문제가 해결돼야죠.

손석희 그런데 그게 좌우지간 막혀 있는 상황인데 여기서 또 많은 전문가들이 중국의 입장에 주목하고 있는 것 같습니다. 중국의 대외연락부장도 평양을 방문했고요. 과연 중국이 북한을 회유할 수 있는 카드를 가지고 있느냐, 여기에 대해서는 또 의견이 엇갈리는 것 같거든요. 중국의 역할을 어떻게 보시는지요?

김대중 중국이 북한을 말하자면 압박해서 해결하려고 하면 가능성도 있죠. 그런데 중국이 그렇게 하려면 '미국이 이렇게 해준다는데 왜 안 받느냐', 이 얘기가 돼야 된단 말이에요. 미국이 그것이 확실치 않으니까 중국은 북한에 가서 얘기하면 북한은 '나는 내놨는데 미국은 자기 카드를 안 내놓고 있는데 왜 나보고만 자꾸 뭐라고 하느냐', 이러면 중국이 뭐라고 말하겠어요. 그렇기 때문에 이 문제를 평화적으로 대화로 해결하려고 한다면 결국 가장 기본적인 문제는 미국이 뭘 내놓으냐 하는 문제예요. 그래야 중국도 북한을 밀어붙일 힘이 생기죠.

손석희 김대중 전 대통령께서 보시기에 미국이 내놓을 수 있는 카드는 어디까지가 가장 실효성이 있고 북한으로 하여금 움직일 수 있게 하는 카드라고 보시는지요?

김대중 예를 들면 남북하고 미국하고 3자가 평화협정을 맺는다든지 이렇게 해서 체제안전보장을 해줄 수 있는 것 아닙니까? 그리고 미국, 우리나라하고 북한하고 국교 정상화하고 아시아개발은행(ADB)이라든가 국제통화기금(IMF) 같은데 북한이 가입해 가지고 차관도 얻을 수 있게 하고 또 일본하고 국교 정상화해 가지고 일본으로부터 과거 식민지 지배에 대한 배상도 얻을 수 있게 하고 이런 걸 미국이 막지 않고 용인하는 태도를 취하면 문제가 풀려가는 거죠. 그렇게 했는데도 불구하고 북한이 핵 문제를 시원하게 안 하면 그때는 안보리에 가지고 간다 하더라도 중국도 반대 못할 거란 말이에요. 그러니까 먼저 이 문제가 풀리지 않으면 나머지는 아무것도 안 풀리는 거예요.

손석희 결국은 그 역할을 어떤 방식으로 누가 하느냐 하는 것도 대단히 중요한 문제인 것 같습니다. 지난번에 이 관련으로는 부정적인 말씀을 하신 걸로 알고 있습니다만, 김대중 전 대통령께서 어떤 식으로든 역할을 해주시는 것이 좋지 않겠느냐는 의견도 많이 있어왔습니다. 그러니까 지금 북미 간에도 안 되고 남북 관계도 대화가 안 돼서 채널 성립이 잘 안 되는 상황이라면 한번 직접 나서 주시는 건 어떠냐, 이런 의견도 많이 있습니다. 어떻게 생각하시는지요?

김대중 그건 내가 말했지만 첫째 이 얘기는 김정일 위원장이 서울을 방문한다는 6·15 남북공동선언의 약속을 지켜야 돼요. 그래서 서울 오기가 뭐하면 하다못해 도라산에서 만나더라도 남쪽에서 만나야 돼요. 도라산은 바로 개성 이쪽 아닙니까? 김정일 위원장은 서울 방문 문제를 국제적으로도 자기가 공약해놓은 것이기 때문에 굉장히 부담을 느끼고 있는 거예요. 중국이나 러시아 지도자들도 여러 번 북한에 대해서 약속을 이행하라고 얘기했어요. 그러니까 그 문제는 우리가 가지고 있는 북한에 대한 하나의 채권 비슷한 거니까 약속을 이행하도록 계속 요구해야 돼요. 그러기 위해서 그런 문제 포함해서 특사를 보낼 수가 있는데 그 특사는 대통령을 보좌하고 대통령 생각을 잘 아는 사람, 그리고 돌아와서도 계속 대통령 옆에서 보좌할 사람, 또 필요하면 북한에 가고 또 가고 할 사람, 그런 사람이 맡아야지 나같이 정치를 떠나서 정부 상황도 잘 모르는 사람이 가서 얘기하면 상대방들이 내가 대통령에 대해서 영향력을 줄 수 있는 사람이 아니란 걸 알기 때문에 그리 큰 성과가 없어요. 나는 만일 북쪽에서 '우리 민족 문제를 상의하기 위해 한번 좀 와주십시오', 이런 초청이 있으면 나는 갈 수 있어요. 그런데 내가 특사로 가는 것은 합당치가 않아요.

손석희 지금 전제 조건으로서 북쪽에서 만일 어떤 초청을 한다면 갈 순 있다, 이렇게 말씀하셨는데요.

김대중 북쪽도 그것도 김정일 위원장이 초청해야죠.

손석희 물론 그렇겠죠. 그동안에 전혀 그런 저쪽에의 움직임이라든가 이런 게 전혀 없었습니까, 조짐이?

김대중 작년에 북쪽 사람들이 왔을 때 김정일 위원장은 내가 북한에 오면 언제든지 환영하겠다, 그런 얘기는 했지만 그것이 초청이라고는 볼 수 없고요. 그런 의사는 있었어요.

손석희 그러나 향후 어느 때라도 만일 김정일 북한 국방위원장이 초청한다면 가실 의향은 있다?

김대중 갈 생각이에요. 그래야 내가 뭔가 도움 될 수 있는 일을 할 수 있다고 생각합니다.

손석희 혹시 그런 메시지를 전달하신다던가 이런 방법을 생각해볼 순 있지 않을까요?

김대중 오늘 방송에 나가잖아요.

손석희 (웃음) 그래서 제가 여쭤본 겁니다. 알겠습니다. 아까 북한 방문과 관련된 얘기, 말하자면 김정일 국방위원장이 초청한다면 못 갈 건 없다, 가서 얼마든지 설득할 것은 하고 그런 역할을 하겠다고 말씀하셨는데 지금 여러 가지 상황을 보면 남북 교류도 상당히 어떻게 보면 위기인 것 같습니다. 잘 아시다시피 지난번에 반기문 외교통상부 장관이 그런 얘기를 했었죠. 당장 비료 지원이라든가 이런 것은 어떻게 보면 인도적 지원 차원인데 그것도 조건부로 할 수 있다는 얘기가 나왔고요. 그것이 미국에서 압력을 넣은 것이냐 만 것이냐, 논란이 되기도 했습니다만 이렇게 돌아가는 상황에 대해서는 어떻게 판단하고 계십니까? 그것이 과연 맞는 대처 방법이냐 하는 것에 대해서는 좀 논란이 있을 수 있는데요.

김대중 근본적으로 남북경제협력, 이 문제는 우리가 일방적으로 북한을 도와준다, 퍼주기다, 이런 식으로 얘기하는데 우리가 생각해보면요, 과거에 남북정상회담이 있기 전에는 판문점에서 총소리 한번 나도, 베트남전에서 미군이 철수해도 아주 공황 상태가 일어나서 모두 도망갈 준비하고 물건 사재기하고 그랬지 않습니까? 그런데 지금 북한이 핵무기 가졌다고 해도 아무도 끄떡 안 하고 있거든요. 이렇게 긴장이 완화가 된 것이 뭐냐하면 남북 관계가 좋아진 덕택입니다. 우리가 남북경협에서 북한에게 물론 경제적으로 도움을 줬지만 우리도 굉장히 큰 경제적 도움을 받는 거예요. 지금 남쪽에서 400조나 되는 돈이 올데갈데없어서 흘러 돌아다니고 툭하면 투기로 들어가는데 이런 게 북한에 투자되고 중소기업들이 대거 북한에 진출하면 지금 중국이나 베트남에서 하는 것보다 훨씬 유리한 조건으로 중소기업들이 덕을 보게 되는 거예요. 그렇게 되면 북한 경제가 자꾸 우리들한테 의존하게 되니까 결국에는 협력적으로 안 나올 수가 없는 거예요. 더 중요한 것은 우리가 21세기에 무슨 동북아시아 허브가 되니 뭐니 말하고 있지만 여기서 출발한 기차가 유럽으로 갈 수 있는 그런 물류가 열리지 않으면 21

세기에 있어서 동북아시아에서 물류 중심이 된다는 건 가망도 없는 얘기예요. 기차가 한 발도 못 가는데 어떻게 됩니까? 그런 것 보면 우리의 21세기의 국부(國富)를 좌우하는 중대한 그런 것이 북한한테 달려 있는 거예요. 그렇기 때문에 단순히 이것은 평화라든가 민족끼리 협력이다, 그런 생각을 훨씬 초월해서 우리 국가와 민족의 장래 발전에 결정적으로 중요한 거예요. 이런 것을 보고 그렇게 됐을 때 우리가 흔히 '한강의 기적'이라고 말하는데 그때는 '압록강의 기적'의 시대가 오는 거예요. 그런데 '압록강의 기적' 시대가 와야 우리가 유라시아 대륙 전체에서 크게 국부를 증진시키는 거예요. 또 실제로 지금 당장에 남북 관계만 보더라도 우리가 아무래도 투자한 쪽이기 때문에 덕을 더 보면 봤지 적게 보는 것은 아닙니다. 무엇보다도 이산가족들이 과거에 200명밖에 못 만났는데 6·15 남북공동선언 이후에 1만 명이 만났어요. 남북 간에 민간인도 한 8만 명 이상이 지금 왔다갔다 하고 있습니다. 이것은 무엇보다도 긴장이 완화되고 북쪽이나 남쪽 사람들이 과거에 상대방에 대해서 가지고 있던 적개심, 편견, 이런 것이 많이 완화가 되어 북한 사람들이 남쪽을 생각할 때 이웃사촌같이 생각하는 그런 방향으로 심리가 변화되었기 때문입니다. 이것이 얼마나 큰 겁니까? 그렇게 되니까 외국 투자가들이 온 거예요.

손석희 아무튼 그럼에도 불구하고 미국 쪽의 입장은 개성공단도 마찬가지고 한국이 좀 더 그 부분에 있어서 신중하게 나가야 되는 게 아니냐, 그래서 반기문 외교부 장관도 상황이 더 악화되지 않으면 개성공단 사업은 계속한다, 이건 다시 말하면 상황이 악화되면 안 할 수도 있다는 얘기거든요. 잠시 중단할 수도 있다는 얘기고, 지금 정부의 입장은 잘못된 입장이라고 생각하시나요?

김대중 반기문 장관이 그렇게 얘기했다는데 상황이 악화되면 누구라도 실질적인 문제에서 경제 협력을 계속하기가 어렵지 않습니까? 그런데 문제는 상황이 악화되지 않게 만드는 게 중요한 거예요. 아까 말한 것 같이 핵 문제가 해결돼야 상황이 안정적이죠. 경제 협력, 비료 안 준다고 상황이 호전될 건 아니잖아요.

손석희 알겠습니다. 최근에 여러 가지 남북 관계든 북미 관계든 보면 결국은 남북 관계라는 것도 북미 관계에 자칫 종속변수가 아니냐고 볼 수도 있는 것 같습니다. 왜냐하면 북미 관계가 개선되지 않는 상황에서는 남북 관계도 자꾸 진전이 안 되니까요. 그렇다면 노무현 대통령도 한국이 주체적으로 역할을 해야 된다고 주장은 하고 있습니다만 그것이 현실적으로 가능한 것이냐, 이건 어려워 보이기도 하는데 어떻게 보십니까?

김대중 남북 관계하고 북미 관계는 상호 보완적이에요. 병행돼야 해요. 우리가 남북 관계를 개선하는 것이 오늘날 한반도에서 긴장 완화에 얼마나 도움되었습니까? 그리고 우리는 미국에 대해서 세 가지 확실한 원칙을 가져야 돼요. 하나는 북한의 핵무기라든가 대량살상무기 이건 안 된다. 이건 내가 북한을 방문했을 때도 김정일 위원장한테 다짐한 거예요. 이건 안 되는 거예요. 그건 미국하고 우리가 완전히 일치해야 돼요. 둘째는 미국하고 우리하고 동맹 관계, 이건 미국이나 우리 양쪽을 위해서 이익이에요. 우리에게 절대 필요한 것이기 때문에 이것도 굳건히 유지해야 돼요. 셋째가 문제인데 그것은 한반도 문제는 우리 의견이 중심이 돼야 된다는 거예요. 말마이 아니라 구체적으로 정책에도 그렇게 반영돼야 한다고 생각해요.

손석희 그런데 한 가지 부딪치는 문제가요, 이것이 한반도 우리의 문제이기 때문에 우리 중심적으로 나간다는 문제하고 한미동맹 문제하고 늘 부딪치는 문제가 돼버리거든요. 그 모순은 어떻게 극복해야 된다고 생각하십니까? 가령 한미동맹을 강화하는 속에서 한국 정부가 중심적인 역할을 해나갈 수가 있겠느냐는 것이죠.

김대중 그건 우리 외교 역량에 있는 것이고 또 우리가 우리의 주도권이라고 해서 무조건 미국은 우리말만 따라라 그런 것이 아니고 거기에 있어서 미국의 일방적 의견을 밀어붙이지 말고 우리하고 충분히 협의해 나가자 하는 거예요. 2002년 2월에 부시 대통령이 서울에 오셨는데 오기 전에 1월에 북한을 '악의 축'이라고 발표했어요. 그래서 나도 굉장히 긴장을 하고 맞이했어요. 북한에 대해서 부시 대통령은 '자기 민족 밥도 못 먹이면서 핵무기 이런 소리 한다' 하면서 상당히 강한 비난을 했어요. 그래서 내가 그때 부시 대통령한테 말했어요. '지금 우리가 북한하고 대화를 주장하는데 그건 당연하지 않느냐. 우리는 같은 민족인데 아무 이유 없이 지금 외세에 의해서 분단돼 가지고 반세기가 넘었다. 우리는 언젠가 다시 통일해야 하는데 통일할 민족끼리 대화하는 것은 당연하지 않느냐? 또 양쪽의 군대가 2백만이 대치하고 있는데 평화를 얘기하려면 대화해야지 평화 얘기하지 않고 전쟁이 나면 우리 민족은 모두 공멸한다. 그리고 당신한테 내가 얘기하고 싶은 것은 대화는 아무리 마음이 안 맞고 밉다고 하더라도 이해가 되면 하는 것이다. 1953년 휴전협정 같은 것도 전쟁하는 도중에도 전투하면서 대화하지 않았느냐. 레이건 대통령은 소련을 '악마의 제국'이라고 했다. 그런데 '악마의 제국' 하고 대화했다. 그리고 미국이 공산권을 다루는 역사를 보면 미국이 냉전이라든가 봉쇄라든가 이런 것 해 갖고 성공한 예는 하나도 없다. 미국 당신네들이 쿠바를 봉쇄해서 50년 됐는데 미국 눈앞에 있는 조그마한 점 같은 그거 하나를 변화 못 시키고 있지 않느냐? 여기서 우리가 얻을 교훈은 무엇이냐? 공산주의는 봉쇄하고 압박하면 할수록 강해지고 풀어주고 개방시키면 쉽게 변화한다는 것이다. 이것을 우리가 배운 거다. 북한도 마찬가지다. 북한이 가려고 하는 길은 제2중국으로서 그들의 체제는 유지하면서도 개혁 개방해 가지고 중국과 같이 경제 발전하려고 하니까 그런 방향으로 우리가 유도해야 한다. 북한도 중국식으로 변화하면 장차는 결국 민주화가 된다'. 그런 얘기를 해서 부시 대통령이 내 의견에 동조를 했어요. 정상회담 후 기자회견에 나와서 '북한을 공격 안 하겠다, 북한하고 대화하겠다. 그리고 식량 주겠다' 고 그렇게 발표했어요. 미국이 북한을 압박하고 뭐하는 것은 그건 성공의 길이 아니라고 봐요.

손석희 그런 차원에서 보자면 지금 참여정부의 대미 자세는 어떻게 보시는지요?

김대중 나는 참여정부가 지금 아주 힘들게 노력하면서도 비교적 잘하고 있다고 보고 있어요. 왜 그러냐 하면 북한하고 대화하려고 애쓰고 있고 또 북한과 미국 관계를 어떻게 하면 제대로 해서 원만하게 풀어낼 수 있는가에 힘쓰고 있고 이런 것은 그렇게 해야 한다고 생각합니다.

손석희 일부에서는 특히 대북송금 특검을 참여정부가 받아들이면서 북한과의 대화 채널은 끊겨 있는 게 아니냐는 우려도 또 하고 있거든요.

김대중 별도의 얘기인데 대북송금은 그건 굉장히 잘못한 거예요. 국가의 책임자가 최고로 기밀사항 취급해놓은 것을 그렇게 공개하면 앞으로 어느 나라가 우리한테 신뢰하고 대화를 하겠어요. 그리고 실제 특검해보니까 '국민의 정부'가 북한에 대해서 정상회담하기 위해서 돈 줬다는 것은 하나도 안 나타났잖아요. 아니라는 건 특검도 인정했거든요. 현대가 자기네 상업적 투자를 한 것이 전부고 거기서 끝이었는데 특검은 자기네 임무도 아닌 것을 박지원 전 비서실장이 현대로부터 150억 원을 받았다고 해서 그렇게 박해를 가했는데 그것도 대법원에서 무죄 취지의 판결이 나오지 않았어요? 이런 것은 내가 볼 때는 굉장히 불행한 일이었다고 생각합니다.

손석희 요즘 아무튼 북한의 핵무기가 본격적으로 나오면서 듣기 불편하실

진 모르겠지만 또 이런 얘기가 나오고 있습니다. 햇볕정책 때문에 북한이 핵무기를 개발할 수 있었던 것 아니냐, 최근에 북한이 핵무기를 가졌다고 선언할 수 있게 된 이 결과는 결국은 햇볕정책 때문이 아니었느냐는 비판적인 의견들도 있는데 거기에 대해서 어떻게 생각하십니까?

김대중 그건 우리가 실제 역사를 보면 알잖아요. 1994년, 그때 북한이 핵 문제 가지고 제1차 핵전쟁 일어날 단계에 있었잖아요. 근데 그때는 6·15 남북정상회담보다 6년 전인데 어떻게 해서 그렇게 요술 같은 일이 생겨난 거예요. 말이 안 되죠.

손석희 알겠습니다. 오늘 말씀 고맙습니다.

"미국도 카드 내놓고, 북한은 '6자회담'에 참여해야"

〈조선일보〉 창간 85주년 특별 회견
2005. 3. 1

강천석 논설주간(이하 강천석) 퇴임한 지 2년이 지났습니다. 퇴임 후 가장 활발하게 활동하는 전직 대통령인 것 같습니다. 올해는 어떤 활동을 하실 계획이십니까?

김대중 전 대통령(이하 김대중) 정해 놓은 원칙이 있어요. '국내 정치에는 일절 관여 않겠다, 한반도 평화와 남북 화해·협력에 힘쓴다, 노벨평화상 수상자로서 세계 평화와 빈곤 문제 등에 전념한다'는 것입니다. 건강이 허락하는 한 그런 활동들을 계속해야지요.

강천석 북핵 문제부터 묻겠습니다. 2월 10일 북한 외무성이 6자회담의 무기한 중단과 핵 보유를 선언했습니다. 이 사태를 어떻게 풀어야 한다고 보십니까?

김대중 북핵 문제는 미국 클린턴 정부 때 거의 타결 직전까지 갔다가 부시 정부가 (2001년) 출범하면서 중단됐습니다. 부시 1기 정부 4년 동안 거의 진전이 없었습니다. 또 김정일 위원장이 중국 대표단에게 핵을 가졌다고 말했다는 보도가 있었는데 이건 대단히 잘못된 것이고, 우리로서는 용납할 수 없는 일입니다. 중요한 것은 6자회담에 나와라 들어가라 하는 문제가 아닙니다. 3번이나 6자회담을 했어도 안 되지 않았습니까? 제4차 6자회담이 열린다고 해서 이번엔 된다는 보장이 어디 있나요? 회담을 하는 것이 중요한 게 아니라 무엇을 주고받고 해결하느냐 하는 해결책이 중요한 겁니다. 그런데 이 문제에 관해선 북한은 이미 자기 태도를 표시하고 있습니다. 핵을 포기할 테니 안전보장하고, 경제제재 해제해달라는 것입니다. 그런데 미국이 이에 명확한 입장을 내놓지 않고 있습니다. 그렇다고 해도 북한은 6자회담에 나와야 합니다. 자신들의 주장이 정당하다면 나와서 뭔가를 요구하는 게 맞습니다.

강천석 결국 이 문제를 풀려면 북한과 미국이 만나야 하는 것 아니냐는 견해들이 있습니다.

김대중 6자회담이라는 테두리는 괜찮은 겁니다. 그러나 결국은 그 테두리 안에서 북한과 미국 양자가 풀어야 할 것입니다. 나머지 4자들은 분위기를 조성하고 협력해줘야 합니다.

강천석 북한이 요구하는 체제 보장과 미국 등 국제사회가 요구하는 핵 포기는 선(先)·후(後) 관계입니까, 아니면 동시 이행해야 하는 문제입니까?

김대중 가게에 손님이 처음 와 가지고 물건 사는데 '외상합시다' 하면 하겠습니까? 지금 북한과 미국 사이는 극도로 서로 불신하는데, 너만 내놓고 나는 나중에 보자고 하면 얘기가 안 됩니다. 같이 해야 합니다.

강천석 최근 김정일 위원장이 초청한다면 북핵 문제 해결에 역할을 맡을 생각도 있다고 말씀하셨습니다. 평양에 가신다면 김정일 위원장을 어떤 식으로 설득할 생각입니까?

김대중 내가 (노무현 대통령) 특사로는 북한에 가지 않겠다고 한 것은 특사는 대통령 뜻을 잘 알고 전달할 사람이어야 하고, 또 자유로운 몸으로 가야 제한 없이 이야기할 수 있기 때문입니다. 김 위원장이 '이 어려운 때 당신 애기 좀 들어보자'고 하면 나는 핵만이 아니라 우리 민족 전체의 운명과 미래를 어떻게 개척할 것인가, 네 마리 코끼리(4강) 사이에서 어떻게 살 길을 찾을 것인가 하는 그런 얘기를 같은 민족 입장에서 하고 싶습니다. 핵은 그 중 조그만 이야기입니다. 제의가 오면 갈 작정이지만 아직은 (제의가) 없습니다.

강천석 햇볕정책이 지금 정부에서 대체로 이어지고 있다고 보십니까?

김대중 대체로 이어가고 있다고 봅니다.

강천석 퇴임 후 곧바로 대북송금 특검이 있었고, 관련자들이 구속되기도 했습니다. 앞으로 대북 지원 문제와 관련한 국내적 논란은 어떻게 정리해야 한다고 생각합니까?

김대중 대북 지원에 대해 퍼주기라고 하는데 그것은 좀 차원을 바꿔서 생각해야 합니다. 과거에 판문점에서 총소리만 나도 사재기를 하고 난리가 났지만 지금은 북한이 핵무기 가졌다는 데도 사람들이 꿈쩍도 않습니다. 박정희 대통령 때부터 97년까지 외자가 246억 불이 들어왔는데, 내 재임 5년간 600억 불 들어왔습니다. 남북 긴장 완화 덕입니다. 개성공단은 2012년까지 우리가 24조 원 이득을 보고 북한이 7000억 원 이득을 봅니다. 또 지금 북에도 못 가는데 무슨 동북아 허브입니까? 북에 길을 열어야 합니다. 그러면 이제는 '한강의 기적'이 아니라 '압록강의 기적'이 옵니다. 그게 우리의 살길입니다.

강천석 우리 국민이 대북 지원에 동의하려면 김정일 위원장과 북한에 대해 신뢰할 수 있어야 합니다. 김 위원장이 한반도 비핵화가 소신이라면서 핵 보유도 선언하는 모순된 발언을 하는 것은 국민들이 이해하기 힘듭니다.

김대중 김 위원장 얘기를 보면, 핵은 자기가 갖고 싶어 가진 것이 아니라 미국이 자기를 공격하고 핵을 쓸 위협이 있으니 방어상 불가피하게 했다는 것입니다. 그게 옳다는 것은 아닙니다. 그러나 안전을 보장해주면 포기하겠다는 것은 어느 정도 믿을 수 있다고 생각합니다. 경제는 엉망이고 남쪽과 격차는 갈수록 커지니 그쪽 사람들로선 초조한 겁니다. 북에 안전보장을 해주고 그래도 위반하면 그때 유엔 안보리에 간다든지 하면 됩니다. 그러면 다른 6자회담 참가국들도 이런 조치에 반대하지 못할 겁니다. 상대방이 카드 내면 이쪽도 카드 내야 합니다.

강천석 지난 50년간 우리 외교의 주축은 한미 관계였습니다. 80년대 후반 이후 4강외교란 말이 등장했는데, 이 역시 대미 관계를 주축으로 해왔습니다. 지금 시점에서 어떻게 하는 것이 지혜로운 대미 외교의 길이라고 보십니까?

김대중 우리 지도자들이나 국민들이 외교에 더 많은 관심을 가져야 합니다. 우리처럼 4강에 둘러싸인 나라는 하나도 없습니다. 미국과의 관계에 있어서 3가지 원칙이 있어야 합니다. 첫째, 북핵 등 대량살상무기는 절대로 안 된다. 둘째, 한미동맹은 확실히 지킨다. 셋째는 한반도 평화입니다. (셋째 부분에선) 미국이 우리 얘기를 들어야 합니다. 우리도 11번째 경제 대국이 됐고 이만큼 성숙했으니까 미국도 정당하게 대접을 해야 합니다.

강천석 작년부터 과거사 진상 규명 문제를 놓고 사회적 논란이 일고 있습니다. 시대가 바뀌면 과거도 현재의 눈으로 다시 본다는 차원인 듯합니다만, 마치 과거사라는 회오리바람이 불고 있는 것 같습니다.

김대중 과거사 정리 문제는 잘하면 약이 되고 못하면 독이 됩니다. 역사는 바르게 기록되어야 하니 과거사에 대해 진실을 밝히는 것은 반대할 수 없는 것입니다. 그러나 공정하게 하느냐, 어느 한쪽에 부당한 피해와 이익이 가게 하느냐에 따라 약이 되고 독이 됩니다. 과거사 대상이 된 사람이나 정권이 다 잘못한 것은 아닙니다. 잘한 일도 있습니다. 친일 문제만 해도, 독립운동에 투신한 사람들도 말기에 압박이나 유혹에 변절하는 그런 양면을 갖고 있습니다. 누구도 억울하지 않고, 누가 봐도 공정하고 믿을 수 있다는 과거사 규명이 된다면 이것은 좋은 일이고 그렇지 못하다면 불행한 일이 되고 국민 화해에도 도움이 안 됩니다. 그때 태어나지도 않았던 자손들이 과거에 대해 무슨 죄가 있겠습니까? 나만큼 박해받은 사람도 없고, 보복할 사람도 끝이 없었겠으나 대통령이 되고서 박정희기념관을 만들고, 전두환·노태우 대통령을 석방했습니다. 과거 (나를) 납치한 사람도 하나도 건드리지 않았습니다. 대신 그런 일이 없도록 하는 제도를 만들었습니다. 과거사 규명은 그런 것을 참고로 해서 했으면 합니다.

강천석 김 전 대통령은 박정희 시대에 고난을 겪은 정치인으로서 그 시대를 어떻게 평가하십니까?

김대중 박정희 시대를 논하는 데 나는 제일 부적임자 아닙니까? 나는 그분하고 맞부딪친 당사자입니다. 죽을 고비도 넘겼고 감옥살이도 했습니다. 내가 박 대통령이 생존해 있을 때부터 하던 얘기가, 박 대통령이 6·25의 폐허에서 실의에 빠진 우리 국민에게 '하면 된다'는 자신감을 준 것은 공로로 봐야 한다는 것입니다. 문제는 박 대통령이 경제 건설을 위해 자유가 나중에 간다고 한 것은 본말이 전도된 것이라고 생각합니다. 내가 대통령이 되고 국민들이 박정희기념관을 만들겠다고 하길래 사실 고민했습니다. 기념관은 꼭 찬양관이라고 볼 수는 없다고 생각해서 하는 것이 좋겠다고 생각했습니다. 지난번에 박근혜(한나라당) 대표가 찾아와서 아버지의 일을 사과한다고 했을 때 참 기뻤고, 그래서 (박 대표에게) 내가 감사하다고 했습니다. 아버님 시대에 맺었던 원한을 따님이 와서 같이 풀고 한 것이 우리가 인생을 산 보람을 느끼는 것이라고 생각했습니다.

강천석 지역감정은 가해자나 피해자 모두 결국은 피해자가 되는 것이라고 봅니다. 아직도 우리는 지역감정의 문제를 완전히 통과하지 못하고 있는 것 같습니다. 우리가 무엇을 해야 하는지 체험적인 이야기를 해주십시오.

김대중 어떤 사람들은 지역감정이 신라의 삼국통일 이후 계속된 것이라고 하는 데 엉터리 같은 소리입니다. 이승만 정권 때 전라도 사람이 경상도에 가서 국회의원하고, 반대로도 하고 한 것 알지 않습니까? 내가 과거에 목포에서 경상도 진주분 선거운동을 했는데 '당신 왜 경상도 사람 운동하느냐'는 소리 한번 들은 적 없습니다. 박정희 대통령도 전라도 표 덕에 대통령 됐고, 그 후 20여 년간 전라도에서 여당이 다수였습니다. 그러다가 결국 전라도 사람이 견디다 못해 내가 등장하고 하니까 전부 나에게 표를 주고 했습니다. 전라도와 경상도에 야당이 세니까 군사정권이 가르기 작전을 했습니다. 못 고칠 감정도 아니고 고질도 아닙니다. 양쪽이 이해 관계가 없잖아요. 대통령 때 노력을 많이 했으나 가장 성공하지 못한 것이 이 분야입니다. 하지만 씨는 뿌렸고, 그 씨가 아직 말라죽지 않았습니다.

강천석 정치생활 50년 동안 언론과의 관계도 많았을 것입니다. 언론 입장에서 권력은 너무 멀면 보이지 않고 너무 가까우면 화상(火傷)을 입습니다. 권력과 언론은 늘 부딪칠 수밖에 없습니다. 김 전 대통령 재임 중에 세무사찰도 있었는데, 언론과 권력의 관계, 언론과 정부 관계는 어때야 한다고 생각하십니까?

김대중 언론과 권력의 사이는 긴장된 관계 속에서 협력할 것은 협력하고 비판할 것은 비판하는 것이 제일 좋은 것으로 생각하고 숙명적으로 긴장 관계는 없을 수 없는 거지요. 한쪽에서 보면 언제나 상대방이 불만인 것이 언론과 권력 관계입니다. 과거 독재 정권이 야당 사람들에게 뒤집어씌운 것을 언론이 그대로 보도했습니다. 그 후로 언론이 그것이 잘못이었다고 말한 일이 없는데, 나는 그것을 해야 한다고 생각합니다. 그러나 우리는 언론이 안 할래야 안 할 수 없는 빡빡한 관계 속에 있었다는 것을 인정합니다. 저는 그것을 원한이라고 생각하지 않습니다. 처음에 언론사에 대한 세무조사 보고를 받고 고민을 했습니다. 몇몇 신문이 크니까 추징금 액수가 컸고 그래서 고통도 컸을 것입니다. 그러나 나는 대통령으로서 회피할 수 없었고 후회는 없습니다. 불행한 일이었는데, 투명한 언론 발전을 위한 계기가 되기를 바랍니다.

강천석 '신문 없는 정부보다 정부 없는 신문을 원한다'고 했던 토머스 제퍼슨도 대통령이 되고서는 신문 때문에 못해 먹겠다고 했다고 합니다. 김 전 대통령도 같은 심정이십니까?

김대중 다릅니다. 나는 대통령이 되기 전에도 언론에 어려움을 겪었고 되고 나서도 겪었으니 내 욕심대로라면 언론이 공정하게 해줬으면 좋겠습니다 (웃음).

강천석 요즘 한류(韓流) 현상에 관심이 많으시다고 들었습니다.

김대중 중국 주변 민족은 곧 중국화됐습니다. 그런데 우리는 2,000년 이상 중국으로부터 문물을 받아들이고도 중국화가 안 됐습니다. 받아들여서 우리 것으로 재창조했기 때문입니다. 여기에다 한국처럼 민주화를 위해 싸우고 민주화를 이룬 나라가 아시아에서 드뭅니다. 재임 중에 문화예술에 간섭하지 말라고 했습니다. 그러지 않았다면 〈실미도〉, 〈태극기 휘날리며〉도 가위질당하고 국가보안법으로 처벌받았을 겁니다. 이런 것이 합쳐져서 한류가 됐다고 생각합니다. 요즘 말레이시아 고관들이 식사할 때 화제가 〈겨울연가〉이고 우리 대사는 〈겨울연가〉 노래를 거기서 배웠다고 합니다. 이제 일방적으로 우리 것만 주지 말고 상대방 문화도 받아주는 것만 잘하면 큰 발전이 있을 것입니다.

강천석 상대방 문화를 받아줘야 한다는 것, 중요한 말씀으로 생각됩니다. 마지막으로 김 전 대통령은 역사에 어떤 인물로 기록되길 바라십니까?

김대중 내가 뭘 잘했느냐에 대해선 의견 차이가 있을 것으로 생각합니다. 하지만 아무리 나를 반대하는 사람도 한 가지 점에 있어서는 인정해줄 것으로 믿습니다. 민주주의에 대한 내 신념을, 어떠한 생명의 위협과도 바꾸지 않으면서 지켰다는 것만큼은 부인하지 않을 것으로 생각합니다. 1980년에 군사정권에서 협력하면 살려주고 아니면 죽일 것이라고 했습니다. 나도 살고 싶었지만, '일시적으로 살지만 영원히 죽는 길이 아니라, 일시적으론 죽겠지만 영원히 사는 길을 택하겠다' 면서 군사정권의 요구를 거절했습니다. 목숨을 내놓고 신념을 지켰다는 것은 평가해줄 것으로 생각합니다.

한국과 동북아 평화·안보·번영을 위한 한국의 전략적 역할 •

미국 아시아재단 창립 50주년 초청 강연
2005. 4. 25

존경하는 더그 비라이터 총재, 그리고 아시아재단의 관계자 여러분!

아시아재단이 설립된 이래 50년 동안 한국과 아시아 각국의 발전 그리고 한국과 미국 간의 협력 관계 증진에서 이룩한 공헌에 대해서 이를 높이 평가하고 감사하는 바입니다.

오늘 '한국과 동북아 평화·안보·번영을 위한 한국의 전략적 역할'이라는 주제를 가지고 몇 말씀드리겠습니다.

1894년의 청일전쟁과 1904년의 러일전쟁에서 중국·러시아·일본 3국이 한반도의 지배권을 놓고 혈전을 벌인 끝에 두 번의 전쟁 모두 일본의 승리로 귀결되었습니다. 그리고 미국은 가쓰라–태프트 밀약 ••을 통해서 일본의 한국 병탄을 승인하였습니다. 이와 같이 미국, 일본, 중국, 러시아 4대국 모두 우리의 비극적 운명에 결정적인 영향을 주었던 것입니다. 이러

•
2005년 4월 미국 아시아재단의 초청으로 퇴임 후 처음으로 미국을 방문한 김대중 전 대통령은 아시아재단, 샌프란시스코대학, 스탠포드대학 3곳에서 연설을 했다. (편집자 주)

••
가쓰라–태프트 밀약 1905년 미국 육군 장관 윌리엄 하워드 태프트와 일본 수상 가쓰라 다로 사이에 체결한 밀약. 미국의 필리핀 식민 통치를 인정하는 대신, 일본은 미국으로부터 한국 점령을 승인받았다.

한 역사적 사실이나 지정학적 현실은 4대국이 한반도 안보와 평화를 위해서 매우 중요하다는 것을 말해주고 있습니다.

나는 1971년 처음으로 대통령 선거에 출마했을 때 한반도의 평화를 위한 4대국 보장론을 선거공약으로 내세운 바 있습니다. 지금의 6자회담은 4대국에 남북을 합친 것입니다. 저는 최근에는 6자회담을 성공시킨 후에 이를 상설화시켜서 한반도와 동북아시아의 안보와 평화를 위해 중심적 역할을 해야 한다고 주장하고 있습니다. 미국 정부 당국자 중에서도 그러한 의견을 표시한 분이 있고 중국도 그렇습니다.

우리가 가장 바라는 것은 한반도 평화이고 장차의 남북 간의 평화적 통일입니다. 이를 위해서 우리는 4대국이 긍정적이고 적극적인 역할을 해줄 것을 간절히 바라고 있습니다. 이는 한국 외교의 핵심을 이루는 전략 사항인 것입니다.

존경하는 여러분!

최근 한미 간에는 간혹 불협화음이 있는 것처럼 보입니다. 그러나 이것은 상당히 잘못된 평가입니다. 작년 말에 한국, 일본, 영국, 프랑스, 독일, 러시아, 인도, 이스라엘 등 10개국의 주요 언론이 각 국민의 대미 인식을 조사한 바 있습니다. 그에 따르면 한국인의 93%가 미국과 좋은 관계를 유지하기를 바란다고 했습니다. 그러나 한국인의 85%가 미국의 이라크 전쟁을 잘못된 것이라고 답변했습니다. 이것은 무엇을 말합니까? 한국인은 미국을 좋아하면서도 현실적인 정책에 있어서는 반대할 것은 반대한다는 것을 표시한 것입니다. 이러한 경향은 영국이나 일본 등 대부분의 나라에서도 마찬가지입니다.

한국은 세계 어느 나라 못지않게 미국에 협력해왔습니다. 6~70년대 베트남전에 2개 사단을 파병하여 미국에 협력했습니다. 베트남전에 참가한 한국 병사 5천여 명이 전사하였습니다. 현재는 아프가니스탄에 파병하고 있습니다. 이라크에는 3,700명의 군인을 보내서 미국, 영국 다음 가는 파병 국가가 되었습니다. 서울 바로 전면 휴전선을 따라 배치돼 있던 미군 2사단을 한국군과 교체해서 후방으로 이동하는 데 동의했습니다. 또 서울 시내에 있는 미군 사령부를 남쪽으로 이전하는 데 약 40억 불을 부담하면서 협력하고 있습니다.

한국인의 미국에 대한 태도는 다음의 3가지로 요약할 수 있습니다. 첫째, 우리는 미국과 굳건한 동맹 관계를 유지한다. 둘째, 북한 핵을 절대 반대하며 미국과 같이 한반도 비핵화를 추진하지만 미국의 좀 더 유연한 대북 협상 자세를 바란다. 셋째, 대북 정책에 있어서 당사자인 한국의 상당한 역할을 미국이 인정해주어야 한다는 것입니다.

존경하는 신사 숙녀 여러분!

북핵 문제의 해결 방안에 대해서 말씀드리겠습니다. 북한 핵 문제의 해결 방안은 사실 보기에 따라 매우 간단합니다. 북한은 핵을 완전히 포기하고 검증을 받아야 합니다. 그리고 미국은 북한의 안전을 보장하고 경제제재를 해제해야 합니다. 이러한 양측의 카드는 동시에 주고받는 협상의 방식을 취해야 할 것입니다. 6자회담의 테두리 안에서 미국과 북한은 성실하고 허심탄회한 태도로 협상을 진행시켜야 한다고 생각합니다. 지금 북한은 한반도 비핵화에 대해서 이를 받아들이겠다고 말하고 있습니다. 미국도 유연한 태도로 북한에 반대급부를 보장해야 할 것입니다. 나는 이렇게 하면 핵 문제는 해결된다고 확실히 믿고 있습니다.

만일 미국이 북한의 안전을 보장하고 경제제재를 해제했는데도 불구하고 북한이 핵을 완전히 포기하는 약속을 지키지 않을 때는 6자회담 참여 국가들이 단호한 태도를 북한에 대해서 취할 수 있을 것입니다. 부시 행정부

1기 4년 동안 적극적인 협상 없이 시간만 끈 결과 북한은 핵확산금지조약을 탈퇴하고, 국제원자력기구 사찰요원을 추방하였으며, 핵무기 개발을 발전시키고 있습니다. 사태는 더욱 악화된 것입니다.

북한은 6자회담에 복귀해야 합니다. 할 말이 있으면 6자회담에 나와 해야 합니다. 그러나 회담을 여는 것 자체가 중요한 것이 아니고 무엇을 합의하느냐가 중요합니다. 다음 제4차 6자회담에서는 앞서 말한 바와 같이 구체적으로 주고받는 성과 있는 협상이 이루어지기를 바랍니다.

존경하는 여러분!

한국은 21세기 경제적 번영과 통일을 위한 전략적 차원에서 북한에 대한 경제적 진출이 절대 필요합니다. 북한은 매우 우수한 노동력을 가지고 있고, 임금이 저렴하며, 같은 민족으로서 언어와 문화가 일치합니다. 이미 남북한 합작으로 건설한 북한 지역의 개성공단에서는 좋은 성과를 내기 시작하고 있습니다. 한국의 북한 진출은 중국의 독점적 진출을 견제하는 데도 필요합니다. 이는 한반도 주변의 역학 관계와 장차의 통일을 내다볼 때 매우 중요합니다.

그러나 가장 중요한 경제적 영향은 한국의 철도와 도로가 북한과 연결됨으로써 한국과 일본 등 태평양 지역의 물자를 시베리아나 중국 내륙을 거쳐 중앙아시아 그리고 유럽의 파리, 런던까지 육로로 수송할 수 있다는 것입니다. 이는 물류비용과 수송 기간을 30%나 절감하거나 단축할 수 있게 되고 말라카 해협과 인도양의 해적의 위협도 걱정할 필요가 없습니다.

이와 같이 북한과 철로가 연결되면 '철의 실크로드'는 유라시아 대륙 전체를 연결하고 태평양과 대서양을 연결하게 됩니다. 또한 일본과 협력해서 한일 양국을 연결하는 해저터널도 건설할 수 있습니다.

이러한 과정에서 한국은 동북아 물류의 거점이 될 것입니다. 물류가 일어나면 제조, 금융, 보험, 그리고 문화, 서비스 분야로 확대되어 우리는 큰 번영을 누리게 될 것입니다. '철의 실크로드'는 동북아시아에 투자한 미국 기업에도 많은 혜택을 줄 것입니다. 유라시아 대륙을 연결하는 '철의 실크로드'는 21세기 한반도 번영의 필수 불가결한 전략이 되는 것입니다.

존경하는 여러분!

마지막으로 한반도 통일 문제에 대해서 간단히 말씀드리겠습니다. 우리는 독일식의 흡수통일을 바라지 않습니다. 우리의 경제적 능력으로 보아 북한을 당장에는 전적으로 책임질 능력이 없습니다. 그리고 60년 동안 남북이 분단된 상태였고 그 사이 전쟁을 치르고 증오 속에 대결해왔기 때문에 조속한 통일은 심각한 정신적 갈등을 초래할 것입니다. 이 점에 있어서는 동서독 관계가 우리에게 좋은 교훈을 주고 있습니다.

나는 한반도 통일은 3원칙 3단계의 기준 위에 이루어져야 한다고 주장하고 있습니다. 3원칙은 평화공존, 평화교류, 평화통일의 원칙입니다. 3단계는 남북연합, 남북연방, 완전통일의 단계입니다. 이것은 나의 햇볕정책의 구체적 전략입니다. 냉전의 찬바람 대신 따뜻한 햇볕을 보내는 이러한 전략이야말로 남북 간의 평화와 번영 그리고 통일을 가져오는 유일한 길이라고 생각합니다.

미국과 소련은 제2차 세계대전이 끝난 후 전후 처리 과정에서 한반도를 남북으로 양분했습니다. 그 결과 우리는 동족상잔의 전쟁, 60년 동안의 분단 등 엄청난 민족적 비극과 고통을 겪었습니다. 이러한 가운데 우리는 한국전쟁 이래 국가 안보를 위해서 미국에 많은 신세를 졌습니다. 우리는 그 고마움을 잊지 않고 있습니다.

이제 미국은 한반도의 평화를 유지하는 데 우리와 굳건히 협력해줄 것을 바랍니다. 그리고 우리가 열망하는 통일을 평화적으로 이룩하는 데 있어서 큰 기여를 다해줄 것을 바라 마지않습니다. 그리하여 우리 국민과 더불어 영원한 우정과 신뢰와 협력을 함께 나누기를 바라 마지않습니다.

감사합니다.

질 의 응 답

질문 1. 6자회담이 교착상태에 있고 북한도 핵을 포기하지 않고 있습니다. 미국도 적절한 보상을 하지 않는데 해법은 무엇이라고 생각합니까?

북한은 공식적으로는 미국이 안전을 보장하고 경제제재를 해제하면 검증을 받겠다고 얘기하고 있습니다. 그들은 핵 포기에 대한 대가, 즉 안전보장과 경제제재 해제를 해줘야 한다고 주장하는데 미국은 나쁜 일에 보상해줄 수 없다고 합니다. 우리는 북핵에 반대합니다. 그러나 북한은 미국이 (정권을) 전복시키려 하니까 자존, 존재 유지를 위해 핵을 고집하고 있습니다. 따라서 미국은 북한이 핵을 포기하면 무엇을 해주겠다는 것을 분명히 말하고 6자회담에서 좋은 합의가 이뤄져야 합니다. 당근을 줄 때는 줘야 하고 압박만 계속하면 나머지 회담 참가국들이 불만을 표시할 수도 있는 것입니다.

질문 2. 남한 정부는 북한의 인권이 개선되지 않고 있는데 왜 문제삼지 않고 있습니까?

남한에서도 인권에 대해 걱정하고 강력한 생각도 있습니다. 그리고 미국과 국제사회의 비판에 대해서도 공감합니다. 그러나 우리는 두 가지 점에서 조금 다를 수 있습니다. 첫째, 남한은 북한 인권 문제에 대해 어느 정도 성과를 올리고 있습니다. 전후 60년 동안 못해오던 이산가족상봉이 2000년 남북정상회담 이후 본격화돼 과거 35년 동안 200명에 불과했던 것이 그 이후 1만 명이 됐고, 편지로 소식을 전하는 이들도 있습니다. 탈북자도 6000명을 받아들여 자유를 찾게 했고 100만 명이 금강산을 관광했습니다. 남한이 북한을 국제사회와 똑같이 공개적으로 비판한다면 남북 관계는 단절될 수 있습니다. 같은 민족으로서 현실적인 점을 감안해 별도의 자세를 취하는 것입니다. 둘째, 공산 체제를 겨냥한 억압과 비판은 효과가 적고 어떻게 하든지 개혁 개방으로 유도할 때 가능하다는 것은 역사적 사실입니다. 소련과 동유럽에 대해 미국과 서방세계가 계속 비판했으나 이뤄내지 못한 일을 미국-소련 간 데탕트, 헬싱키 협약* 이후 경제·문화 교류가 활성화되면서 공산권의 개혁 개방이 이뤄졌습니다. 밖에서 총 한 방 안 쐈는데 그대로 무너졌습니다. 중국도 닉슨 대통령이 마오쩌둥을 만나 개혁 개방을 이뤄냈고 그 후 덩샤오핑이 나오고 오늘날 중국의 변화를 가져왔습니다. 베트남도 마찬가지입니다. 쿠바는 50년 동안 미국이 봉쇄했으나 인권을 발전시키지 못했습니다. 그렇다면 무엇을 배워야 합니까? 공산권 국가는 봉쇄하거나 압박하면 오히려 외부와 차단되고 인권은 발전하지 못합니다. 그러나 개방으로 유도할 때는 개선됩니다.

질문 3. 한일 관계 악화로 언짢아하는 이들이 많습니다. 전후 60년 이후 감정적인 문제 해결을 위해 일본이 할 수 있는 일은 무엇입니까?

예를 들겠습니다. 지난 1993년 영국 케임브리지대에 6개월 체류 시 옥스퍼드대학 일본문제연구소에서 초청 연설을 했는데 그때 일본인 교수와 학생들이 "영국이나 프랑스는 과거 식민 지배를 받았던 국가들과 관계가 원만한데 왜 한국은 과거에 집착하여 일본에 불평 혹은 원망하는가?"라는 질

---

* **헬싱키 협약(Helsinki 協約)** 1975년 7월 핀란드의 수도 헬싱키에서 열렸던 유럽안전보장협력회의(헬싱키 회의)에서 미국과 소련을 비롯한 35개 참가국들은 '상호 간의 국경 존중' 등의 10개 원칙을 천명하고 4개의 의제에 관한 최종문서(헬싱키 선언)에 조인했다. 1947년에 동서냉전이 시작된 이래 냉전의 얼음장 밑에서 꾸준히 해빙의 추세를 보여왔던 유럽은 이 회의를 계기로 데탕트와 동서 간 협력의 첫걸음을 내디뎠고 헬싱키 선언은 이러한 긴장 완화의 시대적 분위기를 상징하고 있다.

문을 받았습니다. 그래서 답하기를 "독일과 일본의 전후 태도를 비교해보라. 독일은 나치 청산 과정에서 철저한 사과와 보상, 교육, 유대인 대학살 현장 보존을 거치면서 새롭게 태어났다. 그래서 영국, 프랑스 등 독일 이웃 국가들은 현재 유럽연합(EU), 북대서양조약기구(NATO)에서 독일과 협력하고 있고, 독일은 통일 시에도 주변국들의 지지와 협력을 받았다. 그런데 일본은 과거에 대한 교육은 제대로 안 하고 심지어 미화하며, 아시아 제국을 근대화시켰다느니 교육을 시켰다느니 마치 은혜를 베푼 것처럼 엉뚱한 소리나 한다"고 말했습니다. 그랬더니 그들이 "정말 그런 거 몰랐다. 크게 깨달았다"고 했습니다. 우리는 일본과 좋은 이웃이 되길 바랍니다. 그런데 일본은 극도로 우경화하고 있습니다. 그래서 불가피하게 비판하는 것입니다. 매우 슬픈 일입니다.

남북 관계와 한반도 미래

미국 스탠포드대학 초청 강연
2005. 4. 27

존경하는 존 헤네시 총장, 신기욱 소장, 페리 전 대북정책조정관, 쇼렌스타인 사장, 그리고 이 자리에 계신 신사 숙녀 여러분!

오늘 저에게 세계적으로 저명한 스탠포드대학에서 강연할 기회를 주신 것을 큰 영광으로 생각하고 감사의 말씀을 드립니다.

저는 먼저 저에게 주어진 주제인 '남북 관계와 한반도 미래'에 대해서 말씀드리고 여러분의 질의가 있으면 답변하도록 하겠습니다.

2000년 6월의 남북정상회담은 한반도 분단 이래 55년 만에 처음으로 남북의 정상이 한자리에 모인 역사적인 날이었습니다. 그 회담에서 남북한은 통일에 대한 제1단계의 원칙에 합의하고, 각종 교류 협력과 수백만 이산가족의 상봉에 대해서 합의했습니다. 또한 북한 김정일 국방위원장의 서울 방문에 대해서도 합의했습니다. 이러한 합의 결과는 냉전의 찬바람이 불던 한반도에 햇볕이 내리비쳐 따뜻한 한반도로 변화시키기 시작했습니다.

무엇보다도 전쟁의 위기가 항상 감돌던 한반도의 긴장이 크게 완화되었습니다. 6·15 남북정상회담 이래 이산가족 상봉, 금강산 관광, 민간 교류 등으로 100만 명의 남북한 사람들이 서로 왕래했습니다. 경제, 사회, 문화,

체육 등 교류가 행해지고 있습니다. 남한의 자본과 기술로 북한 땅에 공단을 건설하여 이미 그곳에서 제품이 생산되기 시작했습니다. 철도와 도로가 휴전선을 가로질러 연결되고 있습니다.

존경하는 여러분!

그러나 가장 중요한 것은 남북 간 주민들의 민심이 크게 변했다는 사실입니다. 북한은 그동안 남한을 '미 제국주의의 앞잡이로서 미국과 더불어 북한을 전복하고 침공할 기회만 노리고 있다' 고 북한 주민에게 일방적으로 선전해왔습니다. 이러한 선전은 폐쇄 사회에 사는 북한 주민들을 완전히 세뇌시켰던 것입니다. 그러나 제가 북한을 방문해서 김정일 국방위원장과 회담하는 장면이 북한 TV를 통해서 생생하게 보도되었습니다. 그리고 정상회담을 통해서 '평화적으로 같이 살면서 교류 협력하다가 평화적으로 통일하자' 는 양측의 합의가 알려지면서 비로소 북한 민심에 변화가 일기 시작했습니다.

그러나 북한 민심의 결정적 변화를 일으킨 것은 남한의 북한에 대한 인도적, 경제적 지원이었습니다. 2000년 이후 남한은 북한에 매년 40만 톤의 쌀과 20만 톤 이상의 비료를 제공해왔습니다. 이렇게 지원된 쌀은 굶주린 북한 주민들의 배를 채워주었고, 비료는 북한의 농업생산력을 획기적으로 증대시켰습니다. 그들은 이러한 지원을 통해서 남한이 잘산다는 것을 비로소 알게 되었고 또 그들에게 이러한 물자를 보내준 남한 국민에 대해서 감사와 동경을 느끼기 시작했습니다.

재미있는 현상은 북한에 지원한 쌀과 비료를 담은 포대가 매년 수천만 개가 되는데, 이 포대가 북한 전역에 흩어지면서 그 포대에 인쇄되어 있는 남한 제품이라는 표시가 북한 주민에게 무언의 선전과 심리적 변화를 일으키고 있는 것입니다. 이제 북한 사람들은 반공개적으로 남한에 대한 호의와 고마움을 표시하고 있습니다. 현재 북한 전역에는 남한의 TV 드라마와 음악 등이 암암리에 퍼지면서 남한의 문화가 북한 사람들에게 큰 영향을 주고 있습니다.

한편, 남한에서도 북한에 대한 생각이 많이 바뀌었습니다. 특히 2002년 부산 아시안게임과 2003년 대구 유니버시아드 대회에 북한 선수단과 아름다운 여성 응원단이 참가하여 큰 반응을 일으킨 것을 계기로 남한 사람들의 북한에 대한 감정이 변화하기 시작했습니다. 그것은 과거에 공산 북한은 무조건 반대했지만 이제는 공산주의 그 자체는 반대하지만 동족 간의 인간적인 애정은 구분할 필요가 있다는 것입니다.

이러한 남북 민심의 변화는 남북 간의 교류 협력 외에 1,300년 동안 통일을 유지해온 단일민족의 저력도 크게 반영된 것으로 보입니다. 우리는 1945년 일제의 패망과 더불어 뜻하지 않게 미국과 소련에 의해서 남북으로 분단되었습니다. 그 후부터 지금까지 60년 동안 우리 민족의 비극은 계속되고 있습니다. 분단, 동족상잔의 전쟁, 세계 유일하게 남아 있는 냉전지대 등의 아픔을 면하지 못하고 있습니다. 그러나 6·15 남북정상회담 이후 앞서 말씀드린 바와 같이 남북 양 지역에 변화가 일어나고 있습니다. 만일 북핵 문제가 해결되고 미북 관계가 개선된다면 남북 관계는 급속한 화해 협력의 방향으로 나아갈 것이 확실합니다.

존경하는 신사 숙녀 여러분!

그렇다면 현재 초미의 관심사인 북한 핵 문제를 어떻게 해결해야겠습니까? 지금 6자회담의 개최 자체를 둘러싸고 북한과 6자회담 참여국 사이에 갈등이 계속되고 있습니다. 그러나 본질적으로 중요한 문제는 6자회담 개최 자체가 아니라 회담에서 무엇을 합의하느냐 입니다.

핵 문제의 해결은 보기에 따라서 아주 간단합니다. 북한은 핵을 완전히 포기하고 철저한 검증을 받아야 합니다. 미국은 북한의 안전을 보장하고 경제제재를 해제해야 합니다. 서로 불신이 강하기 때문에 그 실천은 동시에 병행해서 행해져야 합니다. 6자회담에서 이러한 합의가 이루어졌는데도 북한이 핵을 완전히 포기하지 않을 때는 6자회담은 북한에 대해서 보다 강력한 대책을 세워야 할 것입니다. 이것이 북핵 문제의 해결 방법이라고 생각합니다. 북한은 지금 핵을 포기할 용의가 있음을 공언하고 있습니다. 미국도 이에 상응하는 카드를 제시함으로써 6자회담이 해결의 실마리를 찾도록 해야 할 것입니다.

부시 행정부 1기 4년 동안 북미 관계는 아무런 진전을 보지 못한 채 사태는 더욱 악화되었습니다. 북한은 핵확산금지조약을 탈퇴했습니다. 국제원자력기구 사찰요원을 추방했습니다. 이로 인해 우리는 북한의 핵 개발 상황을 전혀 알 수 없게 되었습니다. 이런 가운데 북한은 핵을 이미 제조했다고 공언하고 있습니다. 시간을 끄는 것은 사태를 더한층 악화시킬 뿐입니다. 주고받는 포괄적 협상을 추진하여 북핵 문제를 하루속히 종결시키는 것이 한반도 평화와 동북아 일대의 핵 확산을 막는 데 중요합니다.

북한이 핵무기를 실제로 보유하고 있다는 것이 확인되면 남한과 일본 그리고 대만으로까지 핵이 확대될 우려가 있습니다. 이는 동북아시아 일대를 핵의 지뢰밭으로 만드는 결과가 될 것입니다. 우리는 이러한 사태를 초래하지 않도록 단단히 유의해야겠습니다. 미국은 이 문제에 대해서 현명한 정책적 판단을 해서 6자회담을 주도해야 할 것입니다. 이러한 가운데 한미 간의 긴밀한 협의와 협력도 이루어져야 할 것입니다.

존경하는 신사 숙녀 여러분!

한반도의 미래에 대해서 몇 말씀드리겠습니다.

첫째, 한반도의 평화와 안정을 위해서는 무엇보다도 한반도의 비핵화가 실현되어야 합니다. 이 점에 있어서는 6자회담의 참가국 모두 이의가 없는 것은 다행한 일입니다.

둘째, 6자회담에서 북핵 문제가 원만히 해결되면 6자회담을 상설기구로 만들어서 한반도 평화 유지와 동북아시아 전체의 안정에 주도적 역할을 하는 기구로 발전시켜야 합니다. 6자회담 체제는 미국이 주도한 성공적 작품입니다.

셋째, 한미동맹은 한미 양국의 공동의 이익과 동북아시아의 평화와 세력 균형을 위해서 필수 불가결합니다. 한국민은 때로 미국의 정책에 대해 비판을 할 때도 있지만, 한미동맹을 굳건히 유지해야 한다는 데는 전혀 이의가 없습니다. 주한미군의 존재는 미래의 한반도와 동북아 지역의 안정을 위해서 꼭 필요합니다. 이는 남북정상회담 당시 김정일 위원장조차 동감한 사실입니다. 그리고 미국의 한반도 주둔은 미국의 이익을 위해서도 중요합니다.

넷째, 남북 관계가 개선되고 북한과 교류 협력이 촉진되었을 때 남한을 출발한 기차는 북한의 철로를 거쳐 중국 대륙, 시베리아, 중앙아시아, 유럽까지 연결될 것입니다. 한국의 부산항에서 유럽의 파리, 런던까지 연결하게 되는 '유라시아 철의 실크로드'는 일본이나 태평양 지역의 물자의 수송에도 공헌할 것입니다. 동북아시아에 진출해 있는 미국 기업에도 이익을 줄 것입니다. 기차를 통한 수송은 배를 이용하였을 때보다 비용과 시간 면에서 30%가량 절약하는 이점이 있습니다. 해적으로부터의 피해도 없습니다. 그렇게 되면 서울에서 이루어졌던 '한강의 기적'은 북한 중국의 국경을 흐르는 '압록강의 기적'이 되어 한반도 전체의 번영의 원동력이 될 것입니다.

다섯째, 한민족 최대의 소원은 통일입니다. 우리는 독일과 같은 급격한 통일을 바라지 않습니다. 우리는 평화공존, 평화교류, 평화통일의 3원칙 아래 1단계 남북연합제, 2단계 남북연방제, 3단계 완전통일의 3원칙 3단계의 통일 정책을 추진할 것입니다. 이것이 우리의 햇볕정책의 골자입니다. 이러한 통일은 우리 민족의 미래에 큰 축복이 될 것입니다. 또한 동맹국인 미국이나 모든 주변 국가들과도 안정과 평화와 번영을 공유하게 될 것입니다.

존경하는 여러분!

남북 관계의 미래는 평화에 달려 있습니다. 평화공존, 평화교류, 평화통일만이 우리가 나아갈 대원칙입니다. 민족의 통일을 평화적으로 이룩하는 길입니다. 우리는 이러한 민족적 소망을 달성하는 데 미국과 세계 모든 벗들이 큰 이해와 적극적인 성원을 아끼지 않기를 바라 마지않습니다. 무엇보다 이 자리에 계신 분들의 성원을 바랍니다.

감사합니다.

질 의 응 답

질문 1. 남한 사람들은 막대한 통일 비용을 감당할 준비가 돼 있습니까?

막대한 통일 비용이라는 개념 자체가 흡수통일을 의미합니다. 아까 내가 3단계 통일 방안을 말했는데 그 안에 답이 있습니다. 함께 평화적으로 공존하고 교류, 협력하면서 결국 평화통일을 이루는 것으로, 첫 단계는 남북연합, 두 번째는 남북연방, 마지막으로 완전통일을 이룩하는 것입니다. 이런 3단계를 밟아가서 10년, 20년에 걸쳐 안정적으로 해나가야 합니다. 우리는 지금 당장 막대한 통일 비용을 들여가며 북한을 통일할 경제적 능력이 없습니다. 그리고 경제적 능력이 있다고 하더라도 남북한은 오랫동안 분단되어 있었기 때문에 심리적인 격차가 있습니다. 동서독은 급격한 통일을 이루면서 아직까지도 정신적 격차로 어려움을 겪고 있습니다. 과거에 독일 대통령을 만났을 때 그는 "베를린 장벽은 무너졌지만 사람들 마음 사이의 장벽은 무너지지 않았다"고 걱정하는 것을 보았습니다. 그렇기 때문에 시간을 두고 북한이 자기 힘으로 경제를 회생시킬 수 있도록 도와야 합니다. 북한은 저렴하고 우수한 노동력을 가지고 있습니다. 고등학교까지가 의무교육이고 7년, 10년의 군복무를 합니다. 남북한은 언어, 문화 등을 공유하고 있습니다. 그렇기 때문에 북미 관계가 개선되면 제2, 제3의 개성공단이 설립될 수 있고 한국은 북한의 사회간접자본에도 투자할 수 있습니다. 그렇게 되면 북한의 경제 자립은 10년이면 이룰 수 있을 것입니다. 북한의 경제 발전은 경제 발전뿐 아니라 민심의 큰 변화도 가져올 것입니다. 예로부터 머리 맞대고 함께 돈 버는 사람들이 서로 싸우는 일은 없다고 했습니다. 평화 공존, 협력을 추진하다가 이 과정에서 북한은 국제통화기금, 아시아개발은행 등의 차관을 받을 수 있고 미국, 유럽연합 등도 북한 경제에 진출할 수 있습니다. 문제는 북핵 문제와 북미 관계 개선입니다. 이 문제만 해결되면 남북한 관계는 급속하게 발전하게 될 것입니다.

질문 2. 1994년 핵 위기 때 대통령님이 지미 카터 전 대통령을 특사로 보내야 한다고 주장하셔서 지미 카터 전 대통령이 가서 효과를 봤습니다. 지금 김 전 대통령께서 북한 핵 위기를 해결하기 위해 어떤 역할을 하실 의향은 없으십니까?

나에게 대북 특사를 가라는 이야기를 의미하는 것 같습니다. 그와 관련된 주장이 있음을 언론을 통해서도 알고 있습니다. 1994년 첫 핵 위기 때 미국의 카터 대통령이 북한을 방문했고 핵 위기에 돌파구가 마련됐습니다. 하지만 카터 대통령 때는 가라는 사람도 있었고 카터에게 북한에서 오라고 하기도 하였습니다. 그런데 지금은 아무도 나에게 가라고 하지 않고 오라고도 하지 않습니다. 만약 가라고 하고 오라고 하면 그때 생각해보겠습니다.

한반도 평화와 민족의 미래

한신대학교 개교 65주년 초청 강연
2005. 5. 12

존경하는 오영석 총장, 교수 여러분, 그리고 학생 여러분, 내빈 여러분!

오늘 저를 초청하여 강연할 기회를 주신 것을 매우 감사히 생각합니다. 한신대학교는 한국에서 가장 큰 대학은 아닙니다. 그러나 한신대학교는 그 어느 대학보다도 위대한 대학이고 평화와 민주주의 발전을 위해서 공헌한 대학입니다. 한신대학교는 위대한 선각자였던 김재준 목사를 위시하여 문익환 목사, 안병무 박사, 문동환 박사 등 기타 수많은 신학자와 목회자 등 통일과 민주주의에 헌신한 선구자들을 배출했습니다. 그런 가운데 한신대학교 학생들은 스승들과 더불어 자유를 위해서, 통일을 위해서 희생을 바치는 것을 주저하지 않았습니다. 저는 이러한 한신대학교의 위대한 공헌에 대해서 항상 존경과 흠모의 정을 갖고 있었기 때문에 오늘 이 자리에 기꺼이 나오게 된 것입니다.

존경하는 여러분!

지금 한반도는 매우 불길한 위기국면으로 들어가고 있는 것 같습니다. 6자회담은 열리지 않고 있습니다. 북미 간의 주고받는 협상의 전망은 불투명합니다. 북한의 핵실험 준비설이 나돌고 있습니다. 이에 맞서 미국의 선제공격설까지 나오고 있습니다. 북한과 미국 사이에 비외교적인 거친 비방들이 오고 가고 있습니다.

　이 모든 것은 북한 핵 문제에 대한 해결책이 나오지 않기 때문입니다. 그러나 제가 항상 말한 바 있지만 북한 핵 문제 해결은 보기에 따라 매우 간단합니다. 북한은 핵을 완전히 포기하고 철저한 검증을 받아야 합니다. 미국은 북한의 안전을 보장하고 경제제재를 해제해야 합니다. 서로 불신이 크기 때문에 동시에 실행해야 합니다. 북미가 이러한 자세로 나올 때 6자회담은 이것을 수용하여 그 실천을 공동으로 담보할 수 있을 것입니다. 그리고 만일 한쪽이 약속을 어겼을 때는 6자회담에서 그 책임을 추궁하는 적절한 조치를 취할 수 있을 것입니다. 저는 여기에서 각 당사자에 대해서 몇 마디 제안을 하고 싶습니다.

　첫째, 미국은 이 단계에서는 핵 문제의 평화적 해결 원칙을 고수하고, 제재조치를 취하는 것을 서둘러서는 안 됩니다. 지금 미국의 일부에서 운운되고 있는 선제공격은 우리 민족을 공멸시킬 우려가 있기 때문에 결코 동의할 수 없습니다. 지금 단계는 북한의 핵 포기에 대한 상응한 대가를 주는 주고받는 협상을 할 단계입니다. 이러한 가운데 핵 문제의 한 당사자인 한국의 주장을 존중하고 그 역할을 활용해야 합니다. 북한 핵 문제가 파탄으로 갔을 때는 그 피해는 거의 전적으로 우리 민족이 감당해야 하기 때문입니다.

　한편 미국 내 일부에서는 대북강경조치에 동조하지 않는 한국에 대한 비판이 일고 있습니다. 즉, 미군이 한국전쟁에 참전해서 많은 희생을 내면서 한국을 도와주었는데 지금 한국이 그 은혜를 저버리고 있다고 비판을 하는 지도자와 언론이 있습니다. 우리는 북한 공산군의 남침에 의해서 국가의 운명이 풍전등화와 같을 때 미군이 개입해서 이를 구원해준 은혜를 결코 잊지 않고 있습니다. 그렇기 때문에 우리는 베트남전에 참전해서 5천여 명의 전사자와 1만여 명의 부상자 등 많은 희생자를 내면서 미국에 협력했습니다. 그리고 이라크 전쟁에 대해서도 국내의 상당한 반대가 있었음에도 불구하고 미국, 영국 다음으로 가장 많은 군대를 파병하고 있는 것입니다. 제2차 세계대전 이래 미국으로부터 많은 은혜와 관용을 입은 프랑스나 독일은 이라크에 파병하지 않았는데도 말입니다.

한편 우리는 미국의 책임에 대해서 기억해야 할 문제도 있다는 것을 지적하고 싶습니다. 1945년 일제 패망 시 미국과 소련은 한반도를 둘로 분단시켰습니다. 우리의 의사와 전혀 관계없이 이루어진 분단 때문에 남북은 동족상잔의 전쟁을 치렀고 60년 동안 만성적인 불안과 긴장 속에 살아온 것입니다. 최근 공개된 케이지비(KGB)* 문서는 1949년 미군 철수 때 미국이 북한이 남침하면 좌시하지 않겠다는 경고만 했어도 스탈린은 남침을 허용하지 않았고, 한국전쟁은 일어나지 않았을 것이라는 점을 보여주고 있습니다. 그러나 미국은 오히려 한국이 미국의 방위권 밖이라는 것을 밝히는 실수까지 범했던 것입니다. 지금 미국 내의 일부에서 제기되고 있는 일방적인 한국 비판은 타당하지 않습니다. 여론조사를 보면 한국 국민의 90% 이상은 미국을 좋아합니다. 다만 미국의 이라크 전쟁에 대해서는 반대가 큽니다. 이 점은 일본, 영국, 프랑스, 독일 등 미국의 우방국들이 같은 경향을 보이고 있습니다. 미국은 좋아하지만 잘못된 정책은 반대한다, 이것이 우리의 태도인 것입니다. 그것은 당연한 것입니다.

둘째, 북한에 대해서 말하고 싶습니다. 북한의 핵 보유는 잘못된 전략이고 남한과 맺은 한반도비핵화선언에도 위배됩니다. 북한은 핵 포기의 용의

* **케이지비(KGB)** 구 소련 당시 국가 권력을 유지하기 위해 자국민과 외국인의 활동을 감시·통제하던 비밀경찰 및 첩보 조직.

를 계속 분명하게 밝히고 협상에 임해야 합니다. 지금 운위되고 있는 핵무기 발사 실험은 결코 해서는 안 됩니다. 만에 하나라도 그럴 경우는 북한은 국제적으로 큰 반발을 면하기 어려울 것입니다. 무엇보다도 6자회담에 출석해서 할 말은 하고, 요구할 것은 요구하는 당당한 협상의 태도를 보여야 합니다. 세 차례나 참석했던 6자회담에 출석조차 하지 않는다는 것은 모순되는 것이고 스스로를 고립시키는 것입니다. 한국과도 당국자회담 또는 정상회담을 조속히 열어 핵 문제는 물론 민족 공동의 과제에 대해서 대화하고 협력해야 할 것입니다. 서울로 못 오면 도라산역으로라도 와야 합니다. 이것은 6·15 남북공동선언을 준수하는 길이고 우리 문제는 우리 민족끼리 해결하는 길입니다.

셋째, 한국은 1991년 남북 간에 맺은 한반도비핵화선언의 당사자이기 때문에 이를 위반한 북한 핵 문제 처리에 있어서도 당사자입니다. 우리는 북한 핵 문제 논의에 있어서 적극적인 당사자 역할을 할 권리가 있고 또한 책임이 있습니다. 우리는 북한에 대해서 6자회담에 적극 협력하고, 핵을 완전히 포기하도록 종용해야 합니다. 동시에 미국에 대해서도 북한에 대한 유연한 태도 속에 핵 포기에 대한 대가를 분명하게 제시하도록 요구해야 할 것입니다. 비료와 식량의 지원은 남한에 대해 불신과 적대감을 갖고 있는 북한의 민심을 감사와 동경으로 바꾸는 데 상당한 기여를 하고 있습니다. 이를 핵과 분리해서 다룰 필요가 있다고 생각합니다.

미국은 악을 행한 자와 대화를 할 수 없고 보상을 할 수 없다고 이야기합니다. 그러나 과거에 미국은 악마의 제국이라고 비방했던 소련과도 대화했고 한국전 당시 침략자로 규정했던 중국과도 대화했습니다. 뿐만 아니라 1953년 한국전쟁 중에도 북한과 대화해서 휴전협정을 맺었습니다. 그리고 휴전선의 북쪽 지역을 북한이 지배하는 것을 승인했던 것입니다. 즉, 미국은 양자 대화를 했을 뿐 아니라 주고받는 협상도 한 것입니다. 1953년에 맺은 휴전협정은 지금까지 반세기 동안 준수되어 한반도 평화에 기여하고 있습니다. 평화를 위해서, 국가의 이익을 위해서 필요할 때는 누구하고도 대화하는 것이 외교의 기본입니다.

존경하는 여러분!

다음에는 한반도 평화에 큰 전환점을 이룬 2000년 6·15 남북정상회담에 대해서 몇 마디 하겠습니다. 저는 북한에 대한 불신과 증오가 팽배한 가운데서도 민족 화해와 국민의 안전을 위해서 필요하다고 믿었기 때문에 남북정상회담을 추진했습니다. 저는 김정일 위원장과 정상회담을 시작하면서 이렇게 말했습니다.

'누구나 영원히 사는 사람이 없고, 또 그 자리에 영원히 있는 사람도 없다. 지금 당신과 나는 남과 북을 통치하고 있는데 우리가 마음 한번 잘못 먹으면 민족이 공멸한다. 그러나 우리가 민족 앞에, 역사 앞에 경건한 마음으로 평화를 지키고 평화적 통일을 위해서 힘쓴다면 우리는 7천만 민족에게 안전과 번영을 줄 것이고, 후손들에게 축복을 줄 것이다. 그리고 우리는 역사 속에서 평가받을 것이다. 그러기 위해서는 분명히 할 것이 있다. 북한은 남한을 공산화한다는 생각을 완전히 버려야 한다. 우리는 절대로 공산주의를 받아들일 수 없다. 동시에 우리도 북한을 흡수통일한다는 생각을 갖지 않겠다. 우리는 흡수통일해서 북한을 먹여 살릴 경제적 능력이 없다. 우리는 서독이 아니다. 뿐만 아니라 우리는 불행히도 전쟁까지 한 처지이기 때문에 졸속한 통일은 큰 혼란과 정신적 갈등을 가져올 것이다. 그러므로 우리가 나아갈 길은 다음과 같은 3원칙 3단계이다. 3원칙은 평화공존, 평화교류, 평화통일의 원칙이다. 3단계는 남북연합제, 남북연방제, 그리고 완전한 통일의 단계이다. 남북이 평화롭게 살고, 서로 교류

협력하다가 10년, 20년 후에 서로 안심하고 하나가 될 수가 있다고 믿을 때 완전통일을 하자.'

저는 정성을 다해서 설명했습니다. 김정일 위원장도 저의 이러한 충정을 잘 이해한 것처럼 보였습니다. 회담은 힘든 줄다리기였지만 결국 큰 성과를 올린 것은 여러분들이 이미 알고 계신 바와 같습니다.

회담에서 우리는 민족 자주 문제에 합의했습니다. 제1단계의 통일 방안에 합의했습니다. 경제, 사회, 문화, 스포츠, 환경 등의 협력에 대해서도 합의했습니다. 가장 어려웠던 김정일 위원장의 서울 답방도 합의했습니다. 그리고 특별히 뜻 깊은 것은 이산가족 상봉에 합의한 것입니다. 이산가족은 과거 35년 동안 200명 정도밖에 상봉을 하지 못했는데 정상회담 이후 1만 명의 이산가족들이 서로 만났습니다. 50년 동안 생사조차 몰랐던 혈육들이 만나서 얼싸안고 통곡하는 모습은 전 세계 사람들의 눈시울을 뜨겁게 했습니다.

존경하는 여러분!

남북정상회담의 성과는 이산가족 상봉뿐 아니라 많은 분야에서 나타나고 있습니다. 무엇보다도 남북 간의 긴장이 크게 완화되었습니다. 과거 판문점에서 총소리만 나도 놀라서 피난 소동이 일어났었는데, 이제는 북한이 핵무기 제조를 공언해도 국민들이 동요하지 않고 있습니다. 금강산 관광에 100만 명의 사람들이 북한을 다녀왔습니다. 남에서 북으로 8만 명, 북에서 남으로 4천 명의 사람들이 오고 갔습니다. 개성공단에서 제품이 생산되고 있습니다. 철도와 도로의 연결이 진행 중이거나 완성되었습니다.

그러나 무엇보다 북한 사회에 가장 큰 변화를 가져온 것은 남한의 비료와 쌀의 지원입니다. 남한이 매년 지원한 20만 톤 내지 30만 톤의 비료는 북한의 식량 생산량을 2배, 3배 증가시키는 효과가 있습니다. 또 매년 40만

톤을 제공한 쌀은 상당수의 굶주린 북한 동포들을 기아로부터 구하고 있습니다. 그들은 남한은 미국의 앞잡이이고 우리가 북한에 대해 침략의 기회만 노리고 있는 것으로 교육받아왔는데, 남한의 이러한 지원을 보고 감사하는 마음과 잘사는 남한 사람들에 대해 동경심을 갖기 시작하고 있습니다. 이 얼마나 큰 성과입니까? 햇볕정책은 성공하고 있습니다.

다만 북미 관계가 계속 악화되고 있는 상황에서 햇볕정책도 견제를 받아서 지금보다 훨씬 더 많이 이룩할 수 있는 성공을 못하고 있는 것이 안타깝습니다.

존경하는 여러분!

북한과 화해하고 북한을 돕는 것은 북한만을 위한 것이 아닙니다. 바로 남한의 안보와 경제적 도약을 가져오는 데도 필요합니다. 이미 말한 대로 남북 간의 긴장은 크게 완화되었습니다. 북한에 대한 경제적 진출이 더욱 확대되어야 합니다. 그래야 지금 남한의 많은 실업자와 400조 원이 넘는 유휴자금, 한계 상황에 도달한 중소기업 문제 등을 해결하는 데 큰 도움을 가져올 수 있습니다.

또한 남북을 잇는 철도를 이용하면 북한의 압록강을 건너 중국의 오지와 시베리아를 넘어 중앙아시아, 동구라파, 서구라파까지 연결하는 철의 실크로드가 형성됩니다. 이렇게 되면 물류비용과 수송 기간이 약 30% 정도 경감됩니다. 대서양과 태평양을 잇는 동쪽의 물류 기지가 한국이 되는 것입니다. 물류가 일어나면 생산이 일어나고 금융과 보험, 문화, 관광 산업이 함께 일어나게 될 것입니다. 압록강의 기적의 시대가 올 것입니다. 이렇게 되면 한국은 21세기 동북아의 물류 거점이 되어 국운 융성의 시대를 맞이하게 될 것입니다. 물론 북한도 남한과 함께 큰 혜택을 보게 될 것입니다. 경제적 자립의 길이 열릴 것입니다. 이것은 남북의 평화적 공존과 통일에도 근본적인 촉진제가 될 것입니다.

존경하는 여러분!

21세기는 아시아의 세기입니다. 이는 미국을 위시한 세계의 거의 모든 학자와 전문가들이 다 같이 인정하는 사실입니다. 아시아 중에서도 동아시아의 시대가 오고 동아시아 중에서도 동북아시아 시대가 올 것입니다. 몇 가지 예를 들겠습니다. GDP 규모에 있어서 북미자유무역협정(NAFTA)이 세계 전체의 34%, 유럽연합이 29%, 동아시아가 19%를 차지하고 있습니다. 그러나 동아시아 경제는 급속히 성장하고 있기 때문에 앞으로 20~30년 이내에 유럽연합이나 북미자유무역협정 지역을 앞서게 될 것입니다. 그런데 동아시아 중에서도 한국, 중국, 일본의 동북아 3국이 동남아시아의 동남아시아국가연합(ASEAN) 지역보다 현저히 큰 비중을 차지합니다. 인구 면에서 동남아시아국가연합이 5억 4천만 명인데 비해 한중일 3국은 근 3배인 14억 6천만 명입니다. GDP 면에서도 동남아시아국가연합이 6,760억 달러인데 비해 한중일 동북아 3국은 그 10배인 6조 3억 달러입니다. 따라서 한중일 3국이 협력하여 동아시아 전체를 이끌어가게 될 것입니다.

그러나 지금 일본과 한국, 일본과 중국 관계는 상당한 갈등이 있습니다. 일본의 급격한 우경화와 잘못된 역사 인식 등은 동아시아의 미래 협력을 어둡게 하고 있습니다. 이 문제는 일본이 독일처럼 바른 역사 인식을 갖고 시정해야만 동아시아 전체의 신뢰와 협력을 얻을 수 있습니다.

한국은 미국, 일본, 중국, 러시아 4대국 사이에 끼어 있습니다. 최근에 예일대학의 폴 케네디 교수가 지적한 바와 같이 우리는 네 마리의 거대한 코끼리 사이에 둘러싸여 있는 것입니다. 운신을 잘해야 합니다. 우리는 강대국의 역학 관계를 잘 이용해서 우리의 주체성을 지키고 강대국의 거대 경제력 사이에서 큰 성공을 찾도록 해야 합니다. 이것이 우리가 처해 있는 특수한 지정학적 위치에서 전화위복할 수 있는 길입니다. 우리 민족은 이를 해낼 지혜와 능력이 있다고 믿습니다. 젊은 여러분은 한민족의 일원으로서만이 아니라 아시아 또는 세계화 시대의 일원으로서 시야를 넓히고 실력을 갖추어서 자기 역량을 마음껏 발휘해야 할 것입니다. 한국은 지금 세계 11위의 경제강국입니다. 21세기 지식 정보화 시대, 문화 창조 시대는 한민족의 특성에 가장 알맞는 시대입니다. 역사는 우리에게 기회를 주고 있습니다. 훨씬 더 큰 성공의 기회가 다가오고 있습니다.

친애하는 젊은이 여러분!

한번밖에 없는 여러분의 청춘을 어떻게 살아야 합니까? 저는 먼저 여러분이 행동하는 양심이 될 것을 권합니다. 사람은 누구나 마음속에 천사와 악마가 있습니다. 천사의 지배력이 컸을 때는 선인이 되고, 악마의 지배력이 컸을 때는 악인이 됩니다. 그렇다면 천사가 승리하여 선인이 되려면 어떻게 해야겠습니까? 그것은 무엇이 되느냐보다는 어떻게 사느냐에 인생의 목표를 두어야 합니다.

사람은 누구나 자기가 원한다고 해서 부자가 될 수 있는 것도 아니고 높은 자리에 오를 수 있는 것도 아닙니다. 그러나 누구나 바르게 사는 일은 할 수 있습니다. 바르게 산다는 것은 내 양심 속에 있는 천사의 뜻에 입각해서 이웃을 사랑하고, 이웃을 위해 봉사하는 삶을 사는 것입니다. 이웃은 내 가족이고, 친구요, 거리에서 만난 사람입니다. 그렇게 사는 가운데 현실적인 성공도 있는 것입니다. 그러나 설사 현실적인 성공을 이루지 못했다 하더라도 자기 양심에 따라 떳떳하고 바르게 살면 그 사람은 마음의 충족감을 느낄 것입니다. 가족과 주위로부터 존경과 사랑을 받을 것입니다. 그리고 이 세상을 마칠 때는 자기 삶에 대해서 스스로 만족과 긍지를 가지고 눈을 감게 될 것입니다. 성공한 인생을 산 것입니다.

저는 제 일생동안 힘들었지만 행동하는 양심으로서 살기 위해 온 힘을 다해서 노력했습니다. 저는 다섯 번의 죽음의 고비와 6년 반의 감옥살이, 20년 이상의 연금과 망명, 감시하의 생활 등 그야말로 파란만장의 삶을 살았습니다. 그러나 저는 제 양심의 명령대로 바르게 살기 위해 온 힘을 다했습니다. 1980년 신군부는 군사 쿠데타를 일으켜 저를 광주내란의 주모자로 몰아서 사형 언도를 내렸습니다. 그리고 그들은 저에게 자기들에게 협력하면 살려주고 그렇지 않으면 죽이겠다, 협력만 하면 무슨 자리든 보장하겠다며 저를 협박하고 유혹했습니다. 그러나 저는 죽는 것은 두려웠지만 내 양심에 따라서 행동하기로 결심했습니다. 그리고 그들에게 말했습니다. "내가 당신들에게 협력하면 일시적으로는 살지만 영원히 죽는다. 그러나 당신들에게 협력하지 않으면 일시적으로는 죽지만 역사와 국민의 마음속에 영원히 산다. 따라서 나는 영원히 사는 길을 택하겠다. 나를 더 이상 설득하지 말고 죽여라." 이렇게 거절했습니다.

다음으로 여러분께 권하고 싶은 것은 서생적 문제의식과 상인적 현실감각을 갖고 세상을 살았으면 하는 것입니다. 다시 말하면 이상과 현실의 조화 속에서 살아가라는 것입니다. 이상에만 집착하면 공허해지고 현실적으로 좌절할 가능성이 많습니다. 반면에 현실에만 집착하면 이상은 힘을 잃고 인생을 값없이 낭비하게 됩니다. 따라서 이 두 가지가 반드시 조화롭게 상호 작용을 하는 것이 중요합니다. 우리는 바르게 살아야 합니다. 동시에 현실 사회에서 성공도 해야 합니다. 바르게 살려고 노력할 때 현실을 생각해야 하고, 현실에서 성공하려고 힘쓸 때 바르게 사는 인생을 생각해야 합니다. 서생적 문제의식과 상인적 현실감각을 조화롭게 살려 나갈 때 여러분은 이상의 돛을 달고 현실의 뒷바람을 받으면서 성공하는 인생을 살게 될 것입니다.

경청해주셔서 감사합니다.

질 의 응 답

질문 1. 북핵 문제 해결과 한반도 평화를 위해 남북의 화해와 협력이 중요하다고 했는데 현재 남북 관계는 막혀 있습니다. 남북 관계 개선을 위해 어떻게 해야 합니까?

2000년 6월 15일 남북 문제는 우리끼리 해결하자고 (김정일 국방위원장과) 약속했습니다. 그런데 북쪽이 약속을 안 지키는 것을 볼 때 좀 실망스러운 느낌입니다. 북쪽은 남쪽을 좋은 의미에서 '이용' 해야 합니다. 당국자회담이나 정상회담을 통해 (핵)문제를 해결해야 합니다. (김정일 국방위원장은) 남쪽을 방문하기로 약속하고 안 지키는데 휴전선 근방에서라도 만나야 합니다. 핵 문제가 해결된 뒤 북측과 대화해야 한다는 (남한) 일부의 의견은 잘못된 것입니다. 핵 문제 해결을 위해서라도 대화해야 합니다. 민족 문제는 같은 민족끼리 머리를 맞대고 해결해야 합니다.

질문 2. 한미 관계가 어떻게 개선돼야 한반도에 평화가 온다고 생각하십니까? 그리고 지금까지는 (핵 문제와 관련) 북한의 노력을 강조했는데 오늘 강연에서 미국 책임론을 제시한 특별한 이유가 있습니까?

한국이 미국, 일본, 중국, 러시아 등 주변 4개국과 관계를 잘 조정하는 것이 중요합니다. 현 단계에서 미국은 세계 유일의 강국입니다. 과거와 같은 불행이 없도록 하기 위해 미국을 활용, 동북아에서의 균형자 역할을 맡도록 해야 합니다. 김정일 국방위원장을 만났을 때 '미국을 활용해야 하고, 한반도 관계에 미국이 필요하다' 고 말했는데 김 위원장이 화를 내지 않고 '남쪽 미군이 북쪽만 공격하지 않으면 미국은 있어야 한다' 고 답해 깜짝 놀랐습니다. 그런 의미에서도 한미동맹이 중요하고 6자회담을 잘 활용해야 합니다. 한미동맹, 한미일 공조, 6자회담이 동심원을 이루며 상호 보완할 때 튼튼한 평화가 옵니다.

한반도 공존과
동북아시아 지역 협력•

일본 동경대학 초청 강연
2005. 5. 23

존경하는 고미야마 총장, 타나카 소장, 자리를 함께 해주신 외교사절 여러분, 그리고 이 자리에 계신 여러분!

빛나는 전통과 지성의 전당으로 세계적인 명성을 떨치고 있는 동경대학에서 강연을 하게 된 것을 매우 영광으로 생각하고 감사를 드리는 바입니다. 오늘 저는 '한반도 공존과 동북아시아 지역 협력'이라는 주제를 가지고 첫째 북한 핵 문제는 해결될 수 있는가, 둘째 남북 간의 평화공존은 가능한가, 셋째 동북아 협력과 동아시아공동체의 전망은 어떠한가, 넷째 우리는 한일 간의 여러 갈등을 어떻게 풀어야 하는가, 이 네 가지에 대해서 제 의견을 말씀드리고자 합니다.

여러분!

동북아시아 사람들과 세계 모든 이들의 기대를 안고 시작된 6자회담은 근 1년 동안 재개되지 않은 채 북한의 핵무기 제조 완료 선언, 미국의 북한에 대한 제재 조치 주장 등 불길한 말들이 오고 가고 있습니다. 심지어 선제

• 일본 동경대학교 야스다 강당에서 개최된 이날 강연에는 고미야마 총장과 주일 외교사절, 그리고 교수와 학생 등 1천여 명이 참석했다. (편집자 주)

공격설까지 나오고 있는 실정입니다. 과연 북한 핵 문제는 해결하기 어려운 난제일까요? 나는 대통령 재임 중이나 퇴임 이후에나 북한 핵 문제 해결에 대해서 일관된 주장을 해왔습니다. 즉, '북한은 핵을 완전히 포기하고, 철저한 검증을 받아야 한다. 미국은 북한의 안전을 보장하고 경제제재를 해제해주어야 한다. 서로 불신이 크기 때문에 그 실천은 동시에 해야 한다. 그리고 6자회담이 이러한 실천을 보증하는 역할을 하는 것이 좋다. 만일 어느 한쪽이 약속을 어기면 6자회담의 나머지 국가들이 그에 대해서 엄중한 공동 대응을 해야 할 것이다' 라는 것입니다.

미국 부시 행정부 출범 이후 미북 간의 대화가 끊긴 채 북한 핵 문제는 훨씬 악화되었습니다. 북한은 핵확산금지조약을 탈퇴하였고 국제원자력기구 사찰요원을 추방하였으며 최근에는 핵무기 개발 완료까지를 주장하고 있습니다. 북한은 지금 미국에 대해서 극도의 증오심과 두려움을 가지고 있습니다. 그러면서 한편으로는 미국과의 관계 개선을 열망하고 있습니다. 일본과의 관계 개선도 바라고 있습니다. 이것은 제가 2000년 6월 북한을 방문해서 김정일 국방위원장과 직접 대화한 결과 그리고 그 후의 여러 가지 정보를 통해 얻은 결론입니다. 북한은 핵이 아닌, 안전과 경제 발전을 바랍니다. 핵이 굶주리고 있는 북한 사람들을 구할 수는 없기 때문입니다. 북한은 지금 제2의 중국의 길을 지향하고자 하는 것으로 보입니다. 체제는 유지하면서 경제는 시장경제 체제를 받아들여 이를 최대한 급속히 발전시키겠다는 것입니다.

주변의 모든 나라 사람들이 북한이 정상적인 국제사회의 일원이 되도록 도와주는 것이 우리 모두의 평화와 안전을 추구하는 길이기도 합니다. 북한도 지난 반세기 사이에 엄청나게 변화한 세계정세를 직시하고 스스로도 이에 적응하는 노력을 아끼지 말아야 할 것입니다.

최근 미국 일부에서 제기되고 있는 북한 제재론에 대해서 저는 지금이 그러한 조치를 취할 단계가 아니라고 생각합니다. 북한에 대해서 공정한 대가를 주었는데 북한이 약속을 어겼을 때, 그때 6자회담 참여국들은 함께 강력한 대책을 세울 수 있을 것입니다. 그렇지 않으면 6자회담 참여국들 간의 의견 일치도 기대하기 어려울 것입니다.

우리는 한반도에서 다시 전쟁이 일어나는 것을 결코 바라지 않습니다. 동족상잔의 전쟁은 더 이상 있어서는 안 됩니다. 만일 한반도에 다시 전쟁이 일어난다면 우리 민족은 공멸할 것입니다. 그리고 일본에도 직간접적으로 피해가 있을 것입니다. 북한 핵 문제는 주고받는 협상으로 해결할 수 있습니다. 북한은 6자회담에 조속히 복귀하고 핵 포기 의사를 분명히 해야 합니다. 여기에 대해 미국은 상응한 대가를 제시해야 합니다. 일본 국민 여러분도 북한 핵 문제가 평화적으로 해결되도록 아낌없는 성원을 해주십시오.

존경하는 신사 숙녀 여러분!

다음은 한반도에서 남북 간의 평화공존은 가능한가에 대해서 제 의견을 말씀드리고자 합니다. 결론부터 말씀드리면 미북 관계만 개선되면 충분히 가능하다고 생각합니다. 저는 1998년 2월 대한민국 대통령으로 취임했을 때 한반도에서 냉전의 찬바람을 몰아내고 따뜻한 햇볕이 내리쬐는 햇볕정책을 실현하겠다고 선언했습니다. 그리고 이를 재임 5년 동안 일관되게 실천해왔습니다. 저는 평화공존, 평화교류, 평화통일을 통일의 3원칙으로 제시했습니다. 그리고 남북연합제, 남북연방제, 완전통일의 3단계를 통해서 점진적으로 통일을 추진해 나가자고 했습니다. 10년 또는 20년이 걸리더라도 남북은 평화적으로 통일해야 합니다. 저는 2000년 6월 남북정상회담에서 김정일 국방위원장에게 이런 저의 정책을 설명했고 김 위원장도 동의했습니다. 그리하여 우리는 통일 방안이나 남북 교류 등 여러 구체적인 문제에 대해서 성공적인 합의를 보았습니다. 그리고 이것을 전 세계가 축복해주었습니다.

6·15 남북정상회담 이후 한반도에는 많은 변화가 있었습니다. 긴장이 크게 완화되었습니다. 반세기 동안 총 200명밖에 만나지 못했던 이산가족 약 1만 명이 상봉했습니다. 100만 명이 넘는 사람들이 남북을 왕래했습니다. 남북 간의 도로가 개통되고 철도도 연결 단계에 있습니다. 그러나 무엇보다도 북한 민심에 크게 영향을 준 것은 남한이 매년 20~30만 톤의 비료와 40만 톤의 쌀을 지원해준 것입니다. 이것은 남한에 대한 북한 사람들의 인식이 과거의 증오와 불신으로부터 감사와 부러움으로 변하게 하는 데 큰 기여를 했습니다.

남쪽의 민심에도 변화가 있습니다. 북한에 대해서 무조건 반대만 하던 사람들도 이제는 공산주의는 반대하되 동족의 입장에서는 도와주어야 한다고 생각하고 있습니다. 남북 교류가 늘어남에 따라 남한 사람들은 우리 체제의 우월성과 남한의 풍요함을 실감하게 되었습니다. 즉, 남한 사회의 성숙과 자신감에 크게 기여하고 있습니다.

존경하는 여러분!

한반도의 평화와 안전을 위해서 저는 다음의 3가지를 우리 국민들에게 주장하고 있습니다. '첫째는 한미동맹은 안보를 위해 가장 중요시해야 한다. 둘째는 한일미 3국간의 공조를 굳건히 유지해 나가야 한다. 셋째는 북한 핵 문제가 해결되더라도 6자회담은 계속 지속되어 한반도와 동북아시아 평화의 안전판이 되어야 할 것이다'라는 것입니다. 한반도의 평화와 안전은 일본의 평화와 안전에도 직결됩니다. 우리는 이러한 목적을 위해서도 북한이 핵무기를 완전히 포기하도록 노력해야겠습니다. 그리고 북한이 이러한 우리의 설득과 바람에 응할 때 우리도 북한이 국제사회의 일원으로서 참여하는 기회를 보장해주어야 할 것입니다. 한국과 일본은 힘을 합쳐서 이러한 한반도 안정을 위한 노력에 협력할 것을 강조하는 바입니다.

북한에 의한 일본인 납치 문제에 분노하는 일본 국민의 심정을 이해하며, 이 문제는 조속히 해결되어야 합니다. 일본인 납치 문제가 해결되고 일북 국교 정상화가 실현된다면 동북아시아의 평화와 안정에 크게 기여할 것으로 생각합니다.

존경하는 여러분!

세 번째로는 동아시아의 미래는 어디로 가고 있는가에 대해서 생각해보도록 하겠습니다. 오는 12월에는 말레이시아에서 역사상 처음으로 '동아시아정상회의' (EAS)•가 열립니다. 저는 1998년 베트남에서 열린 동남아시아국가연합(ASEAN)+한일중 정상회의에서 동아시아공동체를 지향하는 '동아시아정상회의'를 열자고 제안한 바 있습니다. 그 후 작년까지 회원 각국들이 연구 검토를 한 결과 마침내 '동아시아정상회의'가 열리게 된 것입니다. 21세기는 세계화의 시대입니다. 동시에 경제적으로는 북미자유무역협정, 유럽연합, 동아시아의 3개의 블록이 정립하는 시대가 될 것입니다. 세계의 거의 모든 전문가들은 21세기는 동아시아가 주도하는 시대가 될 것이라고 예측하고 있습니다.

동아시아는 한일중 3국이 압도적인 비중을 차지하고 있습니다. 인구 면에서는 아세안 지역이 5억 4천만 명인데 비해 동북아시아 3국인 한일중은 14억 6천만 명입니다. GDP 면에서는 아세안이 6,760억 달러인데 비하여 한일중 3국은 6조 3억 달러을 차지합니다. 인구는 근 3배에 달하고, GDP는

• **동아시아정상회의(EAS: East Asia Summit)** 동남아시아국가연합(ASEAN) 10개국과 한국, 중국, 일본, 인도, 호주, 뉴질랜드 등 16개국이 결성한 정상회의 체제. 1997년 아시아 금융 위기 당시 아시아 국가들은 지역 협력의 필요성을 절감한 이후, 동남아시아국가연합 10개국과 한국, 중국, 일본은 매년 정상회의(ASEAN+3)을 열어 지역 협력의 틀을 다져왔다. 여기에 인도, 호주, 뉴질랜드가 합류했다.

약 10배가 됩니다. 따라서 동아시아의 미래는 동북아 3국이 어떻게 그 역할을 다하느냐에 달려 있다고 봅니다. 최근 한일 간, 일중 간에 과거 역사를 둘러싸고 상당한 갈등이 있습니다. 이 문제가 동아시아공동체로 가는 길을 가로막는 결과가 되어서는 안 되겠습니다. 동아시아공동체는 모든 역내 국가들의 안전과 공동의 이익을 위하여 매우 필요한 과제이기 때문입니다.

동아시아는 일부 국가에서 정치적, 사상적인 차이는 있지만 공통점도 많습니다. 우리는 유교, 불교의 영향을 다 같이 받아왔습니다. 그리고 상이한 문화와 종교에도 불구하고 아무 갈등 없이 공존해왔습니다. 경제적으로 시장경제를 지향하는 점에 있어서도 공통점을 가지고 있습니다. 한일중 3국은 하루속히 현재의 역사 인식에 대한 갈등을 해결하고 21세기 동아시아공동체의 견인자로서의 역할을 다해야 할 것입니다.

마지막으로 한일 간의 갈등에 대해서 몇 말씀드리겠습니다. 저는 1998년 대통령에 취임한 후 5년간 한일 관계 개선을 위해서 혼신의 노력을 다했습니다. 1998년 10월 일본을 방문하여 당시 오부찌 수상과 한일 신시대를 여는 매우 성공적인 회담을 가졌습니다. 오부찌 수상은 한국에 대해서 일본이 행한 과거사에 대해 '통절한 반성과 마음으로부터의 사죄'를 표시했습니다. 저는 오부찌 수상의 역사 인식을 평가하면서 미래 지향적인 관계를 일궈 나가자고 화답했습니다.

사실 저의 임기 5년 동안 한일 관계는 전례 없는 우호 협력의 관계였습니다. 수많은 사람들이 한일 양국을 오고 갔으며, 경제, 문화, 체육, 관광 등 각종 교류도 크게 늘었습니다. 월드컵 공동개최도 큰 성공을 이루어냈습니다. 저는 일본 문화 개방에 대한 과감한 조치를 취했고, 그러한 결과는 일본에서의 한류 열풍과 연결되었습니다. 이러한 역사 정리가 명확히 이루어졌음에도 불구하고 최근 일본 정부와 여당의 지도자를 포함한 상당수의 사람들이 과거의 침략 행위를 정당화하고 심지어 시혜적인 업적으로 주장하고 있습니다. 이것은 '오부찌-김 공동선언'•을 무의미하게 하는 것입니다. 과거사에 대해서 일본 국가를 대표한 총리가 통절한 반성을 했으면, 적어도 지도자들은 이에 역행하는 말을 하지 않아야 할 것입니다.

저는 일본의 일반 국민들도 그릇된 지도자들 때문에 한국이나 중국 그리고 동남아 사람들 못지않게 고통과 희생을 겪었다고 생각합니다. 국민을 오도하고 억압한 집권층, 지도층과 이들 때문에 고통을 당한 일본의 국민들을 같이 생각해서는 안 됩니다. 이들도 피해자들이기 때문입니다. 또한 과거사 문제는 한일 간의 나라와 나라, 혹은 국민과 국민 간의 문제만이 아니라, 과거의 불행한 경험에서 올바른 교훈을 터득하려는 사람들과 그렇지 않은 사람들 사이의 갈등이며, 양식이 있는 사람들과 그렇지 못한 사람들 사이의 대결입니다.

저는 과거사 문제에 있어서 일본은 독일의 태도에서 배워야 할 점이 있다고 생각합니다. 독일은 과거사에 대해서 철저히 사과하고 모든 국민들에게 확실하게 교육을 시켜왔습니다. 그리고 피해자들에게 적극적으로 보상을 했으며, 나치 범행의 유적들을 보존하여 후세의 교훈으로 삼고 있습니다. 이러한 독일의 철저한 자기 반성과 과거를 다시 되풀이하지 않겠다는 결의의 표시에 주변 국가들은 감동했고 독일을 자기들이 신뢰할 수 있는 이웃으로 받아들였습니다. 그리하여 독일은 북대서양조약기구와 유럽연합의 중심 국가가 되었습니다. 동서독 통일에 있어서도 주변국들은 전폭적인 지지를 아끼지 않았습니다. 어떻게 보면 독일은 적게 주고 더 큰 보상을

• **오부찌-김 공동선언** 1998년 10월 일본을 국빈 방문한 김대중 대통령은 오부찌 게이조 일본 총리와 정상회담을 갖고 '21세기의 새로운 한일 파트너십 공동선언'을 발표했다. 이 공동선언에서 일본은 과거 한국의 식민지 지배에 대해서 '통절한 반성과 마음으로부터의 사죄'를 표명하였다.

받은 것입니다.

한일 간에 역사 인식에 있어서 합의가 없는 한 앞으로도 계기만 있으면 지금과 같은 갈등은 되풀이될 가능성이 큽니다. 일본의 일부 인사들 중에는 독일의 경우는 일본과 다르다고 말합니다. 그러나 나는 다르지 않다고 생각합니다. 두 나라 모두 죄 없는 인접 국가를 침략했고 이루 말할 수 없는 고통과 피해를 주었습니다. 지금 한국에서는 일본의 우경화 경향에 우려하는 사람들이 많습니다. 우리의 이러한 우려가 기우의 끝이기를 바라 마지않습니다.

독도 문제에 대한 영유권 갈등도 양국 관계를 저해하는 요소가 되고 있습니다. 한국 영토인 울릉도 바로 옆에 있는 독도가 일본 영토라고 주장하는 것에 대해 한국 국민들은 납득할 수가 없는 것입니다. 1905년 초 일본 정부가 각의에서 독도의 편입을 결정한 것에 대해 당시 한국 정부가 아무런 문제 제기도 하지 않았다는 것을 근거로 영유권을 주장하는 것은 더욱 인정할 수 없습니다. 당시 우리나라는 사실상 일본의 지배하에 있었기 때문입니다. 일본의 결단이 필요하다고 믿습니다.

나라를 위해 희생한 영혼에 참배하는 야스쿠니 신사 참배에 외국이 간섭하는 것은 부당하다는 일본 일부의 주장이 있습니다. 그러나 우리는 일반 전몰자에 대해 참배하는 것을 시비하는 것이 아닙니다. 범죄적 침략 전쟁을 일으켜 무고한 이웃 나라와 그 국민에게 형언할 수 없는 희생을 강요한 A급 전범을 참배하는 것을 반대하는 것입니다. 그것은 침략의 정당화라고 볼 수 있습니다. A급 전범은 전쟁에서 전사한 것이 아니라, 전범 재판에서 심판을 받은 사람들입니다. 일본은 2001년 상하이에서 개최된 아시아태평양경제협력체(APEC) 정상회의에서 한국과 정상회담을 갖고 한일 간 현안 7개항에 합의했습니다. 그 합의에서 야스쿠니 신사 참배 문제에 대해서 일본은 '세계 모든 사람들이 부담 없이 참배할 수 있는 방안을 검토하겠다는 입장'을 약속했습니다. 이 약속이 실천되어야 할 것입니다.

한국 국민은 일본과의 관계를 매우 중요시합니다. 마음을 열고 대화할 수 있는 친구가 될 수 있기를 간절히 바라고 있습니다. 한반도와 동북아의 평화를 위한 굳건한 파트너십을 유지할 것을 바랍니다. 일본은 한국 사람의 이러한 충정을 잘 이해하고 여기에 적극적으로 호응하는 결단을 내려주실 것을 바라 마지않습니다.

저는 비록 정치를 떠났습니다만, 한일 양국이 1998년에 합의한 '오부찌-김 한일 파트너십'의 정신으로 돌아가 역사 앞에 책임질 수 있는 협력 관계를 구축해 나가고자 합니다. 다시는 갈등 없는 진정한 우호 협력의 한일 관계를 실현시키는 대열에 여러분과 함께 동참하고자 합니다. 많은 관심과 성원을 바랍니다.

감사합니다.

한반도 평화의
새로운 진전을 위하여

6·15 남북공동선언 5주년 기념 국제학술회의 연설
2005. 6. 13

존경하는 노무현 대통령 각하 내외분!

국사 다망하신 가운데 참석해주신 것을 큰 영광으로 생각하고 감사해 마지않습니다.

존경하는 구스마오 대통령 각하, 영상 메시지를 보내주신 고르바초프 대통령, 첸지첸 부총리, 도널드 그렉 대사, 와다 하루키 교수, 쉬베쳐 장관, 그리고 이 자리에 계신 각 정당 대표, 각국의 외교사절과 내외 귀빈 여러분!

여러 가지 바쁘신 가운데 이와 같이 참석해주신 데 대해서 역시 진심으로 감사하고 큰 영광으로 생각하는 바입니다.

존경하는 여러분!

6·15 남북정상회담이 있은 지 만 5년이 되었습니다. 비록 세월은 흘렀지만 남북의 모든 한민족과 세계의 많은 분들은 지금도 그때의 벅찬 감격과 여러 모습들의 기억을 생생하게 간직하고 있습니다. 6·15 남북정상회담은 타의에 의해서 분단된 지 반세기를 거치면서도 결코 포기하지 않는 우리 민족의 재결합에의 의지를 과시한 사건이었습니다.

나는 1998년 2월 대통령에 취임하면서 우리 민족의 통일 의지와 열망을 새삼 강조했습니다. 나는 우리의 통일을 3원칙 3단계로 정리해서 이를 햇볕정책이라는 이름 아래 주장해왔습니다. 3원칙은 평화공존, 평화교류, 평화통일의 통일 원칙을 말합니다. 3단계는 남북연합, 남북연방 그리고 완전 통일을 말합니다. 따뜻한 햇볕으로 냉전의 빙벽을 녹이고 서로 화해 협력하는 가운데 남북이 다 같이 공생하고 발전하면서 통일로 나아가자는 것입니다.

국민의 정부가 수립된 후 2년여의 노력 끝에 남북정상회담을 갖는 데 성공했습니다. 나는 김정일 국방위원장과 흉금을 털어놓은 대화를 했습니다. 모처럼 갖게 된 이 기회가 우리 민족의 장래를 좌우하는 중요한 계기라고 생각했기 때문에 정성을 다하여 진실을 주고받는 대화를 하고자 했던 것입니다. 대화의 결과는 매우 성공적이었습니다.

우리는 민족 문제는 우리 민족이 자주적으로 해결하자는 데 합의했습니다. 또한 통일의 방법에 있어서 제1단계로서 남측의 '남북연합제'와 북측의 '낮은 단계의 연방제'가 공통점이 있는 것을 인정하고 이를 중심으로 대화와 협의를 진전시키기로 합의했습니다. 주변 환경만 좋아지면 1단계의 통일 방법은 언제든지 실현할 수 있습니다. 남북연합은 남북 양 정부가 현재와 같은 독립국가로서의 모든 권한을 간직한 채 정상회담, 각료회담, 국회회담을 수시로 열 수 있으며, 만장일치 합의제로 나가게 될 것입니다. 우리는 북한의 남한에 대한 공산화 야망이나, 남한의 북한에 대한 흡수통일의 기도를 단연코 배제하기로 의견의 일치를 보았습니다. 통일은 어디까지나 윈-윈(win-win)의 공동 승리의 통일이 되어야 합니다.

나와 김정일 위원장은 북미 관계 개선에 대해서도 합의를 했습니다. 그리고 클린턴 대통령 임기 중에는 상당한 진전을 보았습니다. 주한미군 문제에 대해서 김정일 위원장은 남한의 미군이 북한을 공격하지 않는다는 보장이 확실하다면 현재는 물론 통일 후에도 미군이 한반도에 주둔하는 것이 한반도의 평화와 안정에 도움이 된다고 말했습니다.

우리는 이외에도 남북 간의 경제, 문화, 사회, 환경 등 전면적인 교류 협력을 하기로 합의했습니다. 남북정상회담은 그럴 듯한 미사여구의 합의서를 발표하는 데 그치는 것이 아니라, 이산가족 상봉, 철도 도로의 연결, 개성공단의 건설 등 구체적인 실천을 이룩하기로 합의했습니다. 이와 같은 합의를 통해서 미래에 대한 큰 희망이 우리 민족에게 퍼져갔습니다. 그러나 곧 다가온 북미 관계 경색으로 큰 성과를 이루지 못하고 있습니다.

그러한 환경에서도 우리는 남북 관계를 진전시키는 노력을 계속해왔습니다. 그 성과도 차츰 나타나기 시작하고 있습니다. 1만 명의 이산가족이 상봉하고 100만 명 이상의 사람이 남북을 오고가고 있습니다. 북쪽에 공장을 세우고, 도로가 개통되었습니다. 그러나 무엇보다도 가장 중요한 진전은 북한 사람들의 생각이 많이 바뀌고 있다는 사실입니다. 그들은 6·15 남북정상회담 이후 보도매체를 통해서 남북 교류 장면을 자주 보고 있습니다. 남쪽에서 지원해준 비료와 식량이 북한 전역에 배포됨으로써 북한 주민들은 이제 남한 사람들이 잘산다는 것과 우리가 그들을 도와주려 한다는 진심을 알고 과거의 부정 일변도의 생각을 크게 바꾸고 있습니다. 남쪽 국민들도 과거 북쪽이라면 모든 것을 반대하던 태도를 보인 사람들이 많았는데 지금은 공산주의를 반대하는 것과 같은 동족을 아끼고 지원하는 것은 별개라는 성숙된 생각을 가지게 되었습니다.

한 가지 유감스러운 것은 남북공동선언에서 합의된 김정일 위원장의 서울 답방이 아직도 실현되지 않고 있다는 사실입니다. 이는 남북 관계가 신뢰와 협력 속에 획기적으로 발전되기 위해서 절대로 필요한 사항입니다.

존경하는 여러분!

이 자리에 계신 노무현 대통령께서는 6월 11일 워싱턴에서 미국의 부시 대통령과 정상회담을 갖고 북핵 문제의 평화적 해결 원칙에 합의하고, 굳건한 한미동맹을 재확인하였습니다. 이번 한미정상회담은 그 동안 일부에서 제기된 우려도 불식한 성과 있는 회담이었습니다. 노무현 대통령의 외교적 성과와 노고에 대해 국민과 더불어 감사드립니다.

　북한 핵 문제에 대해서 몇 말씀드리겠습니다. 우리는 북한 핵을 절대로 용납할 수 없습니다. 북한이 핵무기를 갖는다는 것은 한반도남북비핵화선언에도 정면으로 위배됩니다. 북한이 핵을 가지면 동북아시아 나라들이 줄지어 핵을 갖는 사태가 올 수 있습니다. 참으로 위험천만한 일입니다. 지금 북핵 문제를 해결하기 위해서 6자회담이 구성되고 있습니다. 북한은 하루속히 제4차 6자회담에 출석해서 북측의 요구를 당당하게 개진해야 할 것입니다. 그에 앞서 북한은 핵을 완전히 포기하고 철저한 검증을 받겠다는 것을 거듭 천명해야 합니다. 한편, 미국은 북한의 이러한 태도에 대해서 북한의 안전을 보장하고 경제제재를 해제해주는 것을 약속해야 합니다. 나는 이러한 조치들을 취하게 되면 북한 핵 문제는 해결될 것이라고 믿습니다.

　미국에서는 지금 북한을 불신하고 징계를 서두르는 주장이 많습니다. 미국이 북한에 대해서 주고받는 협상을 확실하게 약속하지 않은 채 징계만을 앞세운다면 중국, 러시아 등 대부분의 6자회담 당사국들이 이에 동의할지 의문입니다. 미국과 북한이 주고받는 협상을 하고 난 후에도 만일 북한이 핵을 완전히 포기하지 않으면 그때는 북한 이외의 6자회담 참여국들이 엄격한 대응책을 수립할 수 있을 것입니다. 그러나 그것은 반드시 평화적 수단이어야 합니다.

　과거의 역사를 보면 공산국가에 대해서 냉전이나 봉쇄를 통해서 성공한 예가 없습니다. 그러나 개혁, 개방으로 유도했을 때 공산국가에서는 민주화가 실현되거나 많은 변화가 일어났습니다. 소련과 동구라파에서 민주화가 일어났고 중국, 베트남은 과거에 비해서 상당한 변화를 일으켰습니다. 한편, 쿠바에 대해서는 50년을 봉쇄했지만 변화시키지 못하고 있습니다. 북한도 개혁 개방을 유도하면 긍정적인 변화가 일어날 것이고 강압 정책을 택한다면 그 반동이 클 것입니다. 우리는 공산주의를 반대합니다. 핵도 반대합니다. 그러나 모든 것을 평화적인 방법으로 개혁 개방을 유도하는 것이 가장 확실한 성공의 길이라고 믿습니다.

존경하는 신사 숙녀 여러분!

금년 12월에는 말레이시아에서 동아시아정상회의가 열립니다. 나는 1998년 베트남에서 있었던 아세안+3 정상회의에서 동아시아공동체에 대한 비전을 제시하고 그 연구에 착수하도록 제안한 바 있습니다. 그 후 동아시아비전그룹(EAVG), 동아시아연구그룹(EASG)을 거쳐서 동아시아포럼(EAF)이 열렸고, 마침내 동아시아정상회의가 개최되게 되었습니다.

21세기는 세계화 시대로 들어서고 있습니다. 그러나 한편으로는 유럽연합 블록, 북미 블록, 동아시아 블록 등 경제적 블록이 형성되는 과정에 있습니다. 동아시아는 정치 체제나 종교적, 문화적 차이가 있습니다. 그러나 동아시아 각국은 매우 성공적으로 안보와 경제, 문화 협력 등을 이룩해오고 있습니다. 교역도 활발합니다.

동아시아 블록 중에는 특히 한국, 중국, 일본의 동북아시아 3국이 큰 비중을 차지합니다. 인구 면에서 보면 3대 1, GDP 면에서는 10대 1의 우위를 동북아시아 3국이 보이고 있습니다. 동아시아공동체를 향한 노력에 있어서 동북아시아 3국은 선도적 역할을 해야 할 것입니다. 그러나 지금 한일 간, 중일 간은 과거 역사에 대한 인식 차이를 두고 큰 대립상을 보이고 있습니다. 이것은 동아시아공동체의 실현을 위해서 매우 심각한 장애 요소가 아닐 수 없습니다.

　지금 세계 전문가들은 21세기가 동아시아의 세기가 될 것이라고 말하고 있습니다. 그러나 그것은 동아시아 특히 동북아시아가 신뢰와 협력의 관계를 굳건히 실현했을 때의 일인 것입니다. 한중일 3국은 현재의 갈등을 해결하기 위해 허심탄회하게 대화를 하는 가운데 공통의 역사 인식과 협력의 길을 발견해야 할 것입니다. 무엇보다도 일본은 역사와 정면으로 대면하고 책임을 지는 결단을 보여야 할 것입니다. 나는 오늘 이 자리가 그러한 가능성을 발견하는 데 큰 도움이 되는 자리가 되기를 바랍니다.

　여러분 모두의 건강을 바라 마지않습니다. 감사합니다.

위기에 처한 평화, 어떻게 지킬 것인가?•

노벨평화상 수상 5주년 기념 강연
2005. 12. 8

존경하는 신사 숙녀 여러분!

먼저 이러한 성대한 자리를 마련해주신 한승헌 준비위원장과 준비위원 여러분께 감사를 드립니다. 김원기 국회의장, 이용훈 대법원장, 이해찬 국무총리, 강원룡 선생, 정세균 대표, 한화갑 대표, 권영길 대표, 주한 외교사절들, 그리고 모든 참석자 여러분께도 감사해 마지않습니다.

특별히 오늘 독일의 전 대통령이신 리하르트 폰 바이체커 선생께서 참석하신 것은 여러분이 크게 환영하실 것이며, 저에게는 최고의 영광입니다. 폰 바이체커 전 대통령은 독일 통일과 독일 민족 통합의 상징이시며, 이 시대 우리 세계인이 경모해 마지않는 위인이십니다. 폰 바이체커 전 대통령은 한국의 인권과 남북 화해를 위해 지원을 아끼지 않으셨습니다. 제가 독재하에서 생명의 위협을 받고 있을 때 저의 안전과 구명을 위해 전력을 다하셨습니다. 남북 화해를 위한 '햇볕정책'도 적극 지지해주셨습니다. 큰 은인이신 것입니다.

•
김대중 전 대통령의 노벨평화상 수상 5주년 기념행사에는 폰 바이체커 전 독일 대통령이 특별 연사로 참석해 연설했다. (편집자 주)

노벨평화상 수상 5주년을 맞이하여 저는 다시 한번 수상의 영광을 마음속 깊이 되새기면서 위기에 처한 세계와 한반도 평화에 대해서 큰 책임감을 절감하는 바입니다. 그런 의미에서 평화에 대한 우리들의 지향할 바에 대해서 몇 말씀드리고자 합니다.

존경하는 여러분!

평화는 인류에게 가장 소중한 가치입니다. 평화 없이는 정치적 안정도, 경제적 번영도 기대할 수 없습니다. 우리들의 안전도 평화 없이는 바랄 수가 없으며, 가족과 이웃과의 행복한 생활도 기대할 수 없습니다. 평화는 불가결의 조건입니다.

그런데 이 세계는 그 평화가 지금 전면적으로 위협받고 있습니다. 종교·문명 간의 대결, 종족 간의 대립, 빈부 간의 갈등 등이 만연하고 있습니다. 우리는 지혜와 힘을 모아 21세기 세계의 평화를 이룩해야겠습니다. 평화를 지키려면 어떻게 해야겠습니까?

첫째, 종교 간, 문명 간의 전면적인 대화를 지체 없이 실천해야겠습니다. 그리하여 정신적인 상호 이해와 인류애에 입각한 협력 관계를 발전시켜 나가야겠습니다. 대화가 있는 곳에 이해가 있고, 이해가 있는 곳에 협력이 있습니다. 협력이 있어야만 평화를 기대할 수 있을 것입니다.

둘째, 빈부 격차의 해소를 절대적인 조건으로 노력해야겠습니다. 오늘날과 같이 국가 간 또는 국내 계층 간의 빈부 격차가 날로 격화되고 있는 상태에서는 안정된 생활 속에 상호 협력하는 평화는 기대할 수 없습니다. 혼란과 갈등과 파멸이 있을 뿐입니다. 지금 세계 도처에서 일어나고 있는 종교 간, 종족 간, 문명 간의 갈등도 그 뿌리를 보면 대부분 빈곤에 원인이 있습니다. 2000년에 있은 '유엔 밀레니엄 정상회의'에서는 하루 1달러 이하 소득자인 극빈층의 인구 비율을 2015년까지 반수로 줄이겠다고 선언했습니다. 현재의 수는 12억 명이 넘습니다. 우선 이 약속만이라도 반드시 지켜져야 합니다. 저개발국가의 경제 발전, 에이즈·말라리아 등 전염병의 근절, 기타 모든 빈곤층과 빈곤한 나라에 대해서 긴급한 구조와 미래에의 희망을 주어야 합니다.

셋째, 지금 세계 도처에서 행해지고 있고, 행해질 위험 속에 있는 테러 행위를 근절시켜야겠습니다. 테러는 인류 전체에 대한 적대 행위이자 최대의 불안 요소입니다. 테러의 근절을 위해서는 당면한 범법자의 소탕, 범죄 조직의 근절, 자금원의 색출 등의 당면 대책을 소홀히 해서는 안 되겠습니다. 그러나 근본 대책이 필요합니다. 근본적인 대책으로는 이미 말씀드린 문명·종교 간의 대화, 절망적인 상황에 놓여 있는 가난한 나라와 가난한 사람들에게 희망을 주는 해결책의 제시 등이 필수 불가결합니다.

넷째, 우리의 평화롭고 건강한 생활을 지키기 위해서는 환경의 보존과 개선이 절대적으로 필요합니다. 지구환경은 지금 날로 황폐화되고 있습니다. 우리의 생존이 위협받고 있습니다. 우리는 커다란 경각심과 열정을 가지고 지구환경을 보호하고 개선하는 데 전력을 다해야겠습니다. 환경은 평화로운 삶에 대한 뺄 수 없는 조건인 것입니다.

신사 숙녀 여러분!

우리의 힘을 다해 평화를 지킵시다. 우리 모두가 평화 수호의 용사가 됩시다. 평화만이 희망이자 살길입니다.

존경하는 신사 숙녀 여러분!

다음에는 한반도의 평화에 대해서 몇 말씀드리겠습니다. 우리는 지난 60년 동안 민족의 분단, 동족상잔의 전쟁, 그리고 세계 유일의 냉전 지대라는 악조건 속에서 평화에 목말라오며 살아왔습니다. 그러나 '6·15 남북정상회담' 이후 한반도 긴장은 괄목할 만큼 완화되었고, 남북 간의 화해 협력의 분위기도 상당히 진전되고 있습니다. 이산가족을 비롯해 동족 간의 상봉도 많이 이루어지고 있습니다. 그러나 아직도 평화는 안착되었다고 할 수 없고, 긴장 또한 근본적으로 완화되었다고 할 수 없습니다. 우리는 지금 평화를 최대의 과제로 삼고 그 해결을 위해 노력해야겠습니다.

그러기 위해서는 첫째, 당면한 북한 핵 문제를 성공적으로 해결해야겠습니다. 북한은 핵을 완전히 포기하고 철저한 사찰을 받는 동시에, 미국은 북한의 안전을 보장하고 경제제재를 해제해주어야 합니다. 북미 양자가 주고받는 협상 속에 이 문제를 해결해야 합니다.

둘째, 핵 문제가 해결되면 6자회담을 상설화해서 한반도와 동북아시아의 평화와 관련된 여러 문제들을 해결해 나가도록 해야 합니다. 저는 지금으로부터 34년 전인 1971년 대통령 선거 출마 당시 대통령 후보 공약으로서 '미일중소 4대국에 의한 한반도 평화 보장'을 주장한 바 있습니다. 4대국에 남북을 합친 것이 지금의 6자회담인 것입니다.

셋째, 핵 문제 해결과 더불어 남북한과 미국, 중국 4자는 한반도에서의 전쟁 상태를 종식시키고 평화협정을 체결해야 합니다. 이로써 50년이 넘는 한반도 전쟁 상태는 종식되고 항구적인 평화를 기대할 수 있을 것입니다.

넷째, 한반도 통일은 평화공존, 평화교류, 평화통일의 3원칙 아래 1단계 남북연합, 2단계 남북연방, 3단계 완전통일의 정책이 실천되어야 할 것입니다. '3원칙 3단계'의 통일 방안은 남북 양측이 안심하고 참여할 수 있는 성공이 보장되는 통일 방안이라고 생각됩니다. 평화에의 '햇볕정책'입니다.

다섯째, 이상의 여건들이 성숙되면 우리는 일단 제1단계의 '남북연합제'의 통일 체제로 들어가는 것이 바람직합니다. '남북연합제'는 남북 양측이 현재대로 독립국가로서의 권한을 그대로 유지하고 통일을 위한 노력을 점진적으로 해나가는 제도입니다. '남북연합'은 남북의 정상과 각료들, 그리고 국회의원들이 정기적으로 회합하고 협의하는 제도입니다. '남북연합'은 비록 강제성은 없지만 우리 민족의 숙원인 통일과 화합과 발전에 큰 영향을 줄 것입니다. 7천만 국민은 전쟁의 두려움 없이 서로 도우면서 완전통일의 희망을 가지고 살아갈 것입니다. 그리고 우리는 21세기 지식 기반 경제의 세계 속에서 선도적인 역할을 하게 될 것입니다.

존경하는 신사 숙녀 여러분, 그리고 국민 여러분!

세계는 하나의 가족입니다. 60억 인류의 공동의 희망과 행복을 위해서 평화에 대한 우리의 정성과 노력을 다합시다. 우리 한민족은 남북의 화해 협력을 절실히 바라고 있습니다. 나아가 민족의 평화적 통일을 갈망하고 있습니다. 평화만이 이를 해낼 수 있습니다. 평화에 대한 소임을 다합시다. 조상과 후손들에게 부끄럽지 않는 우리들이 됩시다. 우리는 할 수 있습니다.

세계 평화 만세! 한반도 평화 만세!

감사합니다.

한반도 평화와 독일 통일의 교훈

노벨평화상 수상 5주년 기념 김대중·폰 바이체커 KBS 특별 대담
2005. 12. 10

한상진(서울대 교수, 이하 한상진) 이렇게 뵙게 돼 영광입니다. 세계의 존경을 받는 지도자를 모시게 돼 떨립니다. 논어에 '유붕(有朋)이 자원방래 불역락호(自遠方來 不亦樂乎)'라는 말이 있습니다. 두 분이 어떻게 서로 만나게 되셨는지요?

김대중 전 대통령(이하 김대중) 폰 바이체커 전 대통령을 우리 사무실에서 영접하게 되니까 기쁜 마음을 금할 수 없습니다. 우리는 1960년대부터 한국, 일본, 독일에서 만나 우리가 같이 믿는 기독교 특히 한국의 민주주의 문제에 대해서 이야기했습니다. 폰 바이체커 전 대통령은 제가 일본에서 납치되었을 때 또 군사정부에서 사형선고를 받았을 때 저의 구명을 위해서 애써주었습니다. 또 대통령궁에서 저희 내외를 면담해주시는 등 저에게는 잊을 수 없는 친구이자 은인입니다. 특히 한국의 민주주의와 인권을 위해서 헌신적으로 도와주어서 우리 국민 전체의 친구이자 은인으로 생각하며 감개무량합니다.

• 김대중 전 대통령은 서울대 한상진 교수의 사회로 노벨평화상 수상 5주년 기념식 참석을 위해 방한한 폰 바이체커 전 독일 대통령과 특별 대담을 가졌다. (편집자 주)

한상진 폰 바이체커 전 대통령님. 김대중 전 대통령님과는 지금까지 40년 동안 친구로 지내고 계시는데요. 김대중 전 대통령의 어떤 점이 가장 인상에 남으셨는지 참 궁금합니다.

폰 바이체커 전 대통령(이하 폰 바이체커) 저는 세계교회협의회 중앙위원회 대표단의 일원으로 처음 한국을 방문했습니다. 당시 대표단 일부는 강원용 목사 등을 만나기 위해 서울을 찾은 이들이었습니다. 우리가 한국을 방문한 것은 빈민가에 살고 있는 가난한 사람들을 돕기 위한 것이었고 실제로 빈민 구제 활동을 펼칠 수 있길 바랐죠. 당시 대통령은 아니셨지만 제가 김대중 전 대통령을 처음 만나게 된 것도 바로 빈민 구제 활동을 통해서입니다. 그는 가난한 사람들을 위해 적극적으로 활동했습니다. 당시 김대중 전 대통령의 빈민 구제 활동이 비밀리에 북한과 협력하기 위한 것이 아니냐는 의혹이 있었지만 사실이 아니었죠. 김대중 전 대통령은 가난한 사람들을 돕는 것을 실천해 민주주의적 가치를 심으려고 하셨던 겁니다. 이런 인연으로 김대중 전 대통령을 만났고 존경심이 싹트게 됐습니다. 당시 김대중 전 대통령이 가난한 사람들을 돕는 것은 개인적으로 매우 힘든 일이었습니다. 하지만 김대중 전 대통령은 용기 있는 분이셨기 때문에 모든 역경을 헤치고 민주주의의 발전을 위해 노력하셨습니다.

한상진 지난 11월, 광복 60주년 기념사업추진위원회는 갤럽에 의뢰해 국민의식조사를 했는데요. 광복의 여러 의미 가운데 지난 60년 동안 어떤 것이 어느 정도 실천되었는가를 물었습니다. 여기에 대해서 우리 국민의 80%는 광복 이후 국민의 자유 신장이 실현됐다고 보았습니다. 하지만 광복 이후 한반도에 통일국가를 세우는 것이 실현되고 있다고 본 사람은 40%에 불과했고, 46%는 거의 실현되지 않았다, 13%는 전혀 실현되지 않았다고 보았습니다. 광복 60년을 맞아 무엇보다 남북의 화해 협력 그리고 한반도 통일에 관심을 가져야 할 이유가 여기에 있다고 생각됩니다. 우선 북한 핵 문제로 갈등을 빚고 있는 최근 한반도 상황을 두 분께서는 어떻게 생각하시는지 여쭙고 싶습니다.

김대중 남북 간에는 보기에 따라서는 만족하지는 않지만 상당한 진전이 있었다고 볼 수 있고, 보기에 따라서는 근본적으로 아직도 진전이 없다고 볼 수도 있습니다. 둘 다 잘못된 것이 아닌데 다만 얘기하고 싶은 것은 지금 한반도를 둘러싼 정세, 남북 민족 상호 간의 의식 변화, 그리고 서로 평화적으로 공동 번영하면서 사는 문제는 북한에도 필요하고 우리에게도 필요합니다. 그러기 때문에 민족적인 정서뿐만 아니라, 이해 관계를 위해서도 필요합니다. 평화를 위해서 번영을 위해서 생존을 위해서도 필요한 문제이기 때문에 결국 이 문제는 발전되어 나갈 것입니다. 남북 관계는 실질적으로 많은 변화가 있었는데 미국과 북한 관계가 잘 발전되지 않아 여러 문제가 생긴 것입니다. 핵 문제에 있어서는 과거에 제가 여러 번 얘기했고 결국에는 현재도 그러한 방향으로 되어가고 있지만 결국 북한은 핵을 완전히 폐기하고 검증을 받고, 미국은 북의 안전을 보장해주고 경제적 제재를 해제해주어야 합니다. 이것은 북미 양자가 서로 주고받으면서 동시적으로 해결하면 되는 것입니다. 다행히 지금 이 문제는 북미 간에도 대화가 있지만 6자회담이 있어서 노력을 하면 됩니다. 미국 부시 대통령이 북한이 먼저 핵을 폐기하는 것을 보고 나서 하겠다고 하면 안 됩니다. 6자회담이 성공하면 6자회담을 상설화해서 한반도와 혹은 동북아의 평화를 책임질 수 있도록 해야 합니다.

한상진 폰 바이체커 전 대통령께서는 어떻게 생각하십니까?

폰 바이체커 제 생각에 6자회담 개최는 매우 커다란 진전이라고 생각합니다. 그러나 김대중 전 대통령이 언급하신 것과 마찬가지로 두 가지 문제를 생각해봐야 합니다. 첫 번째, 어떠한 형태로든 핵무장 시도는 있어서는 안 될 일이라는 것입니다. 핵은 한반도뿐만 아니라 동아시아 및 전 세계에 상당한 위험을 가져올 것입니다. 두 번째, 우리 모두는 세계화 시대에 살고 있다는 것입니다. 전 세계 어떤 국가도 지역 국가들과의 협력 없이 생존할 수 없습니다. 6자회담을 통해 북핵 문제에 대한 영구적인 방안이 나와야 합니다. 물론 북한의 일방적인 의무에 대한 이야기는 아닙니다. 예를 들어 미중 관계를 살펴봤을 때 중국이 미국을 추월할 것이라는 의혹을 뿌리쳐야 하며 새로운 군비증강으로 중국을 견제해야 한다는 생각도 버려야 합니다. 지금은 양국의 보다 깊은 이해와 적절한 협력이 절실한 때입니다. 6자회담이 단계적 협력을 취하고 세계화되고 있는 국제사회의 미래에 대해 제대로 인식한다면 전 세계 평화에 지대한 공헌을 하게 될 것입니다. 그렇기 때문에 세계가 6자회담의 진전 상황을 예의 주시하는 것입니다. 6자회담은 한 가지 목적이 아닌 영구적인 목적을 위한 회담이 되어야 합니다.

한상진 참 좋은 말씀입니다. 미래에 대한 희망을 갖게 해주는 말씀입니다. 독일과 한국은 다 같이 제2차 세계대전 이후 강대국에 의해 분단되었습니다. 우리보다 먼저 통일을 이룩한 독일의 경우, 그 중요한 열쇠가 바로 주변국가들의 협력이었는데요. 폰 바이체커 전 대통령님, 독일 통일로 이어지는 주변국들의 협력과 이것을 얻기 위한 서독의 노력 등을 소개해주시면 좋겠습니다.

폰 바이체커 제2차 세계대전이 끝나고 미국과 소련이라는 두 강대국 간에 얄타 회담이 개최되었습니다. 얄타 회담으로 한반도에 38선이 생겼고 유럽 또한 강제적으로 분단이 됩니다. 제가 살고 있는 베를린뿐만 아니라 독일 전체의 분단이 고의적으로 합의된 것이지요. 그 당시 우리는 유럽의 역사가 끝나가고 있다고 생각했습니다. 이러한 상황에서 깊은 역사적 통찰력을 지닌 많은 유럽 국가들이 자국의 권리를 포기하고 유럽공동체(EC)를 만들어 통합된 권리를 찾으려는 움직임을 보이기 시작했죠. 이를 계기로 유럽 국가들이 서로 화해하기 시작했습니다. 특히 수세기 동안 앙숙 관계였던 프랑스와 독일이 화해를 하게 됩니다. 동유럽은 시간이 조금 흐른 후 유럽 공동체에 가입했습니다. 이러한 화해 정신으로 유럽공동체의 창립 6개국은 조기에 화해할 수 있었고 유럽 역사의 새로운 장이 열린 것이죠. 유럽국에게는 대단한 안도감을 주는 부분이라고 할 수 있습니다.

한상진 헬싱키 협약이 독일 통일, 더 나아가 동독의 변혁에 미친 영향도 설명해주시면 좋겠습니다.

폰 바이체커 냉전 기간 동안 서방과 동방은 긴장 관계를 유지했습니다. 그러나 시간이 흐르자 많은 국가들이 긴장을 완화하는 데탕트(Détente)• 정책을 원했습니다. 인간다운 삶을 누리기 원했던 독일 국민들도 긴장 완화를 원했습니다. 대도시 한중간에 막힌 장벽 때문에 반대쪽에 있는 가족과 친지를 마음대로 만날 수 없는 상황은 현재로서는 상상하기 힘든 일이죠. 당시 서독 정부의 지도자들이 1975년 헬싱키에서 서방국가들과의 정상회담을 추진했습니다. 여기서 한 가지 부연 설명을 드려도 되겠습니까? 당시 처음부터 일이 순조롭게 풀린 것은 아니었습니다. 우방국이었던 미국을 헬싱키 회담에 참가하도록 설득시키는 일은 쉽지 않았습니다. 당시 미국은 회담 결과가 어떻게 될 것인가, 이 회담으로 평화 증진을 기대할 수 있을 것인가에 대한 부분보다는 소련의 힘을 더욱 강화시키는 결과를 낳지는 않을까 하는 의혹을 품고 있었습니다. 하지만 미국은 결국 회담에 참가했고 당시

• **데탕트(Détente)** 프랑스어로 '완화'라는 뜻으로 국제 관계 속에서 대립과 긴장이 완화되어 화해의 분위기가 조성되는 상태 또는 그것을 지향하는 정책, 특히 역사적으로 미국과 소련이 첨예한 이념 대립에서 벗어나 평화적 공존을 모색한 정책과 노력을 가리킨다.

소련 연방의 시스템을 해체시키는 첫 출발점이 됩니다. 헬싱키 회담에 참가한 소련의 우방국에서도 새로운 세력들이 등장해 자신의 요구 사항을 보다 분명히 나타내기 시작하죠. 유럽에서 "자유운동"으로 알려진 폴란드의 자유노조운동 역시 헬싱키 회담에서 비롯된 것입니다. 헬싱키 회담은 끔찍한 냉전 시대에서 대화와 평화, 통일을 향한 전환점의 역할을 했습니다.

한상진 김대중 전 대통령께서는 재임 시 한반도 주변 국가와의 관계 개선에 큰 협력을 했습니다. 앞으로 통일을 위해서 인접 국가들과 어떻게 협력해 나가는 것이 바람직하다고 생각하십니까?

김대중 저는 지금부터 34년 전인 1971년 대통령 선거 출마 당시 그때 제가 내세운 선거공약 중에 미일중소 4대국에 의한 한반도 평화 보장을 해야 한다고 했습니다. 4대국에 남북을 합친 것이 지금의 6자회담인 것입니다. 저는 일관되게 한반도 평화는 4대국과의 관계를 어떻게 하느냐가 중요하다고 이야기했습니다. 얼마 전 미국 예일대학의 케네디 교수가 한국에 와서 이런 말을 했습니다. '한국은 네 마리 코끼리 사이에 낀 작은 코끼리다. 네 마리 코끼리 사이에서 어떻게 운신하고 조정하느냐에 따라서 한국의 안전이 보장된다'는 이야기를 했습니다. 세계에서 미일중러 4대국 사이에 끼어 있는 나라는 우리나라뿐입니다. 이러한 특수한 환경 속에서 주변 국가와의 관계를 잘 발전시켜 나가는 것은 우리의 생존에 지대한 관계가 있습니다. 조선왕조 말엽에 그러한 4대국 관계를 제대로 못한 데서 실패한 것입니다. 제가 대통령이 되면서 '햇볕정책'을 제시했을 때 미국의 클린턴 대통령, 일본의 수상들, 중국의 장쩌민, 러시아 푸틴 대통령 등이 모두 적극적으로 지지해주었습니다. 대통령 재임 5년 동안 주변 4대국과 매우 좋은 관계를 유지했습니다. 이러한 관계는 우리가 남북 관계를 발전시키는 데 큰 힘이 됐습니다. 우리는 앞으로도 4대국과의 관계를 더욱 중시해서 앞으로 6자회담을 성공시켜야 할 것입니다. 그리고 6자회담을 상설화해서 남북한과 동북아시아 평화를 지키는 노력을 하는 것이 결국 한민족이 강대국 사이에서 자기 목소리를 내면서 살아가는 지혜입니다. 우리나라의 생존과 발전은 4대국과의 관계를 원만히 해결하면서 균형적인 선린 관계로 발전시키느냐에 달려 있다고 생각합니다.

한상진 조금 전에 한국은 네 마리의 커다란 코끼리 사이에 낀 작은 코끼리라고 말씀하셨는데 한국도 코끼리는 코끼리입니까?

김대중 한국은 과거 산업사회 시대에는 큰 코끼리가 될 힘이 없었지만 지금은 지식 정보화 시대로 우리가 해볼 만한 시기입니다. 최근 황우석 박사 이야기도 있지만 우리는 큰 코끼리뿐만 아니라 왕초 코끼리도 될 수 있습니다.

한상진 아주 고무적인 말씀입니다. 이번에는 국제적인 협력 속에 남북한이 국제적으로 풀어가야 할 문제에 대해서 말씀드리고자 합니다. '모든 관계의 초석은 신뢰에 있다.' 이런 이야기가 있습니다. 앞으로 남북한 신뢰 증진을 위해서 어떤 방법이 가장 바람직하다고 생각합니까?

김대중 남북이 50년 동안 서로 어떻게 하면 상대방을 말살시키고 나만 잘살면 되느냐는 자세로 살아왔습니다. 상대방에 대한 불신과 위기의식으로 신뢰가 생기지 못했습니다. 남북 간에 신뢰가 생기려면 너도 잘되고 나도 잘되자고 해야 합니다. 통일이 되면 모두 승자가 되는 통일을 해야 합니다. 저는 2000년 김정일 위원장을 만났을 때 '사람은 누구나 영원히 사는 사람이 없다. 당신과 나는 남북을 대표하는 입장인데 우리가 마음 하나 잘못 먹으면 7천만 민족을 공멸시킬 수 있다. 그러나 우리가 바른 생각을 가지면 우리 민족은 혜택을 입을 것이고 평화, 번영을 누리고 미래에 대한 희망을 가질 것이다. 남한을 공산화한다는 생각을 꿈에라도 버려야 한다'고 이야기했습니다. 또 우리는 북한을 흡수통일할 생각을 갖고 있지 않다고 했습니다. 조급한 통일은 남북 모두에게 좋은 일이 아닙니다. 저는 김정일 위원장과 이러한 이야기를 통해서 북한이 우리를 믿을 수 있도록 노력을 했습니다. 그때 남북이 자주적으로 노력하고 교류 협력하자고 합의했는데 그 후로 우리는 일관되게 그 약속을 지켰습니다. 때로는 북한이 말썽을 부려도 인내심을 갖고 약속을 지켰습니다. 그러한 결과 결국 북한도 태도가 달라졌습니다. 오늘날 과거 어느 때보다도 남북 간은 신뢰와 이해가 높아졌다고 생각합니다.

한상진 폰 바이체커 전 대통령님. 독일의 경험에 관해서 하시고 싶은 말씀이 있으실 텐데요. 신뢰 증진에 관해서요.

폰 바이체커 분단을 경험한 나라가 살길을 갖고 세계적인 경쟁력을 갖출 수 있는 유일한 방법은 서로 힘을 합쳐 협력할 때 가능합니다. 이는 명백한 사실입니다. 하지만 이것은 빠른 시일 내에 이루어지는 것은 아니죠. 독일의 통일 경험에서 예를 들어보겠습니다. 동서독 간에는 정치, 교육, 이념의 차이가 존재했지만 통일을 이뤘고, 통일한 지 15년이 지난 지금 2개의 거대정당이 서로 돕는 새로운 정부가 들어섰습니다. 대부분의 거대정당들은 동독 출신 인사들이 이끌고 있습니다. 현 독일 총리와 연정파트너 의장도 동독 출신입니다. 이 모든 일들이 자연스럽게 일어났습니다. 우리가 해야 할 일을 시행하고 국내 개혁을 추진하며 주변국과 협력을 하기 위해서는 동서독이 서로 협력할 때 훨씬 수월해집니다. 2000년 남북정상회담이 개최되기 전 김대중 전 대통령은 양국의 차이에 대해 분명히 말씀하셨습니다. 그 후 일어난 일들을 보면 인내심, 용기, 이해가 필요하다는 것을 알 수 있습니다. 이러한 덕목은 김대중 전 대통령 안에 내재되어 있으며 이를 바탕으로 김대중 전 대통령의 자신감이 나오는 것입니다. 사회자님의 세대, 더 나아가 더 어린 세대들은 '훌륭한 신념은 신뢰와 협력에 있다'라는 사실을 이해하기가 보다 수월할 것입니다.

한상진 폰 바이체커 전 대통령께서 독일 통일 15년이 지나고 나서 정치적으로 대단히 의미 깊은 말씀을 해주셨는데요, 총리도 동독 출신이고 야당 당수도 동독 출신이라는 사실은 신뢰라고 하는 것과 연관해서 참 부러운 현상이라고 생각합니다. 김대중 전 대통령께서는 최근의 변화에 대해서 어떻게 생각하십니까?

김대중 저도 여야 양측의 대표를 동독 출신으로 선출하는 독일 국민의 아량과 결단에 대해서 놀랍고 높이 평가하고 있습니다. 독일 통일은 동서독이 모두 잘되는 방향으로 문제를 해결했습니다. 독일의 이러한 예를 보고 배워 앞으로 남북이 통일이 되면 북한 사람도 없고, 남한 사람도 없는 하나의 민족으로서 함께 지도자도 선출하고 협력해야 한다고 생각했습니다.

한상진 남북 관계 개선을 위해 현실적으로 가장 필요한 것은 경제 교류와 협력을 강화하는 것이 아닐까 합니다. 독일의 경우 통일 이후 동독의 경제가 무너졌고 경제 부담을 서독이 모두 짊어지게 된 경험이 있지요. 먼저 폰 바이체커 전 대통령님, 경제 교류와 협력이 왜 중요하고 그것을 어떻게 하는 것이 통일을 위해 보다 바람직한지 말씀해주시면 감사하겠습니다.

폰 바이체커 앞서 논의한 문제들에 대한 제 생각을 더 말씀드릴 수 있는 기회가 되겠군요. 물론 독일이 통일하는 데 있어 유럽과 국제적 상황은 매우 긍정적인 영향을 끼쳤습니다. 그러나 통일과 관련한 모든 일을 성취하기 위해서는 많은 노력과 시간이 필요합니다. 우리는 동독에 거주하는 젊은이들이 그들의 고향에서 좋은 교육을 받고 그곳에서 일자리를 얻을 수 있기를 바랍니다. 저희는 동독 젊은이들이 자신의 능력을 발휘하기 위해 서독에까지 와서 취업해야 하는 번거로운 상황이 없기를 바라고 있습니다. 두 번째로 동서독 간에는 실업률의 편차가 매우 큽니다. 이는 중요한 문제이지만 심각한 위험 요소가 돼서는 안 됩니다. 셋째로 독일 통일 후 지난 15년 동안 서독은 매년 동독에게 상당한 금액의 재정적 지원을 해오고 있습니다. 그래서 서독의 재정 상황이 매우 안 좋습니다. 아마 한국의 상황보다 더 안 좋을 수도 있습니다. 어려운 상황인 것은 확실합니다. 이를 극복하기 위해서는 쉼 없는 노력과 꾸준한 인내심이 필요합니다. 그러나 상황은 개선되고 있습니다. 여기서 명심해야 할 점은 동서독의 규모가 서로 비교할 만한 위치에 있지 않다는 것입니다. 독일의 인구는 8천만인데 그 중 80%가 서독인, 20%가 동독인입니다. 따라서 동독 재건을 위해 필요한 수송 등 여러 문제를 해결하기 위한 서독의 부담은 여전합니다. 제가 생각하기에 전반적으로 볼 때 6자회담은 한반도에 매우 좋은 기회이자 중요한 사안입니다. 김대중 전 대통령께서 6자회담의 이로운 점에 대해서 매우 설득력 있게 말씀해 주셨는데요. 6자회담은 미국, 일본, 중국, 러시아를 보다 긴밀히 한자리에 모이게 하는 기회를 제공합니다. 이는 한반도뿐만 아니라 세계 평화를 위해서도 중요한 점이지요. 일본과 중국이 긴밀한 관계를 유지하는 것이 중요합니다. 양국은 경제적으로는 가까운 관계를 유지하고 있습니다만 정치적으로는 아직도 해결할 문제가 많습니다. 미국과 중국도 마찬가지입니다. 남북 문제가 주가 되는 6자회담은 미국, 일본, 중국, 러시아 4개국이 보다 빨리 긴밀하게 만날 수 있는 매우 유용한 기회입니다. 유럽은 6자회담을 단순히 한국의 문제가 아니라 세계 평화를 위한 문제로 생각하고 있습니다. 6자회담은 세계 도처에 상당한 영향을 미칠 것입니다. 유엔 활동을 더욱 고무시킬 수도 있습니다. 만약 한국의 리더십하에 미국, 일본, 중국, 러시아 4개국이 보다 긴밀한 관계를 갖게 되는 6자회담이 지속된다면 유럽 헬싱키 회담에서처럼 화합과 협력을 이끌어낼 수 있습니다. 저는 한국에서도 이러한 저희의 경험이 되풀이되었으면 하는 바람입니다.

한상진 김대중 전 대통령은 재임 중 햇볕정책을 잘 수행하셨습니다. 사회 일각에서 '퍼주기'라며 대북 정책을 비판하고도 있습니다. 그러나 서독의 동방 정책과 비교하면 대북 지원은 훨씬 작은 것 같습니다. 앞으로 북한을 위한 대북 교류 협력은 무엇입니까?

김대중 햇볕정책을 '퍼주기'라고 비난하는 이야기는 민족적 입장이 아니라 국내 정치적 입장에서 나왔습니다. 그런데 이제는 그런 말을 접고 남북 교류 협력을 이야기하니까 참 다행입니다. 우리가 북한과 경제 협력하는 것을 북한을 도와주는 것이라고 생각하는 것은 단견이고, 우리 목적과 일치하지도 않습니다. 우리는 물론 북한을 도와줘서 북한 스스로 경제를 재건하여 통일을 이루었을 때 서로의 부담을 더는 것이 큰 목적입니다. 그러나 남한도 북한을 적극적으로 이용해야 할 경제적 이유가 있습니다. 우리의 중소기업들은 국내의 노임이 비싸서 중국, 베트남까지 진출하고 있습니다만 실제로 성공하는 기업은 별로 없습니다. 그러나 북한은 남한과 거리가 가깝고 노동자들의 임금이 매우 쌉니다. 교육이 잘된 우수한 노동력이 있고, 또 언어가 통합니다. 우리 중소기업들이 북한에 진출하여 이러한 여건들을 활용하면 성공할 수 있습니다. 현재 남한에는 400조 원이 넘는 돈이 투자할 곳을 찾지 못하고 있습니다. 이 돈 중 100조 원쯤 북한에 투자된다면 어떻게 되겠습니까? 우리가 경각심을 가져야 할 것은 중국의 자본이 북한에 물밀듯이 들어간다는 것입니다. 중국 상품이 홍수같이 북한으로 들어가고 북한의 귀중한 자원을 중국으로 가져갑니다. 북한도 한 나라에 예속되는 것은 원하지 않지만 중국에서 받지 않으면 도리가 없으니 그렇습니다. 그것은 제가 김정일 위원장과 이야기해봤지만 분명한 사실입니다. 우리는 현재 북한을 구원, 자립화시키는 입장이고 이것은 우리 경제를 건전하게 발전시키는 길이기도 합니다. 또한 북한이 중국 등 어느 한 나라에 예속되지 않도록 하는 길입니다. 우리의 북한 진출은 압록강을 건너서 유라시아 대륙으로 가는 '압록강의 기적'을 일으키기 위해서도 필요합니다. 이러한 경제 협력은 오늘 북한에 100원 주고 10원 받는다 하더라도 내일은 우리가 200원을 받을 수도 있습니다. 이것은 남북 양쪽에 원원이 되는 길입니다. 작게 보지 말고 큰 시각으로 바라보아야 합니다. 북한과 철도가 연결되면 우리는 유라시아 대륙을 거쳐 유럽까지 진출할 수 있습니다. '철의 실크로드'가 이어집니다. 우리나라가 물류의 동쪽 거점이 될 것입니다. 물류가 일어나면 문화, 관광, 보험, 금융 등 여러 산업이 일어나서 남북 양쪽이 다 같이 큰 혜택을 보는 시대가 옵니다. 북한에 대해서 손해 본다고 생각하지 말아야 합니다.

한상진 현실적으로 걱정스러운 것은 북한 인권에 관한 문제입니다. 얼마 전 메리 로빈슨 전 아일랜드 대통령이 한국에 오셔서 강연한 적이 있습니다. 모든 문제의 뿌리에는 절대 빈곤, 만성질환, 식량 위기의 근본 문제가 있다는 점, 그리고 이러한 근본 문제를 해결하기 위해서 국제사회가 보다 깊은 관심을 가져야 한다는 점을 역설하셨는데요. 또 다른 한편에서는 북한 인권 문제를 정치적, 외교적 지렛대로 활용하려는 경향에 대한 우려의 목소리도 나오고 있는 현실입니다. 이러한 상황에서 어떻게 하면 균형적이고, 체계적인 인권 정책을 실현할 수 있겠습니까?

김대중 공산국가의 인권 문제에 있어서는 역사의 교훈을 봐야 합니다. 공산국가는 억압하고 봉쇄하면 아무런 변화를 보지 못합니다. 과거 소련에 대해서 50년 동안 봉쇄했지만 변화가 없었습니다. 헬싱키 조약으로 데탕트가 시작됐습니다. 동서독 간에 경제, 문화, 인적 교류가 동독에 인권의 바람이 불게 했습니다. 동독은 외부 싸움에 진 것이 아니라 내부에서 변화의 바람이 일어났습니다. 중국도 한국전쟁 이후 봉쇄했지만 변화가 없었고, 닉슨 대통령이 찾아가서 변화되었습니다. 베트남도 전쟁으로도 안 됐지만 외교와 교역으로 변화가 가능했습니다. 쿠바는 50년 동안 봉쇄했지만 아직도 변화시키지 못했습니다. 저는 부시 대통령이 2002년 한국에 오셨을 때 이러한 모든 말씀을 다 드렸습니다. 북한도 결국은 마찬가지입니다. 공산국가의 교훈을 배워서 북한을 개방으로 유도하면 결국에는 우리가 바라는 시장경제의 방향으로 나가지 않겠습니까? 그렇게 되면 외국 사람이 왕래하고 북한 인권도 발전될 것입니다. 한국에 대해서 북한 인권 문제에 대해서 소홀히 한다는 이야기를 국내외에서 하는데 그렇지 않습니다. 우리가 북한에 대해서 식량, 의약품, 비료 등을 지원하고 있습니다. 이러한 지원으로 북한은 엄청난 혜택을 보고 있습니다. 사람의 인권에는 정치적 인권, 사회적 인권이 있습니다. 사회적 인권은 먹어야 사는 인권, 안전하게 살아야 하는 인권, 병 고쳐야 하는 인권 등의 의미로 남한은 많은 지원을 하고 있습니다. 북한에서 약 7천 명이 탈출했는데 인권을 이야기하는 미국이 수용하지 않고, 일본도 그들을 받지 않고 있지만 우리는 그들을 모두 수용하고 있습니다. 남북 이산가족이 50~60년 동안 못 만나고 2000년 정상회담 이전에는 200명밖에 만나지 못했는데 현재 1만2천 명까지 만나고, 이산가족 면회소도 만들었습니다. 정치적 인권 문제를 이야기하면 북한이 반발해서 이산가족 상봉에 지장이 생길 가능성이 있습니다. 우리는 북한을 조용히 설득하면서 정치적 인권 문제를 개선하도록 하고 있습니다. 지금 우리는 북한 인권에 대해서는 상당히 기여하고 있다고 생각합니다.

한상진 폰 바이체커 전 대통령님은 어떻게 생각합니까?

폰 바이체커 김대중 전 대통령의 말씀에 전적으로 동의합니다. 물론 인권은 유엔헌장에 명시되어 있는 바와 같이 보호되어야 합니다. 인권 규정을 위반한 행위는 국제사회가 관심을 기울일 필요가 있습니다만 그와 관련된 범죄는 테러 방지를 위한 방법과도 연관이 있습니다. 테러와 인권 침해의 근본 원인이 무엇인가를 찾아낼 때에 비로소 그 문제를 해결할 수 있습니다. 사람들이 가난에 시달리고 있는지, 질병으로 고통받고 있는지, 생계 수단이 없어 강제 이민을 해야 하는지 등의 문제를 살펴보는 것이 인권 침해 문제를 해결할 수 있는 마지막 방안입니다. 항상 어떤 일의 동향을 살펴볼 때는 그 근본 원인이 어디에 있는지 생각해보아야 하며 이는 매우 중요합니다. 평화의 전제 조건 중에서 보통 사람들의 존엄성 있는 삶에 대한 인권에 대해 살펴보지 않은 채 단지 인권 보호만을 위해 개별적으로 투쟁하는 것으로는 진정한 인권 보호를 할 수 없습니다.

한상진 독일의 경험을 잘 새겨 같은 실수를 안 해야 하는데. 통일을 하는 데 조심해야 할 점은 무엇인지, 또 원대한 꿈과 야망이 있다면 무엇입니까?

김대중 우리는 독일 방식을 따르지 않아도 되지만 독일 방식에서는 많이 배우고 있습니다. 먼저 통일한 독일이 부럽지만, 독일 통일의 여러 부작용을 보면서 교훈을 얻고 있어 다행입니다. 저는 햇볕정책을 내세우면서 평화공존, 평화교류, 평화통일의 3원칙. 그리고 제1단계의 남북연합, 제2단계의 남북연방, 제3단계의 완전통일을 이야기했습니다. 제1단계는 2000년 남북공동선언문에서 합의한 것과 같이 북의 '낮은 단계의 연방제'와 남의 '남북연합제'의 방식이 공통점이 있기 때문에 절충한다고 했습니다. 남북연합제는 남북 양측이 현재의 독립국가 체제를 유지하면서 남북의 정상들이 정기적으로 회합하고 각료회의, 국회회의를 통해 일종의 협의체로 협의해 나가는 것입니다. 이러한 남북연합제를 착실히 진행하면서 장차 남북연방제로 가야 합니다. 우리는 통일 문제에 있어서 서두르지 말고 착실히 해나가면서 양쪽이 손해가 없도록 해야 합니다. 한반도 주변 4대국이 독일의 경우와 같이 기꺼이 협력할 수 있도록 노력해야 합니다. 4대국이 우리를 식민지로 만들지는 않겠지만 우리의 통일을 방해하는 역할을 할 수도 있습니다. 그러므로 4대국 외교는 매우 중요합니다. 우리는 경제적으로 세계 11번째 국가로서 우리 국민이 착실히 해 나간다면 주변 국가의 협력과 지원을 이끌어낼 수 있습니다. 그러나 서둘지 말고 나만 잘되겠다는 생각을 가져서도 안 됩니다.

한상진 2002년 월드컵 때 '꿈은 이뤄진다'를 봤습니다. 우리 민족의 꿈과 희망인 한반도의 평화 체제 구축 방법은 무엇입니까?

김대중 현재로서는 6자회담에서 북핵 문제를 해결하는 것이 중요합니다. 북핵 문제가 해결되면 나머지 미사일 문제, 여러 가지 화학무기 문제도 해결될 것으로 생각합니다. 북핵 문제가 해결된 후에 6자회담을 상설화해서 한반도와 동북아 안보를 책임지도록 해야 합니다. 더불어 한반도 평화협정을 만들어 전쟁 상태를 종식시키고, 세계와 협력해서 세계 평화에 기여하는 나라가 되어야 합니다. 평화를 위해서는 남북 간에 가난한 사람들에게 희망을 주고, 세계의 가난하고 병들고 고통받는 사람들을 지원하는 나라가 되어야겠습니다. 노르웨이, 스웨덴 같은 나라들은 우리나라보다 경제력은 약하지만 세계의 가난한 사람을 얼마나 많이 돕고 있습니까? 우리는 평화의 나라, 그리고 약자에 대해서 동정하고 도와주는 사랑의 정신을 실천하는 나라가 되어야 합니다.

폰 바이체커 너무 서두르지 마십시오. 그리고 우리가 이미 저지른 실수를 반복하지 마십시오. 우리는 화폐 통합을 서둘렀는데 당시 그렇게 해야 할 정치적인 이유는 있었지만 경제적으로는 실수를 저지른 것과 마찬가지였습니다. 또한 예측할 수 없는 상황에 대해 준비를 철저히 해야 합니다. 이 자리를 빌어 통일에 대한 준비가 충분히 되어 있지 않았음을 고백하고 싶습니다. 왜냐하면 우리는 분단에 너무 익숙해 있었기 때문입니다. 분단을 극복하려는 의지는 있었지만 현실적으로 준비가 충분하지 못했습니다. 그리고 통일이 비교적 빨리 이루어졌습니다. 따라서 서두르지 않으면서 충분한 준비를 하는 것이 중요합니다.

한상진 제가 한 가지만 꼭 여쭈어야겠습니다. 1985년 5월 8일 종전 40주년 기념 의회 연설에서 폰 바이체커 전 대통령께서는 나치의 만행에 대해서 거듭 사죄하셨고 유대인, 집시, 소수민족 등 희생자들에게 용서를 구했습니다. 행동하는 지성으로 독일은 주변국의 신뢰를 얻었는데요. 동북아도 사정은 마찬가지라고 생각합니다. 일본은 과거사와 관련해 주변국들의 신뢰를 얻지 못하고 있는데요. 많은 사람들이 일본이 독일에서 배워야 한다고 충고하고 있는데 이에 대해 어떤 견해를 갖고 계신지요?

폰 바이체커 모든 국가는 나름대로의 방식을 찾아야 합니다. 이 질문은 일본에서도 여러 번 받은 적이 있습니다. 일본에서도 과거사를 사죄하기를 원하는 사람들이 분명히 있습니다. 저는 주변국에 저지른 과거사에 대해서 특히 잘못을 저지른 사실에 대해서 정직해야 한다고 생각합니다. 이는 도덕적 의무일 뿐만 아니라 궁극적으로 다음 세대에게 보다 나은 미래를 누릴 수 있도록 해줄 것입니다. 젊은 세대들은 과거의 만행에 직접 관여하지 않았기 때문에 이해하기 힘들 수도 있습니다. 그러나 그들이 올바른 미래에서 살아가기 위해서는 과거사에 정직해야 한다는 사실을 짐작할 수 있을 것입니다. 특히 과거 적대국들과의 관계를 개선할 필요가 있습니다. 독일과 프랑스는 화해를 이루었고 제2차 세계대전의 첫 희생국인 폴란드와 러시아와도 관계 개선을 이루었습니다. 이러한 이유 때문에 구세대들이 과거의 적대국들과의 관계 개선을 위해 노력한 것입니다. 이러한 관계 개선은 과거를 진실되게 바라볼 때 가능합니다.

한상진 김대중 대통령님. 동북아 평화 체제를 위해서 일본의 역할에 대해서 한 말씀해주십시오.

김대중 한미일 3국의 협력 관계는 경제적 협력뿐 아니라 동북아 평화 발전을 위해서 절대적으로 필요합니다. 일본은 지금 어느 길로 가고 있느냐. 미국과 손잡고 중국과 대결하는 길로 가고 있느냐, 아니면 미국과 손잡고 중국, 한국과도 손잡는 방향으로 가고 있느냐 그것이 중요합니다. 그런데 지금 보면 우려스러운 점이 많습니다. 일본에 있어서 가장 큰 걱정은 급속한 우경화입니다. 그리고 그것을 막을 힘이 민간 속에서 일어나지 않고 있습니다. 우리나라처럼 민주주의를 위해서 목숨을 바치고 감옥을 간 사람들도 없고, 또 국제비정부기구(NGO) 같은 민간 조직도 별로 성공하지 못하고 있습니다. 일본은 그러한 우경화를 막을 사람이 없습니다. 과거를 비난하면 반발만 하는 이런 상황이라서 일본에 대해서는 묘수가 없습니다. 이런 점에 있어서 일본에 대한 대책을 적극적으로 신중하게 만들어서 한미일 3국 공조 체제를 통해서 일본의 일을 잘 조율할 필요가 있습니다. 중국과 이야기해서 한중일 3국이 잘 협력해야 합니다. 그래서 일본이 과거를 분명히 반성하고 다시는 과거의 과오를 되풀이하지 않는 자세로 돌아오도록 노력해야 합니다. 그렇지 않으면 상당히 어려운 관계가 지속될 수 있습니다.

한상진 한반도 평화를 위해서 동북아, 세계 평화를 위해서 오늘 두 분이 하신 말씀을 가슴 깊이 새겨들어야 하겠습니다. 두 분의 말씀은 우리를 이끌어 갈 길잡이 역할을 할 것으로 생각합니다. 존경과 감사의 말씀을 드립니다.

2 한반도 평화의 조건

2006년 상반기 김대중 전 대통령은 경의선을 이용한 2차 방북을 추진한다. 남북 당국은 금강산과 개성에서 두 차례 실무 접촉을 갖고 김 전 대통령의 방북 일정을 협의했다. 그러나 북한은 남북 간에 합의된 경의선 시험 운행을 일방적으로 취소하고, 7월 미사일 발사 실험을 함으로써 김 전 대통령의 방북은 무기한 연기되었다.

평화와 희망의 한국•

MBC 신년 특집
2006. 1. 2

엄기영 앵커(이하 엄기영) 여러분 안녕하십니까? 2006년 새해 둘째 날 오늘 저희는 이곳 서울 동교동에 있는 연세대학교 김대중도서관에서 인사를 드립니다.

김주하 앵커(이하 김주하) 오늘 이 대담은 새해를 맞아서 한반도의 평화 정책을 기원하고 우리 사회의 밝은 미래를 소망하며 마련했습니다.

엄기영 지금부터 김대중 전 대통령을 모시고 우리가 새해 벽두에 그토록 바라는 평화와 희망의 대한민국을 함께 얘기해보도록 하겠습니다. 김대중 전 대통령님, 이희호 여사님. 자리를 함께해주셔서 고맙습니다. 이제 2006년 새해 음력이 되면 경술년이 밝게 됩니다마는 올해 이것만은 꼭 이뤄졌으면 좋겠다 하는 바람 또 소원 그런 새해 계획 있으시다면 말씀 좀 해주시죠. 먼저 여사님부터 말씀해주시겠습니까?

이희호 여사(이하 이희호) 6자회담이 잘 이루어져서 정말 북한이 핵을 포기하고 미국이 북한을 인정하고 경제제재를 그만하고, 북한도 국제사회에 나와

• 김대중 전 대통령과 이희호 여사는 2006년 새해를 맞아 마련된 MBC 신년 특집 '평화와 희망의 한국' 프로그램에 출연해 엄기영 · 김주하 앵커와 대담을 나누었다. (편집자 주)

가지고 국제사회의 일원으로서 우리와 같이 더불어 살아갈 수 있으면 좋겠어요.

엄기영 민족적인 그런 기대를 말씀해주셨는데 김 전 대통령께서는요?

김대중 전 대통령(이하 김대중) 개인적으로는 건강이 좋아져서 국내외에서 하고 싶은 일들이 많은데 그런 활동을 했으면 좋겠습니다. 두 번째는 지금 집사람도 얘기했지만 남북 관계가 잘 풀려서 금년에는 한반도에 평화의 그런 기운이 완연히 싹트고 남북 교류 협력이 한층 더 증진되는 해가 됐으면 좋겠다고 생각합니다. 세 번째는 국내적으로는 지금 우리나라 경제가 상당히 발전을 하고 있지만 알다시피 빈부 격차가 심해지고 또 대기업보다는 중소기업이 더 어렵습니다. 중소기업과 일반 서민이 희망을 갖고 살고 또 뭔가 잘되어간다는 그런 변화를 느낄 수 있는 것이 금년에 이뤄졌으면 좋겠다는 그런 서너 가지 생각을 갖고 있습니다.

엄기영 국민적인 기대 꼭 이뤄지기를 빌겠습니다. 최근 김 전 대통령에 대한 우리 국민적인 관심은 역시 북한 방문 문제가 아닐까 생각됩니다. 김 전 대통령께서 이제 북한을 방문하실 것이라는 원칙은 어쩌면 남북 당국 사이에서도 거의 기정사실화된 거 아니겠습니까?

김대중 네. 북쪽에서도 김정일 위원장의 초청이 거듭 있었고 또 남쪽에서도 노무현 대통령이 지난번 말레이시아에 가기 전에 나한테 전화해서 북한을 한번 다녀오도록 요청을 했고 또 정부가 여러 가지 할 수 있는 협력을 해주겠다는 약속도 했습니다. 그래서 지금 남북 양쪽 정부의 그런 의사도 있고 내 자신도 또 북한을 방문하면 할 얘기가 있지 않나 생각해서 가는 방향으로 하는데 제일 변수는 건강입니다. 건강만 좋으면 한번 갔다 올까 그렇게 생각합니다.

김주하 언제 어떤 방식으로 가셔서 또 무엇을 하실지, 구체적인 일에 사람들의 관심이 쏠릴 수밖에 없습니다. 언제쯤 가셨으면 좋겠다고 생각하는 날짜가 있으신가요?

김대중 아직 확정은 안 됐는데 역시 봄에 해동하면 움직이는 것이 좋지 않나 그런 의견이 주위에 있습니다.

엄기영 북한을 방문하신다면 지금 교착상태에 빠진 6자회담이라든가 북미 관계 또 남북 관계 이런 측면에서 상당히 의미가 크리라 생각이 됩니다. 국민적인 기대도 꽤 높을 거고요. 어떤 자격으로 가시게 되는지 또 가서 김정일 위원장을 만나시게 되면 과연 무슨 말씀을 하실지 두루 궁금합니다.

김대중 내가 어떤 자격으로 갈 바라냐는 것에 대한 노무현 대통령의 생각은 아직 못 들어봤고요. 내 개인적인 생각으로는 역시 정부의 어떤 특사라고 하면 거기서 부여된 한정된 문제 가지고 논의를 해야 하는데, 난 그것보다는 오히려 그냥 개인적으로 방문하고 싶습니다. 그래서 같이 민족의 장래를 생각하는 사람끼리 우리 민족의 장래를 어떻게 개척해 나가면 좋은지, 또 남북 양쪽 정부가 협력하는 데 어떤 것이 바람직하다고 생각하는지, 미국에 대한 정책, 일본에 대한 정책, 그리고 동북아 6자회담이 진행되는데 이 문제를 어떻게 앞으로 더 발전시켜 나갈 것이냐의 문제, 6자회담은 어떻게 성공을 이룩할 수 있겠느냐 등등을 얘기하고 싶습니다. 그리고 금년은 남북 간의 경제 협력, 문화 협력을 한층 더 증대시켜야 합니다. 지금 북한에 중국 자본과 상품이 홍수같이 들어가고 있는데 거기에 대해서도 우리가 빨리 대응하기 위해서 북한에 진출해서 우리가 차지할 범위를 확대시켜 나가야 되지 않는가 생각합니다. 그것은 북한도 바라고 있다고 생각하니까요. 여하튼 아직 간다고 제가 안 했기 때문에 무엇을 할 것이냐 그런 아이템은 확실히 구분 안 했지만 대강 그런 범위 내에서 생각을 해보고 있습니다.

엄기영 네. 방북 경로도 또 관심사입니다. 지난번에 정동영 통일부 장관이 여기 사저를 방문해서는 철도 편을 이용하는 것도 한 방법이겠다고 말씀하셨고, 전 상당히 의미가 있으리라 봅니다. 방북 경로는 어떻게 생각하고 있으신지요?

김대중 나도 그렇게 생각합니다. 제1선택이 기차로 가는 거예요. 북쪽만 동의하면 남쪽은 반대할 리가 없을 테니까요.

엄기영 이번에 북에 가시게 된다면 여사님하고도 같이 가시게 될 텐데, 어디를 가시게 되고 또 가서 어떤 일을 하실 계획이신지요?

이희호 뭐 저야 특별한 일이 없겠지요. 같이 가기는 하더라도……. 그러나 제가 관계하는 '사랑의 친구들'이 매년 의약품을 북한으로 보내고 있습니다. 금년에도 보냈고 작년에도 보냈고요. 그렇기 때문에 그 의약품이 잘 전달되어 어린이들이나 노약자들에게 큰 도움이 되었기를 바라는데, 그 의약품을 보낸 후에 '사랑의 친구들'이 가서 본 결과 분배가 잘되고 있다고 합니다. 그래서 제 눈으로 직접 보고 싶고, 북한에 갔다 온 후 지금 5년도 넘었으니까요. 어떻게 변화가 되어 있나 그런 것도 보고 싶습니다.

김주하 지난 2000년 방북 때 여사님도 같이 가셨었잖아요. 그때 김정일 국방위원장을 같이 보셨을 텐데 인상이 어떠셨나요?

이희호 인상은 오래 사귀어서 만났던 분처럼 그렇게 다정하게 대해줬고요, 또 유머 같은 것도 잘하시고, 사려가 깊어요.

엄기영 김정일 위원장이 서울을 방문할 가능성에 대해서는 어떻게 생각하시는지요?

김대중 지금까지도 왜 못 온다는 연락이 없고 하니까 확실한 이유는 모르겠는데, 본인이 여기 온다는 문제에 대해서 상당히 부담을 안고 있고 그것에 대해서 검토를 하고 있는 건 사실입니다. 제가 재작년 6월에 중국을 갔을 때, 중국의 지도자가 이야기하기를 그해 4월에 김정일 위원장이 중국에 와 가지고 금년 내에 한국을 가겠다, 그리고 한국에 가면 김 전 대통령도 만나겠다는 얘기를 했다고 나한테 알려주었어요. 지금 처음 얘기하는데 (재임 중에) 러시아가 중간에서 나에게 하바로프스크에 와서 거기서 김정일 위원장을 만나는 것이 어떠냐, 그리고 원하면 푸틴 대통령이 동석하겠다는 말을 우리 외무부 측에 얘기한 적이 있었는데 내가 거절했어요. 서울로 온다고 했으니까 서울로 와야 한다, 그것이 의미가 있다고 거절한 일이 있어요.

엄기영 지난해 12월로 기억이 됩니다. 노벨평화상 수상 5주년 기념식 때 김 전 대통령께서는 '이제 한반도 평화 정착을 위해서 남북연합으로의 진입이 필요하다' 이렇게 연설을 하셨는데 여기에 대해서 아직도 북핵 문제가 남아 있고 또 남북한 체제 차이가 아주 상극인 이런 상황에서 너무 때 이른 것 아니냐는 견해도 있는 것 같습니다. 김 전 대통령이 보시기에는 지금이 우리가 남북 평화 정착을 위한 통일을 향한 그런 준비를 해야 될 단계라고 보시는지요?

김대중 이 문제는 남북이 정상회담에서 합의했습니다. 빠르다고 생각한 분들은 지금 그동안에 여러 가지 적대 관계도 있었고 체제도 다르고 하니까 그러지 않냐 그러는데, 그래서 그걸 감안한 것이 연합제입니다. 연합제는 지금과 같이 남이나 북이 다 같이 독립국가로서 기능을 그대로 보존하고, 남북이 대화를 하되 모든 것은 합의제, 만장일치제로 하는 겁니다. 한쪽이 강요할 것이 없어요. 그러니까 중요한 것은 서로 많은 대화를 하고 정기적으로 대화를 한다는 것입니다. 그래서 합의된 것은 실천하고 안 된 것은 또 그 다음으로 넘기는 식으로 한다는 겁니다. 남북정상회담, 남북각료회담, 남북국회의원회담 등을 위시해서 남북 간의 회담을 진행시키고 서로 이해를 촉진시키고 협력할 건 협력하고 연구할 건 연구하고 이렇게 나가자는 겁니다. 현재 남북 간의 정부가 가지고 있는 권한에는 아무 문제가 없습니다. 이렇게 5년, 10년이 흐른 뒤 좀 더 한 발 나가자 할 때 미국과 같은 연방제를 하고 이제 이만하면 됐다 할 때 통일을 하자는 겁니다. 남북연합, 남북연방 그리고 완전통일, 그렇게 3단계로 가자는 겁니다. 이것은 아주 초보적인 통일을 위해 한 발 내딛는 거지 법적인 통일이라고 전혀 볼 수가 없습니다.

엄기영 지금 한 번 더 상황을 보게 되면 작년에 9·19 공동선언으로 상당히 물꼬가 좀 트이는가 그랬더니 다시 교착상태에 빠졌고 또 최근에는 위조달러 사건이 불거지면서 북미 관계도 조금 껄끄럽게 된 것 같습니다. 김 전 대통령께서는 지금의 이 상황을 어떻게 파악하고 있으신지요?

김대중 좀 복잡하지요. 그런데 6자회담은 잘한 일이고, 거기에 관련된 6자 누구에게나 도움이 되는 일입니다. 같이 협력해서 한반도와 동북아시아 평화체제를 만들자 하는 거니까 누구에게나 이익이 되는 것입니다. 나는 결국 6자회담은 미국에도 이익이고 북한에도 이익이고 또 그 외에 주변 4대국에 다 이익이기 때문에 이것은 성공할 것이라고 생각합니다. 위폐니 마약이니 이런 문제들을 얘기하기 시작하면 미사일도 얘기해야 됩니다. 그러나 그것은 따로 미국과 북한이 증거 있으면 증거 내놓고 얘기하면 되고, 이 문제는 6자 간의 정치적인 협상이니까 이건 이것대로 따로 하는 것이 옳지 않나 그렇게 생각합니다.

김주하 그러면 우리 정부가 중재할 여지는 있다고 보십니까?

김대중 정부가 그런 중재를 할 수 있죠. 그런데 내가 지금 이번에 북한 가는 것도 북한이 좀 더 한국을 활용하고 노무현 대통령을 활용해야 한다는 것입니다. 그래도 6자 중에서 북한을 이해하고 도와주고 있는 것이 우린데 북한이 중국에는 의존하면서 한국은 덜 중요시하는 것은 북한이 재고해야 한다고 생각합니다. 그래서 그런 것도 김정일 위원장과 얘기하고 또 김정일 위원장이 빨리 노무현 대통령과 정상회담을 하라고 얘기하고 싶습니다. 여하튼 지난번에 6자회담에 북한이 복귀할 때 제가 임동원 특보가 정동영 장관하고 같이 북한에 갔을 때도 계속 북한에 대해서 권고를 했습니다. 한국을 이용하라고. 한국이 북한하고도 연락하고 미국하고도 연락해서 얘기를 전달해가면서 협조할 수 있는 처지에 있기 때문에 한국을 이용하라고 했는데 내 말 듣고 한 건 아니지만 그 후로 일이 잘 되어갔습니다.

엄기영 한편으로는 북한의 인권 문제도 쟁점이 되고 있지 않습니까? 국제사회에서는 북한의 인권 문제를 지속적으로 제기하고 있고 북한은 이것을 체재 위협으로 맞서고 있습니다. 그 사이에서 우리 한국의 역할이 너무 소극적이지 않느냐 이런 비판도 나오고 있는데, 어떻습니까? 북한 인권 문제를 바라보는 시각이랄까요, 그 해법을 말씀해주시죠.

김대중 인권에는 두 가지가 있습니다. 하나는 먹는 인권으로, 이것은 인간이란 종(種)이 세상에 태어난 그 시간부터 가지고 있는 인권입니다. 이것은 병을 고쳐야 하는 인권, 추위 앞에서 옷 입고 살아야 하는 생존 인권을 말합니다. 이러한 인권에 대해서 우리는 지금 북한을 도와주고 있는 것입니다. 우리 다음으로 중국이 도와주고 있지만 우리는 북한에게 큰 도움을 주고 있습니다. 둘째는 인도적 인권입니다. 지금 남북한의 이산가족이 남북정상회담 이전까지 200명이 만났습니다. 남북정상회담 이후로 많은 사람이 만나서 약 1만2천 명에 달했고 금강산에다 면회소까지 만들고 있습니다. 이것은 굉장한 인권입니다. 50년, 60년 못 만나고 언제 죽을지 모르는 사람들이 자기 혈육을 만나서 얼싸안는다는 것 이상의 인권이 어디 있습니까? 이것을 한국이 하고 있습니다. 세 번째는 북한에서 탈출해온 탈북자들을 우리가 약 7천 명 이상을 받아들이고 있습니다. 이러한 탈북자들을 받아들이고 있는 나라는 세계에서 우리뿐입니다. 다른 나라에서는 말로는 인권, 인권 하지만 받지 않아요. 그래서 한국은 이러한 생존적 인권, 인도적 인권 이것은 해주고 있는데 정치적 인권만 못하고 있는 것입니다. 이것은 다른 나라도 못하고 있어요. 말뿐이지.

　내가 볼 때 북한을 정치적으로 변화시키려면 북한의 생존권을 보장해주고 안보를 보장해주고 북한이 외부하고 경쟁을 하게 만들어야 됩니다. 돈벌이를 하게 만들어야 해요. 그렇게 되면 외국하고 왕래를 하게 되고 외국 사람도 북한에 들어가고 또 북한은 투자도 받아야 하는데 그러려면 시장경제 원리를 체득해야 됩니다. 외국 사람들한테 여러 가지 거래에 대해서 편의도 봐줘야 하고, 이러한 상황에서 자연히 인권이 풀려 나가는 것입니다. 그리고 북한은 미국으로부터 안전을 보장받고 경제 협력을 얻는 것을 최고로 바라고 있습니다. 그런데 미국이 자꾸 북한을 봉쇄하니까 북한 입장에서는 백성들을 먹여 살려야겠고 또 잘못하면 미국이 쳐들어올지 모르니깐 군사력은 길러야 되겠고 그래서 중국으로 기울어지고 있는 것입니다. 현재 중국의 자본과 상품이 북한에 홍수같이 밀려들어가고 있습니다. 최근 북한 사람들은 완전히 중국풍에 휩싸여서 의복 등 여러 가지가 중국식으로 변해가고 있습니다. 이것은 중요한 문제입니다. 특히 우리가 걱정이에요. 북한의 방대한 경제적 시장을 놓칠 가능성이 있고 또 북한을 거쳐서 유라시아 대륙으로 가는 길도 늦어지고 있는 거죠. 그래서 어떤 의미에서는 미국이 자기네는 북한의 인권 개선이라든가 북한의 잘못된 정책에 대해서 응징한다는 의미에서 봉쇄하고 있지만 현실은 중국이란 나라가 도와주고 있는 상황에서는 북한은 죽지 않아요. 오히려 자꾸 중국 품으로 밀어 넣고 있는 것입니다. 결과적으로 이런 면에 있어서 좀 더 현명한 정책을 취해야 합니다. 미국이 전후 50년 동안 공산국가와 대결해서 봉쇄하고 억압했을 때는 실패했고, 개방으로 유도했을 때는 성공했던 역사에서 배워야 합니다. 북한의 경우도 마찬가지입니다.

엄기영 지난 한 해 돌이켜보면 또 여러 가지 아쉬운 일도 많았던 것 같습니다. 특히 '국민의 정부' 시절 두 분 국정원장이 구속되는 일도 있었는데 전직 대통령으로서 아니면 혹은 개인적으로서 어떤 생각을 갖게 되시는지요?

김대중 내가 참 억울하게 생각한 것은 특검 때도 그랬는데 우리 정부가 나름대로 민족의 운명을 생각해서 굉장히 힘든 일을 했거든요. 그런데 그거 해놓고 아주 억울한 누명을 쓰고 돈을 100억을 먹었네, 200억을 먹었네 하고 당했어요. 지금 대법원까지 가서 사실이 아니라고 판명이 됐는데 이번 이 일도 그래요. 이 일도 난 밑의 사람들이 한 것은 내가 대통령으로서 다 알 수가 없어요. 지금도 몰라요. 모르지만 적어도 그 두 사람은 절대로 내 말뜻을 어길 사람이 아니거든요. 그 사람이 시켜서 그 보고를 받았으면 그걸 나한테 가져와야지, 자기만 알아서 뭐 하겠습니까? 또 국정원장이라는 자리는 정보활동을 하는 거 아닙니까? 그럼 정보를 하나라도 더 대통령한테 보고를 해야 대통령이 칭찬을 할 것 아니에요. 그런데 자기가 그 정보를 받아서 혼자 듣고 나한테 안 오면 그게 무슨 소용이 있겠어요. 절대 아니란 걸 내가 알아요. 그래서 이 문제에 대해서는 본인들이 일생을 국가를 위해서 나름대로 공헌을 했고, 평가할 만한 일생을 살아왔는데 저렇게 누명을 쓴 것이 본인들도 억울하지만 국가가 나라를 위해서 일한 사람을 이렇게 대접해서 되느냐 하는 그런 생각이 있습니다. 이제 그런 말 해봤자 소용없이 기소가 됐으니까 재판을 통해서 무죄로 판명날 것으로 믿고 기대하고 있습니다.

엄기영 마지막으로 방송을 보고 계신 시청자들에게 새해 인사 한마디씩 간단하게 해주시면 고맙겠습니다. 먼저 여사님께서 해주시겠습니까?

이희호 모두들 희망을 갖고 살아 나가기를 바랍니다. 그리고 다 같이 잘살 수 있게 가진 사람들은 조금 못사는 사람들을 위해서 나누는 그런 정신을 가지고 복지 운동을 잘해 나가주기를 바라고 또 모두들 마음과 몸이 건강하시기를 바랍니다.

김대중 우리가 지금 모두 힘을 합쳐서 노력을 하면 우리는 다시 국운이 융성한 길로 나갈 수가 있어요. 때가 그렇게 됐어요. 지식 기반의 시대에 우리 국민이 지식에 대한 존경심이 많고 교육열이 강하지 않습니까? 문화적으로도 우리가 중국으로부터 유교와 불교를 받아들였어도 중국에 동화되지 않고 우리 것으로 만들고, 의지가 강한 국민을 가지고 있기 때문에 우리는 희망을 가지고 올라가야 합니다. 제일 중요한 것은 희망입니다. 희망은 누가 주는 것이 아니라 내가 만드는 겁니다. 희망을 찾아내고 희망을 지켜내면서 나가는 그런 한 해를 우리 국민이 살아줬으면 좋겠어요.

엄기영 김 전 대통령 내외분께 오늘 아주 장시간 시간을 내주시고 정말로 좋은 말씀 유익한 말씀 특히 희망의 말씀을 해주셔서 우리 국민들에게 큰 위안이 됐을 줄로 압니다. 정말 고맙습니다. MBC 신년 특집 '평화와 희망의 한국 – 김 전 대통령에게 듣는다.' 오늘 순서 여기서 마무리하도록 하겠습니다.

김주하 시청자 여러분 새해 복 많이 받으십시오.

"곧 평양행, '6자회담 상설화' 협의"

〈월간중앙〉 신년 인터뷰
2006. 1. 9

 김대중 전 대통령이 최근 일고 있는 자신의 '방북설'과 관련해 "양측 정부의 입장이 다 정리됐다"면서 "방북을 준비 중"이라고 밝혔다. 그러나 김 전 대통령은 "많이 좋아졌지만 방북에는 건강이 걸림돌"이라며 구체적인 시기에 대해서는 답변을 유보했다. 김 전 대통령은 2005년 12월 15일 〈월간중앙〉과 가진 단독 인터뷰에서 이번 "방북이 '(대통령)특사' 자격이 아닌 민족의 장래를 논의하기 위한 것"이라고 설명했다. 하지만 그는 "특사나 공적 임무로 가면 대화의 폭이 줄고 행동에 제약이 따를 것"이라고 말해 특사 이상의 역할을 하게 될 것임을 시사했다. 남북정상회담과 자신의 통일 구상, 동북아 협력 관계 등에 대해 광범위한 해법을 찾겠다는 것.
 김 전 대통령이 밝힌 북측과의 구체적 논의 사항은 미국에 대한 대응, 일본 문제 해결, 6자회담 상설화 문제, 북한에 대한 국제사회 비판에 대한 대응, 21세기 한민족의 위상과 목표를 정하기 위한 전제로서 남북의 평화적 협력 방안과 평화적 통일 방안 등 다섯 가지다.

●
〈월간중앙〉 2006년 1월호에 실린 신년 대담 내용이다. (편집자 주)

김 전 대통령은 이날 인터뷰에서 최근 자신이 밝힌 통일 1단계 '남북연합' 진입 주장과 관련한 구체적 밑그림을 제시해 주목된다. 이와 관련, 김 전 대통령은 "남북연합 단계에서 남북이 남북연합기구(사무소)를 만들어 정책적 협의와 일상적인 문제에 대해 구체적으로 협의할 것"이라고 말했다.

김 전 대통령은 그 밖에 미국의 잇따르는 대북 강경 발언 기류와 일본의 급속한 우경화 기류에 대해서도 심각한 우려를 표명했다. 국내 문제로서 개혁·보수 세력 간 이념 갈등과 동서 갈등, 양극화 문제 등에 대한 처방전과 함께 한류와 정보기술(IT) 붐에 대해서도 언급했다.

김 전 대통령과의 인터뷰는 지난 12월 15일 오전 서울 동교동 김대중도서관 5층에 자리 잡은 김 전 대통령의 집무실에서 1시간 45분 동안 이뤄졌다.

월간중앙 김 전 대통령께서 노벨평화상을 수상하실 때 감동이 아직도 생생한데 벌써 5년이란 시간이 흘렀습니다. 다시 한번 노벨평화상 5주년을 축하드립니다.

김대중 전 대통령(이하 김대중) 고맙습니다.

월간중앙 지난 노벨평화상 5주년 기념식 특별 강연에서도 김 전 대통령께서 남북 평화 정책을 위해 '제1단계 남북연합 – 낮은 단계의 연방제'로의 진입이 필요하다고 말씀하셨는데 이렇게 판단하신 이유가 있을 것 같습니다.

김대중 국민의 정부에서 일관되게 펴온 햇볕정책을 한마디로 말한다면, 남북 관계를 평화적으로 해결하고 양쪽 모두가 승리하는 해결 방안을 찾아가자는 것입니다. 한쪽이 이기고 한쪽이 지는 관계가 아니라 양쪽이 수평적으로 가자는 것인데, 그 모든 것의 근간이 평화입니다. 평화적으로 같이 살고, 평화적으로 통일하고, 평화적으로 공동 번영하자는 생각입니다.

제가 오래전부터 '통일 3원칙'과 '3단계 통일'을 이야기했습니다. 3원칙이 평화공존, 평화교류, 평화통일이고, 3단계는 제1단계 남북연합, 제2단계 연방제, 제3단계 완전통일입니다. 2000년 정상회담 때 북쪽에서는 아시다시피 '연방제를 지금하자, 미국과 똑같은 연방제를 하자'고 했어요. 외교·국방권을 중앙정부가 갖는 사실상 연방 국가를 하자고 하는데, 나는 '그것은 비현실적 아니냐', '지금 남북 군사력을 당장 어떻게 합치고, 남북 외교를 어떻게 합칠 수 있느냐'고 반문했어요.

내가 그렇게 무리해서 하면 되지 않는다고 해서 북쪽에서 태도를 바꿔 낮은 단계의 연방제로 표현했지만, 우리의 남북연합제를 받아들였어요. 이처럼 남북연합제는 남북공동선언에서 이미 합의한 것이어서 하려면 언제든지 할 수 있는 것이거든요. 앞으로 6자회담이 성공하고, 한반도에서 전쟁을 종식하는 평화 회담으로 발전이 이루어지면 제1단계로 남북연합을 할 수 있지 않느냐, 그렇게 생각한 겁니다.

월간중앙 남북연합 단계의 구체적 그림에 대해 구상이 있으실 텐데 들려주십시오.

김대중 남북연합제는 기본적으로 남북 양측이 현재대로 독립국가로서의 권한을 그대로 유지하면서 통일을 위한 노력을 점진적으로 해나가는 제도입니다. 남북연합은 정상회담과 각료회담, 국회회담을 정기적으로 열어 한반도 평화와 상호 협력 등의 문제에 대해 협의하고, 거기서 서로 만장일치로 합의한 일을 실천하는 방식으로 해나간다면 그것이 통일을 위한 본격적인 출발이 될 것입니다.

그렇게 되면 남북이 남북연합기구를 두고 거기서 서로 정책적 협의라든가, 일상적인 문제에 대해 구체적 협의를 계속해갈 수 있을 거예요. 결의 기구는 아니지만 합의되면 뭐든지 할 수 있는 방향에서 시작해서 그 다음 단계인 남북연방 단계로 가는 것입니다. 그런데 거기까지는 상당한 시일이 걸릴 겁니다.

월간중앙 남북연합제로 들어가는 전제로 남북정상회담이 필요합니다. 지난번 6·15 남북공동선언 때도 김정일 위원장이 서울을 방문하기로 하고도 안 왔는데, 김정일 위원장은 왜 서울 방문을 하지 않았다고 보십니까?

김대중 추측만 해볼 뿐이지 잘 모르겠어요. 그쪽에서도 설명이 없으니까. 자꾸 온다고 중국에 가서도 이야기했는데도 안 오는 것을 보면 올 생각은 있는데 결정을 못하는 것 아닐까 생각할 뿐입니다. 왜 못 오는지는 잘 모르겠어요.

월간중앙 지난 1월 MBC 인터뷰 때 김 전 대통령께서는 김정일 위원장이 초청할 경우에 북한을 직접 방문해 남북 평화를 위해 중재 역할을 할 의향이 있다고 밝히셨습니다. 북한에서 초청이 있었고 그동안 대통령님의 방북 제안이 정치인들 사이에 계속 나왔는데 마침 노무현 대통령도 며칠 전 방북을 제안했다고 들었습니다. 북한을 방문할 계획은 세우셨습니까?

김대중 (방북할)생각이 있지요! 북한에서도 와 달라고 수차례 연락이 있었고, 또 노무현 대통령도 이번에 정식으로 다녀와 달라고 요청을 했고요. 양측 정부 입장이 다 정리됐고, 내 건강 문제가 제일 중요한데……. 하지만 특사나 공적 임무를 띠고 가면 자연히 대화의 폭이 좁아지고, 행동에도 제약이 생길 수 있어요.

그보다 같이 민족 장래를 생각하는 사람끼리 지금부터 민족의 앞날에 대해 서로 어떻게 해나갈 것인지 생각하고 있습니다. 미국에 대해서는 어떻게 대응해 나갈 것인가, 일본 문제는 어떻게 해결할 것인가, 6자회담 상설화 문제에 대해서 어떻게 생각하는지, 그리고 북한에 대한 여러 가지 세계적 비판이 있는데 이런 문제에 대해서는 어떻게 대응하는 것이 옳은지, 이런 문제에 대해 허심탄회하게 이야기하고, 21세기 속에서 한민족의 위상을 어떻게 목표를 둬야 하고, 그 전제로 평화적으로 협력하고, 평화적으로 통일하는 과제를 어떻게 진행해 갈 것인가, 그런 얘기를 준비하고 있습니다.

월간중앙 요즘 새로 부임해온 알렉산더 버시바우 주한 미 대사와 미 국무부, 부시 대통령 등이 북한에 대해 '범죄정권' 등의 표현을 써가면서 비판적인 강성 발언을 쏟아내고 있습니다. 미국이 북핵 6자회담에 대한 기대를 포기한 것인지, 미국의 대북 정책에 어떤 변화가 있는 것인지가 궁금합니다. 미국의 최근 변화에 대해 어떻게 보고 계십니까?

김대중 지난번 회담까지 분위기가 상당히 괜찮았는데 또 미국 정부 지도자들이 북한에 대해 상당한 강공으로 나오는 것을 보고 걱정을 하고 있습니다. 하지만 북핵 문제를 해결하려 한다면 방법은 분명합니다. 북한은 핵을 완전히 포기하고, 철저히 검증을 받아야 해요. 그리고 미국은 북한에 대해 안전을 보장해주고, 경제적 제재를 해제해줘야 해요. 그래서 살길을 열어줘야 합니다. 간단한 것인데 서로 상대를 불신하니까, 동시에 해야 합니다.

나는 94년 제1차 핵 위기 때부터 이 이야기를 줄곧 해왔는데, 미국에 부시 정권이 들어서면서 결국은 하지 않았어요. 북한에 일방적으로 핵만 포기해라, 그때 봐서 우리가 대가를 주고 싶으면 주겠다는데 말을 듣겠어요? 그래서 동시에 해야 하는데 이게 안 되고 있는 겁니다. 내가 볼 때 미국이 북한에 대해 강경 발언은 하지만, 네오콘 말처럼 미국이 군사작전을 할 힘은 없다고 생각해요. 미국은 이라크에서 발을 못 빼고 있고, 이란 문제도 있잖아요? 미국 국내에서도 지지받지 못할 겁니다. 특히 중국과 러시아가 옆에 붙어 있어서, 이라크와는 달라요. 군사작전을 하려고 하면 가만히 있겠습니까? 우리도 미국과 협력하지만, 그것은 평화를 위해 협력하는 것이지 전쟁으로 문제를 해결하려고 하면 쉽게 동의할 수 없어요.

월간중앙 미국은 마카오에서 북에 대한 금융제재를 하고 인권 문제에 위폐·

만약 문제까지 제기했습니다. 이러한 미국의 대북 압박에 대해서는 어떻게 보십니까?

김대중 지난 4월 미국 샌프란시스코 방문 때 스탠포드대학 강연에서도 이런 말을 했어요. '미국은 북한이 약속 안 지켰다고 한다는데 북한은 또 미국이 안 지켰다고 한다. 이번에는 6자회담에서 합의해 북한에 대해 여러 가지를 보증해주는데, 만약 그래도 북한이 약속을 안 지킨다면 북한을 제외한 5자회담에서 결정해 북을 제재할 수 있지 않느냐? 줄 것은 줘 보지도 않고 자꾸 제재 이야기만 먼저 해서는 안 된다. 북한은 핵을 포기하겠다, 이에 미국이 직접 검증하도록 하겠다는데 미국도 세계가 납득할 수 있는 일을 해야 하지 않느냐?'

미국의 네오콘이 힘을 회복해서 그런 주장을 하는 겁니다. 그러나 미국이 6자회담을 깨려고 하는 것은 아니라고 봐요. 6자회담이 깨지지 않는 한 이런 식의 주고받는 협상을 해야 합니다. 그리고 한국이 북한을 설득할 일은 설득하고, 미국을 설득할 일은 설득하면서 좀 더 적극적인 역할을 계속 해야 합니다. 북핵 문제는 우리가 직접적인 당사자예요. 아시다시피 남북기본합의서에 의해 북한은 핵을 완전히 포기하기로 돼 있으니, 북한이 핵을 만든다는 것은 우리와의 합의를 깬 것입니다. 우리가 이 문제에 대해서는 주도적으로 말할 권한이 있고, 우리가 역할을 많이 해야 합니다.

월간중앙 지금 북미 관계가 표류하는 이유는, 좀 더 세부적으로 들어가보면 경수로 문제에 초점이 맞춰져 있질 않습니까? 지난번에 원칙적인 합의를 했음에도 북한은 경수로 사업을 즉각 재개하라고 하고, 미국에서는 핵 폐기 검증 후 해주겠다고 하는 등 의견이 충돌하고 있거든요. 그 해법은 없을까요?

김대중 북한으로서는 핵 폐기 후 검증이 끝나면 우리는 줄 것만 주고 이행 안

하면 어떻게 하느냐, 그렇게 생각할 수 있어요. 또 북한이 불안한 것은 핵 문제가 끝나면 다시 미사일 문제, 미사일 문제 끝나면 생화학무기 문제, 대량 살상무기, 그리고 휴전선에 있는 장사정포 문제 이런 것이 계속 나오고, 심지어 인권 문제도 나오게 되면 결국 내줄 것 다 내주고, 받을 것은 못 받고 끝나는 것 아닌가 하는 거죠. 그러니 동시에 주고받아야 한다는 겁니다. 그래서 북한은 미국이 북한의 경수로를 보장할 것이라면 보장한다고 말해주고, 북한도 절대로 거짓말을 못하게끔 핵 포기에 대해 완전히 검증하고, 확인하는 길밖에 없어요.

월간중앙 김 전 대통령께서 남북 문제를 개선해온 과정에서도 '대한민국의 정통성을 지켜 나가면서 민주주의를 지켜야 한다'는 입장을 몇 차례 밝히셨습니다. 하지만 최근까지 우리 사회는 민족 공조와 한미 공조의 선후를 따지며 갈등과 충돌이 계속 이어지고 있습니다. 이 두 부분을 어떻게 조화시켜서 한반도 문제를 풀어가야 할까요?

김대중 그 두 가지는 병행해야 하고, 상호 보완해야 합니다. 먼저 한미 공조는 남북 관계뿐 아니라 주변 강대국 사이에서 우리가 살아 나가기 위해 우리 안전을 보장받는 길로는 미국이 월등히 좋아요. 그에 대해서는 김정일 위원장도 2000년에 만났을 때 '우리 주위에는 러시아·중국·일본이 있어서 미국이 와 있는 게 좋다. 통일 이후에도 있는 게 좋다'고 말한 적이 있어요.

청일전쟁, 러일전쟁 해가며 일본·중국·러시아 모두 우리를 차지하려고 전쟁을 했어요. 만약 그때도 미국이 견제해주었다면 그러지 못했을 겁니다. 미국은 오히려 일본이 우리나라를 병합하는 것을 지지하는 상태까지 가버렸어요. 그러니 4대국 외교가 우리에게 굉장히 중요합니다. 그런 의미에서 미국과 공조도 중요하지만 나머지 일본·중국·러시아도 우리의 평화와 자주적 입장을 지키는 데 협력하도록 외교를 해야 합니다.

민족 공조를 하지 않으면 우리는 미래가 없지 않습니까? 21세기 세계화 시대에 언제까지나 이 나라가 둘로 갈라져 대결할 것은 아니잖아요? 경제적으로 봐도 우리는 북한에 진출하고 북한을 거쳐 유라시아 대륙으로 뻗어나가야 합니다. 안보 면에서 보거나, 경제 발전 면에서 봐도 우리가 살기 위해서는 남북 관계에서 민족 공조를 해야 해요. 그런데 민족 공조는 남북이 '윈-윈' 이어야 합니다. 결국 우리 목표는 북한 경제를 자립화시켜서 통일을 해도 큰 부담을 지지 않아야 합니다. 그런 의미에서 동독과 서독 간의 통독에서 교훈을 얻어야 합니다. 아주 차분히 해나가야죠.

월간중앙 현재 한미동맹 관계는 잘 돼가고 있다고 보십니까? 김 전 대통령의 재임 시절과 참여정부의 한미 관계를 비교해봐서 크게 달라진 점은 없습니까?

김대중 크게 달라진 것은 없다고 봅니다. 가령 지금도 용산 미군 기지 이전 문제라든가 2사단 재배치 등에서 한미 간 협조가 잘 이뤄지고 있잖습니까? 다만 하나의 과도적 마찰 현상은, 우리가 과거에 비추어 남북 문제를 자주적으로 해결하려고 하는데 미국과 북한 간의 관계가 잘 안 되니 그게 자꾸 껄끄러워지는데, 그것은 극복할 문제이지 그 때문에 한미 공조와 남북 민족 공조가 상충하게 해서는 안 돼요. 미국이 있는 이유도 한반도 평화를 위해 있는 것입니다. 또 남북 협력이 있어야 평화가 있지 60년 동안 총칼 맞대고 있었는데 언제까지 이렇게 있을 겁니까? 앞으로 미국은 북한과도 좋은 관계를 유지할 수 있을 것이고, 사실 북한도 그렇게 주장합니다. 내가 김정일 위원장을 만나봐도 미국과의 관계 개선을 열망하고 있었어요. 이 두 가지 문제는 우리의 외교 역량 문제이고 조화시킬 수 있는 문제입니다.

월간중앙 북미 간의 불신 속에서 협상이 표류해 교착상태에 빠진 것이 우려가 됩니다.

김대중 미국이 북한을 어떻게 하겠습니까? 지금 북한에서 군사작전을 하겠습니까, 그건 아니잖아요? 대화하는 방법밖에 없어요. 대화하는 길은 서로 주고받고 협상하는 방법밖에 없어요. 동시에 실행해서 서로 상대방을 안심시켜야 하는데, 다행히 6자회담이 있고 6자가 보증을 하니 북한도 미국도 함부로 못해요. 결국 시간 문제이지……. 그 방향 말고는 없습니다.

월간중앙 남북정상회담 때도 그랬지만, 최근에도 북한은 김일성 주석 묘소 참배를 우리 정부에 요구해왔습니다. 앞으로도 빈번히 발생할 문제인데 어떻게 풀어가야 할까요?

김대중 그 문제에 대해서는 두 가지로 얘기하겠습니다. 하나는 북한의 요구가 원칙적으로는 그렇게 할 수 있다는 겁니다. 우리가 다른 나라 갈 때도 그 나라에서 가장 신성시하는 장소를 찾아가 헌화하지 않습니까? 우리나라에 온 국빈들도 다 국립묘지에 가서 헌화하듯 하는 것이라는 말예요. 그런 의미에서 북한에서는 김일성 주석 묘가 가장 신성시 되는 곳 아닙니까? 이전에 매들린 올브라이트 전 미 국무부 장관도 가서 했어요.

그것은 원칙이고, 또 우리 입장은 과거 전쟁도 하고 여러 가지로 봐서 국민 감정상 하기가 쉽지 않습니다. 내가 북한에 갔을 때도 '참배해라', '도저히 못한다', '못하면 오지 말라'고 했는데, 평양에 가서까지 승강이를 벌였습니다. 그런데 우리 측에서 '김 위원장에게 이렇게 말하시오. 아무리 좋은 합의를 해도 대통령이 김일성 주석 묘에 가면 그거 하나만 가지고 남쪽에서 난리가 난다. 그러면 우리가 민족의 화해 협력을 위해 애써 좋은 합의를 하더라도 참배 하나 때문에 무위로 돌아갈 수 있다. 당신들은 꼭 일을 깰 소리만 하느냐? 김일성 주석도 아마 지하에서 생각해도 그렇게 되기를 바라지 않을 것이다.' 이렇게 했더니 그쪽에서 나중에 '(금수산기념궁전) 안 와도 좋다'고 물러서더라고요. 지금은 북에서 여기 와서 국립묘지 참배했잖아요. 원칙은 갈 수 있지만 국민 감정과 역사적 상황이 그렇게 할 수 없었는데, 이 문제는 국민 여론에 따라 정부의 정책적 판단이 필요합니다.

월간중앙 김 전 대통령께서 슬기롭게 해결했지만 새해 방북 때 다시 요구가 있다면 어떻게 하실 작정이십니까?

김대중 그때 가서 생각해요.

월간중앙 지난 12월 8일 서울에서 북한인권국제대회가 열렸습니다. 여기서 발표된 '서울선언' 6항에 한국 정부의 반성 촉구와 북한 인권을 한국 정부가 방기한다는 비판이 들어 있습니다. 이러한 목소리에 대해 어떤 생각이십니까?

김대중 정치적 인권 문제는 공산주의의 개혁 개방 유도를 통해서 해야지, 다른 방법은 결코 성공한 적이 없어요. 인권 문제에 대해 유엔 결의도 했으니 이 문제에 대해서는 앞으로 조용한 외교를 통해 북한이 국제사회의 걱정에 대해 어느 정도 부응하는 태도를 취하도록 우리가 북한과도 대화를 통해 이야기할 수 있을 것이라고 생각합니다. 그런데 지금 인권 문제를 가지고 규탄하고 정부가 직접 나서게 되면 결국 지금 하고 있는 이산가족 상봉이 되지 않을 수 있고, 북한과의 다른 교류들도 단절될 겁니다. 지금까지 북한과 조용히 만나서 식량·비료 전해준 것이 북한 동포들 마음을 얼마나 많이 변화시켰습니까? 과거에 갖고 있던 불신감·적개감이 한국에 대한 신뢰와 고마움, 부러움으로 변화된 것을 잘 알고 있을 거 아닙니까? 남북 긴장 완화, 안심하고 사는 생존, 한반도 전체의 분위기를 평화적으로 이끌어 가는데 또 얼마나 큰 도움이 됐습니까? 그런 것을 깬다고 정치적 인권 문제가 해결되는 것은 아닙니다. 그럴 뿐더러 모처럼 해온 인도적 인권도 망치는 일을 왜 합니까? 그런 문제에 대해 지금은 서로가 사려 깊게 생각해야 할 때입니다.

월간중앙 생존적 인권과 정치적 인권에 대한 분리 대응에 공감합니다. 그런데 정부가 국·내외적으로 이에 대해 적극적으로 설득시키고 이해시키는 노력에는 부족한 듯합니다.

김대중 그렇죠. 그런 것을 내가 미국 인권 지도자들과도 여기 왔을 때 그런 얘기했더니 상당히 이해했어요. 정부가 그런 점에서 설득해야 됩니다. 그렇다고 외부에서 북한의 정치적 인권에 대해 이야기한 것까지 우리가 하지 말라는 것은 아닙니다. 자기들이 원해서 하는 것은 하되, 우리가 하는 것에 대해 잘못한다고 판단하면 안 된다는 겁니다.

월간중앙 현재의 남북 협력과 통일이 궁극적으로 한반도 전체의 경제적 역량에 어떤 영향을 미칠 지가 궁금합니다. 우리가 동아시아에서 나름대로 역할을 하기 위해서는 남북 협력과 남북 평화가 더욱 절실할 것 같습니다.

김대중 가장 중요한 것은 먼저 우리 민족 간 관계가 안정돼야 합니다. 남북이 서로 교류 협력해서 한반도 평화를 굳건히 지켜내려는 노력이 앞으로도 계속돼야 합니다. 그 다음으로 한중일 동북아 주변 3국이 압도적인 인구와 경제력을 갖고 있는데, 이들 3국이 중심이 돼서 동아시아 전체의 협력 체제를 만드는 주축이어야 하는데, 일본의 우경화로 잘 안 돼 걱정입니다. 그 다음은 동아시아공동체를 만들기 위해 노력해야 해요. 1998년에 베트남에서 열린 동남아시아국가연합+3 회의에서 내가 동아시아공동체를 만들기 위한 스터디 그룹을 만들자고 제안해서, 동아시아포럼이 만들어졌고, 몇 차례 회의를 해왔습니다. 이번에 말레이시아에서 동아시아정상회의가 있었는데, 그것이 앞으로도 매년 있을 예정입니다.

하지만 방향을 그렇게 잡았지만 쉽게 될 문제는 아닙니다. 또 서두른다고 되는 것도 아니고요. 이런 방향에서 우리는 남북한 관계, 한중일 관계와 동아시아 관계를 위해서라도 한반도의 평화를 발전시켜 나가야 한다고 봅니다.

월간중앙 김 전 대통령께서도 언급하셨듯이 최근 일본의 우경화가 심각합니다. 고이즈미 준이치로(小泉純一郎) 총리의 대미 일변도 외교도 이웃 나라로부터 우려와 불만을 사고 있는데, 동북아 3국의 이러한 민족주의 색채는 동북아 평화 질서에도 위협이 되지 않을까요?

김대중 세계 속에서 혹은 동아시아 속에서 자기 민족이 건설적 역할을 하는 민족주의는 권장할 만하지만 남이야 어떻든 우리만 발전하면 된다는 배타적 민족주의는 매우 위험합니다. 실제로 어려운 지경으로 들어가고 있습니다.

중국에서도 지금 중국이 세계 중심이라는 중화사상이 민족주의로 가고 있고, 일본은 아주 우경화가 급속히 진행되고 있어요. 그러나 결론적으로 말하자면 그것은 성공하지 못할 겁니다. 왜냐하면 동남아 세계도 달라져서 다 나름의 주관과 자기 민족의 주체성이 있기 때문입니다. 민족주의란 것도 결국 공동체 속에서 함께 협력하면서 제 입장을 세워 나가는 협조적 민족주의로 가야 합니다.

월간중앙 무엇보다도 한일 관계가 점점 냉각 상태로 가는 것이 걱정입니다. 김 전 대통령 재임 때와는 많이 달라 보이는데요.

김대중 나는 대통령이 되고 나서 한일 관계를 제자리에 세우려는 생각으로, 재임 5년간 일관되게 노력했어요. 그래서 상당한 성과도 올렸다고 봅니다. 일본 과거사에 대해 정식 사죄를 받고 미래지향적으로 나가는 데 합의했고, 반대로 일본에 대해서는 문화를 개방해 일본 문화가 들어올 수 있게 해 주었어요. 그때 국내에서 반대도 많았는데, 내가 그런 얘길 했어요. '문화 개방해서 일본 문화에 먹히는 한국 문화라면 이런 것은 없어져야 한다. 우리는 과거 2,000년 동안이나 중국 문화를 받아들였지만 중국화되지 않았고, 서구 문화 받아들이고도 서구화되지 않았다. 일제 강점기 때도 일본화

되지 않았는데 왜 지금 일본 문화를 두려워하느냐?'

우스운 이야기인데 당시 우리 언론이 일본 천황을 일왕이라고 썼습니다. 그러면서 내가 천황이라고 하니까 '왜 천황이라 하느냐' 고도 했어요. 그래서 내가 '영국은 여왕이라고 하니까 여왕으로, 스페인은 황제라고 하니 황제라 불러주고, 우리나라는 대통령이니까 대통령으로 불리는 것' 이라고 했습니다. 그렇게 불러준 것에 대해 일본 사람들이 굉장한 감동을 받았어요. 그런 열린 정신들이 한류로도 연결되는 것 아닐까도 생각합니다. 일본이 현재 강력한 중국에 두려움을 느끼고, 북한에 대해서도 납치 사건과 미사일 같은 것을 빌미로 우익 세력이 대두하고 우경화된 것입니다. 더 큰 문제는 젊은 국회의원들이 더 우경화됐다는 거예요. 이 사람들은 정말 앞뒤 안 따지고 민족주의적으로 나가는데, 왜 그럴까? 일본 사람들이 과거사에 대한 교육을 안 받았기 때문입니다. 그러니 모르고, 모르니 반성할 수가 없고, 반성을 안 하니 고칠 수도 없는 것입니다.

월간중앙 새로운 한일 관계를 위한 해법은 없겠습니까?

김대중 일본은 사실 방법이 없다시피 합니다. 일본 정치인들이 자꾸 망언하는데, 망언하면 표가 늘어나기 때문입니다. 일본의 분위기가 그래요. 더 나쁜 것은 미국이 그것을 상당히 지원하는 것인데, 최근에도 고이즈미 총리가 미국과의 관계만 좋으면 한국과 중국은 저절로 좋아진다는 말을 함부로 내뱉고 있어요. 그래서 일본에 대해서는 당분간 엄격한 태도로 이에 대한 시정을 촉구해야 해요. 그 사람들이 잘못 나가고 있는 것이니, 잘못 나간 것을 고치라고 지적해야 합니다. 우리가 고칠 건 없어요. 일본도 그런 식으로 나가면 결국 고립을 자초할 것입니다. 일본 안에서도 안 된다는 사람 많아요. 하지만 일본은 전쟁에 진 뒤 맥아더가 해라 해서 한 민주주의입니다. 말하자면 주어진 민주주의라는 겁니다. 그러니 민주주의를 지켜내려는 세력이 없습니다. 그것이 일본의 큰 문제예요. 반면에 우리는 지금 누구도 쿠데타를 할 수 없고, 민주주의를 안 하고는 재집권을 못하잖아요? 우리는 피 흘리며 민주주의를 쟁취했기 때문입니다.

월간중앙 경제 체질 강화와 관련해 질문을 하나 드리겠습니다. 김 전 대통령께서는 1997년 국제통화기금 소용돌이 속에서 당선되셨고 곧바로 우리 경제는 'IMF체제'로 들어섰습니다. 그 위기를 극복한 '국가 최고경영자'로서 국제통화기금이 우리 경제의 체질 강화에 어떤 영향을 미쳤다고 평가하십니까?

김대중 국제통화기금이 어떻게 보면 우리 경제의 체질 강화에는 전화위복이었습니다. 아시다시피 한국전쟁 이후 최대 국란이라고 했습니다. 그런데 국제통화기금 감독하에서 금융이나 기업이 과감하게 체질을 개선을 할 수 있었어요. 그때 2,100개 금융기관 점포 중 600개가 문을 닫았습니다. 30대 대기업 중 16개가 문을 닫거나 주인이 바뀌었어요. 금융기관의 부실 대출을 대폭 줄이고, 대기업 부채비율을 줄이고, 내부 거래를 철저히 막았습니다. 이런 조치들은 과거 부실기업으로 처리됐던 기업들한테도 생명력을 불어넣었죠. 현대건설, 대우건설, 기아가 그런 경우라고 봐요.

지금 우리 경제 체질은 아주 좋아졌습니다. 정부는 앞으로도 기업들이 철저한 투명성과 함께 세계 경쟁에서 이겨낼 수 있는 힘을 키우도록 도와야 합니다. 그리고 노동자에게 공정한 대우를 해주도록 요구해야 합니다. 또 중소기업들에 대한 지원도 집중해 중소기업이 나름대로 지식 기반을 갖춰, 세계적 경쟁 속으로 뛰어들 수 있도록 유도해야 합니다.

월간중앙 우리가 IMF체제를 벗어나는 데 결정적인 역할을 한 것은 바로 정보기술(IT) 산업입니다. 그것은 당시 세계적 추세에도 맞고, 우리가 강점을 백분 살릴 수 있는 분야였습니다. 그때 국민의 정부가 정보기술이라는 새 성장 동력을 잡을 수 있었던 것은 아주 특별했던 것 같습니다. 기회가 있을 때마다 말씀하신 앨빈 토플러의 《제3의 물결》을 떠올릴 수밖에 없었거든요. 당시 '정보기술 청사진'을 그릴 때를 기억하십니까?

김대중 옥중에서 《제3의 물결》을 봤어요. 대통령이 됐을 때는 외환 위기 극복에 몰두했지만, 한편으로는 정보화를 추진했습니다. 그런데 저 스스로 우리 국민의 정보화 적응 능력에 놀랐어요. '빨리빨리' 하면서 성격은 급한데, 그것이 장점으로 작용한 측면도 있어요. 당시 앨빈 토플러를 만나 이야기 한 것도 비슷합니다. 유럽 사람과 일본 사람들은 정보화를 적대시하고 아주 싫어하는데 한국 사람들은 그렇게 좋아한다는 것입니다. 순식간에 피시(PC)방이 1만~2만 개 되는 나라가 우리뿐이에요. 그래서 지식 기반 정보 시대에 한국 사람들은 엄청난 적응력을 갖고 있어요. 정보화가 우리가 말하는 정보기술(IT)·생명공학기술(BT)·문화콘텐츠기술(CT)·우주항공기술(ST)·환경공학기술(ET) 등 6T가 있지 않습니까?

그 정보화가 전통산업까지 굉장히 개혁시켰습니다. 자동차·조선·철강 산업 등이 전부 디지털화돼 제품이 우수해지고, 능률화되고, 코스트가 줄었습니다. 그것이 우리가 중공업 분야에서도 꾸준히 발전해가는 원인이 됐어요. 그래서 얼마 전 정부의 관계 장관이 나한테 '20~30년은 정보화 갖고 먹고 살 것'이라고 말하더군요. 우리가 세계에서 선진적인 정보화 국가가 됐다는 21세기에 가장 알맞은 방향으로 가고 있다는 것을 뜻합니다.

월간중앙 한류는 경제·문화적인 측면에서의 의미 말고도 동아시아에서 한국발 영향력을 현실화하고 있다는 점에서 국민의 자신감과도 연결되는 것으로 평가됩니다. 한류를 어떻게 보십니까?

김대중 우리는 과거에 2,000년 이상 중국의 지배를 받으며 살아왔습니다. 조공을 받치고, 왕비와 세자 책봉도 다 승인을 받아왔고, 중국 문화를 받아들었어요. 그런데 놀라운 것은 중국 주변 국가 중에서 어떤 나라도 한국처럼 중국 문화를 받아들이면서 중국화 안 된 나라가 없다는 거예요. 불교를 받아드릴 때도 우리 입장에서 재해석하고, 유교를 받아들이면서도 중국의 성리학을 이퇴계 선생이 집대성했습니다. 그래서 해동 불교이니 조선 유학이니 이런 말이 나오게 된 것입니다. 그런 우리의 문화적 저력이 한류의 뿌리가 됐습니다.

더구나 우리는 유럽이나 일본처럼 부자세습의 전통이 없어 아무리 영의정이라도 아들이 과거 합격을 못하면 아무것도 못합니다. 지식으로 모든 것을 판단하는 사회 기반이 마련돼 있었던 겁니다. 결국 공부를 안 하면 과거를 볼 수 없고 과거를 안 보면 그 사람은 출세할 수 없는 그런 전통을 가졌지요. 이것이 민간에도 영향을 미쳐 과거를 볼 자격이 없는 농민과 평민도 교육 전통을 가져왔습니다.

또 하나는 우리가 민주화를 하면서 많은 사람이 체포되고 고문당하고 죽어가면서 민주주의를 쟁취했습니다. 그러나 중국과 일본은 민주주의의 뿌리가 없어요. 일본은 앞에서 말했듯이 맥아더가 민주주의를 만들어주었을 뿐입니다. 우리 힘으로 얻어낸 민주주의에서 새로운 창의력이 나온 겁니다. 중국·일본은 우리를 결코 따라올 수 없는 부분이 있어요. 그렇게 한류는 일어나 지금 붐을 일으키는 것 아닌가요?

월간중앙 20세기 후반 이후 탈이념 이야기를 많이 합니다만, 우리 10~20대 젊은이들이 의외로 보수화 쪽으로 가고 있다는 여론조사 결과가 나오고 있습니다. 그 자체를 긍정도 부정도 할 수 없지만, 김 전 대통령의 생각을 듣고자 합니다.

김대중 젊은 사람들이 과연 보수화됐다고 보느냐, 아니면 온건하게 됐느냐 그건 견해가 좀 갈리는 대목입니다. 그런데 저는 온건화됐다고 봐요. 젊은

이들이 과거와 달리 온건한 쪽으로 가는 것은 우리나라에서는 이제 결국 독재가 사라지고 남북 관계도 극단적인 대립이 없어졌기 때문입니다.

그런데 요즘 젊은 사람들이 상당히 자기 생활을 '엔조이' 하는 방향으로 집중하니까 이상하게들 보지만, 어찌 보면 발전의 반영이라고도 좋게도 볼 수 있어요. 젊은 사람들이 무엇을 타도하자 어쩌자 하는 것만이 꼭 바람직하지는 않잖아요?

하지만 젊은이들이 민주주의를 안 하고 독재로 갈 때 과연 가만히 있을까요? 또 우리나라에서 미국이 북한과의 관계에서 우리 의견을 존중하지 않으면 젊은 사람들이 미국을 비판하지 않습니까? 말해야 할 때는 합니다. 우리 젊은이들이 잘못 나가고 있다고는 생각하지 않습니다.

월간중앙 그 젊은이들에게 어떤 말씀을 해주시고 싶으십니까?

김대중 이제는 배타적 민족주의로는 안 됩니다. 포용적 민족주의, 세계를 친구로 만들고 세계에 진출하는 세계주의가 필요합니다. 남북 관계에서도 공산주의는 배격하지만 북한 동포를 동족으로 생각하고 북한을 껴안고, 궁극적으로 통일을 위해 노력하는 젊은이였으면 좋겠습니다. 자기 인생을 스스로 이끌어 나가는 인격과 지적 능력, 그리고 직업에서도 확고한 대응을 가지고 바다로 나가는 젊은이가 되기를 바랍니다.

그리고 무엇보다 행동하는 양심, 말하자면 옳다고 생각하면 행동으로 옮기는 것이 중요합니다. 그래서 나만 행복해지려는 것이 아니라 우리 이웃과 사회를 사랑하고 모두 같이 행복한 사회를 만들어야 해요. 요새 TV를 보면 순경이 박봉받아 가난한 사람을 찾아다니고, 조그만 구멍가게 주인이 음식을 만들어 어려운 사람을 돕고, 그런 걸 보았는데 우리나라에는 참 희망이 많다고 여겼습니다.

월간중앙 오랜 시간 좋은 말씀해주셔서 감사합니다.

"다시 방북을 계획하는 한국의 김대중 전 대통령"

독일 〈프랑크푸르터 알게마이네 차이퉁〉 회견
2006. 2. 2

김대중 전 대통령은 오랫동안 공직에서 물러나 있었다. 83세의 그는 지금 다시 적극적으로 활동하고 있다. 그는 분위기가 "다시 따뜻해지면" 곧장 북한의 최고권력자인 김정일을 만나기 위해 방북을 계획하고 있다. 김 전 대통령은 이번 여행을 위해 노무현 대통령과 한국 정부의 지지를 얻었다고 서울의 저택에서 있은 인터뷰에서 밝혔다. 김 전 대통령이 정부지원 팀의 수행을 받을 수도 있다고 한다. 그는 이번 방북 여행 때 철도를 이용하고자 한다. 이것은 기술적으로 전적으로 가능하다고 한다. 김 전 대통령은 자신의 임기 기간 중에 착수됐으며 그러나 한번도 운행된 적이 없는 남북 간 철도를 연결하는 프로젝트를 "한반도 통합의 상징"이라고 여긴다. 더 나아가 그는 더 넓은 안목에서 이 철도 연결이 압록강 저편으로 중국, 러시아 그리고 유럽과 연결시키는 경제적으로 중요한 다리 역할을 맡을 것이라고 전망한다. "이로부터 한국뿐만 아니라 북한도 이익을 얻을 수 있을 것입니다"

두 번째 방북을 계획하고 있는 김 전 대통령은 김정일과의 첫 번째 만남

2006년 2월 독일 일간지 〈프랑크푸르터 알게마이네 차이퉁〉(Frankfurter Allgemeine Zeitung) 안네 슈네펜(Anne Schneppen) 서울 지국장과 가진 인터뷰 기사이다. (편집자 주)

을 회상했다. 그는 지난 일을 돌이켜보면서, 물론 북한의 핵 프로그램을 둘러싸고 논쟁이 지속되고 실망스러운 다른 일들도 전개되었지만, 1990년대 말 자신이 추진한 "햇볕정책"과 "정상회담"이 성공적이었다고 평가했다. 남북 간의 긴장이 완화됐으며 또한 상호 적대감도 줄어들었다고 진단한다. "오늘날 많은 사람들이 남북한 양측이 평화롭게 살아야 한다고 생각하고 있습니다." 한국이 북한에 제공하는 식량, 비료 그리고 의약품과 같은 원조가 이에 기여하고 있다고 본다고 말했다. 또한 한국의 재정 지원으로 휴전선 북쪽의 개성에 조성된 산업 단지도 성공적이라고 평가할 수 있다고 덧붙였다.

그럼에도 불구하고 사람들이 더 많은 것을 달성하지 못한 것은 아마도 미국과 북한 간의 긴장 관계 탓으로 볼 수 있다고 분석했다.

"북미 긴장 관계 때문에 북한은 대일 관계도 정상화할 수 없으며 일본의 식민지 지배에 대한 배상도 받을 수 없습니다. 또한 이 때문에 국제통화기금, 아시아개발은행 그리고 다른 국가 또는 유럽국가들의 재정 지원을 받지 못하고 있습니다."

그 결과 북한은 커다란 문제에 직면해 있는데, 이것의 해결을 위해 북한은 중국과 한국의 도움을 기대할 수 있을 것이라는 것이다. 물론 북한이 "어리석은 일들"과 불신을 주는 일들을 하고 있다고 지적했다. 그러나 현재 북한은 생존을 위해 고투하고 있으며, "모든 진로가 차단되어 있기 때문에 북한은 어떠한 방향으로도 나아갈 수 없다"고 강조했다.

이를 통해 김 전 대통령의 방북 주제가 제시되었다. 그러나 그는 미리 구체적인 계획을 세우는 것이 그리 중요하지 않다고 여긴다.

"2000년 6월 정상회담에서 저는 대략 10시간 동안 토론을 하였으며, 공동성명서의 모든 중요한 결정들은 이 대화를 통해 성사되었습니다. 다른 사람들과 얘기하는 것은 중요하지 않습니다. 최고결정권자인 김정일과 직접 이야기해야만 합니다. 그는 영리하며, 국제 정세에 대해 잘 알고 있습니다. 제가 북한에 간다면, 그와 얼굴을 맞대고 직접 얘기해야만 합니다."

그런 다음에 전직 대통령(재직 기간 1998~2003)은 북한의 사정을 어떻게 평가하는지에 대해 설명했다. "북한은 제2의 중국이 되고자 합니다." 즉 "정치 시스템을 유지한 채로 자신을 시장경제에 개방하는" 국가가 되고자 한다는 것이다. 김정일은 최근 중국 방문에서 북한 군부의 고위급 인사들을 동반하였는데, 이는 그들에게 중국의 발전 모델을 보여주기 위해서였다는 것이다.

"북한의 가장 큰 꿈은 대미 관계의 개선이며, 그 다음이 경제적 상황의 개선입니다. 이것이 성사되면, 그들은 더 이상 핵무기가 필요하지 않을 것입니다."

흔들림 없이 긴장 완화 정책을 추진하고 있는 이 정치가는 현재 상황이 낙관적인 전망을 위한 계기를 마련해주고 있지 못하다는 점을 의식하고 있다.

"1994년의 첫 번째 핵 위기 이후 저는 항상 북한이 핵 개발 프로그램을 완전히 포기하고 철저한 사찰을 받아야 한다고 강조해왔습니다. 동시에 저는 마찬가지로 미국이 북한에게 안전보장을 약속하고 경제적 생존에 대한 확신을 주어야 한다고 강조했습니다. 북한과 미국 양국 사이에 협정이 체결되어야 하며 이를 통해 양국이 서로 주고받을 수 있어야 합니다. 불신이 크기 때문에, 이는 동시에 다루어져야 합니다."

그는 북미 관계가 서서히 이 방향으로 발전할 것이라고 믿는다고 밝혔다.

한편 그는 미국의 입장을 분명히 비판했다. 그에 따르면, 북한은 이미 자신의 핵 개발 프로그램을 포기하고 사찰을 받을 것이라고 발표했다는 것이다.

"북한은 이로써 자신의 카드를 모두 제시했습니다. 반면에 미국은 자신의 카드를 이리저리 돌리면서 북한에게 완전히 보여주지 않고 있습니다."

미국 행정부 내의 의견 차이 때문에 "어느 날은 북한에 대해 유연한 태도를 보이다가 다음 날에는 다시 '매파'가 발언합니다."

김 전 대통령은 북한이 핵 문제를 해결하고자 하며 국제 공동체와의 관계를 개선하고자 한다고 보았다. 이는 경제원조를 위해서라는 측면도 있다. 그는 북한이 말한 바에 따르면, "미국이 북한에게 안전보장을 제공하고 북한에게 경제적 생존을 위한 길을 열어준다면, 북한은 핵무기 폐기를 포함해서 완전히 협력할 것입니다. 왜냐하면 그들은 핵무기를 실제로 사용하려는 것이 아니라 협상 수단으로 이용하고 있기 때문입니다. 그들에게는 협상을 위한 다른 수단이 주어져 있지 않으며 그것이 그들에게는 마지막 지푸라기입니다. 나는 그것이 좋은 생각이라고 여기지 않습니다. 지난 방북 때도 나는 이와 같이 말했습니다. 북한이 올바른 방향으로 가기 위해서는 북한 정부가 군부를 이 점에 대해 확신시켜야만 합니다." 김 전 대통령은 현재의 위기를 해결하는 유일한 길은 "미국의 유연한 태도"라고 지적했다. 그는 또한 6자회담이 지금은 정체 상태에 빠져 있기는 하지만, 이 회담이 "성공을 위한 유일한 길"이라고 평가했다. "우리는 북한에게 기회를 주어야 합니다"라고 그는 〈프랑크푸르터 알게마이네 차이퉁〉과의 인터뷰에서 강조했다.

그는 우선 원칙적인 것에 대해 말한 후 현실적인 문제로 넘어갔다. 그는 최근 미국의 북한에 대한 비난들, 예를 들어 북한 정부가 소위 위조지폐 제조와 마약 거래에 연루되어 있다는 비난 등은 6자회담의 진전에 어두운 그늘을 드리웠다고 지적했다. 한편 또한 인권이라는 핵심어도 등장한다고 덧붙였다. 김 전 대통령은 강경 대응 정책이 비생산적이라는 의견을 분명히 밝혔다. 그는 이 점을 냉전 시대와 중국, 쿠바의 예를 들어 설명했다. 부시 미국 대통령이 북한을 이란, 이라크와 함께 '악의 축'으로 선포했을 때, 김 전 대통령은 그에게 사람들이 거의 50년 동안 동유럽 블록 국가, 중국 그리고 베트남에 대해 강경 노선을 유지했지만, 인권과 독재 문제에 대해 아무런 영향을 미치지 못했다고 말해주었다고 한다. 헬싱키 조약과 해당 국가 내 개혁 과정을 통해 비로소 이러한 문제를 해결하는 진전이 이루어졌다는 것이다.

"공산주의 국가와 관련된 문제를 해결하고자 할 경우에, 봉쇄와 압력으로는 아무것도 성사시킬 수 없습니다. 단지 개방과 개혁을 통해서만이 이들 나라에 변화가 나타날 것입니다."

2000년 노벨평화상 수상자인 그에게 북한의 경우와 관련해서 결론은 명확하게 주어져 있다.

"우리가 만일 북한에 대해 압력만을 행사한다면, 북한의 공산주의는 더욱 강해질 것입니다. 그러나 우리가 더 많은 개혁과 개방을 위해 북돋아준다면, 북한의 상황은 변할 것이며, 이를 통해 인권 상황도 개선될 수 있을 것입니다"

독일의 분단 극복은 그에게 긍정적인 모범이다. 그는 서독 정부가 동독에게 제공했던 원조가 변화를 이끌었으며 양쪽 국민들 사이의 접촉을 수월하게 만들었다고 평가한다. 그에 따르면, 이러한 발전을 통해 마침내 동독이 "자발적으로 서독의 품에" 안기게 되었다는 것이다. 그는 이 역사가 그와 같은 접근 정책의 성공을 또한 보여주고 있다고 확신했다. "우리도 북한의 경우에 이와 같은 길을 가야 하지 않을까요?" 김 전 대통령은 유럽 국가들이 완전히 사용되지 않고 있는 정치적 잠재력을 가지고 있다고 본다. 그는 인터뷰를 끝내면서 유럽 국가들, 특히 독일에게 동방 정책의 고유한 경험을 대북 관계에서도 유용하게 사용할 것을 호소했다. 그는 비교 대상을 언급하지 않은 채 북한은 유럽연합 국가들이 더 많은 선의와 "더 높은 윤리적 우월성"을 가지고 있다고 여기고 있다고 말했다.

"저는 유럽연합 국가들이 중개자의 역할을 더 많이 맡아 북한이 더 많이 개혁되고 국제사회에 대해 더 많이 개방될 수 있도록 용기를 주어야 한다고 봅니다."

그는 식량과 의약품과 같은 인도주의적 차원의 원조를 염두에 두고 있었다. 더 나아가 그는 유럽연합 국가, 무엇보다도 독일을 언급하면서 그들이 이러한 의미에서 미국과 국제 공동체에 전반적으로 영향을 행사해줄 것을 요청했다. "유럽연합은 한반도의 문제를 해결하는 데에 상당한 정도로 기여할 수 있습니다."

남북 관계의 발전과 민족의 미래

영남대학교 초청 강연
2006. 3. 20

존경하는 김동건 이사장, 우동기 총장, 이의근 총동창회장, 평화통일대구시민연대, 내외 귀빈 여러분!

그리고 친애하는 학생 여러분!

오늘 전통을 자랑하고 나날이 발전하고 있는 영남대학교가 저에게 강연을 하도록 하고 명예박사 학위를 받는 영광을 주신 데 대해서 진심으로 감사를 드립니다.

존경하는 여러분!

지금 남북 관계의 현황을 어떻게 평가할 수 있겠습니까? 한마디로 말해서 남북 관계는 6·15 남북정상회담 이후 지난 6년 사이에 획기적인 진전을 이룩하고 있다고 말할 수 있겠습니다. 6·15 공동선언은 미국 시카고 대학의 브루스 커밍스 교수가 지적한 대로 한민족이 역사 속에서 보기 드물게 자기 운명을 자기 의지를 가지고 결정한 사건인 것입니다.

우리 역사를 통해서 우리는 그 대부분이 중국에 종속되었고, 일제에 침탈

김대중 전 대통령은 이 강연에 앞서 영남대학교에서 수여하는 명예 정치학박사 학위를 받았다. (편집자 주)

되었으며, 미 군정의 통치를 받기도 하였습니다. 그리고 냉전 체제는 우리가 우리의 운명을 자주적으로 해결하는 것을 불가능하게 만들었던 것입니다. 그러나 6·15 남북정상회담은 우리의 운명에 간섭하는 모든 영향력을 배제하거나 설득하면서 자주적인 남북공동선언을 일구어냈던 것입니다.

제가 순안 공항에 내려서 김정일 위원장과 악수를 했을 때 김 위원장은 제게 '여기 무서운 곳을 어떻게 오셨습니까?' 라고 했습니다. 이 말은 비록 농담이었지만 남북 간의 현실을 한마디로 상징한 말이었다고 생각됩니다.

그러나 평양 시내 연도에는 50만의 인파가 나와서 환영을 했고, 김 위원장과 총 10시간에 걸친 대화를 통해서 우리는 많은 상호 이해와 합의를 이끌어낼 수 있었습니다. 매우 성공적인 방문이었습니다.

김정일 위원장은 총명한 사람이었고, 이쪽 말이 합리적이라고 생각하면 그 자리에서 즉시 수용하는 결단력을 보였습니다. 세계와 남한의 사정도 잘 알고 있었습니다. 한마디로 대화가 되는 사람이었습니다. 이 점에 대해서는 그 후로 김 위원장을 만난 올브라이트 미 국무장관이나 페르손 스웨덴 총리도 같은 인상을 받았다고 말하였습니다.

우리는 6·15 남북정상회담을 통해서 민족 자주의 통일 원칙, 남측의 '남북연합' 주장과 북측의 '낮은 단계의 연방제'에 대한 공통성의 인식, 화해와 협력과 교류의 증진 등에 대해서 광범위한 합의를 보았습니다. 김정일 위원장의 서울 답방도 난산 끝에 합의되었는데, 이 합의는 여러분이 아시는 대로 아직 실행되지 않고 있습니다. 이번에 제가 방북하면 거기에 대한 설명도 있을 것으로 압니다. 김 위원장의 답방은 반드시 이루어져야 할 것입니다.

존경하는 여러분!
2000년 6·15 방북의 성과는 어떠한 것이겠습니까?

'퍼주기다', '북에 끌려 다닌다' 등의 비판을 하는 분이 있습니다. 모든 문제에 대해서는 다양한 의견이 있기 마련입니다. 그러나 누구도 부인할 수 없는 것은 6·15 남북정상회담 이후 남북 관계가 크게 변화했다는 사실입니다.

첫째, 한반도의 긴장이 크게 완화되었습니다. 옛날에는 휴전선에서 총소리 한 방만 나도, 베트남에서 미군이 패전해도, 우리나라는 전쟁의 공황 상태에 들어갔습니다. 그러나 지금은 그런 일 없이 국민들이 안심하고 살고 있습니다. 2002년 월드컵이 끝나갈 무렵 서해 해상에서 남북 간의 해전이 있었을 때도 우리 국민은 흔들림 없이 침착히 대응하여 월드컵을 성공적으로 마무리지었습니다. 그만큼 긴장 완화에 대한 신뢰가 컸던 것입니다.

둘째, 2000년 이래 남북 간에는 많은 교류가 이루어졌습니다. 120만 명이 금강산 관광을 다녀왔습니다. 10만 명이 넘는 민간인이 남북을 왕래하고 있습니다. 1만2천 명이 넘는 이산가족이 상봉을 했고 앞으로도 계속할 것입니다. 체육인, 문화인 등의 왕래도 활발합니다. 7천 명이 넘는 탈북자도 순조롭게 남한 땅으로 들어와 살고 있습니다. 개성공단에서는 이미 10여 개의 공장이 가동되고 있고, 전체 가동이 끝나면 약 70만 명의 북한 노동자가 여기에서 일자리를 얻게 될 것이라고 합니다.

가장 뜻 깊은 것은 이산가족의 상봉입니다. 60년 동안 혈육의 생사도 모르고 애타하면서 한 분 한 분 이 세상을 떠나가고 있는 것이 이산가족의 현실입니다. 6·15 남북정상회담까지는 50년 넘도록 겨우 200명만이 가족을 상봉했습니다. 그러나 6·15 이후 이미 1만2천 명이 상봉을 했습니다. 지금 금강산에 건설 중인 면회소가 준공되면 전면적인 상봉의 시대가 올 것입니다. 국군 포로나 납치 인사들의 가족들의 재결합도 있어야 할 것이고 이미 일부는 이루어진 예도 있습니다.

셋째, 우리는 북한의 경제적 어려움을 해결하는 데 도움을 주기 위해 정부와 민간이 힘을 합쳐서 비료, 식량, 의약품, 기타 생필품을 상당량 지원해왔습니다. 그 결과 북한의 농업 생산을 크게 증산시키고, 지원된 식량은 굶주린 사람들의 고통을 덜어주고 있습니다. 의약품 등은 환자들의 긴급한 수요를 채워서 많은 인명을 구제하고 있습니다. 남쪽에서 온 이러한 물자들은 북한 사람들에게 큰 감동을 주는 가운데 그들의 생각이 많이 바뀌어 가고 있습니다.

그들은 지금까지 남한 사람들이 미 제국주의의 앞잡이가 되어서 자기들을 말살하고 공격하는 데만 관심이 있는 줄 알았습니다. 그러나 원수로 생각했던 남한에서 남한 군대의 총사령관인 대통령이 평양을 방문하여 화해 협력을 호소하고, 곧이어서 식량과 비료 등 각종 구호물자가 도착한 것을 보고 지금까지의 북한 정부의 선전이나 자기들의 생각이 잘못되었다는 것을 알게 되었습니다. 이제 북한 사람들은 남한에 대해 동경심, 감사, 이런 생각이 널리 퍼져 있습니다. 뿐만 아니라 남한의 대중가요, TV 드라마, 패션 등은 북한의 사회생활에 공개, 비공개로 큰 영향을 주고 있습니다.

존경하는 신사 숙녀 여러분, 그리고 학생 여러분!

6·15 남북정상회담 이후 비록 남북 관계에 큰 변화가 일어났다고 하지만 아직도 근본적이고 결정적인 변화는 이룩하지 못하고 있습니다. 그 최대 원인은 북미 관계가 원만하게 해결되지 않는 데 있습니다. 그러므로 우리는 남북 관계 개선 못지않게 북미 관계를 개선하는 데도 내 일같이 힘을 보태야 할 것입니다.

지금 북미 관계의 초점은 북한 핵 문제입니다. 북한 핵 문제는 반드시 해결되어야 합니다. 북한은 핵을 포기하고 철저한 검증을 받아야 합니다. 그리고 미국은 북한의 안전을 보장해주고 경제적 제재를 해제해야 합니다.

이러한 상대방이 요구하는 카드를 서로 주고받으면서 이를 동시에 실천해야 합니다. 왜냐하면 서로 불신이 있는데도 불구하고 한쪽 보고만 먼저 실천하라 하면, 그런 거래는 성공하기가 어렵기 때문입니다.

북한은 이미 자기네 핵을 완전히 포기하고, 심지어 미국의 검증을 받을 용의가 있다고까지 말하고 있습니다. 이제 미국이 보다 진전된 반대급부를 제시할 필요가 있다고 생각합니다. 그리고 6자회담에서 이것을 수용하고, 그 실천을 6자가 공동으로 보증하는 합의가 이루어져야 할 것입니다.

존경하는 신사 숙녀 여러분!

남북이 서로 평화적으로 살다가 평화적으로 통일하는 우리의 꿈을 실현하기 위해서 우리는 어떻게 해야 하겠습니까? 나는 여기에 대해서 '햇볕정책'을 제창하고 있습니다. 냉전의 빙벽을 무너뜨리고 따뜻한 햇살이 내리쬐는 남북 관계를 이룩하자는 것입니다. '햇볕정책'은 구체적으로 말하면 평화공존, 평화교류, 평화통일의 3원칙 위에, 남북연합, 남북연방, 완전통일의 3단계 통일을 실천해 나가자는 것입니다.

지금 현 단계에서는 평화공존하면서 안심하고 서로 협력해 나가는 교류 협력이 매우 중요합니다. 그러는 가운데 남북 민족 간의 동질성 회복과 화해 협력을 증진시키고 북한의 경제력도 강화시켜 통일 시에 남쪽의 부담이 지나치게 크지 않도록 해야 합니다. 이렇게 해서 10년이고 20년이고, 평화공존, 평화교류 하다가 서로 안심할 만큼 신뢰와 협력의 여건이 성숙되었을 때, 북한의 경제력이 상당히 발전되었을 때, 평화적으로 통일을 하자는 것입니다.

통일은 가장 중요한 민족의 목표이지만, 이것은 서두르지 말고 어디까지나 착실하고 안정된 기조 위에 추진해 나가야 할 것입니다. 통일 과정은 남북이 각자 원원 하는 공동 승리의 기반 위에 이룩해 나가야 할 것입니다. 우리 조상들은 삼국을 통일해서 천년 이상 완전한 통일국가를 유지해왔습니다. 이제 우리도 조상들의 가르침에 따라 자력에 의한 평화적인 통일을 이룩하는 역사를 다시 한번 실천해 나가야겠습니다.

존경하는 여러분!

북한과의 통일은 단순히 겨레의 재통합이라는 민족적 감상에서 필요한 것만은 아닙니다. 그것만이 우리 민족이 평화적으로 살고 경제적 도약을 이룩해서 다 같이 행복하게 사는 길이기 때문에 반드시 이룩해야 하는 것입니다. 평화를 위해서는 오늘의 남북의 교류 협력을 계속 발전시켜 나가야 합니다.

우리는 대구에서 있었던 유니버시아드 대회에서 확인했습니다. 우리는 서로 사상은 다르지만 하나의 민족이고, 하나의 핏줄로써 얼마든지 화해하고 협력하면서 살아갈 수 있다는 것을 말입니다.

다시 한번 강조합니다. 우리가 민족의 미래를 바르게 개척해 나가려면 다음과 같은 노력이 필요합니다.

첫째는, 평화공존을 지향하면서 다시는 이 땅에서 동족상잔의 전쟁이 일어나지 않도록 평화 체제를 확고히 해야 합니다. 튼튼한 평화 체제를 구축해서 남북이 다 안심하고 살아가야 합니다. 오늘의 분단과 대결은 우리 민족의 의지와 상관없이 강대국들의 파워게임 속에서 이루어진 것입니다. 이제 우리는 우리의 의지로서 이를 시정해야 합니다. 전쟁 상태의 종식과 평화 체제의 확정을 위해서 남북이 적극 협력해야 할 것입니다. 7천만 민족이 여기에 힘을 모아야 합니다. 미국 등 우방 국가들과의 협력도 평화를 위한 협력이 되어야 할 것입니다. 다시는 이 땅에서 전쟁의 검은 그림자가 우리의 생명과 재산을 위협하지 않도록 우리 모두 각오를 굳게 해야 합니다.

둘째, 남북 간의 정치, 경제, 사회, 문화, 환경 등 전반에 걸쳐서 협력 체제가 이루어져야 합니다. 남북 간의 협력, 특히 경제 협력은 북한만을 위한 것이 아닙니다. 남쪽을 위해서도 매우 중요합니다.

북한은 거리가 가깝습니다. 같은 민족으로서 문화와 언어가 같습니다. 북한의 노동력은 우수하고 임금은 저렴합니다. 따라서 남쪽에서 경영이 어려운 중소기업도 북쪽으로 가면 충분히 활로를 찾을 수 있습니다. 우리는 자본과 기술을 제공하고, 북한은 토지와 노동력을 제공하는 상호 보완적 협력은 남북 양쪽을 위해서 큰 보탬이 될 것입니다.

철도, 항만, 도로, 통신 등 각종 산업과 관광 등 북한 경제의 핵심적인 요소들이 남측과 30년 내지 50년 기간의 배타적 공동 개발을 위한 합의가 되어 있습니다. 우리는 개성공단의 성공을 기반으로 북한 전역에 대해 이러한 공단 건설도 추진해야 할 것입니다. 남한의 북한 진출은 남과 북이 다 같이 혜택을 보는 윈-윈 베이스의 협력이 되어야 오래갈 수 있고 성공할 수 있습니다. 지금 남쪽에는 400조 원이 넘는 돈이 투자처를 찾지 못해 떠돌고 있습니다. 남북 간의 경제 협력이 본격화하면 이중 상당 부분이 북한에 투자될 것입니다.

우리 경제의 활로를 찾기 위해서도 남북 간의 평화와 교류 체제가 필수 불가결합니다. 우리는 북한에 대한 약간의 지원을 문제삼기에 앞서 남북 경제 협력이 곤란에 처한 우리 경제, 특히 중소기업의 활로를 여는 데도 중요한 길이라는 것을 인식하고 경제 협력을 위해서 적극적으로 나서고 지원합시다.

셋째, 한반도는 말은 반도지만 남쪽 부분은 반도가 아닌 상태입니다. 반도는 바다로도 통하고 육지로도 통해야 반도입니다. 우리는 북한을 지나서 유라시아 대륙으로 나아가지를 못합니다. 기차로도, 자동차로도, 동북아시아, 중앙아시아, 동구라파, 서구라파로 가지 못하고 있습니다. 육로로 가는 것은 바다로 가는 것보다 약 30%의 비용과 시간의 절감을 가져올 수 있다고 합니다.

지금 시베리아와 중앙아시아 일대는 석유, 가스, 광물 자원 등 풍부한 지하자원들이 쏟아져 나오고 있습니다. 그런데 우리는 여기에 접근하는 데 큰 제약을 받고 있습니다. 가장 큰 이유는 북한을 거쳐서 유라시아 대륙으로 나갈 수가 없기 때문입니다. 유라시아 대륙을 관통하는 '철의 실크로드'가 열렸을 때 우리는 세계 인구의 반이 넘는 시장에 빠짐없이 접근할 수 있습니다. 그렇게 되면 한국은 유라시아 대륙의 동쪽의 물류의 거점이 되어 서쪽의 파리, 런던, 암스테르담까지 연결되는 물류의 허브가 될 것입니다.

물류가 일어나게 되면 금융, 보험 등이 일어나고 생산업이 활기를 띠게 됩니다. 관광과 문화 예술이 발전돼서 '제2, 제3의 한류'의 전성시대가 올 것입니다. 그렇게 됐을 때 한국은 21세기 주류 국가로서 우리 역사상 처음 보는 세계적 국가의 큰 영광을 안게 될 것입니다. 우리 민족은 필요한 일을 무엇이든지 해내고 있습니다. 민주화를 이룩했습니다. 경제 번영과 정보기술 강국을 실현시켰습니다. 외환 위기를 극복하고, 세계적 무역대국으로 부상하고 있습니다.

축구와 야구에 있어서 우리도 놀라고, 세계도 놀란 엄청난 힘을 발휘하고 있습니다. 우리는 해낼 수 있습니다. 그러기 위해서는 남북 간의 평화, 전반적인 교류 협력, 그리고 유라시아 대륙으로의 진출이 필수 불가결합니다. 지금까지 우리는 많은 것을 해냈습니다. 우리는 해내야 합니다. 젊은 여러분들이 그 바통을 이어받고 힘찬 견인차의 역할을 해낼 것입니다.

내일은 젊은이의 것입니다.

야망과 헌신에 찬 젊은이야말로 민족의 꿈이요, 희망입니다.

여러분의 건승과 행운을 빕니다.

감사합니다.

질 의 응 답

질문 1. 이번에 영남대 정치학과에 입학한 새내기 여학생입니다. 제 꿈은 훌륭한 정치가가 되는 것인데, 대학에 입학해보니 취업이 어려운 상황이라 그냥 공부나 열심히 해서 취직하라고 많은 분들이 이야기합니다. 저같이 훌륭한 정치가가 되고자 하는 새내기에게 좋은 말씀 부탁합니다.

지금 우리나라는 여성들이 각 분야에서 엄청난 속도를 가지고 진출하고 있는데, 정치계가 조금 비어 있는 것 같습니다. 그런데 지금 여성께서 나서고 있는 것을 보니까 정치계도 곧 남성들이 밀려나는 시대가 오지 않는가 생각됩니다. 그 꿈을 가진 것이 얼마나 좋습니까? 그 꿈을 끝까지 밀고 나가십시오. 도중에 변하거나 포기하는 일이 없기를 바랍니다.

정치인으로서 훌륭하게 성공하려면 다른 분야도 그렇지만 저는 서생적 문제의식과 상인적 현실감각을 가져야 한다고 생각합니다. 서생적 문제의식 즉, 원칙과 철학의 확고한 다리를 딛고 서서 그 기반 위에서 상인적 현실감각을 갖추어야 합니다. 마치 장사하는 사람들이 임기응변으로 돈벌이를 하듯이 현실을 잘 다루어 나가는 기술과 능력을 구비해야 한다고 생각합니다. 그 두 가지를 갖추었을 때 그 사람은 정치적 소신도 있고 이를 실천할 수 있는 능력도 있는 사람이 될 것입니다.

그리고 정치를 하는 데 있어서 제일 중요한 것은 국민의 생각입니다. 국민이 바라지 않은 일은 할 수 없습니다. 좋은 의견도 국민이 따라오지 않으면 기다리고 서서 설득해야 합니다. 국민의 손을 잡고 반 발 앞으로 가면서 그 손을 놔서는 안 됩니다. 자기가 옳다고만 생각하면 뭐든지 하고, 국민이야 따라오건 말건 상관없다는 생각으로는 절대 성공할 수 없습니다. 그러나 또 국민이 잘못 생각하고 있는데 거기에 영합하면 성공하지 못합니다. 국민이 잘못 생각할 때는 설득하고 교육시켜야 합니다. 그때도 기다려야 합니다. 이렇듯 국민과 같이 가는 자세가 필요하다고 생각합니다. 친구들이 직장을 갖고 취직하라고 이야기하면 그것을 거부할 필요가 없다고 생각합니다. 정말 유능한 정치인이 되려면 사회 경험도 필요하고 또 어떤 분야에서는 전문적인 지식과 능력이 필요합니다. 벌써 1학년 때부터 그러한 큰 뜻을 갖고 있으니 잘해서 우리나라 여성 대통령까지 되시기 바랍니다.

질문 2. 9·19 6자회담 선언 채택에도 불구하고 북핵 문제의 평화적 해결이 어려워지고 있는 가운데 대통령님의 6월 방북이 예정되어 있습니다. 이번 방북이 북핵 문제의 평화적 해결에 어떠한 도움이 될 것인지 궁금합니다.

지금 미국이 북한에 대해서 필요하면 선제공격을 할 것이라는 말들이 있는데 제가 알기로는 그것이 미국의 정식 정책으로는 결정되지 않은 것으로 알고 있습니다. 그러나 그러한 가능성을 주장하는 사람들이 정권 내에 있는 것도 사실입니다. 우리는 어떠한 일이 있어도 한반도에서 다시 전쟁이 일어나도록 해서는 안 됩니다. 저는 재임 중 부시 대통령에게도 이 점만은 분명히 이야기하고 반드시 평화적으로 문제를 해결해야 한다고 이야기했습니다. 또 북한의 대량살상무기 같은 것을 그대로 방치할 수는 없지만 그것을 해결하려는 방법이 반드시 무력을 사용해야 한다는 생각을 갖지 말아야 한다고도 이야기했습니다.

부시 대통령이 2002년 2월에 서울을 방문했을 때의 일입니다. 그때 방한 1개월 전에 부시 대통령은 이란과 이라크, 북한을 '악의 축'으로 이야기해서 매우 긴장된 상태였습니다. 정상회담은 부시 대통령과 저와 단 둘이 하는 단독 회담을 45분, 각료들과 하는 회담을 45분 하기로 예정되어 있었지만 저와 부시 대통령은 진지한 대화를 하다보니 단독 회담만 90분을 했습니다. 회담 결과는 매우 만족스러웠습니다. 부시 대통령은 회담 중 북한을 '악의 축'이라고 하는 이유로 '북한 정권은 백성들 밥도 먹이지 못하면서 군비만 증강시키는 이해할 수 없는 독재정치를 하고 있다'고 이야기했습니다. 그 때 저는 이렇게 이야기했습니다. '지금 북한처럼 악을 행한 자와 대화를 하지 못한다고 말하지만 당신들이 존경하는 레이건 대통령도 소련을 악마의 제국이라고 이야기해 놓고 그 악마의 제국과 대화를 했다. 미국이 한국과 함께 한국전쟁을 치르고 전쟁을 하고 있는 도중에도 북한과 휴전협정에 관한 대화를 했다. 그래서 1953년 휴전협정이 맺어져 지금까지 50년 이상 큰 탈 없이 휴전선을 지키면서 평화적으로 살아왔다'고 이야기했습니다.

이 자리에서 제가 여러분께 참고가 되기 위해서 말씀드리면 공산국가를 다루려면 공산국가를 다룬 역사에서 얻은 교훈을 헛되이 하지 말아야 합니다. 과거 미국은 소련을 50년 동안 냉전으로 봉쇄했지만 성공하지 못했고, 중국에서도 못했습니다. 베트남과는 전쟁까지 했지만 못했습니다. 지금 미국 눈앞에 있는 조그마한 나라 쿠바도 50년 동안 봉쇄했지만 변화시키지 못했습니다. 그러나 소련이건 동구라파건, 중국이건 베트남이건 서로 교류 협력하고 개혁 개방으로 유도했을 때는 모두 변화했습니다. 어떤 나라는 민주국가로 변하고, 어느 나라는 독재가 크게 완화되어 미국, 서방국가 등과 좋은 관계를 유지하고 있습니다.

제가 이번에 북한을 방문하면 저는 정부 대표도 아니고 특사도 아니기 때문에 공식적인 사명을 수행할 수는 없습니다. 다만 같은 민족으로서 민족의 운명과 관계가 있는 사안에 대해서 이야기를 할 것입니다. 우리 민족이 평화를 유지하면서 남북 양쪽이 모두 승리하는 통일을 하려면 어떻게 해야 하는가와 그러한 가운데서 6자회담이라든가 북미 관계, 북일 관계는 어떻게 할 것인가에 대해서 북쪽의 이야기도 듣고 우리 쪽의 말도 하려고 합니다. 결론적으로 남북 관계 전반에서 평화를 위해서 더 한층의 교류 협력을 위해서 필요한 그러한 대화를 하려고 합니다.

질문 3. 저는 중국의 칭다오에서 유학 온 학생입니다. 제 생각에는 동북아 지역의 평화를 위해서는 남북통일 뿐 아니라 중국, 한국, 일본 3국의 평화적인 외교 관계도 또한 중요하다고 생각합니다. 이 3국의 평화적 외교 관계를 위해서는 어떠한 노력을 해야 한다고 생각하십니까?

3국간의 협력 관계는 동북아시아의 평화를 위해서 뿐만 아니라 동남아시아의 안정과 평화를 위해서도 매우 필요합니다. 대통령 재임 중 아세안+3 정상회의에 참석해보면 동아시아 전체에 있어서 가장 큰 영향력을 갖고 있고 경제적·군사적 실력을 갖고 있는 나라가 한중일 3국입니다. 그렇기 때문에 결국 3국 관계가 동아시아 전체의 평화에 중요한 역할을 한다고 생각합니다.

재임 중 아세안+3 정상회의에서 한중일 3국 정상회의를 해마다 했습니다. 그러나 최근 일본과의 관계 때문에 중단되고 있는 것 같습니다. 지금 문제의 근본 원인은 일본이 과거사에 대해서 올바른 반성을 하지 않는 데 있습니다. 일본은 과거 자기들이 일으킨 전쟁에 대해서 오히려 자기들이 억울하다고 생각하고 있습니다. 일본은 동남아시아로부터 석유, 고무, 주석 등의 원료를 수입하려는 것을 미국이 막았기 때문에 할 수 없이 전쟁을 일으킨 것이라고 항변하고 있습니다. 어떤 의미에서는 미국이나 영국이 일본을 전쟁으로 유도해서 전쟁을 일으킨 것이라는 식으로 이야기하고 있습니다. 이 점을 일본의 많은 사람들이 공감하고 있고 급속히 우경화되고 있습니다. 일본이 미국과 전쟁을 하게 된 것은 물론 일본이 먼저 기습을 했지만 근본적으로는 미국이 일본에게 중국 침략을 중단하고 군대를 철수하지 않으면 원료의 수입을 막겠다고 한 것입니다. 그런데 일본은 본인들이 저지른 부당한 중국 침략 부분은 빼버리고 미국이나 영국이 원료 수입을 중단시켰다는 부분만을 이야기하며 자기들이 오히려 희생자고, 히로시마나 나가사키에 원자폭탄을 맞은 것도 자기들이 세계에서 유일한 원자폭탄 피해자라고 생각하고 있습니다. 이렇듯 일본은 자기 쪽에 유리한 부분만을 이야기하고 있습니다.

저는 일본이 이렇게 된 원인이 일본 국민들이 전후 과거사에 대한 교육을 받지 못했기 때문이라고 생각합니다. 일본 국민의 8할 이상은 일본이 과거에 저지른 나쁜 짓을 모릅니다. 때문에 세계 2위의 경제력을 갖고 있고 군사력을 갖고 있지만 왜 죄인 취급을 받아야 하느냐는 생각을 갖고 있습니다. 최근 일본은 중국의 경제적 성장에 질투와 두려움을 느끼면서 미국하고만 가까우면 된다는 생각으로 미국 관계에 아주 적극적으로 나서고 있습니다.

총리의 야스쿠니 신사 참배도 국민들의 전반적인 지지를 받고 있습니다. 총리가 신사 참배를 하지 않겠다고 하면 오히려 국민들이 반발합니다. 일본 문제는 고이즈미 총리 개인의 문제로 보아서는 안 됩니다. 근본적으로 일본 국민들이 잘못된 방향으로 가고 있습니다. 고이즈미 총리는 야스쿠니 신사 참배를 하면서 전쟁에 나가 전사한 사람들을 추모하는 것이 뭐가 잘못이냐고 이야기하지만 이것은 도저히 이해가 가지 않는 말입니다. 우리는 단순히 전쟁에서 죽은 사람들을 추모하는 것을 반대하는 것이 아닙니다. 그러한 잘못된 전쟁을 일으켜 수많은 무고한 사람들을 죽게 만든 사람들 즉, A급 전범 14명을 야스쿠니 신사에 안치해놓고 추모하는 것이

나쁘다는 것입니다. 이것은 마치 독일에서 히틀러나 레닌 같은 사람들을 안치해놓고 독일 대통령이 그 앞에서 무릎을 꿇고 고개 숙인 것이나 마찬가지입니다.

저는 작년에 일본 동경대학 강연에서도 이야기했습니다. '일본은 같은 범죄 국가인 독일에서 배워야 한다. 독일은 전쟁이 끝나자 과거사에 대해서 철저히 사과했다. 그리고 과거 나치의 유태인 수용소 등 범죄적인 장소를 모두 보존하고 어린아이부터 과거사에 대한 교육을 철저히 하고 있다. 독일 사람들은 자신들이 과거에 저지른 일을 모두 아는데 왜 일본 국민들은 모르는가. 독일이 이렇게 철저히 과거를 반성하고 독일 총리가 유태인 추모 비석 앞에서 무릎을 꿇고 눈물을 흘리며 사죄하는 것을 보고 독일을 그토록 두려워하고 독일 통일을 반대하던 프랑스, 영국, 네델란드가 오히려 독일 통일에 적극 찬성했다. 통일 독일은 이제는 유럽의 중심 국가가 되었다. 이러한 것을 당신들이 알아야 한다. 이번에 일본이 유엔 안보리 상임 이사국으로 진출하려 했다가 좌절된 것은 바로 옆의 나라인 한국, 중국의 지지를 받지 못했기 때문이다. 당신들이 오죽했으면 이러한 사태가 오느냐' 고 이야기했습니다.

일본 내에서도 이래서는 안 되겠다는 뜻이 있는 사람들이 있습니다. 그러나 그러한 세력은 힘이 없습니다. 그 이유는 우리나라는 민주주의를 우리 국민들이 피를 흘리며 쟁취했습니다. 감옥도 가고 고문도 당하고 죽기도 하면서 민주주의를 쟁취했습니다. 때문에 우리는 민주주의를 지키는 힘이 튼튼합니다. 지금 우리나라에서 군인이나, 경찰이 쿠데타를 일으켜 정권을 잡는다는 것은 꿈도 꾸지 못합니다. 그러나 일본에는 민주주의를 지키는 저항 세력이 없습니다. 개인으로서는 안타까워하지만 집단적인 힘을 발휘하지는 못합니다. 이러한 점 때문에 일본에 대해서 걱정입니다. 저는 일본을 비난하는 것보다는 걱정하는 입장입니다. 일본이 과거에 대한 반성이 부족하다는 의미에서 같은 피해자인 중국과 우리가 함께 일본에 대항해야 하지만 우리의 진실한 목적은 일본이 진지하게 반성하는 것입니다. 우리는 중국에 대해서도 앞으로는 같이 협력해서 일본을 반성시켜서 한중일 동북아 3국이 아시아 전체의 중심적 역할을 하면서 평화와 번영을 위해 앞장서 나가는 것을 바라는 것입니다.

질문 4. 의류패션을 전공하고 있는 학생입니다. 발렌타인데이 때 이희호 여사님께서 초콜릿이나 사탕을 주셨는지요? 또 이희호 여사님께서는 화이트데이 때 초콜릿이나 사탕을 선물받으셨는지요? 노벨평화상을 받으셨는데 살면서 부부 싸움을 하게 되면 그땐 어떻게 평화적으로 해결하시는지요?

왜 하필 그러한 질문을 하는지……(웃음). 나는 발렌타인데이니, 화이트데이니 하는 것들에 관심이 없어요. 그런데 집사람이 초콜릿을 갖다주더라구요. 그래서 갖다준 것이 좋았는데, 화이트데이를 잊어버렸어요. 그런데 화이트데이 때도 집사람이 사탕을 가져다주잖아요. 그래서 완전히 제가 낙제점을 받게 되었습니다. 노벨평화상을 받은 사람은 부부간에 원만하게 살려면 어떻게 하느냐는 질문에 답을 드리면 노벨평화상을 줄 때 그러한 지침은 없었습니다(웃음). 그런데 노벨평화상은 아니고 내가 살아온 삶의 경험에 의하면 부부간에 원만히 살려면 항상 상대방의 장점을 보고 칭찬해주어야 합니다. 그러면 상대방은 칭찬을 받으니까 기분이 좋아서 장점이 더욱 많아지게 되요. 결국 장점이 늘어나고 단점은 상대적으로 비율이 줄어들게 되요. 서로 상대의 장점을 키우면서 서로 발전해 나가는 것이 됩니다. 우리는 부부 싸움을 안 해요. 부부 싸움을 안 하는 것이 거룩해서도 아니고 또 완벽한 부부라서가 아니라 집사람은 내가 화를 내면 그때부터 상대를 하지 않아요. 그러다 보니 싸움이 이루어지지 않아요. 그래서 나도 화가 나면 가만히 있어요. 그런데 내가 볼 때 부부간에 한쪽이 화를 내면 다른 한쪽이 가만히 있으면 싸움이 이루어지지 않아요. 또 내가 화를 못 참을 것 같으면 오늘 하루만 참자 그리고 내일 이 문제를 단호히 주장하겠다고 하루를 연기하고, 그 다음 날도 화가 안 풀리면 또 하루만 더 연기하겠다, 그렇게 2~3일 지나면 괜히 쓸데없는 일 가지고 그랬다는 생각이 듭니다. 그리고 그때 화를 참기를 잘했다는 생각이 듭니다. 여러분들이 친구들과 서로 상대를 비판할 때 결코 상대에게 가슴에 못이 박힐 이야기를 해서는 안 됩니다. 결론적으로 부부간에 서로 상대의 장점을 보고, 칭찬을 하고, 화가 나면 참고, 싸움까지 가져가지 않는 것이 좋습니다. 여러분들도 모두 결혼하면 원만한 부부 관계를 유지해서 성공적으로 살아가기를 바라겠습니다.

"미국, 신뢰받는 도덕성, 지도성이 필요하다"

일본 〈아사히신문〉 인터뷰
2006. 4. 25

아사히신문 9·11 테러 이후 미국 혹은 서양 사회와 이슬람 사회가 "문명과 문명의 충돌의 시대"가 되었다는 불안감이 퍼지고 있습니다.

김대중 전 대통령(이하 김대중) 말하는 바와 같이 이슬람 사회가 피해자로서의 본능을 숨기지 않은 시대가 되었다. 그러나 지금은 세계화가 진행되고 공존공영의 시대를 만들어 나가야 한다는 시대적 요구도 있다. 신앙이 침해받지 않는다는 확신만 있다면 문명의 충돌을 피할 수도 있다. 우선 중동 지역의 대립이 해소되는 것이 중요하다.

아사히신문 미국에 의한 일국지배, 단독 행동주의라는 말도 자주 나옵니다.

김대중 미국이 세계의 주도권을 갖는 것은 어떠한 의미에서는 자연스럽다. 그러나 조건이 있다. 세계를 어떻게 하겠다는 철학이 있어야 한다. 세계에서 신뢰받는 도덕성, 지도성이 필요하다. 그것이 없다면 결국 중동 및 이슬람권, 유럽연합과의 사이에서 충돌하여 지도력이 약해져서 파국을 일으킬 것이다.

아사히신문 중국과 인도가 앞으로 큰 힘을 갖게 되리라고 생각합니다.

김대중 역사의 필연이다. 세계가 봉건시대에 있었을 때 중국과 인도는 단연

세계의 선두를 달리고 있었다. 산업혁명 및 제국주의의 대두로 미국과 영국이 선두에 서게 되었지만, 또다시 지식산업의 시대에 들어가면 중국과 인도가 대두한다.

아사히신문 한반도와 아시아의 미래를 어떻게 생각합니까?

김대중 한반도는 대국의 파워게임의 최대의 희생자였다. 일본이 점령했기 때문에 비운이 일어났고, 구소련과 미국이 마음대로 분단시켜 전쟁까지 일으켰다. 남북한은 2000년 6월의 정상회담에서 '우리를 도와주는 나라는 어디에도 없다. 우리의 운명은 우리가 열어야 한다'고 선언했다. 그 후 긴장이 완화됐지만 충분하지 않다. 결국 북미 관계가 개선되지 않으면 한반도의 평화와 공존은 어렵다. 아시아에서 가장 중요한 것은 한국과 일본, 중국의 협력이다. 작년 말레이시아에서 동아시아 정상회담이 있었다. 이것은 1998년 베트남 아세안+3 회의에서 내 제안이 실현된 것이다. 장래에는 아시아의 EU를 지향할 수 있다고 생각한다.

아사히신문 1992년 대선 이후 유럽의 각지를 걷고 유럽연합의 탄생을 피부로 느꼈다고 하는데요.

김대중 유럽의 특징은 서독이 주변국의 신뢰를 받았다는 것이다. 과거를 철저하게 반성하고 사죄했다. 젊은 세대에게는 나치스의 죄악을 교육하고 유태인 학살의 장소를 보존하였다. 주변국은 독일을 나치스와 동일시하지 않게 되었고, 동독이 붕괴했을 때도 모두가 통일을 지시했다. 독일이 새로 태어났다는 인상을 주지 못했더라면 통일도 없었을 것이고 유럽의 친구가 되지도 못했을 것이다.

아사히신문 아시아 속에서의 일본을 어떻게 보고 계십니까?

김대중 주변국에서 신뢰를 얻지 못했을 뿐만 아니라 점점 우경화하고 있다. 가장 걱정스러운 것이 젊은 국회의원과 젊은 세대들이다. 과거에 일본이 무엇을 했는지를 모르기 때문에 반성을 할 수가 없다. 그렇기 때문에 진정한 사죄도 없다. 상징적인 것은 야스쿠니 신사 참배지만, 고이즈미 수상도 국민이 우경화되지 않았더라면 야스쿠니를 고집하지 않았을 것이다. '언제까지 옛날이야기를 하느냐'라는 태도로는 반일적인 분위기가 나타나도 그것을 멈추게 할 용기도 의욕도 없어진다. 미국과 손을 잡고 있으면 괜찮다는 태도도 인상을 나쁘게 하고 있다. '더욱더 아시아의 친구가 되도록 노력을 해야 한다'라는 방향으로 변할지 여부에 따라 장래가 결정될 것이다.

아사히신문 지금의 6자회담의 틀을 장래에는 동아시아의 안정을 위해 활용해야 한다고 주장하고 계시는데요.

김대중 2004년에 중국에 갔을 때 장쩌민 전 국가주석에게 그 이야기를 하였다. '6자회담을 상설화하여 안보 및 평화를 위해 노력하는 기구가 되는 것이 좋다'고 말했다. 이야기를 들은 탕자쉬안 국무위원이 석식의 자리에서 '중국은 그 생각에 찬성한다'고 말해주었다.

아사히신문 정치, 외교적인 전략에서 가장 중요한 것은 무엇이라고 생각합니까?

김대중 성공에는 서생적인 문제의식과 상인적인 현실감각이 필요하다. 원칙과 철학만으로는 안 되고 어떻게 하면 돈을 벌 수 있는가 하는 감각, 이 두 가지의 조화가 이루어졌을 때 좋은 정치를 할 수가 있다. 21세기는 전 세기와 크게 다르다. 인류는 본 적도 들은 적도 없는 변화 속에 던져져서 한눈을 팔면 시대의 흐름에서 뒤쳐진다. 경제에서도 눈에 보이는 공장 및 생산물보다 지식 및 디지털 산업이 중요한 시대로 들어갔다. 이 현실을 인식하는 것이 필요하다.

5 · 18 광주민주화운동과 한반도 평화

2006 노벨평화상 수상자 광주정상회의 개회식 연설
2006. 6. 16

존경하는 노무현 대통령 내외분!

국사 다망하신 중에도 불구하고 오늘 이 자리에 왕림해주신 것을 큰 영광으로 생각하고 감사해 마지않습니다.

존경하는 미하일 고르바초프 전 대통령을 위시한 노벨평화상 수상자와 수상 단체 대표 여러분!

여러분을 충심으로 환영합니다. 또한 이 자리를 같이하신 내외 귀빈 여러분도 환영해 마지않습니다.

그리고 오늘의 회의가 원만히 개최되도록 도와주신 박광태 광주 시장과 연세대 정창영 총장에게도 감사를 드립니다.

존경하는 여러분!

광주는 이 나라 민주주의의 성지입니다. 1980년 5월 17일 저는 군사 쿠데타를 일으킨 신군부에 의해서 구속되었습니다. 그러자 그 다음 날 광주 시

• 2006년 6월 광주에서 열린 '노벨평화상 수상자 광주정상회의'에는 노벨평화상 수상자 5명과 수상 단체 대표 7명, 국제 인권 평화운동가 등 17명이 참가했다. 김대중 전 대통령과 고르바초프 전 소련 대통령이 공동의장을 맡았다. (편집자 주)

민들은 거리로 나와서 '계엄령 해제하라', '군사 쿠데타 주모자 전두환 물러나라', '김대중 석방하라' 등의 구호를 외치면서 대대적인 시위를 전개했던 것입니다. 그때 신군부는 평화적인 시위를 하는 군중에게 무자비한 총탄 세례를 퍼부어서 수많은 사람이 희생되었습니다. 150명 이상이 사망하고 3천 명 이상이 부상당했습니다. 한편 10일 동안 계속된 광주민주항쟁은 참으로 위대한 정신을 간직한 거사였습니다.

첫째, 광주민주화운동은 군부독재를 반대하고 민주화를 지키기 위해서 목숨을 바친 운동이었습니다.

둘째, 광주민주화운동은 전 시민적인 궐기 속에서도 질서와 평화를 지킨 운동이었습니다.

셋째, 광주민주화운동은 시민군이 열흘 동안이나 시를 장악하고 있으면서도 군인이나 경찰에게 한 사람도 위해를 가하지 않는 비폭력의 운동이었습니다.

넷째, 광주민주화운동은 시가 시민군의 장악 속에 있을 때 모든 금융기관과 상점들이 아무런 피해도 입지 않고 영업을 할 수 있는 높은 질서 의식을 보여주었습니다.

다섯째, 광주민주화운동은 시민군들이 시를 장악하고 있던 열흘 동안 신군부와 계속 대화를 시도하는 노력을 보여주었습니다. 매우 건설적인 자세였던 것입니다.

이러한 위대한 광주 5·18 민주화정신은 전 국민과 온 세계를 감동시켰습니다. 한국 국민의 민주화에 대한 열망과 숭고한 정신적 가치에 대해서 모두가 감탄과 경의를 표시하게 된 것입니다. 그리고 이러한 광주민주화운동은 이 나라에 반석과 같은 민주주의의 실현을 가져왔고, 그런 토대 위에 경제 발전과 남북 간의 화해 협력의 시대를 열게 된 것입니다.

저는 신군부에 의해서 광주 폭동의 배후 지휘자로 몰려서 군법회의에 회부되고 사형선고를 받았습니다. 신군부는 저를 죽이거나 아니면 자기들에게 협력하는 괴뢰로 만들기로 작정했던 것입니다. 그들은 저에게 죽지 않으려면 자기들에게 협력하라고 요구했습니다.

저는 그들에게 말했습니다. "나도 물론 죽고 싶지 않다. 그러나 내가 살기 위해서 당신들에게 협력하면 나는 일시적으로는 살 수 있겠지만 역사와 국민의 마음속에 영원히 죽을 것이다. 그러나 내가 당신들에게 협력하지 않으면 나는 일시적으로는 죽겠지만 역사와 국민의 마음속에 영원히 살 것이다. 나는 역사와 국민을 배신할 수 없다." 저는 이렇게 말하면서 죽음의 길을 택했던 것입니다. 그 후 국민과 세계의 비등하는 항의에 의해서 저는 사형 집행을 면할 수가 있었습니다.

광주의거는 신군부의 폭력에 의해서 일시적으로 좌절되었습니다. 그러나 광주의거 정신을 간직한 전 국민의 끈질기게 계속된 민주화 투쟁에 의해서 불과 7년 만에 민주주의는 다시 이 땅에서 햇빛을 보게 되었습니다. 한국은 지금 민주주의와 경제적 번영, 남북 간의 화해 협력으로 세계적으로 높이 평가받고 있습니다. 발전 도상에 있는 여러 나라들의 모범이 되고 있습니다. 최근에 아시아의 여러 언론들은 한국의 경제 발전도 높이 평가할 만하지만 혹독한 군부의 탄압 아래서도 평화적인 방법으로 끝내 민주주의를 회복한 한국 사람이야말로 우리가 본받아야 할 사람들이라고 말하고 있습니다.

민주주의와 평화와 화해 협력의 위대한 광주의거의 정신이 깃든 이곳에서 '2006 노벨평화상 수상자 광주정상회의'를 갖게 된 것은 참으로 시의적절한 것이라고 생각합니다. 여러분의 이 회의는 광주 시민은 물론 우리 국민과 세계 모든 사람들에게 광주의거의 정신과 결부되어 많은 영감을 주게 될 것이라고 믿습니다.

존경하는 여러분!

광주의거는 이 땅의 민주화를 가져왔고 민주화는 통일의 국민적 열망을 고조시켰습니다. 과거에는 통일만 이야기해도 용공으로 의심받고 탄압받았습니다. 그러나 민주화 이후 이런 족쇄는 풀렸습니다. 모두가 자유롭게 민족의 통일을 말하게 되었습니다. 이런 분위기 속에서 저의 2000년 6월 13일 북한 방문은 이루어졌던 것입니다.

그리고 그 결과는 큰 성과로 나타났습니다. 남북의 양 정상은 우리의 운명을 우리 스스로 해결하자는 데 합의했고, 통일은 점진적이고 착실한 방법으로 실천하자고 합의했습니다. 그리고 정치, 경제, 사회, 문화 등 모든 분야의 교류 협력을 적극 추진하기로 합의했습니다. 아직 실현되지 않았지만 김정일 국방위원장의 서울 방문에도 합의했습니다. 분단 반세기 만에 대립과 적대 관계를 넘어서 민족 상호 간의 화해와 협력의 시대를 열게 된 것입니다. 이러한 양 정상의 합의는 여러 가지 구체적인 결과로 나타났습니다.

첫째, 남북 간의 긴장이 크게 완화되고 전쟁의 가능성은 매우 감소되었습니다.

둘째, 반세기 동안 생사의 소식도 모르던 수백만의 이산가족이 이제 서로 만나거나 소식을 듣는 시대가 되었습니다. 직접 만난 이산가족이 1만3천 명이나 됩니다. 정상회담 이전에는 50년 동안 불과 200명만이 상봉할 수 있었습니다.

셋째, 북한의 명산 금강산을 관광한 남한 사람이 130만 명에 달하고 지금도 계속 관광을 하고 있습니다.

넷째, 남쪽의 수많은 기업들이 북한에 진출하고 있고 특히 휴전선 가까이에 있는 개성공단에서는 이미 6천 명의 북한 근로자가 남한 기업에서 일하고 있으며 앞으로 이 숫자는 35만 명까지 늘어날 것입니다.

다섯째, 남북 간의 철도연결공사가 완료되어 머지않아 개통될 것이며, 이 철로는 앞으로 중국과 러시아를 거쳐 유라시아 대륙 전체로 뻗어 나갈 것입니다. 남북의 철도 연결은 관계 각국의 엄청난 경제적, 문화적 발전을 가져올 것입니다. 물론 남한도, 북한도 큰 혜택을 얻을 것입니다.

여섯째, 남북 간에는 학술, 문화, 체육 등의 교류가 빈번히 이루어지고 있습니다. 왕래한 사람의 수가 10만 명이 넘었습니다. 이것은 남북의 화해 협력을 증진시키고 민족의 동질성을 회복하는 큰 동력이 될 것입니다.

존경하는 여러분!

우리는 1,300년 동안 통일을 유지한 민족입니다. 외세에 의해서 일방적으로 분단된 지 60년이 되었습니다. 이것은 우리가 원한 것도 아니고 승낙한 바도 아닙니다. 어찌해서 이러한 부당한 분단을 우리 민족의 영원한 운명으로서 받아들일 수 있겠습니까? 저는 우리 민족이 반드시 힘을 모아 평화적으로 한반도의 통일을 이룩할 것을 확신해 마지않습니다.

우리는 독일식의 흡수통일을 바라지 않습니다. 그러기에는 우리의 힘도 부족하고 부작용도 많습니다. 또한 우리는 베트남식의 무력통일도 바라지 않습니다. 이 땅에서 또다시 무력대결이 일어난다면 7천만 민족이 공멸하는 위기에 빠질 것입니다. 우리는 평화적으로 같이 살면서 교류 협력하다, 서로가 안심할 수 있을 때 평화적으로 통일할 것입니다. 그 통일은 남북한 공동 승리의, 원원의 통일이 될 것입니다.

우리의 염원과 노력에도 불구하고 남북 관계는 만족할 만한 진전을 아직 보지 못하고 있습니다. 그 가장 큰 이유는 북한과 미국의 관계가 경색되어 있기 때문입니다. 경색의 당면 이유는 북한 핵 문제입니다.

저는 북한 핵 문제는 해결 가능한 문제라고 생각합니다. 북한은 핵을 완전히 포기하고 철저한 검증을 받아야 합니다. 미국은 북한의 안전을 보장해주고 경제적 제재를 해제해주어야 합니다. 서로 불신이 크기 때문에 동시에 실천해야 합니다. 북한과 미국은 작년 중국 베이징에서 합의한 '9·19 공동성명'의 결과를 존중하면서 그러한 방향으로 핵 문제가 해결될 수 있도록 적극 나서야 합니다. 물론 우리 한국도 힘을 다해서 도와주어야 할 것입니다.

6자회담은 한반도 평화와 동북아시아 전체의 안전을 위해서 가장 알맞은 조직입니다. 6자회담의 참여 국가인 미국, 일본, 중국, 러시아는 지정학적으로, 또는 역사적으로 우리에게 큰 영향을 끼쳤습니다. 19세기 말과 20세기 초 일청전쟁, 일러전쟁이 있었고, 일본의 한국 병탐에는 미국도 외교적으로 가담했었습니다. 따라서 한반도의 평화를 위해서는 이 4대국이 남북한과 긴밀하게 협의해서 한반도 평화 보장의 책임을 다해야 할 것입니다. 저는 지금부터 35년 전인 1971년 대통령 선거에 출마했을 때 '4대국 한반도 평화보장론'을 주장한 바 있습니다.

미국 예일대학의 폴 케네디 교수는 최근 한국에 대해서 "한국은 네 마리의 큰 코끼리 다리 사이에 끼어 있는 존재다. 한국이 사는 길은 그 사이를 어떻게 슬기롭게 헤쳐 가느냐에 따라 결정될 것이다"라고 말한 적이 있습니다. 한국은 이제 과거와 같은 약소국가가 아닙니다. 상당한 경제적 능력과 군사력을 가지고 있고 수천만 명의 믿음직한 국민도 있습니다. 남북이 힘을 합쳐서 4대국과 협상하고 협력해서 한반도의 평화를 지키는 동시에 동북아시아와 세계 평화에도 기여할 수 있다고 믿습니다.

존경하는 지도자 여러분!

인간의 마음에는 천사도 있고 악마도 있습니다. 우리가 어느 쪽을 택하느냐에 따라서 우리에게는 축복이 오거나 재앙이 오거나 할 것입니다. 세계 모든 사람들에게 축복의 결과를 가져오려면 감상적인 담론만으로는 부족합니다. 무엇보다도 빈곤과 질병에서 고통받는 사람들의 문제를 해결하는데 적극 나서야 합니다.

그리고 종교나 신앙, 철학이 다른 문명 간의 대화와 협력이 있어야 합니다. 전쟁과 테러 행위를 통해서 문제를 해결하려는 것을 단호히 반대해야 합니다. 모든 갈등은 약자에 대한 배려 속에서 대화로 풀어 나가야 합니다.

우리 노벨평화상 수상자들은 특별한 영광을 입은 사람들입니다. 우리는 평화와 민주주의와 정의를 위해서 헌신할 의무가 있습니다. '광주정상회의'가 그러한 목적을 달성하는 데 큰 기여가 되기를 바랍니다. 세계 사람들에게 복음의 메시지가 되어야겠습니다.

다시 한번 여러분을 이곳에 모시게 된 것을 큰 영광과 자랑으로 생각하면서 머무시는 동안 내내 즐거운 체류가 되기를 바랍니다.

감사합니다.

"한반도 평화의 조건"•

〈KBS 스페셜〉 김대중·고르바초프 특별 대담
2006. 6. 24

문정인 교수(연세대 정외과 교수, 이하 문정인) 〈KBS스페셜〉은 오늘, 특별한 만남을 준비했습니다. 김대중 전 대통령과 고르바초프 옛 소련 대통령과의 특별 대담입니다. 고르바초프 옛 소련 대통령은 냉전 체제 해체의 설계도를 만들었고 김대중 전 대통령은 6·15 남북공동선언을 통해 한반도 평화 구축과 공동 발전의 토대를 마련했습니다. 최근 한반도에는 북한 미사일 문제로 긴장이 다시 고조되고 있습니다. 북핵 해결을 위한 6자회담은 교착상태가 계속되고 있습니다. 두 전직 대통령은 한반도 평화와 동북아의 번영을 위해 어떤 해법을 제시할지 주목해보고자 합니다.

노벨평화상 수상자, 두 지도자의 6번째 만남이 갖는 의미

문정인 김대중 전 대통령님, 고르바초프 옛 소련 대통령님 반갑습니다. 두 분께서는 민주주의와 인권 그리고 평화를 위하여 많은 공헌을 해왔습니다.

• 고르바초프 전 소련 대통령은 2006년 6월 노벨평화상 수상자 광주정상회의에 참석하기 위해 방한했다. 이 대담은 정상회담을 마치고 상경하여 연세대 김대중도서관에서 이루어졌다. (편집자 주)

그 결과 두 분께서는 노벨평화상을 받으셨습니다. 그리고 두 분을 모셔서 이렇게 대담을 갖게 된 것을 큰 영광으로 생각합니다. 김 전 대통령님께서 고르바초프 전 대통령을 4차례 만난 것으로 알고 있습니다. 처음 인연은 어떻게 되었고 어떻게 관계를 발전시켜왔습니까?

김대중 전 대통령(이하 김대중) 1992년 9월에 제가 모스크바에 있는 외교대학원에서 정치학박사를 받았는데 그때 항상 뵙고 싶었던 고르바초프 전 대통령을 개인 사무실에 찾아가서 만났습니다. 그 이후로 한국 국내에서도 2번 뵈었고 해외 로마 같은 곳에서도 뵙고 해서 오늘까지 6차례 만나게 되었습니다.

문정인 고르바초프 전 대통령님, 우리 김대중 전 대통령님에 대해서 어떤 인상을 가지고 계십니까?

고르바초프 전 소련 대통령(이하 고르바초프) 김대중 전 대통령님은 무엇보다도 매우 흥미로운 분이라고 말씀드릴 수 있겠습니다. 자유와 민주주의 같은 가장 숭고한 가치들을 지켜내고자 노력하시는 분이죠.

저는 김 전 대통령에 대해 마치 친척과도 같은 친밀함을 가지고 있습니다. 우리는 매우 가까운 친구입니다. 단순히 인간적인 면에서 뿐만 아니라 지성적인 면, 이데올로기적인 면에 있어서도 그렇습니다. 저는 이러한 우리의 우정을 매우 소중하게 생각하고 있습니다.

냉전의 마지막 장벽, 한반도 분단은 어떻게 봐야 하나?

문정인 이제 한반도 평화에 대해서 말씀을 나누어보고자 합니다. 김 전 대통령님께서는 70년대 냉전의 양극구도가 아주 견고했을 때·이미 '4대국보장론'을 제안하셨고 남북한에 대한 주변 4강 교차 수교를 강력히 주장하셨습니다. 어떻게 그 어려운 상황에서도 그런 생각을 할 수 있었는지, 그리고 우리 한국의 분단과 통일에 대해서는 어떤 역사적 인식을 갖고 계신지 말씀해주십시오.

김대중 4대국을 한반도 평화의 책임 당사자로서 제가 제기한 것은, 아시다시피 조선왕조 말엽 그때에 일본과 청국이 우리나라를 두고 전쟁을 했고 또 일본과 러시아가 전쟁을 했습니다. 또 일본이 두 전쟁을 다 이기니까 미국이 일본하고 협의해서 소위 '가쓰라·태프트 밀약'을 해서 한국을 일본이 병탐하는 것을 지원해줬습니다.

이렇게 4대국이 우리나라 운명에 관계가 있습니다. 역사적 사실로 봐도 이것(4대국)은 중시하지 않을 수 없는 것입니다. 또 역사는 역사라고 해도 지금의 현실에서도 4대국이 다 나름대로 상당한 영향을 한반도에 미치고 있습니다. 지정학적으로도 우리는 4대국이 싫다고 한반도를 떼서 짊어지고 다른 곳으로 갈 수도 없습니다. 폴 케네디 교수가 와서 이야기했다시피 '한국은 네 마리 큰 코끼리 다리 사이에 끼어 있으니까, 그것을 어떻게 잘 헤쳐 나가느냐에 따라서 한국의 운명이 결정된다'고 하는데 그런 지정학적 위치에 있어서도 4대국은 무시할 수가 없습니다.

또 실제로 과거 미국과 소련은 냉전의 당사자였고 한국은 냉전에 의해서 고통을 받고 있고 여러 가지 영향을 받고 있습니다. 그렇기 때문에 이 문제에 있어서 미국과 소련은 물론 한국전쟁에 참가했던 중국, 한국전쟁 때 미국의 후방 기지로서 지원했던 일본 등 직접 간접으로 한국전쟁에 참가했던 나라들이 한국 문제와 평화 문제에 대해서 협력해야 한다는 것입니다.

제가 그때 이런 주장을 했는데 당시 공화당 대통령 후보였던 박정희 대통령이 '소련과 중국은 우리의 적성 국가인데 적성 국가 보고 우리의 평화를 보장하라고 하는 것이 말이 되는가. 이상한 사람이다'라고 말씀하셨어요.

그래서 그때 제가 답변하기를 '그 사람들이 우리에 대해서 그런 적성 국가적인 입장에서 부정적인 영향을 끼치고 있기 때문에, 그렇게 하지 말고 우리가 평화적으로 살도록 책임지고 협력해야 한다. 왜냐하면 당신들은 우리를 분단시킨 책임자들 아니냐, 그리고 또 북한 배후에서 전쟁을 지원한 사람들 아니냐, 그러니까 한반도 평화에 대해서는 당연히 책임져야 하고 또 우리는 그런 요구를 할 권리가 있다.' 제가 그렇게 답변한 일이 있습니다.

문정인 고르바초프 전 대통령님, 대통령님께서 한국 사람들에게 깊은 인상을 주셨던 것은 소련 자체의 변화도 있지만, 사실상 주변 4강의 남북한 교차승인을 위한 물꼬를 텄다는 데 많은 의미를 두고 있습니다. 그 당시 어떻게 해서 1990년 한소수교를 하게 되셨는지 그리고 그때 한반도 분단과 한반도 평화를 어떻게 보셨는지, 이 점에 대해서 말씀해주시면 감사하겠습니다.

고르바초프 김대중 전 대통령께서 말씀하신 한반도 분단에 대한 시각과 평가에 지지를 표하고 싶습니다. 제2차 세계대전 후 한반도는 분단이 되었죠. 이것은 당시의 세계 질서를 그대로 반영한 것이었습니다. 전후 세계는 여러 블록으로 갈라져 있었죠. 독일도 분단되어 있었고, 한편에서는 국제분쟁이 일어났습니다. 전 세계적인 현상이었죠. 당시 세계는 양대 세력이 대치했습니다. 이 양대 세력의 뒤에는 미국과 소련이 있었죠. 우리 모두에게 매우 힘든 시기였습니다. 그래서 당시의 어려움을 극복하는 데는 많은 노력이 필요했습니다. 우리는 결국 냉전을 종식시키긴 했지만, 이런 가정을 해보고 싶군요. 만일 냉전 체제 당시 소련과 미국이 관계를 정상화하지 않았다면, 또 소련과 중국 사이의 관계도 정상화되지 않았다면 어떻게 됐을까요? 아마도 냉전 체제 당시의 난제를 해결하고 새로운 시대로 나아간다는 것은 기대하기 어려웠을 것입니다. 이제 냉전의 시대는 지났습니다. 지금 중부, 동부 유럽에서는 민주주의 과정이 진행되면서 새로운 변화의 바람이 불고 있는데요. 이러한 조류는 이제 한반도에서도 진행되어야 합니다. 그런데 지금 한반도에는 아직까지도 냉전의 장벽이 그대로 남아 있는 것입니다.

한반도 분단에 참여한 국가들은, 남북한 국민들이 통일된 국가에서 살고자 하는 바람을 알아야 하며, 한반도 분단 해소를 위해 책임감을 가지고 그들이 해야 할 역할을 이해해야 한다는 것입니다.

북핵과 미사일 문제, 6자회담 교착상태 어떻게 풀어야 하나?

문정인 고르바초프 전 대통령님이나 김 전 대통령님께서는 생각이 너무나 같으신 것 같습니다. 그 당시 서로 만나보지도 않으셨는데도 불구하고 이렇게 같은 생각을 하실 수 있었다는 것이 상당히 놀라운 일이라고 생각됩니다. 두 분 다 한반도와 동북아의 평화와 안정에 대해서 관심이 많습니다. 현재 우리의 평화와 안정을 위협하는 가장 큰 변수가 있다면 그것은 북한 핵 문제라고 할 수 있겠습니다.

김 전 대통령님께서 재임 중에 '페리 프로세스'를 가동시켜서 북한 핵 문제에 대해서 해결의 돌파구를 마련했는데, 지금 다시 어려워지고 있습니다. 무엇이 문제일까요?

김대중 북한의 핵 문제에 있어서요, 이것이 최대 변수라기보다는 나는······ 북한은 국제사회 규범을 지키고 평화에 협력하는 태도를 확실히 하고 또 미국은 북한에 대해서 생존을 보장해줘야 합니다. 안전을 보장하고 또 국교도 하고, 유엔 가입하는 데 찬성했으면 국교도 하는 건 당연하지 않습니까? 그리고 경제적 제재도 해제하고······. 그래서 우리가 볼 때, 북한이 국제사회에 나오면 당연히 세계를 알게 되고 여러 가지 책임도 지게 되고 국제사회에서 이득을 얻으려면 국제사회로부터 좋은 평가를 받아야 하고 그러니 북한이 달라질 것입니다.

또 북한은 지금 말하기를 '만일 우리에 대해서 안전만 보장해주고 여러 가지 제재를 해제하면 핵도 포기하겠다, 미국이 와서 직접 검증해도 좋다.' 이렇게 말하니까 미국은 거기에 대해서 상응하는 안전보장이나 경제제재 해제 같은 대가를 주고……. 그런데 일부에서는 그러더라도 말하자면 '북한이 말 바꾼다, 속인다' 할 때 그때는 6자회담에서 나머지 나라들, 북한 빼고 5자가 합의해서 북한을 제재할 수 있지 않습니까?

그런데 그런 거래를 안 해보고, 지금 제재부터 하려는 일부 강경파들, 그런 분들이 오히려 일을 어렵게 하고 있다고 생각합니다.

나는 북한의 핵은 절대로 안 되는 것이고 이것은 없어져야 하는 것이고 그렇지만 한편으로는 핵을 없애는 동시에 북한 생존권도 보장해서 책임을 다하도록 하고 생존권을 보장해주는데도 불구하고 계속 좋지 않은 일을 하면 그때는 국제적인 제재 혹은 6자회담 제재를 할 수 있다는 이야기입니다.

문정인 고르바초프 전 대통령님께서는…….

고르바초프 이미 김 전 대통령과 저는 이 북핵 문제에 대해 의견이 일치합니다.

미국은 북한에 대해 구체적으로 요구하고 있는데요. 그것은 잘 알려져 있는 핵 프로그램에 대한 것이죠. 핵과 관련된 모든 연구와 모든 작업을 포기하라고 요구하고 있습니다.

그런데 이러한 요구와 함께 같이 제안되어야 할 사항이 동반되지 않고 있습니다. 핵을 포기할 경우 안전을 보장하고 경제적으로 지원하겠다는 약속이 없는 것입니다.

북한은 사회, 경제적으로 심각한 상황에 처해 있습니다. 북한은 지금과 같이 봉쇄되고 고립되어 있는 상태에서는 살 수가 없으며, 원조를 필요로 하고 있습니다. 북한에 대한 경제제재는 해제되어야 합니다. 그리고 북한에 도움을 주고 있는 한국에게도 압력을 행사해서도 안 됩니다.

　무엇보다 중요한 것은 북한 사람들로 하여금 북한이 안전을 보장받을 수 있다는 확신을 갖도록 할 수 있어야 하는 것입니다. 만약 이러한 확신을 심어줄 수 있다면, 평화를 위한 과정은 가속화될 수 있을 것입니다. 그런데 누군가 이런 긴장 상태를 이용하여 일종의 게임이나 도박을 하면서 자국의 과제를 해결하려 해서는 안 됩니다.

　제가 생각하는 북핵 문제에 대한 접근 방식은 이렇습니다. 한국인의 입장이 고려되어야 합니다. 아울러 주변국의 이해 관계도 고려해야 합니다.

　결과적으로는 서로 협력해야 합니다. 어떤 개별 국가의 이해 관계만을 생각하지 말고 다른 쪽의 이해 관계도 아울러 생각해야지요. 여기서 특별히 언급해야 할 점은, 북한이 스스로는 현재 상황을 바꾸기가 어렵다는 점입니다. 체제 문제를 포함해 많은 과제가 산적해 있기 때문이죠.

문정인 고르바초프 전 대통령님께서는 한때 수퍼파워였던 소련의 지도자이셨습니다. 지금은 미국이 수퍼파워라고 할 수 있겠습니다.

　그런데 미국은 북한과 직접 대화를 해서 문제를 해결하면 될 텐데 왜 직접 얘기를 하려고 하지 않는지, 그 이유를 어떻게 보시는지요?

고르바초프 글쎄요……. 미국은 이렇게 생각하는지도 모릅니다. '한반도에서 갈등이 계속되고 또 오래 유지될수록 미군이 한국에 계속 주둔할 수 있고, 또 미국 무기가 한반도에 배치되어 있는 데에 대한 논거가 더 힘을 얻을 수 있다'고 말입니다.

　하지만 한반도에 평화를 정착시키고 통일 과정을 진행시키기 위해서는 김 전 대통령께서 말씀하신대로 해야 합니다.

문정인 김 전 대통령님, 지금 고르바초프 전 대통령님께서 상당히 흥미 있는 말씀을 하셨습니다. '주한미군이 계속 있고 미국이 동북아에 계속 주둔하려고 하면, 한반도에서 어떤 긴장이 있어야 되는 것이 아닌가' 라고 하는 이런 말씀을 하신 것 같습니다. 김 전 대통령님 견해는 어떠신지요?

김대중 지금 고르바초프 대통령께서 말씀한 주한미군 문제인데……. 이 주한미군은 우리가 마지막 한반도 평화를 위해서 활용하면 그것은 선기능을 하는 것입니다. 조선왕조 말엽에 미국이 적극적으로 개입해서 외국이 우리를 침략하고 병탐하려는 것을 막았다면 상당한 성과가 있었을 것입니다.

이 점을 제가 북한에 가서 김정일 위원장과 이야기했을 때, 김정일 위원장 자신도 '남쪽에 있는 미군이 북한에 대해서 공격만 안 하면, 우리는 지금은 물론 통일 이후까지도 미군이 있는 것이 좋다' 고 했습니다. 이 말은 그 후 올브라이트 장관이 (북한에) 갔을 때도 김정일 위원장이 했습니다.

그래서 이런 점에 있어서 우리는 '주한미군이 긴장을 강화시키고 여러 가지 분규를 일으키는 쪽으로 행동을 하느냐, 아니면 여기서 주변 강대국들의 자의적인 야심을 억제하면서 한반도 평화를 지키고 동북아시아의 평화를 지키는 방향으로 하느냐' 가 문제라고 생각합니다.

그것을 (결정하는 역할은) 우리에게도 있습니다. 우리가 '주한미군은 어디까지나 평화를 중시하고 방위를 위해서 있는 것이지, 전쟁을 위해서 있는 것이 아니다.' 하는 것을 확실히 하고 또 이 점에 있어서 북한이 같이 협력을 해야 합니다.

그렇게 되면 주한미군은 선기능을 할 수 있다고 생각합니다.

문정인 작년 9월 19일, 제4차 6자회담에서 북경공동선언이 나오지 않았습니까? 그래서 북핵 문제, 한반도 평화 정착 문제 그리고 동북아의 다자간 안보 협력 문제가 다 광범위하게 다루어졌습니다. 그래서 우리는 상당히 큰 희망을 가졌습니다.

그런데 갑자기 북한 위조지폐 문제, 돈세탁 문제가 나오면서 모든 것이다 교착상태에 빠져 있거든요.

이것을 어떻게 봐야 할까요? 그리고 어떻게 풀어나가야 6자회담이 활성화되면서 핵 문제부터 한반도 평화 정착, 동북아 다자 협력까지 풀어 나갈 수 있을까요?

김대중 (지난해) 9월 19일 합의가 상당히 잘된 것 아닙니까? 그렇게 되니까 위조지폐 문제가 돌출했단 말입니다.

거기에는 그런 합의와 건설적인 발전을 별로 바라지 않는 냉전주의적인 사고를 가진 사람들, 자꾸 긴장을 조성하려고 하는 사람들이 이런 위조지폐 문제에 관여했거나 아니면 환영을 하고 있다고 생각합니다. 그래서 실제로 그 사람들 목적대로, 지난해 9월 19일에 좋은 성명 발표해 놓고, 지금은 완전히 정체 상태에 있거든요. 그러면 미국은 북한을 어떻게 할지 해결책이 있나? 미국도 없는 것입니다. 그래서 미국 내에서도 자꾸 '직접 대화해야 된다. 줄 것은 주고, 받을 것은 받는 일을 하라'는 이야기가 나오고 있습니다.

그래서 6자회담 참가국들이 한반도 평화 문제에 대해 계속 노력해서, 한반도에 평화가 오는 것을 바라지 않는 그런 사람들에게 결코 이익을 줘서는 안 된다고 생각합니다. 그리고 북한과 우리 남쪽이 서로 협력해서 외부의 부정적인 공격이 스며들지 못하도록 혹은 성공하지 못하도록 해야 합니다.

솔직한 얘기로 북한이 하는 일이 때때로 강경파들, 미국에서 네오콘이라든가 일본에서 극우라든가, 이런 사람들만 좋게 하고 신나게 하는 일이 간혹 있습니다. 그것은 본의가 아니겠지만 그런 점에서도 매우 주의해야 한다고 생각하고 있습니다.

문정인 고르바초프 전 대통령님께 한 가지 여쭈어 보겠습니다. 이번에 광주(노벨상)정상회의에서 채택한 '광주선언'을 보면 '6자회담을 상설화시키자, 그렇게 해서 이것을 구라파의 다자안보협력체계와 같이 구축해 나가자'는 논의가 있었습니다. 이것이 가능할 것 같습니까? 일부에서는 6자회담의 상설화가 너무나 이상적인 것이 아닌가라는 주장도 있는데요.

고르바초프 제가 먼저 말씀드리고 싶은 것은 바로 이 6자회담이라는 기구가 생기고 나서 불과 얼마 지나지 않아 이 기구의 잠재력을 볼 수 있었다는 점입니다. 어떻게 해서든 이 틀을 유지하고 잘 활용해야 합니다. 분명히 이 6자회담을 가지고 게임을 하고 회담이 성공적으로 진행되지 못하도록 방해하려는 측이 있을 것입니다.

그러나 6자회담의 지속을 막는 어떤 사건이나 영향에 대해서도 굴복하지 않고 이 틀은 계속 유지되도록 해야 합니다. 제 생각에는 여론이 중요합니다. 한 국가의 여론뿐만 아니라 동북아 지역, 나아가 세계의 여론이 6자회담에 강한 영향력을 행사하도록 해야 할 것입니다.

시민사회의 역할도 중요합니다. 시민사회가 여론을 형성하고, 또 6자회담 차원에서 정책이 실현되도록 영향을 미칠 수 있다고 생각합니다. 미래를 위해 새로운 질서를 준비한다는 것은 매우 광범위한 문제입니다.

아시아 태평양 지역에는 많은 기구들이 있습니다. 군사 안보 분야 외에도 경제 관련 기구 등 다양한 형태가 있습니다. 그 메커니즘도 다양합니다.

그런데 제가 말하고 싶은 것은 이런 다양한 기구들 중에서도 한반도 문제를 논의하기 위한 6자회담의 잠재력이 대단히 크다는 점입니다. 한반도는 아시아 태평양 지역의 다른 어떤 곳보다도 세계의 방향을 좌우할 만큼 큰 변화가 일어나고 있는 곳이기 때문입니다.

그리고 6자회담이라는 메커니즘은 북핵 문제를 해결하기 위해 생겼지만, 결국 이 메커니즘은 이 지역의 다른 문제를 해결하는 데도 이용될 수 있을 것입니다. 6자회담은 그럴 만한 자격이 있다고 봅니다.

이것은 중요한 문제로서 여러 가지 경우를 고려해봐야 하니까 아직 제가 확정적으로 말할 수는 없을 것입니다.

그러나 한 가지 분명하게 말할 수 있는 것은, 6자회담은 전적으로 한반도 문제를 해결하기 위해 활용되어야 한다는 점입니다.

문정인 김대중 전 대통령님께서는 재임 중에 동아시아의 다자 협력에 대해서 큰 지평을 열었습니다. '아세안+3'에 참석하여 '동아시아비전그룹'을 통해 동아시아공동체의 비전을 만들었습니다. 그래서 경제 부분은 상당히 많은 진전을 가져왔는데, 대통령 재임 중에 안보 부문에 있어서 다자안보협력은 그렇게 큰 성과는 못 봤다고 보거든요. 그래서 6자회담의 상설화 문제와 김 전 대통령께서 보시는 미래의 다자안보협력 문제를 어떻게 연관시켜서 볼지 말씀해주십시오.

김대중 동아시아 안보의 핵심은 동북아시아입니다. 동북아시아의 안보 문제에 관련한 나라들이 모두 6자회담에 관계되어 있습니다.

그래서 저는 지금부터 35년 전, 1971년에 대통령 나왔을 때도 '4대국 한반도 보장론'을 이야기했습니다. 지금 6자라는 것은 그 4대국에 남북한이 합쳐져서 6자입니다. 대통령 퇴임 후 최근에도 6자회담 상설화를 주장했고, 중국에 가서 장쩌민 주석하고 외교 담당 국무위원인 탕자쉬안을 만나서도 이 이야기를 했는데, 탕자쉬안 씨가 나중에 저한테 '우리 중국은 당신 생각을 지지한다'고 했습니다. 또 미국 내에도 그런 생각을 가진 분들이 있습니다.

한반도의 평화는 핵 문제 하나 해결된다고 다 끝나는 것이 아닙니다. 미사일도 있고 대량살상무기 기타 여러 가지 화학무기들이 있지 않습니까? 그래서 한반도 평화, 동북아시아 평화를 위해서는 6자가 협력만 하면 흔들림 없이 나갈 수 있습니다. 그래서 이 문제는 계속해서 우리가 추진해 나가야 한다고 생각합니다.

북한의 개혁 개방과 남북 경협 확대 방안

문정인 이번에는 북한 경제 이야기를 좀 나눴으면 합니다. 2002년 7월 1일 조치 이후에 북한이 개방 개혁 쪽으로 가는 것은 분명한 사실입니다. 그러나 개방과 개혁의 속도가 너무 더디지 않느냐는 말도 있습니다. 그리고 요즘 특히 우려가 되는 부분은 중국과 북한의 경제 협력이 가속화되고 있는데, 어떤 분들은 '북한이 결국 중국 동북3성 일부가 되는 것이 아닌가, 아니면 발해만 경제권의 일부가 되는 것이 아닌가' 하는 우려를 제기고 있습니다.

김 전 대통령님께서는 북한 경제 개방 개혁의 속도와 폭, 중국과 관계 등의 맥락에서 남북한 경협의 방향을 어떻게 잡아야 하는지 말씀해주셨으면 합니다.

김대중 북한은 경제를 개혁 개방하는 것만이 자기들이 살길이라고 확실하게 알고 있습니다. 그런데 개혁 개방이 성공하기 위해서는 국제통화기금에서 돈도 빌리고 세계은행, 아시아은행에서도 빌리고 또 외국 투자도 유치해와야 하는데, 그것을 할 수 있도록 해주는 나라는 미국입니다. 지금 미국이 다 막고 있거든요. 그러니까 이것이 속도를 내서 갈 수가 없죠.

그래서 이 문제도 결국은 6자회담에서 핵 문제가 해결되면 북한에 대한 그런 경제적 족쇄가 풀려나가지 않겠나…… 이렇게 보고 있습니다. 그 사이 중간적인 조치로서 중국이 지원하고 있고 우리가 지원하고 있는데, 중국이 북한을 동북4성으로 만들려고 한다는 것은 과장된 이야기입니다. 나는 중국이 그런 생각을 지금 구체적으로 가지고 있다고는 보지는 않습니다.

그런데 지금 북한 소비재의 거의 8할이 중국에서 오고 있습니다. 북한 상점에는 중국 상품 일색이에요. 구체적인 산업 분야에도 투자하기 시작했고……. 그런데 내가 분명히 아는 것은, 북한은 중국에 예속되는 경제 체제를 만드는 것을 절대로 바라지 않습니다. 그 점에 대해서 상당한 경계심을 가지고 있습니다.

그러나 그 사람들은 지금 길이 없지 않습니까? 국제적으로는 (지원이) 안 돼, 미국이 막아버려서……. 또 우리도 한계가 있어, 그래서 지금 중국 밖에 없는데, 이렇게 (북한을) 계속 견제하고 억압하면 본의 아니지만 북한이 중국에 끌려 들어갈 가능성은 상당히 있다고 봅니다.

그렇기 때문에 우리도 북한에 진출해서 중국하고 같이 서로 견제하고 서로 협력하면서 북한 경제를 살려주는 조치가 필요합니다. 또 그것이 우리의 이익입니다. 우리는 북한에 진출해야 중소기업도 살릴 수 있고, 또 북한에 가서 사회간접자본에 투자해야 앞으로 남북 통일 경제에 있어서 나라를 발전시켜 나가는 길을 이을 수 있습니다.

무엇보다도 중요한 것은 북한을 거쳐서 압록강을 건너 유라시아 대륙으로 나가는 것입니다. 우리는 말이 반도라고 하지만, 바다로도 가고 육지로도 가는 것이 반도인데, 우리는 육지로 못 가고 있습니다. 북한하고 문제가 해결돼서 철도가 열려야 합니다. 저는 6·15 남북정상회담 때부터 철도 이야기를 자꾸 하고 있고 또 현재 러시아 푸틴 대통령하고도 이 문제를 가지고 많이 이야기하고 있습니다. 이것은 모든 관계국에게 이익이 됩니다. 북한도 이익이 되고 우리도 이익이 되고 러시아도 중국도 이익이 되는 것입니다. 러시아 대륙으로 철도가 나가려고 하면 북한 철도를 우리가 복선화시키고 현재 노후화된 철도 시설을 보수해야 합니다.

그렇게 하면 우리 한국이 21세기 세계 경제 속에서 비약적인 발전을 할 것이라고 봅니다. 흔히 하는 말로 과거를 '한강의 기적'이라고 하지만, 이제는 '압록강의 기적'을 이룩할 수 있습니다. 이런 생각으로 북한 경제 지원을 가난한 친척에게 속으로는 귀찮게 생각하면서 할 수 없이 준다는 식으로 생각하지 말고, 이것이 남한의 중소기업들을 북한에 진출시켜서 살리는 길이고, 이것이 평화를 강화시킴으로써 우리나라에 외국 투자가 늘게 하고 우리나라 기업인들이 더 많은 활동을 할 수 있게 하는 길이고, 이것이 우리가 유라시아 대륙으로 나가서 결국은 세계 경제 속에서 한국이 우뚝 서는 길이다…… 하는 생각을 가지고 봤으면 좋겠습니다.

문정인 한 가지 민감한 질문을 해보겠습니다. 남북한 경제 교류 협력의 중요성을 상당히 강조하셨는데 만일 북한 핵 문제라든가 미사일 문제로 긴장이 고조되는 상황에서도 개성공단, 금강산 사업, 중소기업의 대북 진출이 계속되어야 한다고 보십니까?

김대중 그렇게 경제적 협력이 계속되기 위해서는 아까 고르바초프 대통령께서도 이야기했지만 반드시 안보 문제가 해결되어야지요. 그게 안 됐는데 돈 가지고 가서 투자할 사람이 누가 있겠습니까?

그리고 또한 북한은 그런 사람들에 대해서 적극적인 지원을 해주고, 안전한 사업 경영을 보장해주고 그리고 북한은 스스로가 절대로 전쟁을 바라지 않는다, 스스로는 어디까지나 평화를 바란다는 점을 확신시켜줘야 합니다. 그래서 그 두 가지 문제…… 북한의 안전 평화 문제와 우리의 투자 문제, 이 두 가지가 결국 서로 연계되어 있다고 생각합니다.

고르바초프 제가 몇 마디 보충하겠습니다. 제가 아는 정보에 의하면 북한도 역시 남북 경협에 대해 어떤 의구심 같은 것을 가지고 있는데요.

제 생각에는 어떤 경우에도 이미 시작된 남북 경협은 계속되어야 한다는 것입니다. 이런 경제 교류를 통해 남북 관계가 안정적인 방향으로 나아가도록 전반적인 영향력을 행사해야 합니다. 제가 말하고 싶은 것은 남측의 노력 없이는 결코 많은 것을 얻을 수는 없습니다.

그렇다고 북한을 마치 동생 보듯 하라는 것은 아닙니다. 말하자면 약소국이라서 마음대로 좌지우지할 수 있다는 식으로 대한다면 북으로부터 아무것도 얻을 수 없을 것입니다. 그렇게 되면 북한은 '어떻게 버텨내야 할 것인가' 하는 문제 앞에서 다른 해답을 찾으려 할 것입니다. 군대를 동원하고 무력에 의존하려 할 것입니다. 그러면 다시 긴장이 발생하겠죠.

문정인 고르바초프 대통령께서는 사실상 소련 사회주의 경제의 대전환을 만드신 장본인이십니다. 특히 개방 글라스노스트, 개혁 페레스트로이카라는 개념을 만들고 과거 소련에 전반적인 변화가 오도록 하셨습니다. 그때의 경험에 비추어봤을 때, 지금 북한은 어떠한 형태의 개방과 개혁을 해야 한다고 보십니까?

고르바초프 예, 우리 러시아에는…… 다른 나라가 우리로부터 배울 만한 경험이나 교훈도 있고, 동시에 다른 나라가 피해야 할 부정적인 경험도 있습니다. 이런 점에서 저는 김대중 전 대통령께서 말씀하신 것과 관련해 몇 가지 주목해주셨으면 하는 점을 말씀드리겠습니다.

우선 북한의 경제 개혁은 과연 성공할 것인가의 문제입니다. 그것은 북한 개혁의 내용과 수준, 속도 등 여러 가지 요인에 따라 결정될 것입니다. 그런데 여기서 가장 중요한 것은 바로 '체제 자체를 어떻게 할 것인가' 입니다. 과거 소련에서 개혁 개방을 할 때는 어떻게 해서든 기존의 사회주의 체제를 유지하면서 모든 개혁을 하려고 했습니다. 하지만 그렇게 되지는 않았습니다.

기존의 체제란 변해야 하는 것이었고 또 어떤 형태로든 변할 수밖에 없었습니다. 문제는 기존의 사회주의 체제를 '어떤 형태로 바꾸어갈 것인가' 입니다. 러시아의 경험에서 출발해야 하는가? 중국의 경험을 끌어와야 하는가? 아니면 베트남의 경험을 본 따야 하는가? 이것은 북한 스스로가 결정해야 합니다.

핵심은 '사람들이 어떻게 바뀌도록 할 것인가' 입니다. 사람들에게 동기 유발이 있어야 합니다. 바로 이런 차원에서 기존 체제를 변화시켜야 한다는 것입니다. 사람들을 고무시켜 새로운 성과가 나오도록 해야 하는 것입니다.

그 방법은 시장경제를 도입하는 것입니다. 다른 여러 가지 동기 유발을 위한 정책을 시도해봤지만 아무 것도 성공하지 못했습니다. 과거 사회주의 국가들은 지금 각 국가마다 나름대로의 방법으로 시장경제를 도입해가고 있습니다.

물론 북한도 이러한 길을 걷고 있는데요. 북한이 서둘러서는 안 됩니다. 북한을 재촉해서도 안 됩니다. 만일 내부에 혼란이 생겨 상황이 급박해지면 모든 것을 망칠 수 있습니다. 북한은 인력 양성을 위해 남한으로 사람을 보내 배우게 하고 또 이곳(남한)에서는 어떻게 일을 하는지 보여주어야 합니다.

김대중 대통령께서도 좋은 말씀을 하셨습니다. 한국의 중소기업을 북한으로 보내서 기술을 전수하고, 북한 사람들과 함께 전망 있는 사업을 같이 하면 좋을 것입니다. 그러면 일자리도 생길 것이고 사람들의 소득도 늘게 됩니다. 단 전체적으로는 안정이 필요하고요.

문정인 그런데 고르바초프 대통령께서 조금 전에 상당히 본질적인 문제를 제기했다고 생각되는데요. 그것은 '경제 개혁의 속도와 정치 개혁의 속도를 어떻게 조화시키는가' 하는 문제입니다.

개방 개혁을 많이 해서 북한 체제에 위협이 된다면 북한은 할 수가 없게 됩니다. 그래서 어떻게 하면 정치적 안정을 유지하면서 그 안에서 개방 개혁을 해야 하는가…… 이것이 아마 북한 지도부의 가장 큰 고민일 것이라고 생각됩니다. 고르바초프 대통령께서는 직접 체험을 하셨는데 북한의 이 문제에 대해서는 어떻게 생각하시는지요?

고르바초프 예, 우리가 과거 소련에서 개혁을 시작했을 때…… 개혁을 진전시켜 나가자 당시 소련의 지배 계층은 저항하게 되었습니다. 공산당 간부와 관료들이었죠. 특히, 기업의 권한이 확대되는 데에 대한 저항이 심했지요. 그렇게 되면 경제를 감독하는 당위원회의 입지가 도전받게 된다고 생각했기 때문입니다. 개혁을 하려면 이러한 저항까지 모두 고려해야 할 것입니다.

그래서 북한은 경제 개혁을 점진적으로 단계를 밟아 해나가야 합니다. 그들을 빨리 하라고 재촉하면 안 됩니다. 그러면 위험합니다. 우리는 이랬습니다. 옛 소련의 보수 진영은 아무것도 변화시키지 않으려 했던 반면, 민주 진영은 장애물을 딛고 오로지 전진, 전진해 나가야만 한다고 말했습니다. 이것이나 저것이나 양쪽이 다 극단적으로 가는 것은 위험합니다. 최적의 길을 찾아야 합니다.

김대중 이 문제는 중요하니까 한마디 하겠는데……. 정치(개혁)하고 경제 개혁을 어떻게 조화해서 나가는가 하는 문제인데, 러시아와 동구라파는 정치 개혁과 경제 개혁을 병행해서 했습니다.

그런데 중국이나 베트남은 정치는 그대로 가면서, 말하자면 체제를 유지하면서 경제만 근대화하는 방식으로 해서 상당한 성과를 올리고 있습니다. 내가 볼 때, 북한은 당연히 중국식이라고는 말은 싫어하지만, 중국이나 베트남 같이 체제는 유지하면서 경제를 발전시키는 것을 할 것입니다.

그러나 세상에는 다 이치가 있습니다. 경제가 발전되면 중산층이 성장됩니다. 중산층이 성장되면 결국에는 정치 개혁을 요구하게 됩니다. 영국 산업혁명 때도 그랬고, 프랑스대혁명도 그런 중산층 요구를 안 들어주었기 때문에 대혁명이 일어난 것입니다.

지금 중국도 벌써 3년 전에 공산당 당헌을 바꿔서, 공산당 당원 자격으로 노동자 농민 한 계층으로만 했던 것을, 이제는 지식인과 기업가까지 포함하는 '3개 대표론'을 장쩌민 주석이 내세웠습니다. 그것은 변화를 말하고 있는 것입니다. 처음에는 북한도 중국식을 따라가겠지만 결국은, 경제가 발전되려면 더구나 급속히 발전되려면 그런 정치적 변화가 없이는 안 되기 때문에 변화가 올 것으로 봅니다.

고르바초프 잠시 저의 의견을 말씀드리겠습니다. 중국과 베트남은 경제 개혁을 하고 있는데요, 경제 정책은 변화시키면서도 기존 정치 체제를 유지하고 있습니다. 제가 말씀드리고 싶은 것은, 중국에서는 경제 개혁을 시작하기 전에 문화혁명이 있었다는 점입니다.

문화혁명의 핵심은 당시 경제 개혁을 추진하던 세력을 축출하는 것이었습니다. 중국 공산당 안의 보수 세력들이 문화혁명을 도구로 정치 투쟁을 했던 것이지요.

중국은 15년 만에야 문화혁명으로부터 벗어날 수 있었습니다. 개혁 개방이 본격적으로 이루어지기 전에 문화혁명과 같은 정치적 조치가 먼저 있었던 것이죠. 기존 사회주의 체제를 유지하면서 경제 개혁을 한다고 해서, 경제만 변화고 당이나 정치는 전혀 변하지 않을 수 있다는 것은 아닙니다. 체제는 항상 변하고 있습니다. 단 점진적으로 변하는 것이죠.

정부의 역할이 변하고 당도 변하게 됩니다. 그러나 국가마다 사정에 따라 진행되는 것이죠. 그러니까 경제 개혁과 함께 정치 체제가 성공적으로 변해가려면 바로 그 나라의 토양에서 나온 것이어야 합니다. 다른 나라에서 가져올 수 없는 것입니다.

그 나라의 문화, 경제 상황 등을 고려한 것이어야 합니다. 교육, 학문 등 그 나라가 가진 모든 요소를 고려한 것이어야 하죠. 결국은 체제 개혁을 하고 있는 사회주의 국가들은 어떤 기준이나 방향으로서의 민주주의 원칙은 따르면서도 저마다의 방식을 찾는 것입니다.

북한 인권 문제, 어떻게 대응해야 하나?

문정인 그런데 지금 일각에서는 북한의 인권 문제가 상당히 논쟁화되고 있습니다. 한국 정부는 인권을 주장하면서도 북한 인권에 대해서는 외면하고 있다는 주장이 많습니다. 김 전 대통령님께서는 어떻게 생각하시는지요?

김대중 저는 그 문제에 대해서…… 제가 청와대에 있을 때인 2002년 2월, 부시 대통령이 청와대에 오셨습니다. 바로 한 달 전 1월에 이라크와 이란과 북한을 '악의 축'으로 지정하고 온 거예요.

그때는 북한을 공격한다는 말도 있었고 해서, 나도 상당히 긴장해서 맞이했는데, (부시) 대통령이 만나자마자 북한 인권 문제를 이야기하면서 북한을 완전히 비난했습니다. 백성들 밥도 못 먹이면서 전쟁 준비나 하고…… 이런 이야기를 했어요. 그래서 내가 부시 대통령에게 이야기했습니다. 물론 북한 인권이 좋지 않은 것은 다 안다. 그런데 그런 인권 문제에 있어서 지금 압박한다고 해서 되는가? 당신들이 50년 동안 인권 문제 가지고 소련을 압박하고 냉전했지만 바꾸지 못했고, 중국도 그렇게 했지만 못 바꾸고, 베트남도 그렇고, 지금 쿠바같이 바로 눈앞에 있는 조그만 섬도 못 바꾸고 있지 않는가?

그러면 어떻게 해서 바꾸었는가? 소련하고 동구라파하고 유럽안보협력회의, 헬싱키 협정을 만들어서 서로 교류하고 협력하는 체제를 만드니까 소련 사람들이 세계를 알게 되었던 것이에요. 그러자 이래서는 안 되겠다고 하는 기운이 일어나니까 고르바초프 대통령이 그것을 장악해서 위대한 페레스트로이카 혁명을 한 것입니다. 중국도 안 되니까 닉슨 대통령이 중국에 가서 마오쩌둥을 만났어요. 그래서 결국은 중국의 안전보장, 유엔 가입, 국교 정상화를 이야기하면서 마오쩌둥이 같이 동의하여 덩샤오핑을 등용했고 개혁 개방을 해서 오늘날 같이 변한 것 아니냐. 베트남하고는 공산주의 인권 문제 해결한다고 전쟁까지 했지만 결국 못 이기고 나왔는데, 지금 외교하고 교류하니까 모든 것이 잘돼 우리가 안심하고 가서 투자할 수 있는 나라가 되었고, 과거에 비하면 인권도 많이 개선되어가고 있는 것이다.

결국 공산당의 변화는 개혁 개방으로 유도할 때 되는 것이지, 외부에서 압력을 가하면, 오히려 이것을 '제국주의적 세력의 음모' 라고 구슬려 가지고 백성은 더 교화되고, 더 독재를 강화한단 말이에요. 그래서는 안 된다······. 그랬더니 부시 대통령이 납득을 해서 기자회견 하면서 '북한을 공격하지 않겠다. 북한하고 대화하겠다' (고 했어요). 내가 대화하라고 (했어요).

당신들 나쁜 짓 하는 사람하고 대화하지 않는다는데, 대화에는 나쁜 짓 한 것, 좋은 일 한 것이 문제가 되는 것이 아니라, '필요한가? 이익이 되는가?' 가 문제다. 레이건 대통령은 소련을 악마의 제국이라고 해놓고도 대화하지 않았느냐, 당신네는 한국전쟁 때 전쟁 도발한 사람들하고 전쟁 중에 대화해서 휴전협정을 맺지 않았느냐, 그런 소리 하지 말고 대화해야 한다, 이 얘기를 했더니 대화하겠다고 선언했어요. 식량도 주겠다고 했는데, 그런데 그 이후에 제대로 안 됐습니다.

문정인 고르바초프 대통령께서는 북한 인권 문제에 대해서 어떻게 생각하십니까?

고르바초프 인권은 매우 근본적인 문제입니다. 경제 개혁의 성과가 없어 생활에 활력을 주지도 못하고 또한 사람들은 전체주의 체제 아래에서 통제를 받아, 학문이나 비즈니스, 문화 등에서 자신들이 이니셔티브를 가질 수 없다면, 인권이라는 것은 아주 중요한 문제로 떠오릅니다.

그렇다고 해서 모든 분야의 인권 문제를 동시에 해결해야 하는 것은 아닙니다. 국가별 상황과 문화에 따라 비전을 가지고 매우 주의 깊게 개선해 나가야 하고 또 시간도 필요합니다.

페레스트로이카를 옛 소련 공산당 관료들이 저지하려 했을 때 옐친의 그룹은 이에 반대하며 모든 문제를 빨리 해결하려고 했습니다. 사유재산을 확대하고 국영기업을 사유화하는 등 모든 조치를 빨리 진행하려고 했습니다. 그 결과 소련이 붕괴된 것입니다. 매우 위험한 교훈인 것이죠.

그 다음 푸틴 대통령에 와서야 러시아는 정치적 안정과 함께 경제 성장이 시작되었습니다. 모두 주의 깊게 봐야 할 부분입니다.

김대중 조금 전에, 한국은 북한 인권에 대해서 관심이 부족하다는 국제 여론에 대한 이야기를 했는데, 인권에는 정치적 인권이 있고 또 사회적 인권이 있습니다.

정치적 인권은 1688년 영국의 명예혁명 이후 시작되어 영국 산업혁명 이후 부르주아 중산층이 일어남으로써 정치적 인권, 언론·집회·결사의 자유 같은 것이 본격화된 것입니다. 역사는 길지 않습니다.

그러나 사회적 인권이라는 것은 수십만 년 전에 인류가 이 지구상에 태어난 그 시간부터 먹어야 살고, 어린 애는 어머니 젖까지 먹어야 삽니다. 그리고 병들면 고쳐야 해요. 그러한 인권은 오랫동안 계속되어왔습니다.

먼저 정치적 인권에 대해서 보면, 조금 전에 말한 바와 같이 공산국가는 개혁 개방이 안 되는 이상 효과가 없기 때문에 (북한의 정치적 인권 개선이) 큰 효과를 못 올리고 있지만, 다만 북한에서 탈출한 사람들을 약 8천여 명 받아들여서 여기에 생활 터전을 마련해주는 것은 부분적으로 하고 있습니다.

다음으로 사회적 인권에 대해서 보면, 우리가 식량을 보내주고 있지 않습니까? 비료 10만 톤 보내면 증산이 10만 톤 더 됩니다. 그러면 20만 톤이 됩니다. 그리고 의약품 같은 것도 보내주지 않습니까?

이렇게 해서 북한 사람들이 지금 굶주리지 않게 하기 위해 많은 도움을 주고 있습니다. (북한의) 사회적 인권에 대해서는 세계 어느 나라보다 우리가 기여하고 있는 것입니다. 그러나 우리가 만일 정치적 인권을 떠들면 북한과의 관계가 여기서 전부 뒤죽박죽이 되어버립니다. 성과도 못 올리면서 혼란만 가지고 오는 일을 우리가 하는 것은 현명하지 못합니다.

다만 세계의 다른 국가들이 북한에 인권 문제가 있다고 생각하면 그 분들이 이야기하는 것은 자유입니다. 그러나 그것을 똑같이 우리 보고도 하라는 것입니다. 다른 상황에 있는 나라더러 그렇게 하라는 것은 현실적인 이야기가 아니라고 생각합니다.

한반도 평화와 동북아 다자안보체제의 가능성

문정인 우리 한반도의 평화 안정이라고 하는 것은 동북아의 전반적인 전략 구조하고 분리해서 볼 수는 없는 것이 아니겠습니까? 그런데 요즘 보면 '중국 위협론'이라고 하는 것이 중국의 부상과 더불어 크게 대두되고 있습니다. 그러면서 미국은 일본하고 동맹을 강화시키면서 중국을 보이지 않게 고립시키고 억제하려고 하는 움직임도 있습니다. 이런 것이 한반도와 동북아의 평화 안정에 주는 함의는 무엇일까요? 한국 정부는 여기에 어떻게 접근해 나가야 할까요?

김대중 중국이 지금 바라는 것은 오랜 가난에서 벗어나고, 그동안 여러 가지 굴욕의 역사가 있었는데, 정상적인 국가가 되고 그리고 지금도 수많은 빈곤층이 있습니다.

그것이 5천만 명이라고도 하고 1억 명이라고도 하고 또 몇 억 명이라고도 합니다. 그런 문제 때문에 매일같이 지방에서 시위가 일어나고 말썽이 생기고 있거든요. 중국도 지금 절대로 안심할 수 있는 것은 아닙니다. 그래서 중국은 경제 발전에 전념하고 싶어한다고 나는 봅니다.

중국이 지금 대외적으로 제2의 미국이 되고 그래서 세계 국가가 되고 지배자가 되길 바란다고는 보지 않습니다. 만일 그렇게 나오게 되면 많은 부작용이 있을 것입니다. 또 미국이 있고 일본이 있고 모든 나라가 있는데 중국의 그런 야심이 쉽게 이루어질 것도 아닙니다.

먼저 그렇게 하지 말고(중국 위협론을 제기하지 말고), 모두 중국과 대화를 해서 중국도 좋은 방향으로 개혁 개방을 하고, 민주화도 하고, 인권도 신장시키고……. 이런 방향으로 하도록 해서 중국도 같이 안심하고 살 수 있는 나라가 될 수 있으면 좋은 것 아닙니까?

문정인 유럽에서는 '러시아 위협론'이라는 것이 없습니다. 러시아는 유럽안보협력기구(OSCE)*의 일원이고, 북대서양조약기구 국가들하고도 잘 지냅니다. 이런 현상이 왜 동북아에서는 없는 것일까요?

고르바초프 이제 이 문제에 대해 동북아에서도 모색이 시작된 것입니다. 6자 회담과 같은 기구에 앞으로 더 많은 나라들을 포함시킬 수도 있습니다. 어떤 구상이 유효할지는 두고 봐야 알겠죠.

•
유럽안보협력기구(OSCE) 나토 회원국과 옛 소련 국가까지 포함해 모든 유럽국들이 참여하는 범유럽적인 안보협력기구로서 현재 유럽의 민주주의 증진과 무기 통제, 분쟁 방지, 긴장 완화, 인권 보호를 목적으로 활동 중이다.

유럽의 경우 안보협력회의와 같은 기구는 75년부터 시작돼 지금의 안보협력기구로 발전해왔습니다. 이 회원국들이 지난 90년에는 파리헌장을 채택했죠. 유럽에서 '대결과 분열의 시대는 종말을 고했다'고 선언한 것입니다. 유럽에서는 이런 다자간 안보 협력이 계속돼왔고 앞으로도 계속될 것입니다.

제가 소련 지도자였던 지난 1986년, 블라디보스토크 선언을 통해 동아시아 국가 간 안보협력기구를 제안한 적이 있습니다. 이 지역의 모든 상황을 관찰해서 평가하고, 특정 지역에 위험이 있을 경우 적시에 개입해서 해결할 수 있어야 한다는 것이었죠.

그런데 아무도 반응을 보이지 않았어요. 유일하게 코멘트를 한 사람이 죠지 볼튼인데, 그가 동아시아에 와서 말하기를 고르바초프가 제안한 것은 너무 유토피아적이라는 것입니다. 그러나 이제는 아닙니다. 바로 그 시기가 온 것이죠.

김대중 그래서 현재로서는 중요한 것이, 6자회담을 성공하도록 하는 것입니다. 6자회담이 성공하면, 지금 중국 문제의 당사자인 중국은 물론 일본, 미국, 한국 등의 나라들이 모든 문제를 협의로써 풀어 나갈 수 있다는 자신이 생기고 또 그럴 수 있는 토대가 생깁니다.

우리가 잘 알듯이 중국이 북한하고 가깝지만 핵 반대하지 않습니까? 그리고 북한 보고 국제사회에 협력하라고 하지 않습니까? 그런 것으로 볼 때도 중국을 나쁘다고만(위협이라고만) 생각할 것이 아닙니다.

이런 점에서 한국, 일본, 미국, 중국, 그리고 러시아와 북한도 포함하는 6자회담 당사국이 협력 체제를 앞으로도 계속 유지해 나가야 합니다. 6자회담은 아주 잘 만든 것입니다.

한반도나 동북아시아에 영향력을 줄 수 있는 나라가 다 끼어 있습니다.

그렇기 때문에 여기서 이야기가 되면 그 누구도 이의를 제기할 수 없습니다. 확실한 보장이 됩니다. 그래서 이 6자회담의 중요성을 우리 국민도 한 번 더 인식하고, 6자회담이 잘 되도록 바라고 지원해야 하지 않을까 생각합니다.

문정인 장시간 감사합니다. 지금까지 두 분의 지도자로부터 한반도와 동북아의 평화 번영을 위한 새로운 대안을 모색해봤습니다. 오늘 얻을 수 있는 교훈은 명백합니다. 강압과 대립보다는 화해와 협력, 급진적 변화보다는 점진적 변화, 일방주의보다는 다자주의 협력, 그리고 열린 마음으로 서로를 이해하고 안정을 모색할 때 동북아와 한반도에 평화 번영이 온다는 것입니다. 장시간 감사합니다. 대단히 감사합니다.

21세기와 우리 민족의 미래•

부산대학교 초청 강연
2006. 9. 15

존경하는 김인세 총장, 교수, 학생 여러분! 그리고 10·16 민주항쟁기념사업회 관계자 여러분! 이 자리에 계신 여러분!

저를 오늘 이러한 영광스러운 자리에 초청해주셔서 진심으로 감사합니다. 저의 말씀이 여러분께 조금이라도 도움이 되기를 바라 마지않습니다.

존경하는 여러분!

역사와 전통에 빛나는 부산대학교는 부마항쟁의 발상지로서 유신 독재 종말의 계기를 만든 영웅적 쾌거의 현장입니다. 국민이 영원히 기억하는 대학입니다. 부산대가 10·16 항쟁을 선도하자 반독재 민주 회복 운동은 요원의 불길같이 부산, 마산 일대를 휩쓸었습니다. 서울대학교, 전남대학교, 계명대학교 등 전국의 대학에 퍼지기 시작했습니다. 마침내 10월 26일에는 유신 독재의 종말이 왔습니다.

해방 이후 우리는 긴 독재의 질곡 속에 시달려왔습니다. 그러나 이승만 독재도, 박정희 독재도, 전두환 독재도 모두 학생과 노동자, 정치인, 시민

• 부산대학교 강연은 '10·16 민주항쟁기념사업회'의 초청으로 이루어졌다. 김 전 대통령은 퇴임 후 처음으로 부산을 방문했다. (편집자 주)

이 하나가 되어 종식시켰습니다. 이제 이 나라 민주주의는 반석의 기반 위에 서게 되었습니다. 어떠한 강자도, 어떠한 장군도 이 나라에서 독재의 재현을 꿈꿀 수 없게 되었습니다. 지금 한국의 민주주의는 경제 발전과 더불어 세계로부터 제2차 세계대전 이후 독립한 국가의 모범으로 평가받고 있습니다. 이러한 가운데 우리는 21세기를 맞이하였습니다. 21세기는 과연 어떠한 세기라고 이해해야 되겠습니까?

첫째, 21세기는 인류 역사상 최대의 격변기로서 지식 정보화의 시대입니다. 인류는 탄생 이래 수십만 년 동안 채집과 수렵 생활의 시대를 거쳤습니다. 그러다가 지금부터 약 1만 년 전부터 주로 나일강, 티그리스-유프라테스강, 인더스강, 황하 등 하천 주변에서 농업을 시작하였습니다. 농경 사회는 정착 생활을 가져왔고, 도시 국가를 만들어냈습니다. 그리하여 초기의 행정과 안보 체제 등이 갖추어지기 시작했습니다. 오랜 세월이 지난 이후 18세기 중엽부터 산업사회가 시작되었습니다. 산업사회의 특징은 사람을 대신하여 기계가 많은 일을 해내는 시대라는 것이었습니다. 산업사회는 산업 시설을 세우고 운영할 수 있는 자본과 토지와 자원 등 눈에 보이는 물질이 경제의 핵심 요소였습니다.

그러다가 20세기 말부터 지식 정보화 시대가 열리기 시작하고, 지금 우리는 그러한 시대가 초고속으로 줄달음치는 가운데 살고 있습니다. 21세기는 눈에 보이는 물질보다는 눈에 보이지 않는 지적 능력과 문화적 창의력이 경제의 핵심이 될 것입니다. 산업사회와 같이 집단적이고 평준화되는 인물이 요구되는 것이 아니라, 개개인이 뛰어난 지적 창의력을 발휘하는 그러한 인재가 세계를 끌고 가는 시대가 될 것입니다. 육체 노동자보다는 지식 노동자가 경제의 원동력이 될 것입니다.

둘째, 21세기는 세계화의 시대입니다. 세계화 시대는 세계적 규모의 정보, 상품, 문화, 교통 등이 오고 가는 시대이며, 사람의 왕래도 급격히 증가해가는 시대입니다. 민족주의는 세계주의로 변화할 것이고, 인종의 차별, 문화의 차별도 크게 희석되어갈 것입니다. 아시아도, 유럽도, 미주도, 아프리카도 모두 하나의 세계 속에 통합되고 교류하고 갈등하고 발전해 나갈 것입니다. 그러므로 인류는 하나의 세계 속에 평화롭고 번창한 가운데 함께 살아 나가는 지혜를 발견해내야 할 것입니다.

그러한 세계화의 과도기 현상으로 지역 경제 체제가 탄생하고 있습니다. 유럽연합, 북미자유무역협정이 그런 것입니다. 동아시아 지역도 작년에 말레이시아에서 열린 '동아시아정상회의'를 계기로 동아시아 블록의 형성을 지향하고 있습니다. 나는 대통령으로 재임 중 1998년 베트남에서 열린 동남아시아국가연합+한중일 정상회의에서 동아시아 블록의 구성을 제창하여 지지를 받은 바 있습니다.

셋째, 21세기에는 아시아의 시대가 도래할 것으로 많은 미래학자들이 내다보고 있습니다. 아시아의 시대는 새삼스러운 것이 아닙니다. 서구 세력이 제국주의적 침략으로 아시아를 지배하기 이전인 1820년 당시 중국과 인도는 세계의 가장 큰 경제적 강자였습니다. 중국은 세계 GDP의 27%를 차지하고 인도는 14%를 차지했습니다. 반면에 영국은 5%, 미국은 1%였다고 합니다. 그러나 산업혁명을 앞세운 서구 사회는 제국주의적 침략과 더불어 급속히 세계를 지배하는 강자로 군림하게 되었습니다. 그러나 지금 아시아는 전 세계 인구의 60%, GDP의 24%를 차지하고 있을 뿐 아니라, 경제의 성장 속도에 있어서 서구 사회를 압도하면서 급속히 발전하고 있습니다. 문자 그대로 아시아의 시대가 오고 있는 것입니다.

넷째, 21세기는 아시아와 더불어 아프리카가 일어나는 세기가 될 가능성이 있습니다. 아프리카는 아시아에 이어서 1960년대에 전면적인 독립을 이

록했습니다. 아직도 빈곤과 질병에 시달리고 여기저기 내전이 끊이지 않고 있지만, 한편으로는 희망적인 상황도 나타나고 있습니다. 지금 아프리카는 민주화와 산업화가 한창 진행되고 있습니다. 남아프리카공화국과 케냐 등의 나라들이 민주주의를 채택하고 있고, 알제리, 앙골라 등 상당수의 나라가 연 4% 내지 5%의 GDP 성장률을 보이고 있습니다. 천만 명에 달하는 아프리카인들이 유럽 대륙으로 건너가서 취업을 하고 있습니다. 아프리카는 석유, 다이아몬드, 우라늄, 기타 각종 천연자원이 풍부하게 널려 있습니다. 희망의 여지가 많습니다. 우리는 그들을 도와서 우리와 더불어 21세기에서 자유와 번영과 복지를 누리도록 협력해 나아가야 할 것입니다.

다섯째, 21세기는 민주주의가 세계적으로 예외 없이 보편화되는 시대가 될 것입니다. 20세기 후반에 아시아의 한국, 필리핀, 일본 등에서 민주주의가 실현되기 시작해서 이제 아시아의 다수가 민주화의 길을 걷고 있습니다. 몽골이나 네팔까지 민주화가 되고 있습니다. 소련과 동구라파 나라들이 민주화되었습니다. 이미 말한 대로 남아프리카공화국 등 아프리카에서도 민주화가 싹트고 있습니다. 중남미도 만성적인 군부독재가 사라지고 민주화가 착실히 발전하고 있습니다. 중국이나 베트남과 같은 공산국가도 과거에 비하면 많은 변화를 보이고 있습니다. 결국 민주화가 될 것으로 보입니다. 왜냐하면 개혁 개방으로 들어간 공산국가는 경제가 급속히 발전합니다. 경제가 발전하면 중산층이 생깁니다. 중산층이 생기면 민주화로 들어가야 합니다.

과거 산업혁명 후 영국에서는 새로 부상한 중산층의 요구에 따라 그들을 정치에 참여시킴으로써 영국의 민주주의는 평화적으로 원만하게 이룩되었습니다. 그러나 중산층의 요구를 배제한 프랑스는 프랑스대혁명이란 중산층의 폭동이 일어나서 왕과 귀족들이 몰살되었습니다. 그리고 민주화가 되었습니다. 아시아의 공산국가들도 이러한 역사에서 교훈을 배울 것입니다. 실제로 지금 중국에서는 과거에 비하면 어느 정도 민주적 진전을 보이고 있습니다. 뿐만 아니라 헌법보다도 더 중요한 공산당 당헌에 '3개 대표론'이 자리 잡았습니다. 과거에는 노농계급 하나만이 공산당원이 될 수 있었는데, 이제는 지식인과 기업인도 공산당원이 될 수 있습니다. 지식인과 기업인은 중산층인 것입니다.

결론적으로 말하면 21세기 중반까지 세계는 정치적, 사회적 민주주의가 확고하게 뿌리내릴 것이라고 전망됩니다. 다만, 아시아 민주주의의 앞날에 걱정되는 것은 아시아에서 미국과 중국의 대립이 격화되는 것이고, 일본이 급격히 우경화되고 있는 것입니다. 우리는 이런 문제를 주목하고 해결하는 데 관심을 가져야 할 것입니다.

존경하는 여러분!

21세기가 평화적이고 번영된 세기라는 거시적인 전망은 낙관적으로 볼 수 있다 해도 우리가 그러한 종착 목표를 이루기 위해서는 많은 노력을 해야 합니다. 무엇보다도 평화를 확립해야 합니다. 도처에서 일어나고 있는 테러 문제를 해결해야 합니다. 그러기 위해서는 한편으로는 테러 분자를 색출 제거하는 동시에, 그 이상으로 테러의 원천이 되는 문명 간의 적대적 갈등을 대화와 협력을 통해서 해소해야 합니다. 또한 테러 분자가 발생하고 은닉하고 활동할 수 있는 최대의 거점이 되는 빈곤과 질병을 퇴치해야 합니다. 이 문제의 해결 없이는 결코 안정이나 평화가 있을 수 없습니다. 21세기 운명은 문명 간, 종교 간, 민족 간의 화해와 협력이 이루어지고 절망과 분노 속에 몸부림치는 고통받는 사람들에게 희망을 줄 수 있느냐에 의해서 크게 좌우될 것입니다.

다음에는 21세기 우리 민족의 미래에 대해서 몇 말씀하겠습니다. 결론적으로 말해서 우리 민족은 세계의 선두 대열에 서서 우리 민족의 영광은 물론 21세기의 세계 역사 발전에 크게 공헌할 것으로 기대됩니다. 이미 말한 바와 같이 21세기는 지식 정보화의 시대입니다. 지적 전통이 탁월하고, 교육 수준이 높고, 문화적 창의력이 넘치는 우리 민족은 21세기 지식 정보화 시대에 가장 알맞은 자질을 가지고 있습니다. 그렇다면 우리가 21세기를 주도하기 위해서는 어떻게 해야 하겠습니까?

첫째로는 분단된 국토를 다시 통일하는 노력을 착실히 해나가야 합니다. 국토의 분단 상태가 계속되는 것은 한국전쟁의 재판 가능성을 배제하지 못합니다. 또 한 번 전쟁을 한다면 핵무기까지 동원될 가능성도 있습니다. 그렇게 되면 우리 민족은 문자 그대로 전멸하게 될 것입니다. 좁은 국토와 한정된 인적, 물적 자원을 가지고 지금과 같은 막대한 군사력을 보유하면서 천문학적인 국방비를 앞으로도 계속 써 나간다면 우리는 세계적 경쟁에서 뒤처지고 말 것입니다. 지금의 북한같이 말입니다.

우리는 베트남식의 무력통일도 배제하고 독일식의 흡수통일도 배제해야 합니다. 그리고 평화통일의 길을 가야 합니다. 통일의 3대 원칙 즉 평화공존, 평화교류, 평화통일을 지켜나가야 합니다. 구체적 방법으로는 3단계의 통일 방식을 추진해야 합니다. 즉 제1단계 남북연합, 제2단계 남북연방, 제3단계 완전통일입니다. 남북연합은 1민족 2체제 2독립정부로서, 이 단계에서는 사실상의 독립국가 간의 긴밀한 협력 체제를 유지하면서 화해 협력과 동질성 회복을 이룩해야 합니다. 그리고 북한의 경제적 자립을 도와주는 것입니다. 남북연방은 1국가 1체제 2지방자치정부로서 외교와 국방을 중앙정부가 장악하고 내정은 주로 남북 양 자치정부가 관장하도록 맡기는 것입니다. 이렇게 해서 완전한 화해와 협력, 그리고 동질성 회복과 북한의 경제적 자립이 이루어지면 그 다음에 제3단계의 완전통일로 들어갈 것입니다. 여기까지 가는 데는 10년이 걸릴 수도 있고 20년이 걸릴 수도 있습니다. 그러나 아무리 시간이 걸리더라도 우리는 절대로 문제를 무력을 통해서 해결하려 해서는 안 됩니다. 반드시 평화적으로 해야 합니다.

둘째, 21세기의 한민족 국가는 통일 전이건 통일 후이건 민주주의를 확고히 지켜 나가야겠습니다. 민주주의는 자유와 번영과 행복의 근원입니다. 안보에도, 통일에도, 세계 속의 지도 국가가 되기 위해서도 민주주의는 필수 불가결합니다. 민주주의가 없으면 미래가 없습니다. 우리는 수많은 독재를 우리의 헌신과 희생으로 극복한 위대한 국민입니다. 그렇다고 우리는 결코 방심해서는 안 됩니다. 21세기에 우리가 민주주의를 지금보다 더욱 굳건하게 발전시켜 나가면 모든 분야에서 한국은 창창한 미래를 바라볼 것입니다.

셋째, 21세기 한국은 생산적 복지국가가 되어야 할 것입니다. 노령화를 넘어 노령 사회가 임박하고 있습니다. 어린이의 육아와 청소년의 교육에 엄청난 재원이 필요합니다. 빈곤층과 장애인 등 소외된 계층에 대한 따뜻한 손길이 두루 미쳐가야 할 것입니다. 우리는 이제 세계 10위권의 경제력을 가지고 있습니다. 언제까지나 그들에게 기다리라고만 할 수 없습니다. 적극적인 보살핌이 있어야 합니다. 그러나 사회보장에 사용할 우리의 재원은 한계가 있습니다. 정부는 자기 힘으로 살아갈 능력이 없는 노약자나 중증 장애인 등에 대해서는 적극적이고 적절한 구호 활동을 베풀어야 합니다.

그러나 한편으로는 노동력이 있는 사람을 21세기 지식 정보화 시대에 알맞게 교육시켜 쉽게 직장을 얻고 더 많은 소득을 얻을 수 있는 자격을 갖춘 사람으로 만들어내야 합니다. 이렇게 함으로써 사회보장을 위한 지출을 절약하고 자활 능력이 있는 지식 노동자를 많이 만들어낼 수 있을 것입니다. 이러한 생산적 복지에 대해서 전 국민이 공감대를 이루고 21세기의 행복한 사회를 함께 만들어가도록 해야 할 것입니다.

넷째, 21세기의 한국은 문화강국이 되어야 합니다. 우리는 오늘날 일본, 중국 등 세계 각지로 퍼져나가는 한류 시대를 경험하고 있습니다. 과거 우리 민족은 중국으로부터 유교, 불교 등 고급문화를 받아들였습니다. 그러나 중국의 주변국처럼 중국에 동화되지 않고 이것을 우리 것으로 재창조했습니다. 만주족이 청나라를 세워 중원 천지를 270년 동안 지배하고 난 후 흔적도 없이 중국 민족에 동화된 것을 보았습니다. 이를 보면 우리 민족의 문화적 저력을 알 수 있습니다. 우리는 봉건적 세습제도가 아닌 과거에 의해서 인재를 등용했기 때문에 교육이 놀랄 만큼 발달했습니다. 그리고 현대에 와서 우리 민족은 자기의 희생과 노력으로 민주주의를 쟁취하여 지적 창의의 자유를 보장하는 시대를 만들었습니다. 또한 하룻밤 사이에 1억 5천만 명의 중국 사람이 우리의 드라마를 보고, 일본에서는 한류의 붐이 일어나게 만들었습니다. 문화가 강해야 세계로부터 선망과 존경을 받습니다. 좋은 이미지가 퍼져 나갑니다. 한국 상품이 더 잘 팔리고 문화 산업과 관광 산업이 더욱 융성해집니다. 문화는 부의 원천인 것입니다.

다섯째, 21세기 한국은 교육에서 성공하는 나라가 되어야 합니다. 20세기 산업사회 시대에는 평준화가 중요시되고 평균적 인재가 경제 발전에 필요했습니다. 그러나 뛰어난 창의력이 요구되는 21세기는 영재교육이 매우 필요한 시대입니다. 우리는 소수의 영재교육을 위해서 다수에게 희생을 요구해서는 안 되지만, 다수를 위한 평준화라는 이름으로 소수의 발전을 가로막아서도 안 됩니다. 우리나라의 미래는 교육에 달렸다고 할 수 있고, 교육의 성공 여부는 성공적인 평준화 교육과 성공적인 영재교육의 조화를 어떻게 이루느냐에 달렸다고 생각합니다. 우리 국민의 지혜와 합의가 교육만큼 요구되는 것은 없다고 생각합니다. 교육에 성공하면 인재 양성에 성공하고 인재 양성에 성공하면 부강한 나라를 만드는 데 성공할 것입니다.

여섯째, 21세기에는 튼튼한 안보 태세를 갖추면서 평화를 위해서 전력을 다해야 할 것입니다. 한미동맹은 북한의 전쟁 도발과 주변 강대국의 야망을 억제하는 데 결정적인 요소입니다. 우리는 이것을 흔들림 없이 지켜나가야 합니다. 한미동맹은 또한 미국의 동북아시아의 이익을 위해서 그들에게도 중요합니다. 나는 앞으로도 한미동맹 관계는 굳건히 유지되어야 한다고 생각합니다. 또 그렇게 될 것입니다. 그리고 한반도 안보 태세를 후방에서 뒷받침하는 일본의 존재도 중요합니다. 그러므로 한미일 공조도 필요합니다. 그와 동시에 중국과 러시아 등 주변국과의 관계도 확고하고 양호하게 발전시켜 나가야 합니다.

나는 1971년 대통령 선거 출마 당시 '미일중소 4대국 한반도 평화보장론'을 주장한 바 있습니다. 오늘의 6자회담은 그 4대국에 남북을 합친 것입니다. 미국 예일대학의 폴 케네디 교수는 "한국은 미일중러 네 마리의 코끼리 사이에 둘러싸여 있는 작은 코끼리다. 한국의 운명은 이 4대국의 코끼리 다리 사이를 어떻게 잘 헤쳐 나가느냐에 달려 있다"는 의미의 말을 한 일이 있습니다. 이것은 저의 '4대국 평화보장론'과 일맥상통한다고 봅니다. 우리는 6자회담을 성공시키고 그 이후에 이를 상설화해서 한반도와 동북아시아 평화에 주축이 되도록 할 필요가 있다고 생각합니다.

존경하는 여러분!

마지막으로 당면한 한반도 문제에 대해서 한 말씀드리겠습니다.

지금 심각한 위기 국면에 도달해 있는 북한 핵과 미사일 등 대량살상무기 문제에 대해서 우리는 이것을 반드시 평화적으로 해결해야 합니다. 우리는 북한 핵을 단호히 반대하고, 북한의 미사일 모라토리엄 약속이 앞으로 계속 지켜져야 한다고 생각합니다. 그러기 위해서는 미국도 북한이 안심하고 핵을 포기하고 미사일 발사를 유예할 수 있도록 그 대가를 보장해야 합니다. 북한의 안전을 보장하고 북한과 외교 관계를 열면서 경제제재를 해제해주어야 합니다.

북한의 위조지폐 문제에 대해서는 6자회담의 성공을 위해서 이를 당분간 보류하든지, 아니면 그 증거를 명확히 제시해서 북한으로 하여금 조속하고 완전한 시정조치를 취하게 하든지 해서 위폐 문제가 더 이상 6자회담의 걸림돌이 되지 않도록 처리해야 할 것입니다.

우리는 미국의 클린턴 정부 때 북미 관계가 거의 해결 단계까지 갔던 것이 오늘날과 같이 악화된 데에 대해서 매우 유감스럽게 생각합니다. 퇴임 후에 나를 찾아온 클린턴 전 대통령은 "1년만 더 대통령의 자리에 있었으면 햇볕정책의 틀 속에서 한반도 문제가 완전히 해결될 것이었는데 참으로 아쉽다"라고 이야기한 적이 있습니다. 그 말을 들었을 때 나는 너무도 가슴이 아팠습니다.

최근 미국의 가장 탁월한 한반도 문제 전문가인 돈 오버도퍼 교수와 도날드 그레그 전 대사가 〈워싱턴 포스트〉에 공동으로 기고한 글을 읽었습니다. 그 기고문에서 그들은 "북한 핵 문제의 성공 비결은 북미 간 협상뿐이다. 또 다른 대북제재는 한반도를 긴장 상태로 가져갈 것이다. 금융제재 등 새로운 대북제재도 60년 동안 계속되어온 북한 체제를 붕괴시키거나 군사적 도발을 긍정적으로 바꿀 수는 없을 것이다"라고 썼습니다. 나는 이 기고문에 마음으로부터 공감합니다. 그리고 미국 정부가 이를 적극적으로 수용할 것을 바라고 미국 국민이 이에 크게 공감할 것을 기대합니다.

사랑하는 젊은 학생 여러분!

마지막으로 여러분께 몇 마디 권고의 말씀을 드리고자 합니다. 먼저 여러분은 서생적 문제의식과 상인적 현실감각을 가지십시오. 원칙에 충실하되 방법에도 능숙해야 합니다.

　자기 양심에 충실하게 살고, 이웃을 위하고, 이웃에 봉사하는 인생을 사십시오. 그러면 부자가 되지 못해도, 장관이 되지 못해도, 장수를 누리지 못해도 자기 인생의 삶에 만족하는 성공하는 사람이 될 것입니다. 모든 사람이 인생의 사업에서 성공하지는 못해도, 인생의 삶에서 성공할 수는 있습니다.

　남북 간의 평화적 공존, 평화적 교류, 평화적 통일의 과정 없이는 한반도의 평화와 번영도 없습니다. '철의 실크로드' 가 유라시아 대륙을 가로질러 발전해 나가는 우리 민족의 '압록강의 기적' 의 시대도 멀지 않았습니다. 여러분은 한반도의 미래에 대해서 깊은 관심과 넘치는 희망을 가지고 책임 있는 민족의 한 사람으로서 적극적인 역할을 다하십시오.

　이미 말한 대로 지금은 세계화 시대입니다. 세계화 시대는 세계를 알아야 하고, 세계와 같이 살아야 하고, 세계와 협력해야 합니다. 우리도 세계로 나아가는 동시에 세계를 우리 안에 받아들여야 합니다. 그러기 위해서는 여러분 모두 세계인이 되어야 합니다. 영국은 조그마한 섬나라였지만 세계 속으로 뻗어 나가서 대영제국을 건설했습니다. 우리도 그렇게 할 때 세계의 선두 국가가 될 것입니다. 지식 민족, 문화 민족, 교육 민족인 우리 민족은 단군 이래 5천 년의 역사 동안 지금과 같이 큰 기회를 만난 때가 없었습니다. 여러분의 전도는 창창합니다. 성공하는 국민이 되십시오. 성공하는 민족의 일원이 되십시오. 그리고 성공하는 세계인이 되십시오. 나는 그것을 믿습니다.

　감사합니다.

3

대화만이 해결책이다

2006년 7월 북한의 미사일 시험 발사 후 한반도에는 긴장이 고조되었다. 급기야 10월 9일 북한은 핵실험을 강행하고 세계는 충격에 휩싸인다. 유엔(UN)이 대북결의안을 의결하고 국내에는 햇볕정책에 대한 공세가 강화되었다. 이때 김대중 전 대통령은 대학 강연, 국내외 언론과의 회견을 통해 미국의 대북 정책 실패를 지적하고 북미 간 대화만이 북핵 문제를 해결할 유일한 방안임을 강력하게 주장했다. 2006년 말에 치러진 미국 중간선거에서 공화당이 패배한 후 민주당은 부시의 대북 정책 수정을 거세게 요구하고, 북미 간 대화 압력이 높아지면서 2006년 12월 18일 베이징에서 13개월 만에 6자회담이 재개되었다. 이어서 2007년 2월 13일에 열린 6자회담에서 관계 당사국들은 9·19 공동성명 이행을 위한 초기 조치에 합의한다. 김대중 전 대통령이 주장해온 북미 직접 대화를 통한 평화적 해결의 방향으로 나아간 것이다.

"북핵 문제, 네오콘은 손 떼고 한국 의견 존중하라"

프랑스 〈르 몽드 디플로마티크〉 한국어판 창간호 회견
2006. 9. 15

김대중 전 대통령이 입을 열었다. 남과 북, 미국 정부 그리고 세계의 양심에게. 그는 "미국의 네오콘이 북한을 악용하고 있다"며, 미국 정부에 지금 당장 북한과 대화에 나설 것을 촉구하고, "북한 문제는 한국의 의견을 존중해달라"고 전 세계에 호소했다. 그는 또한 "북한 봉쇄가 노리는 것은 중국"이라면서, "하루빨리 남북정상회담을 열어" 상황이 더 나빠지기 전에 민족의 지혜를 모아야 한다고 제안했다. 김대중 전 대통령에게 듣는 '한반도 해법'의 지혜.

"지금, 북미 관계가 안 풀리고 있는 거요. 그것이 도처에서 제동을 걸고 있어요. 누구는 남북 관계가 진척이 안 되고 있는 것처럼 말하는데, 실은 그게 아니라 북미 관계가 근본 문제요. 북한은 대화를 간절히 바라는데, 미국의 네오콘은 마치 이스라엘이 팔레스타인에 장벽을 치듯 북한을 몰아붙이고 있소."

• 〈르 몽드 디플로마티크〉(Le Monde Diplomatique)는 프랑스의 유력 일간지인 〈르 몽드〉(Le Monde)의 자매지로서 국제 문제 전문 월간지이다. 이 회견은 〈르 몽드 디플로마티크〉의 한국어판 창간호를 기념하여 동국대 박순성 교수의 진행으로 이루어졌다. (편집자 주)

김대중 전 대통령은 한반도 정세의 본질을 묻는 질문에 이렇게 대답했다. 남북한 통틀어 단 한 명뿐인 노벨평화상 수상자. 반 동강 난 민족의 폐부(肺腑) 깊숙한 곳에 새겨진 원념(怨念)을 토해내는 팔순 넘은 노 대통령의 얼굴에, 온화함은 사라지고 비장미(悲壯美)마저 서렸다.

한반도 위기는 어디에서 오는가? 그것의 해법은 어디에 있는가? 그 해법을 찾고, 행동으로 옮기기 위해 민족이 함께 짜내야 할 지혜는 무엇인가?

김대중 전 대통령은 인터뷰 내내, "이제는 미국이 대화에 나서야 할 차례"라고, "미국의 네오콘과 일본의 우파는 중국을 견제하기 위해 더 이상 북한을 악용하고 봉쇄해서는 안 된다"고, "한반도에 다시는 전쟁이 있어서는 안 된다"고, "한미동맹은 평화를 위한 것이지 전쟁을 위한 게 아니"라고, "북한 문제는 한국 의견을 존중해야 한다"고, "지금 남한과 북한은 사실상 연합 단계에 와 있다"고, 전 세계와 미국 정부에 호소했다.

김대중 전 대통령은 또한, "전쟁을 바라지 않는 한 흡수통일은 없다"고, "남북 관계는 바른 길을 가고 있다"고, "북한은 6자회담에 나서 전 세계를 상대로 자신의 대화 의지를 보여줘야 한다"고, "우리는 미국에 줄 것 다 주면서 좋은 소리 못 듣고 있다"고, "하루라도 빨리 남북정상회담을 해야 한다"고, 남한과 북한의 지혜로운 실천을 촉구했다.

제네바, 핵, 미사일, 경수로, 식량, 금강산, 개성공단, 6자회담, 한미동맹, 전략적 유연성, 전시 작전 통제권, 남북정상회담……. 최근 십여 년 동안 우리 민족이 숨죽이고 지켜보았던 이슈들. 바로 여기에 앞으로 한반도의 평화와 번영, 그리고 통일을 보장할 비밀의 열쇠가 숨어 있는 것이다.

지난 6월의 특사 방북이 무산된 이래 '침묵의 시위'를 깨고, 김대중 전 대통령이 마침내 입을 열었다.

그랬다. 그것은 인터뷰가 아니라 어쩌면 '강의'였고, 차라리 '질타'였다. 주제가 주제이니만치, 김대중 전 대통령은 인터뷰어보다 더 인터뷰에 몰입했고, 자신의 말 한마디 한마디마다 나이와 건강도 잊은 채 혼신의 힘을 다했다.

인터뷰를 요청한 언론이 다른 곳도 아닌 〈르 몽드 디플로마티크 한국판〉인지라, 인터뷰는 자연스럽게 김대중 전 대통령과 유럽의 '인연'을 회고하는 대목에서부터 시작됐다.

"유럽의 지도자들, 독일로 말하면 기민당, 사민당 할 것 없이, 또 종교계나 학계를 망라해, 제가 감옥에 가거나 사형 언도를 받고 고통을 받을 때, 많은 지원을 해주었습니다. 스웨덴의 팔메 수상, 오스트리아의 크라이스키 수상, 독일의 빌리 브란트 수상, 겐셔 외상, 폰 바이체커 대통령, 프랑스의 돌아가신 미테랑 대통령, 시라크 현 대통령······. 제가 민주화를 위해 싸울 때나, 대통령이 되어 햇볕정책을 추진할 때나, 항상 큰 힘이 되었습니다."

사실, 역사적인 6·15 남북정상회담은 김대중 전 대통령이 유럽을 잘 알았기에 가능했다. 유럽, 특히 유럽의 사회민주주의라는 채널은 북한을 설득하는 데 상당한 효과가 있었고, 독일 통일의 '아픈' 경험은 김대중 전 대통령으로 하여금 자신의 이른바 '남북연합-남북연방-완전통일'이라는 3단계 통일론을 다시 한번 확신하게 만든 '반면교사'였다.

다음은, 김대중 전 대통령이 야당 시절, 폰 바이체커 독일 대통령과 만나 나눈 대화다.

'우리는 독일 모델을 따라가지 않겠다. 우리는 단계적으로, 점진적으로 통일을 하겠다. 그것이 바로 양쪽이 극단적으로 서로 증오하고 대립했던 그런 감정을 해소하면서, 안정적으로 통일하는 길이다. 우리는 서독처럼 경제력이 크지 않고, 북한은 동독이 아니다. 그래서 평화공존, 평화교류,

평화통일의 3원칙 아래 1단계는 남북연합, 2단계는 남북연방, 3단계는 완전통일의 길로 가겠다.'

'미스터 킴, 반드시 그렇게 해야 한다. 우리는 사실 통일 문제에서 실패했다. 우리가 이렇게 빨리 하려고 원한 것은 아니었지만, 일이 이렇게 됐다. 우리는 이 기회에 통일하지 않으면 소련이나 다른 유럽 나라들이 항상 (통일을) 지지해준다는 보장이 없으니, 통일하자고 했는데, 참 어렵더라. 한국은 정말 단계적으로 했으면 좋겠다.'

이러한 인연 덕분에 대통령 김대중은 자신의 오랜 꿈을 피력할 기회를 얻게 된다. 이것은 분기점이자 해묵은 숙제를 푸는 회심의 '결정타'였다.

"현 단계에서 우리의 당면 목표는 통일보다는 냉전 종식과 평화 정착입니다. 따라서 우리 정부는 진정한 화해와 협력의 정신으로 힘이 닿는 대로 북한을 도와주려고 합니다. 북한은 우리의 참뜻을 조금도 의심하지 말고 우리의 화해와 협력 제안에 적극 호응하기를 바랍니다."(김대중, 2000년 3월 9일, 베를린자유대학 강연에서)

"제가 베를린에 가서, '흡수통일의 본고장'에 가서, 우리는 흡수통일 안 한다, 이렇게 말하면서, 우리는 단계적으로 하겠다고 했습니다. 그전에는 제가 햇볕정책 하겠다고 하니까, 이솝 우화를 연상해 북한의 옷을 벗기려 하는 것 아니냐는 오해도 있었습니다. 그래서 북한이 돌아선 거예요. 그래서 우리와 대화하겠다고 한 겁니다. 그래서 6·15 남북정상회담이 있을 수 있었던 거예요."

이렇듯 남북정상회담은 어느날 갑자기 이루어진 게 아니었다. 하물며, 김대중 전 대통령은 일찍이 1971년 대통령 선거에 출마했을 때 이미 3단계 통일 방안을 국민에게 소개한 당사자다. "3원칙, 3단계, 그 이상의 길이 없다"는 것은 김대중 전 대통령의 '영원한' 구상이다. 그리고 6·15 남북공동선언이 있은 지 6년이 지났다.

"남북연합은 언제든 실현 가능"

"지금, 남북 관계는 사실은 바른 궤도를 가고 있는 것이고, 앞서 말한 대로 연합 단계는 언제든지 올 수 있는 거요. 북한이 연방제 주장을 낮춰서 '낮은 단계의 연방제' 하자고 나왔습니다. 실제로는, 우리 생각과 똑같은 거요. 구체적으로 말하면 '연합'이지만, 똑같이 권리를 갖고, 정상회담이라든가 각료회담이라든가 의회회담이라든가, 이런 것들을 하면서, 서로 협력하되 모든 합의를 만장일치로 해나가는 입장이라는 겁니다.

일종의 협력체 비슷한 것이에요. 주권을 전혀 이양받지 않고 그냥 이대로 가는 것이니까. 그런 것은 하려고 하면 언제든지 할 수 있는 상황이 된 겁니다."

그러나 지금 한반도를 둘러싼 정세는 '위기'(危機)라는 단어를 빼고는 설명할 수 없는 사태로 비화되고 있다. 얼마만큼의 시간이 지나면 남과 북이 1단계인 남북연합으로 진입할 수 있는지를 묻는 질문에, 온화하고 자상한 '사부'(師父)의 표정을 하고 있던 김대중 전 대통령의 눈빛에 순간, 분노가 어렸다.

"북미 관계가 안 되고 있는 거요. 그것이 도처에서 제동을 걸고 있는 거요. 이스라엘이 (팔레스타인에) 장벽을 세우듯이. 누구는, 남북 관계가 진척이 안 되는 것처럼 이야기하는데, 실은 그게 문제가 아니고, 북미 관계가 근본 문제요."

관계는 항상 상대적이다. 관계가 안 풀린다면 잘못은 서로에게 있다. 그러나 잘못에도 선후(先後)가 있고, 경중(輕重)이 있으며, 무엇보다 강자의 잘못과 약자의 잘못은 차원이 다르다.

"지금 상황이 안 좋은 이유는 북한에도 있고, 미국에도 있어요. 그것을 풀지 못하는 것은 북미 대화가 안 되고 있기 때문이에요. 북한은 그 무슨 이유에서인지, 자꾸 미국이나 일본의 강경 세력이 손뼉치고 좋아할, 그런 일을 많이 해요. 핵 문제라든가, 미사일 문제도 그래요. 사실, 북한이 핵이나 미사일 가져서 뭘 어떻게 할 거요? 미국에, 미국 앞에 가면, 어린애 장난감밖에 안 될 텐데.

미국이 사실, 속으로는 북한 핵이 겁 안 나는 거요. 오히려 그걸 악용하고 있는 거요. 미국의 네오콘들이 말이오."

절박하고 다급한 사람은 북한이지, 미국이 아니다. 그러나 급하다고 실을 바늘허리에 꿸 수는 없는 법. 인터뷰 자리지만, 김대중 전 대통령은 6년 전의 그날, 그 자리에서 만났던 자신의 '파트너'를 향해 말하고 있었다.

"지금 북한에 계속 충고하고 있지만, 왜 6자회담에 안 나가느냐고 말했어요. 6자회담에 나가서, 우리가 핵도 포기하고 미사일도 포기하겠다고 그랬으면 당신네 미국도 내놓을 것을 내놓아야 할 것 아니냐, 입으로만 말하지 말고 행동으로 옮겨라, 우리만 양보할 게 아니라 당신네도 양보해라. 이렇게 당당하게 요구해야, 세계가 북한 말을 듣고 옳으면 옳다 할 것 아니냔 말이오.

미국이 일방적으로 대화도 하지 않겠다고 하면, 북한이, 당신네 미국은 한국전쟁 중에도 우리와 대화했는데 지금은 왜 대화를 못하겠다는 거냐, 아니 우리더러 무슨 핵 문제 해결하라면서 대화도 하지 않고 뭘 어떻게 해결하라는 거냐, 이렇게 나와야 하는 거예요."

설상가상. 여기에 일본도 한몫 거들고, 잇속을 챙긴다.

"또 하나 중요한 것은 북한이 이렇게 하는 것을 일본이 최대한 이용하고 있다는 거요. 정말 악용이라고 해도 과언이 아닐 정도로 이용하고 있어요. 미국과 딱 짜고, 신동맹체다 뭐다 해서 가고 있어요. 미국의 군수산업은 미국에서 팔아먹고, 일본에서 팔아먹고, 도처에서 재미를 보고 있는 그런 상태예요."

그렇다면 미국은 왜 북한을 봉쇄하는 것일까? 이 의문을 풀기 전에, '대북 봉쇄 정책은 백해무익하고 백전백패한다'는 김대중 전 대통령의 주장을 들어보자. 그의 목소리는 제발 내 말을 들으라는 듯이 점점 더 커지고, 그래도 자신의 말을 안 들을 것이란 불길한 예감에 점점 더 갈라진다.

"네오콘이 북한을 악용하고 있어"

"우리가 공산국가의 교훈이 있는데, 공산국가는 압박과 봉쇄로 이긴 예가 없다는 겁니다. 소련이나 동유럽도, 데탕트로, 헬싱키 회담으로 변화시켰습니다. 제가 부시 대통령에게 이렇게 말했습니다.

미국이, 자기 눈앞에 있는 쿠바라는 조그만 섬 하나를 50년 동안 봉쇄했지만 변화 못 시키지 않았느냐, 북한도 마찬가지다, 북한을 봉쇄해서는 절대 안 된다. 그럼 미국 사람들은 왜 봉쇄를 하면 안 되느냐고 해요. 이라크나 리비아나 다른 곳은 다 됐는데 왜 북한은 안 된다는 거냐, 이 말이에요.

그래서 제가 이렇게 말했습니다. 북한은 다르다, 이라크는 독재국가지만 사유재산 제도다, 국민들이 내 집 갖고, 내가 장사하고 농사지어 먹고 산다, 그리고 신문이 다소라도, 정부 비판을 하고, 또 외국도 왔다 갔다 하니까 바깥소식도 좀 듣고, 그런데 북한은 의식주가 완전히 정부에 매달려 있지 않아요!"

미국은 '바보'가 아니다. 김대중 전 대통령의 분석대로라면 '실패할 게

뻔한' 대북 봉쇄 정책을 미국이 고집하는 이유는 대체 무엇인가? 이것이 바로 한반도 위기의 본질이다. 김대중 전 대통령이 손을 세웠다. 그리고 한마디 할 때마다 세운 손을 반복해 앞으로 뻗었다 거두었다. 그가 핵심을 설명하거나 강조할 때면 으레 나오는, 우리 국민들이 지난 1971년 대통령 선거 이래 30여 년 넘게 보아온 바로 그 모습이다. 인터뷰는 정점으로 치닫고 있다.

"지금 제가 그 말 하려고 기다리고 있었는데. 그럼 미국은, 지금 북한이 핵도 포기하겠다, 미사일도 안 하겠다, 그러니 대화하자, 그 대신 우리 생존권을 보장해달라고 나오고 있는데도, 왜 대화를 하지 않느냐? 그건, 미국의 네오콘, 강경파 입장에서는 (대화는) 필요가 없는 거요. 지금 북한을 자꾸 잘못된 길로, 강경한 길로 몰아붙이면서 악용하고 있는 거요.

바로 중국 때문에 그러는 거요. 네오콘 그 사람들은, 말하자면 중국을 앞으로 미래의 가상의 적으로 생각하고, 지금 미사일방어 체제 같은 군비 확장을 하려고 하는데, 그럼 뭔가 구실이 있어야 하지 않느냐? 그게 바로 북한이오.

일본을 재무장시키고, 일본의 군사력을 강화시켜야 하는데, 그것도 지금 북한을 빌미로 시작한 거니까, 앞으로 더 할 거요. 그 사람들로서는 그런 목적으로 북한을 몰아붙이는 거요. 제가 볼 때는, 그게 그 사람들한테 도움이 되는 잘하는 정책이 아니라고 생각하지만, 그건 별도의 이야기고, 그들은 그렇게 하고 있는 거요."

대화를 필요로 하지 않는, 아니 대화가 이루어지면 오히려 곤란한 사람들이 있다. 물론 북한은 아니다. 그렇다면? 그러나 김대중 전 대통령은 '반미주의자'가 아니다. 그는 한반도를 위기로 몰아넣는 '주범'으로 네오콘을 지목하고 있는 것이다.

"제가 아는 한, 지금 미국에서는 네오콘이 한반도 정책을 좌우해요. 부시 대통령은 중동이나 그쪽에 몰두하고, 이쪽으로는 지금 그래요. 그래서 부시 대통령은 말을 했다가도 바꿔요.

부시 대통령이 2002년 2월에 저와 회담하고 나서, 완전히 내 말에 수긍을 해서, 북한 공격하지 않겠다, 북한과 대화하겠다, 북한에 식량 주겠다, 이렇게 세 가지 약속을 자기 입으로 기자회견에서 밝혔는데, 나중에 실천이 안 됐어요."

'핑계 없는 무덤'이 없으랴. 트집을 잡으려면 한도 끝도 없다. 옅은 한숨도 잠깐, 김대중 전 대통령은 신속하고 적확하게 이슈를 전개시켜 나갔다.

"의도적으로 연결이 된 건지 제가 확인을 하지는 못했지만, 작년 9월 19일, 6자회담에서 합의가 됐잖아요? 그 다음 날인가, 그 다음 다음 날인가, 마카오 은행 문제가 터져 나와서 오늘날 6자회담도 완전히 정지 상태가 되어버렸어요.

일본은 지금 몇 사람 납치 문제 갖고, 김정일 위원장이 사과까지 하고 그랬는데, 지금 그 문제 갖고 북한을 부정해요. 납치 문제는 납치 문제대로 풀면서, 대화는 대화대로 하고, 그래야 하는데, 그 문제 갖고 지금 완전히 우파가 강해져서, 아베 신조(安倍晋三) 관방장관이 지금 수상이 될 게 확실한데, 아베 관방장관은 결국 북한 공격해서 인기가 올라가고 그랬단 말입니다.

현실적으로 볼 때, 미국의 네오콘이나 일본의 우파 세력들에게는, 이렇게 북한에 대해 강경한 정책을 펴는 게 의미가 있는 거요. 그 의미를 간파하고 역으로 행동을 해야 하는데, 북한이 자꾸 구실을 줘서 망치려고 하는 거예요. 이게 참 힘들어요."

김대중 전 대통령의 시선은 한반도를 넘어 동아시아 전체를 훑고 있다. 북한 문제는 중국 문제다……. 그렇다면 지금의 한반도 위기는 미국과 중국의 변화가 전제되지 않는다면 해결되기 어렵다는 결론에 이른다.

"지금 당면해서는 한반도 문제가 긴장의 초점이 돼 있지만, 근본적으로는 중국이 초점이 될 거요. 중국을 어떻게 할 것인가, 이 문제가 미국의 근본적인 문제인 거요. 전에 미국에서 온 책임 있는 사람과 그런 이야기를 했더니, 납득을 해요.

그렇다면 미국이 전쟁을 할 것이냐? 미국은 지금 중동도 안 풀리고, 아프간에서도 제대로 안 되는데, 여기에서 지금 중국을 상대로 전쟁을 하겠어요? 그건 꿈도 못 꿀 일이지. 결국은 일본 하나 붙들고 있다가, 다른 아시아 나라들이 전부 전쟁 지향적인 것에 반대하고, 미국에 등 돌리는, 그런 사태가 종국에는 올 수 있습니다. 그리고 중국과 그 막대한 경제적 거래도 막히고.

중국은 커질 수도 있지만, 중국은 중국대로 많은 문제가 있어요. 정치적으로 중국은 민주주의를 하느냐 하지 않느냐의 문제가 있어요. 그것이 앞으로의 미래를 결정해요. 제가 볼 때는 중국이 중산층을 설득하면서 나가는 길도 생각하고 있다고 봐요.

그런데 아까 말씀드렸다시피, 미국은 중국을 계속 군사적으로 압박하고, 특히 일본과 같이 압박하고 있어요. 일본에 대해서는 한국이고 중국이고 아주 민감하잖아요? 그런 상황에서 군사적으로 맞대응하지 않으면 (중국 내에서는) 아주 역적같이 되고, 평화적으로 가자는 사람은 소수로 몰리게 돼요. 군사적으로 가는 게, 그런 식으로 돌출돼가는 게, 결국에는 미국에도 도움이 안 돼요. (민주주의의 수호자를 자처하면서도, 민주주의의 힘을) 내다보는 철학과 견식이 미국에 부족하지 않나, 이렇게 생각해요."

위기는 누군가(네오콘) 대화를 가로막은 데서 비롯됐다. 그들은 대화보다는 위기에 더 흥미가 있다. 그런데 이 위기는 대화를 거부당한 측(북한)의 연속된 무리수에 한편으로 지원받으면서도, 쉽게 확대되지 않는다. 위기의 '에스컬레이터' 가 아니라 어쩌면 위기 그 자체가 목적이다.

그렇다면 이 위기는 좀 더 냉철하게 분석되고 논의될 필요가 있다. 그것이 전략적 유연성, 전시 작전 통제권 환수 등으로 표현되는 '한미동맹 약화' 논란이다. 감상이나 감정, 선동이나 호들갑은 '요람을 흔드는 손' 의 나팔일 뿐이다. 과연, 한반도의 위기는 한미동맹의 위기를 의미하는가? 김대중 전 대통령은 한결 가라앉은 목소리로 차분히 이야기를 풀어 나갔다.

"북한 봉쇄가 노리는 것은 중국"

"제가 볼 때는, 한국과 미국의 관계는 앞으로도 동맹 관계가 유지될 것이고, 또 그렇게 돼야 한다고 보고 있습니다. 그런데 동맹 관계는 하자고 해서 되는 것도 아니고, 문서상으로 했다고 해서 된 것도 아니에요. 서로 상대방을 이해하고 믿고, 그리고 서로 상대방과 이해 관계가 일치할 때 되는 거예요.

미국에 대한 태도도 그렇습니다. 미국에 대해서, 좋은 친구로서 동맹 관계를 유지해 나가야 합니다. 그리고 좋은 친구라는 것은, 안 되는 것은 안 되고, 잘못된 것은 잘못된 것이라고 이야기해야 하는 것입니다."

이쯤 되면, 독자들은 국내 일부 신문들이 하루가 멀다 하고 찍어내는 사설의 논조를 떠올리게 될 것이다. 미국은 한국을 '배은망덕' 하다고 생각하고 있다……. 이 대목에 이르러 끌끌 혀를 차는 김대중 전 대통령.

"우리는 지금요, 미국에 대해 줄 것 다 주면서 좋은 소리 못 듣고 있는 거요. 베트남 파병해서 5천여 명이 죽고, 1만여 명이 부상당하지 않았어요? 이라크에는 영국 다음으로 우리가 파병하고, 지금 다 철수하고 있는데, 우리는 다시 그대로 둔다는 것 아니요? 미 2사단, 서울 지키는 최전방의 최고 무장을 한 2사단을 빼낸다고 하는데, 우리가 동의해준 것 아니요?

또, 용산 기지, 그걸 지금 평택으로 이전하는데, 평택 사람들이 반대하니까 경찰까지 동원해서 누르면서 하고 있는데, 돈까지 대가면서 하고 있는 것 아니요? 한미 자유무역협정(FTA)은 국내에서도 찬반이 있는데, 정부에서는 그대로 추진하고 있는 것 아니요?

그럼 이렇게 미국에 협력하는 나라가 세계에 몇이나 있어요? 프랑스도 제2차 세계대전 때 미국이 살려준 거나 마찬가지인데, 이라크 파병 안 했어요. 독일은 제2차 세계대전 때 미국과 싸웠지만, 전후 부흥이나 통일할 때 미국이 도와줬는데, 이라크 파병 안 했어요.

왜 미국 사람들은 그런 이야기는 다 놔두고, 왜 우리한테 도움을 잊었다는 이야기를 하느냐? 이번에 미국에서 온 분들에게 단단히 이야기했어요. 우리가 만만하냐? 그렇게 이야기했어요.

또 있어요. 6·25가 왜 났느냐? 당신들이 제2차 세계대전 끝나고 나서 소련과 일대일로 회담해서, 우리에게는 한마디도 안 하고, 우리를 둘로 갈라버리지 않았느냐? 1,300년 동안 통일돼 있던 나라를, 당신네들 말 한마디로 갈라버리지 않았느냐? 그게 60년이 됐다. 당신네들이 냉전 체제 들어가니까 결국 우리가 대리전 하다시피 남과 북의 동족이 싸웠고, 얼마나 많은 사람들이 죽었느냐?

왜 당신들의 책임은 생각하지 않느냐? 그때 당신들이 정 철수하려면, 우리가 철수한 뒤 북한이 쳐내려오면 그때는 가만두지 않겠다고 스탈린에게 오금을 박았으면, (북한이) 전쟁은 못 일으켰다, 이거예요.

공개된 케이지비 문서를 읽어보니, 김일성이 남침하겠다고 하니까 스탈린이 말렸대요. 미국이 쳐들어올 가능성이 있다고. 그런데 어떻게 했어요?

한국은 애치슨라인* 밖이다. 그런 소리가 공산당더러 빨리 남한 먹으라고 하는 거하고 뭐가 달라요? 그러니 미국도 한번 더 생각해야 한다고 했더니, 그 사람들도 맞다, 그래요.

지금 우리 언론이나 지도층들이 말들이 많은데, 정부가 아무리 밉고, 정당끼리 서로 뭐가 다르다 하더라도, 국가적 이익은 더 큰 것 아니요? 미국에 대해서도 마찬가지요."

설령 상대가 미국이라도, 할 말은 하고, 안 되는 것은 안 된다고 말해야 한다. 그렇다면 뭐가 안 되는 것인가.

"안 되는 것의 최고가 바로 한반도에서 전쟁을 다시 해서는 안 된다는 것입니다. 전쟁은 절대 다시 안 된다. 그리고 북한 문제는 우리에게 주도권을 맡겨라. 어지간하면 북한은 우리 말 들어준다. 우리가 같은 민족이고, 임시로 갈라져 있는 것이지만, 통일을 해도 우리가 하는 것이니까.

그리고 예를 들면, 북한 문제와 관련해 왜 베트남과는 국교하면서 북한과는 안 하느냐? 한국전쟁 때도 북한과 대화했으면서, 왜 지금은 안 된다는 거냐? 제가 부시 대통령에게도 말했습니다. 과거 레이건 대통령은 소련더러 '악마의 제국'이라고 해놓고서도 대화하지 않았느냐고 말이에요. 대화라는 것은 필요한 일이 있을 때 서로 만나서 이야기를 하는 것이지, 친구 사귀는 것은 아니라, 이거요."

인정하고 싶지 않은 사람들도 있겠지만, 6·15 남북정상회담 이후 국민들의 안보 불안은 상당히 줄어들었다. 어찌 보면, 6·15 회담의 가장 큰 성과는 국민의 안보 불안 해소였다. 그런데 최근, 엉뚱하게도, 전시 작전 통

• **애치슨 라인** 미국 국무장관 애치슨(Dean Gooderham Acheson)은 1950년 1월 태평양에서의 미국의 방위선을 알류산 열도-일본-오키나와-필리핀을 연결하는 선으로 정한다고 발표했다. 즉 방위선 밖의 한국과 타이완(臺灣) 등의 안보와 관련된 군사적 공격에 대해 보장할 수 없다는 내용으로 한국전쟁의 발발을 묵인하는 결과를 가져왔다는 비판을 받았다.

제권 환수의 불똥이 안보 불안 조장으로 튀고 있다.

"이제는 미국이 대화에 응할 때"

"저는 군사 문제는 전문적 지식이 없지만, 이렇게 생각해요. 미국이 작전통제권을 넘기든 안 넘기든, 미국이 한국 방위를 하고 싶지 않으면 그 사람들은 나가는 것이고, 한국 방위를 해야겠다, 그게 자기네 나라에 이익이다 하면, 안 나가는 거요. 그런데 한국 방위를 하는 게 미국의 이익인 거요. 왜냐하면, 미국이 만일 한국에서 완전히 철수하면, 그렇게 하면 어떻게 되겠느냐?

북한이 중국의 힘을 업고, 중국의 힘이 휴전선까지 미칠 수 있어요. 그럼, 그 힘이, 그 압력이 부산이나 목포까지 가요. 그럼, 그 힘이 다시 바다 건너 일본까지 가요. 미국에게 일본은 태평양 지역을 방어하는 데 최고의 요충지인데, 그렇게 압박 속으로 들어가는 것을 미국이 지켜만 보고, 내줄 수는 없는 거예요.

미국이 북한을 자꾸 주먹으로 들이치다시피 하고 있어요. 북한은 국제적으로 장사도 못하고, 국제적으로 돈도 못 빌리고, 일본한테 돈(전후 배상금)도 못 받아오고. 이렇게 살 길이 없으면, 이러한 미국의 힘이 작용하면, 남한도 북한 도와주는 데 어려운 점들이 자꾸 생기게 되는 거예요. 그럼 북한은 중국에 매달릴 수밖에 없는 거예요. 미국 네오콘들이 생각하는 것은, 북한을 중국으로 자꾸 밀어 넣는 것이니까."

남한이 미국 쪽으로 너무 치우쳐도 안 되지만, 거리가 생겨도 안 된다. 북한 역시 중국 쪽으로 너무 치우쳐도 안 되지만, 거리가 생기는 것은 좋지 않다. 북한이 중국과 사이가 나빠졌네, 이제 북한은 완전히 '고아'가 됐네 하며, 일희일비하는 국내의 세태에 김대중 전 대통령은 균형과 완충을 통한 공존과 교류의 지혜를 제시했다. 그것이 바로 실질적인 자주와 통일의 지름길이라는 것이다.

"제가 김정일 위원장을 만나보니까, 그 말을 그대로 옮길 수는 없지만, 절대로 중국에 대해서 의존적으로 하지 않아요. 자주적인 태도를 갖고 있고, 또 여러 가지 경계도 하고 있어요. 그런데 북한이 살길이 다른 게 없잖아요? 그리고 중국을 보면, 이제 거대한 부를 갖고 있기 때문에 북한 하나 먹여 살리는 것은 이제 아무 것도 아니에요. 여기에서 미국은 모순이라는 거요. 북한을 압박하고 봉쇄하는 것은 북한을 중국의 품으로 밀어 넣는 거요.

중국이 북한과 요즘 어떻다 하는 것은, 북한이 미사일 발사한 뒤 중국과 북한 사이가 어떻다 하는 것은, 한마디로 말해, 기분이 나쁘다는 거요. 그런 정도예요. 중국과 북한의 관계는 아무리 미워도 포기할 수 없는 그런 관계에 있는 거요.

중국 지도자들, 제가 만났을 때나 다른 분들이 만났을 때나, 북한에 대한 불평을 많이 합니다. 그런데 그것이 북한을 포기한다거나, 적대한다는 것은 절대로 아니에요. 북한이 미국의 영향력 아래 들어가서, 미국의 힘이 남한과 함께 압록강까지 올라간다면 어떻게 할 거요? 그것은 중국의 국익에 심각한 문제가 돼요. 저는, 중국이 북한과 관계가 나빠진다는 것은 있기 어려운 일이라고 생각합니다.

그러니 중국과 북한 사이가 나빠질 것이라고 기대하지 말고, 미국이 우리로 하여금 적극적으로 북한을 안게 해줘야 해요. 그래서 북한에 중국이 다섯 들어가면 우리도 다섯 들어가면서, 서로 상생하고 서로 경쟁도 하고 협력도 하면서, 북한의 독립성을 유지하도록 해줘야 해요. 그것이 우리의 이익도 찾고, 결국에는 미국의 이익도 찾는 거요. 대체 왜 이렇게 하지 않는지. 그게 문제입니다."

인터뷰는 마무리 단계로 접어들고 있다. 이제 우리 내부의 문제를 질문할 차례다. 지금 이 순간, 민족의 평화와 통일을 우리가 이루어야 한다는 점을 부정하는 사람은 없다. 그러나 우리 내부에는 여전히 한미동맹의 한 측면만 강조하는 세력과, 민족 공조의 한 측면만을 강조하는 세력이 존재한다. 현실적으로도 이 두 세력의 목소리가 가장 높고, 발언권도 가장 크다. 이른바 중간 세력, 합리적인 세력이 발언권을 높이기 위한 전략은 없을까? 민감한 질문. 김대중 전 대통령은 조크로 대답을 시작했지만, 그것이 '정문일침'(頂門一鍼)이었다.

" 남 북 정 상 회 담 빨 리 추 진 해 야 "

"우리가 남북 관계에 있어서는 흡수통일은 안 됩니다. 베트남식의 무력에 의한 통일도 반대하고, 독일식의 통일도 반대합니다. 이미 말씀드린 대로, 평화공존 속에 점진적으로 통일해야 합니다. 전쟁은 안 됩니다. 우리가 지금, 미국과 관계가 중요하다고 하는 것은 전쟁을 막기 위해서 중요한 것이지, 통일을 위해 의존하는 게 중요한 것이 아니에요.

그 다음에, 통일은 우리가 주도적으로 하되, 동시에 주변 4대국과 긴밀한 협력 속에서 해야 해요. 이 4대국이요, 우리 통일을 직접 만들 힘은 없지만, 또 그럴 생각도 없지만, 우리 통일을 방해할 힘은 있어요. 그렇기 때문에 아주 지혜로워야 해요.

세계에서 한국처럼 외교가 중요한 나라가 없어요. 왜냐하면 4대국이 주위를 둘러싸고 있는 나라는 우리나라뿐 아닙니까? 조선왕조 말기를 보세요. 청일전쟁, 러일전쟁, 거기에 미국은 일본이 조선을 강탈하는 것을 지원해주지 않았어요? 4대국이 다 우리 운명에 부정적으로 개입했어요.

우리가 한반도를 짊어지고, 다른 곳으로 안 가는 이상, 이 지정학적인 위치는 변하지 않아요. 그래서 안보는 미국과 굳건히 유지하고, 한미일 공조도 유지하고, 그리고 한편으로는 북한과 대화하면서, 또 4대국과 함께 6자 회담도 하면서, 한반도 평화를 유지해야 해요.

그런데 통일은 우리 민족끼리 해가면서, 4대국의 지지를 얻어서 해야 해요. 독일도 주변의 지지를 얻어서 통일했잖아요? 하나라도 우리가 통일하는 게 그 사람들 국가 이익에 손해가 된다면, 그 사람들은 우리 통일 방해해요. 그런 빌미를 안 줘야 해요."

김대중 전 대통령은 '(강대국에) 빌미를 주지 않아야 한다' 는 것을 인터뷰하는 동안 강조하고 또 강조했다. 그러고 보니, 김대중 전 대통령은 전 세계 국가원수들 가운데 북한의 최고지도자 김정일 국방위원장과 속내를 나눈 유일한 인물이다.

"북한은 지금 우리가 생각하고 있는 것보다 훨씬 더 미국과 대화를 하려고 하고 있어요. 그리고 뭔가 해결책을 받으려고 하고 있고요. 그동안 상황이 더 나빠져 버렸지만, 북한은 핵이나 미사일, 그런 게 중요한 것이 아니고, 어떻게 하든 미국과 관계 개선을 해서 국제사회에 나가고, 그렇게 해서 살길을 찾으려 해요.

제가 김정일 위원장한테 그랬는데, 미국과 관계를 개선해라, 그렇게 해서 국제사회에 나가야 할 것 아니냐? 우리가 같은 민족인데 우리는 잘살고 있고, 발전하고 있지 않느냐, 북한도 못할 것 없지 않느냐? 지금 미국이 막고 있는데, 그것만 해결하면 발전할 수 있는 것 아니냐? 양쪽 다 잘사는 조건에서 서로 '윈윈' 으로 통일하자, 이렇게 이야기를 했어요. 그랬더니 김 위원장 말이, 자기도 굉장히 그것을 원하고 바라고 있대요.

이런 문제에 있어서 제일 중요한 게 미국인데, 북한은 핵도 내놓고 미사일도 내놓는다고, 작년 9월 19일 공동선언에 나와 있지 않습니까? 이제 미국이 실천으로 옮겨가며 서로 주고받고 하면서, 기브 앤 테이크로 나가는 그것 말고는 다른 길이 없어요.

결국은, 절대로 북한을 제재하려고 해서는 안 된다, 그렇게 되면 커다란 역효과가 날 것이다, 길은 하나밖에 없다, 미국이 북한과 대화하는 것밖에 없다, 그러니까 지금 우리가 너무 복잡하게 생각하지 말자는 거예요. 지금 남북 관계가 얼마나 잘됐습니까? 아까 박 교수께서도 말씀하셨지만, 남북 간의 적대감이 크게 해소됐거든요. 북한 사람들이 이제 우리를 부러워하고, 우리를 감사하게 생각하고, 이렇게 됐어요.

그래서 지금 남북 관계는 많은 점들이 진전되고 있는 거요. 그런데 이보다 훨씬 더 진전이 되고, 이보다 훨씬 더 분위기가 좋을 수 있는데, 누차 말씀드리지만 북미 관계가 안 좋기 때문에 상황이 이렇게 답답한 거죠."

지난 6월, 김대중 전 대통령은 정부의 대북 특사 자격으로 북한 방문이 예정돼 있었다. 아쉬움은 비단 그의 것만은 아닐 터이다.

"저는 대통령 자리를 떴기 때문에, 제가 할 수 있는 일은 한계가 있어요. 국가의 외교 문제는 정부가 해야지요. 필요하면 특사를 보낼 수도 있지만. 저는, 무엇보다도 남북정상회담을 서둘러야 한다고 봐요. 정상이 만나야 문제가 풀려요. 저는 나이도 있고, 위치도 있고, 제가 큰일을 할 수 있다고는 생각하지 않습니다.

물론, 환경이 가능해지면 한번 가보고 싶다는 생각은 갖고 있어요. 그러나, 카터 대통령은 그때, 미국 정부가 북한에 대한 제재 위주 정책에서 대화 국면으로 변할 때 간 거예요. 카터 대통령이 특사로 할 일을 미국 정부가 뒷받침해준 거예요. 그러나 지금 저는 미국 정부를 대변할 수는 없잖아요? 우리 정부를 대변한다고 해도 큰 의미가 없어요. 특히 북미 관계만큼은. 이것이 큰 차이입니다."

하루라도 빨리 남북정상회담을 성사시켜라. 김대중 전 대통령은 '햇볕정책'의 계승자를 자처하는 노무현 대통령과 참여정부에 신신당부했다. 내친 김에 참여정부의 통일 외교 정책을 어떻게 평가하는지, 또는 충고할 게 있는지 물었다. 마침, 참여정부의 전통적인 지지자들은, 참여정부의 통일 외교 정책이 소극적이고 균형감이 떨어졌다며 우려하고 실망하고 있다.

질문이 끝나자 김대중 전 대통령은 대답하기 싫은 질문을 받았다는 듯 손을 내저으며, 인터뷰를 하는 동안 처음이자 마지막으로 짧게 끊어 답했다.

"글쎄요. 그 문제에 대해서는 별로 이야기할 말이 없습니다. 다만, 내가 바라는 것은 남북정상회담을 시간이 더 가기 전에 빨리 해야 한다는 거예요. 노무현 대통령께서 자기 임기 중에 제가 한 것에서 한발 더 나아가는 그런 계제를 만들어놓아야, 그래야 이다음에 어떤 정부가 들어서더라도 남북 관계를 바꾸지 못하게 돼요. 이렇게 남북 관계에 대해 좀 더 진전된 성과를 올리는 게 필요하고, 또 좋다고 봅니다.

노무현 대통령께서 이미 말씀하셨잖아요? 어디에서든, 어떤 조건에서든 만나겠다고 말입니다. 대통령께서 말씀하셨으니, 그 문제는 이미 풀린 거지요."

세 번에 걸친 6년의 투옥, 다섯 번의 죽음의 고비, 수십 년간의 망명, 연금, 감시하의 생활, 네 번의 대통령 도전, 그리고 남북정상회담과 노벨평화상 수상. 김대중 전 대통령의 역사는 그대로 우리 민족의 역사다. 고난과 오욕을 자신의 대에서 마감하고, 영광과 번영을 후대에 물려주기 위해 노구를 이끌고 조국과 민족에게 마지막 봉사를 준비하는 노 대통령.

"우리 힘의 원천은 민주주의"

"저는 현 정부가 미국과 근본적으로 어긋나는 길을 가려 했다고는 생각하지 않아요. 지금, 한국을 만만히 보는 나라는 없습니다. 없는데, 다만 이 한반도 문제에서만큼은 우리가 주도권을 못 갖고 있는 게, 그것이 제가 볼 때는 미국을 포함해 우리 모두의 불행이라 가슴이 아픕니다.

저는 미국이, 어느 정도 세월도 흘렀고, 그동안 우리 한국이 세계적으로 공헌도 하고, 실력도 발휘했고 그랬으니, 우리 한국에 대해서도 독일이나 프랑스를 대하듯이, 그렇게 존중하는, 특히 한반도 문제에 있어서 발언권을 존중하는 태도를 취해주는 게 옳다, 이렇게 생각하고 있어요.

제가 오늘 국민 여러분에게 말씀드리고 싶은 것은, 우리 국민을 자랑스럽게 생각하고, 국민을 믿어달라는 것입니다. 저는 일생을 그렇게 살아왔어요. 우리 국민은 세 번의 독재를 좌절시키고 오늘날 반석 같은 민주주의를 세웠습니다. IMF 때, 제가 1년 반 안에 해결한다고 했을 때, 그때 야당에서 '그렇게 되면 손에 장을 지지겠다'고 했는데, 우리는 약속한 대로 해내서 세계의 모범이 됐습니다. 누구도, 이 땅에서 옳지 않은 일 해서 적당히 넘어갈 수 없는 그런 나라가 됐습니다.

남북 문제도, 국민이 도와주지 않았다면, 냉전이 지배하고 공산주의 반대가 이렇게 심했던 나라에서, 제가 북한 가서 공동선언을 만들어내고, 비료 주고 쌀 주고 할 수 있었겠습니까? '퍼주기' 다 뭐다 비난도 받았지만, 그것으로 우리가 얻은 성과가 얼마나 많습니까? 이 모든 것을 가능하게 한 게 민주주의였다는 것입니다. 나라가 잘되려면, 두 가지가 중요한데, 하나는 우리처럼 잘난 국민이 있어야 해요. 그리고 국민이 발언을 해줘야 해요. 또 하나는 지도자가 절대로 국민의 손을 놓으면 안 돼요. 반발 앞서 가면서,

국민이 안 따라오면 되돌아서 왜 안 오는지 이야기를 들어보고, 국민이 올바르게 생각하면 그쪽을 따르고, 아니면 설득하고, 이렇게 해서 국민과 함께 가야 해요.

우리가 할 일은, 국민은 이만하면 괜찮으니, 나라를 잘 이끌어 나갈 지도자를 잘 뽑으면 되는 거예요. 젊은 사람들도 보세요. 우리나라가 얼마나 희망이 있는 나라냐? 지금 '한류'라는 게 있지 않습니까? 중국 지도자를 만나보면, 어째서 우리 것은 안 되는데 한국 것은 중국에 와서 되느냐, 그래요. 그건 바로, 중국이나 우리나 지적 지향성이 강하고 교육 지향성이 강한데, 다만 한 가지, 우리가 피 흘리면서 민주주의를 했다는 거요! 이 민주주의를 한 힘이 창의력으로 승화된다는 거요! 그래서 자랑스럽게 생각해야 돼요.

젊은 사람들이 절대로 자포자기하지 말고, 우리 미래에 대해 비관적으로 생각하지 말고, 민주주의 하면 돼요. 이 힘으로, 21세기 지식 기반 시대는 지적 전통이 있고, 머리가 좋고, 창의력이 강하면, 어떤 작은 나라라도 커나갈 수 있어요. 저는 우리 젊은이들이 긍지를 갖고 나서기를 진심으로 바랍니다."

민주주의야말로 우리가 갖고 있는 힘과 지혜의 원천(源泉)이다. 이것이 바로 김대중이라는 이름 석 자가 우리 사회에서 갖는 의미의 무게였던 것이다.

인터뷰는 끝났다. 젊은 사람들이 좋은 뜻으로 좋은 신문을 만들어보겠다고 해서 응락한 인터뷰다. 그래도 마음이 안 놓이는지, 김대중 전 대통령은 〈르 몽드 디플로마티크 한국판〉에 천금으로도 살 수 없는 귀중한 선물을 전했다.

"〈르 몽드 디플로마티크 한국판〉, 이거 하시면서, 어려운 일 한다고 볼 수 있는데, 우리나라에 많은 언론 기관들이 있습니다. 그것과 비슷한 것 하려면 아예 안 하는 게 나아요. 똑같은 것을 하려면 할 필요가 없어요.

〈르 몽드 디플로마티크 한국판〉은 한국 사람에게 유럽을 소개하고, 유럽 사람에게 한국을 소개하는, 그런 가운데 우리가 무엇을 하면 좋겠는가를 배우고 읽을 수 있는 신문이 됐으면 좋겠습니다.

저는, 유럽이 동방에, 우리 한국에 더 많은 관심을 가져야 한다고 생각하는데, 지금 그렇게 안 되고 있습니다. 유럽은 이미 아셈을 갖고 아시아와 회의를 하고 있고, 우리 외환 위기 때도 많이 도와줬습니다. 그런데 최근에 중동 문제가 워낙 커져서 정신이 없지만요.

우리에게 유럽의 인상이라는 것은 경제적 번영과 평화의 나라, 그리고 민주주의 본고장, 이런 것이잖습니까? 유럽은 아시아와 동아시아가 21세기를 끌고 가는 중심이 될 것이라는 생각을 갖고, 서로 손잡고 가는 게 중요해요. 〈르 몽드 디플로마티크 한국판〉이 바로 그런 역할을 해야 하는 겁니다."

"미국과 북한은 주고받는 협상을 해야 한다"

미국 〈CNN Talks Asia〉 대담
2006. 10. 9

CNN 대통령님, 'Talk Asia'에 오신 것을 환영합니다. 우선 대통령님의 햇볕정책에 대해서 이야기를 나누기 바랍니다. 햇볕정책이 아주 좋은 의도가 있다는 것을 알고 있지만 항상 비판가들도 있었다고 생각합니다. 대통령님께서 햇볕정책에 대해서 생각하신 것이 기대에 미치셨습니까?

김대중 전 대통령(이하 김대중) 남북 관계에 있어서는 상당히 햇볕정책이 잘 진전이 되었는데, 북미 관계가 클린턴 정권 때는 잘 협조해서 됐지만 부시 정권이 들어서면서 아주 악화되고 경색되어 햇볕정책의 진전에도 상당한 갈등을 가져왔습니다. 햇볕정책은 완전한 성공이라고 할 수는 없지만 상당히 큰 성과를 올린 것이 사실입니다. 무엇보다도 남북 간의 긴장이 크게 완화되었습니다. 그 전에는 미국이 베트남에서 패전하고 나올 때나 또 판문점에서 북한 경비병이 총을 쏘거나 하면 공황 상태가 일어나서 피난 갈 준비를 하고 공포에 떨었는데, 남북정상회담 이후에는 그런 일이 없었습니다.

• 〈CNN Talk Asia〉는 매주 아시아의 여러 분야 뉴스메이커를 초대해 심층 인터뷰를 하는 CNN의 간판 프로그램이다. 김 전 대통령은 연세대 김대중도서관에서 앵커 안잘리 라오(Anjali Rao)와 60여 분 동안 대담을 나누었다. (편집자 주)

이번에 북한 미사일이 발사되고, 핵무기 제조 등 그런 문제가 있어도 국민들이 놀라지 않습니다. 이제 북한을 많이 알게 되니까 북한에 대해서 자신감을 갖고 그런 문제에 대해서 한반도에서 우리 국민이 자신을 갖고 살아나가는데 많은 기여를 한 것이 햇볕정책이라고 생각합니다.

햇볕정책 이후에 북한 사람들의 생활에도 큰 변화가 있습니다. 이제 북한은 배급 제도를 유지하는 계획적인 공산주의 사회가 아니라 각자가 알아서 살아가는 그런 시대가 되었습니다. 최근 북한 사회에는 장사하는 사람들이 아주 많이 퍼졌고 그러한 사람들은 북한 내부에서만이 아니라 국경을 넘어서 중국을 왕래하는 사람들이 굉장히 많습니다. 그런 사람들은 금지되어 있지만 경비병들에게 뇌물을 주면서 자유롭게 왕래하고 있습니다. 이렇듯 북한 사회가 내부적으로는 실질적으로 계획경제에서 시장경제로 바뀌어가는 그런 큰 중요한 의미가 있습니다. 그전에는 남한에 대해서 불신과 증오 일변도였는데 우리가 식량을 주고 비료를 준 이후로 우리에 대해서 상당히 감사하고 부러워하고 그리고 '우리도 저렇게 잘살았으면 좋겠다'고 생각하는 등 남한에 대한 적대감이 크게 감소되었습니다.

CNN 김정일이라는 사람은 굉장히 가려져 있는 인물이고 겉으로 드러내기를 꺼려하는 인물인 걸로 알려져 있는데 대통령님께서는 김정일 국방위원장을 직접 만나보고 실제로 어떤 인물이었는지 말씀 좀 해주시기 바랍니다.

김대중 아주 재미있는 질문인데요, 김정일은 그 동안 외부에서 생각하던 그런 인물과 상당히 다릅니다. 이 점은 미국의 올브라이트 전 국무장관이 가서 보고 온 것도 그렇고, 일본의 고이즈미 전 수상도 같은 이야기를 하고 있고, 스웨덴의 페르손 전 수상도 그런 이야기를 하고 있습니다. 김정일은 상당히 머리가 총명하고 판단력이 빠르고 또 상대방이 말을 들으면 즉각 가부간의 결정을 하는 등 그런 장점이 있습니다. 물론 김정일은 철저히 일인 독재를 하는 사람이기 때문에 일인 독재의 폐해는 그것대로 우리가 생각해야 합니다.

CNN 사람들이 가장 신기하게 생각하는 대통령님과 김정일 국방위원장님과의 대화는 바로 북한 공항에 내려서 공항에서 차를 타고 두 분이서 함께 가실 때 나눴던 대화가 아닐까 싶은데 실제적으로 그때 무슨 대화를 나누었는지 사람들이 아무도 모르는 그런 상황입니다. 지금 대통령님께서 당시 무슨 대화를 나누었는지 밝혀주실 수 있습니까?

김대중 우리나라에서 설명해도 잘 납득이 안 되는 그런 경우에는 '버선목을 뒤집어 보일 수도 없고 참 답답하다'고 말합니다. 그때 저는 사실 김정일 위원장이 공항에 나올지 안 나올지 몰랐습니다. 그런데 나왔습니다. 국빈으로서 외국에 가면 영접한 차에는 내가 혼자 탑니다. 그런데 북한에 가서 내가 차에 타고 있으니까 누가 옆자리에 '턱!' 앉더라고요. 보니까 김정일 위원장이 앉아 있었어요. 그런데 타본 사람은 이해할 수 있겠지만 약 50만 명의 사람들이 도로에 나와서 소리치고 꽃대를 흔들고 만세를 하는데 말해도 들리지도 않는 상태고 또 나는 아직 김정일 위원장과는 일면식도 없고 그런 중대한 대화를 할 때는 상당히 긴장하고 함부로 말할 수도 없고 그래서 대화할 수 없었습니다. 그 두 가지, 즉 말을 해봤자 안 들리고 또 말할 심정도 아니고 그래서 그냥 서로 밖의 사람들에게 손을 흔들어주어야 하기 때문에 또 말할 수도 없었어요. 그렇게 해서 거의 한마디도 못하고 있는데, 김정일 위원장이 한 번은 '잘 모시겠다!' 그런 말을 한 기억이 있고 대화가 실제로 없었습니다.

CNN 대통령님과 김정일 위원장은 이야기가 서로 잘 통했다는 것을 대통령님의 말씀으로 알 수 있는데 그때 당시 대통령님께서 북한을 방문하시면 김정일 국방위원장이 서울을 답방하겠다고 약속하고 그 약속을 지키지 못했습니다. 대통령님께서는 참 많이 실망하셨을 것 같은데요.

김대중 많이 실망했고, 사실 약간 기분이 안 좋습니다. 그런데다가 못 오면 못 온다고 얘기하고 사과를 해야 하는데 거기에 대해서 공식적으로 일언반구도 없습니다. 중국의 장쩌민 주석이나 러시아의 푸틴 대통령도 '답방을 하라'고 하고 '더구나 당신보다 나이가 많은 분이 여기까지 왔는데 당신이 안 찾아간다는 것은 예의가 아니다'고 이야기를 하면 그때마다 그분들에게 가겠다고 얘기했다는 것을 들었는데 결국 안 왔습니다. 그 점에 있어서는 매우 유감일 뿐 아니라 왔었으면 훨씬 더 남북 관계가 평화롭게 잘 진전되었을 텐데 참 아쉽다고 생각됩니다.

CNN 지금 김정일 국방위원장은 답방 문제에 고집을 부리고 있고 핵무기의 개발에 있어서도 고집을 부리고 있지 않나 이렇게 생각됩니다. 7월에 있었던 북한의 미사일 발사 이것이 아시아 지역에서 얼마나 큰 영향을 미쳤다고 생각하십니까?

김대중 그것은 한마디로 말해서 북한이 큰 잘못을 저질렀다고 생각됩니다. 그로 인해서 아시아에서 긴장이 고조되었고 일본이 재군비 쪽으로 우익의 힘이 급속히 커지게 되었습니다. 또 북한 자체에 대해서 미국이나 일본이 제재로 나서고 있고, 유엔도 북한에 대해서 염려하는 등 이것은 북한에 대해서 도움이 안 되고 아시아 전체의 안전과 평화를 위해서도 도움이 안 된다고 생각됩니다. 그래서 왜 그런 어리석은 짓을 하는지 저는 그런 일을 해서는 안 된다고 공개적으로나 사적으로나 굉장히 강력한 공표를 했는데 그것이 소용이 없었어요.

CNN 김정일 국방위원장은 항상 미국과의 일대일 대화를 원한다고 이야기해 왔습니다. 하지만 워싱턴은 지금 '그것은 현실화되지 않을 것이다' 이렇게 이야기하고 있습니다. 대통령님께서도 김정일 위원장을 만나보셨는데 북한을 다시 6자회담의 협상 테이블로 오게 하기 위해서 다른 방법이 있다고 생각하십니까?

김대중 미국이 김정일 위원장과 직접 대화를 안 하겠다는 것은 이해하기 어렵습니다. 대화란 것은 친구와 하는 것만이 대화가 아니라 적하고도 이해관계가 일치하면 대화를 하는 것입니다. 레이건 대통령은 과거 소련을 '악마의 제국'이라고 해놓고도 대화를 했고, 또 미국은 북한에 대해서 한국전쟁 중에도 휴전협정을 위한 대화를 1년 이상 해서 휴전협정을 성립시키지 않았습니까? 그 외에도 과거에 많은 대화를 했는데 이제 와서 대화를 할 수 없다는 것은 납득할 수 없습니다. 대화한다는 것이 꼭 양보한다는 것도 아닌데 왜 안 합니까? 물론 나는 6자회담을 지지하고 6자회담의 테두리 안에서 하는 것도 반대하지 않지만 아무튼 그 사람이 원하는 대화에 적극적으로 응할 필요가 있다고 생각합니다. 실질적으로 6자회담 테두리 내에서도 대화할 수 있고 밖에서도 대화할 수 있는 것입니다. 그리고 북한이 지난번에 4차까지 나오지 않았습니까? 제4차 회담에서 작년 9월 19일 합의는 아주 좋은 기회였는데 바로 그 다음 날 방코델타아시아(BDA) 은행의 돈 이야기가 나왔단 말이에요. 그러니까 북한이 지금 '미국이 그것에 대해서 증거를 내놔라. 그러면 그것에 대해서 책임을 지고 납득하겠다'고 이야기하고 있습니다. 그런데 미국이 안 내 놓으니까 북한은 '그것이 해결되기 전까지는 6자회담 못 나가겠다' 이렇게 이야기를 하고 있는 것입니다. 나는 북한이 6자회담에 나가서 그런 얘기를 해야 한다고 생각합니다. 그리고 미국은 북한에 대해서만 '왜 6자회담 안 나오느냐' 이런 이야기를 하고 있지만 여하간 미국이 지금 증거가 있으면 내놓든지 아니면 확실치 않으면 그 문제에 대해서 보류를 하든지 해서 6자회담이 열릴 수 있도록 길을 열어주고 도와주어야 한다고 생각합니다.

CNN 현재 북한은 핵무기를 개발하고 있다고 인정했습니다. 그리고 북한이 미국과의 일대일 대화를 진정으로 원한다면 이러한 핵 프로그램을 중단시킬 수 있지 않겠습니까? 그러므로 현재 주도권을 쥐고 있는 쪽은 미국이 아니라 북한이 아니겠습니까?

김대중 그 말씀은 일리가 있고, 공감을 하고 있습니다. 동시에 북한은 미국에 대해서 자기의 안전을 보장하고 경제적 제재를 해제하는 조건이면 자기들도 '핵을 포기하고 그래서 미국이 직접 와서 감시해도 좋다' 이렇게 제안을 하고 있습니다. 그러니까 직접 대화하자 이런 것입니다. 그러나 미국이 안 받아들이니까 문제가 악화되는 것입니다. '네가 먼저 포기해라 그러면 그때 우리가 알아서 해주겠다.' 이런 식으로 미국이 하고 있다고 생각하고 있으니까 북한은 '미국을 믿을 수 없다'고 하고 있는 것입니다. 그러나 여기서 분명히 말씀드리고 싶은 것은 북한은 미국과의 관계 개선을 열망하고 있습니다. 그것만이 자기들이 살길이라고 생각하고 있습니다. 그리고 그것만이 중국의 속국 비슷하게 중국의 영향력하로 들어가는 것을 막는 길이라고 생각하고 있습니다.

그래서 나는 북한에게 한 번 기회를 주어야 한다고 생각합니다. 말하자면 북한의 안전을 보장하고 경제적인 제재를 해제해서 국제사회에 나오도록 해주어야 한다고 생각합니다. 그러나 그렇게 해주었는데도 만일 약속을 안 지키면 그때는 6자회담에 참가한 북한을 뺀 나머지 5자가 북한을 제재해야 합니다. 그때는 중국도 반대하지 못할 것이고 우리도 반대하지 못할 것입니다. 한 번 그러한 결단을 미국이 내리는 것이 좋지 않으냐 그렇게 생각합니다. 결국 북한이 핵무기를 가지고 그 핵무기를 가지면 아시아 전체가 남한도, 일본도, 대만도, 모두 핵보유 국가가 되어 핵의 지뢰밭같이 되는 것을 막기 위해서도 미국도 미국의 국익을 위해서도 그러한 과정을 거치는 것이 좋습니다. 그래서 북한이 약속을 지키면 좋고, 안 지키면 그때는 모두 합쳐서 제재를 하자 그런 이야기입니다.

CNN 부시 대통령은 북한을 '악의 축'이라고 비판했었습니다. 대통령님께서도 김정일 위원장을 만나보셨고 '영리하고 결단력이 있는 인물이다' 이런 말씀을 해주셨는데 부시 대통령이 말씀하셨듯이 김정일 위원장이 악합니까?

김대중 나는 그가 신봉하는 공산주의를 실천하는 정치에는 악이 많다고 생각합니다. 그러나 개인적 지도자로서 또는 인간으로 볼 때는 아까 말씀드린 그러한 평가를 내리고, 또 만나본 여러 사람들이 그런 평가를 했습니다. 나는 2002년 1월에 부시 대통령이 북한을 '악의 축'이라는 발언을 하고 2월에 한국에 오셔서 나와 대화를 했는데 우리는 장시간 아주 좋은 대화를 나누었습니다. 그때 나는 이야기했습니다. "레이건 대통령은 소련을 '악마의 제국'이라고 했는데도 대화했고, 한국전쟁 중에도 대화했다. 그런데 대화를 하는 것과 '악마의 제국'과 무슨 관계가 있느냐? 필요성이 있고 이해관계가 있으면 대화하는 것이지, 대화도 서로 우호적인 대화도 있고 적대적인 대화도 있다." 부시 대통령은 그것을 받아들였어요. 그래서 정상회담 후 공동 기자회견 할 때 세 가지를 얘기했어요. '하나는 북한을 공격하지 않겠다. 둘째는 북한과 대화하겠다.' 그리고 재미있는 것은 내가 이야기한 레이건 대통령에 관한 이야기를 본인이 직접 '레이건 대통령은 소련을 악마의 제국이라고 해놓고 대화를 했다. 나도 대화하겠다'고 이야기했어요. 그리고 '북한에 식량주겠다.' 이렇게 이야기했는데 그것이 그 후로 실천이 제대로 안 되었어요.

CNN 부시 대통령이 '악의 축' 발언을 하셨을 그때 당시 대통령께서 북한과 아주 좋은 관계를 유지하고 지속시키기 위한 노력을 하고 계셨습니다. 그때 당시 미국과 동맹 관계를 유지하면서 남북 관계를 발전시키는 데 어떠한 노력을 했고, 얼마나 어려우셨습니까?

김대중 클린턴 대통령 때는 공개적으로 '햇볕정책을 지지한다. 북한에 대한 모든 정책은 김대중 대통령이 앞장서면 뒤에서 내가 밀어주겠다'고 선언을 했습니다. 그런데 부시 대통령이 들어온 후 소위 말하는 ABC(Anything But Clinton) 정책, 즉 '클린턴이 한 정책은 모두 반대다' 그런 말이 농담으로 나올 정도로 대북한 정책에 있어서 상당한 거부를 보였습니다. 그렇듯 아주 어려운 지경에 있었는데, 그러나 그것 때문에 미국에 대해서 반미적으로 되거나 부시에 대해서 비난하지 않았습니다. 그것 빼고도 많은 점에 있어서 한국은 미국과 이해를 같이 하고 있고 또 우방으로서의 역사를 가지고 있습니다. 동시에 이 문제도 근본은 우리가 어떻게 하면 한반도 평화를 실현시킬 것이냐에 대한 방법에 대한 문제이기 때문에 나는 끈기 있게 부시 대통령을 설득했습니다. 그래서 아까 말과 같이 2002년 2월에 서울에서 회담한 후 부시 대통령이 몸소 기자회견에서 발표하고 그랬던 것입니다. 우리는 정치적으로 미국과 민주주의를 공동 이념으로 하고 있고 시장경제를 공동 정책으로 하고 안보 면에서 공산주의를 반대하고 한반도 평화를 지키는 점에 있어서 일치하고 있습니다. 이러한 3대 원칙에 일치하고 있는 만큼 나머지 문제는 때론 의견이 일치하지 않더라도 조절하면서 세 가지를 확고히 하는 한미 관계는 아주 반석 위에 있다고 생각합니다. 일부에서 말하는 것은 너무 과도하게 생각할 필요가 없다고 생각합니다.

말이 나왔으니까 한마디 덧붙이겠습니다. 지금 미국에서 한국에 대해서 한국전쟁 때 도와준 은혜를 모른다거나, 또 한국을 믿기 어렵다는 말들이 나오는데 나는 그 점에 있어서는 생각을 달리합니다. 우리는 동맹국으로서 미국에 협조를 충실히 했습니다. 베트남전에 참전하여 5천여 명의 사상자가 발생하고 1만여 명의 부상자를 냈습니다. 이라크에는 미국, 영국 다음에 우리가 가장 많은 군대를 보내고 있고 앞으로도 계속 유지할 것 같습니다. 우리는 서울 바로 전면에 있는 제일 중요한 울타리인 아주 우수하고 장비가 좋은 2사단이 빠져 나가는 데 동의해주고 우리가 대신 맡았습니다. 그리고 용산에 있는 미군 기지를 평택으로 이전하는데 그 비용도 대면서 평택 현지 주민들이 주택 철거에 반대하니까 경찰이 강제적으로 철거시키고 있는 그런 일까지 하고 있습니다. 한미 자유무역협정은 지금 일본도 안 하고 있는 것을 우리가 하고 있습니다. 이렇듯 우리는 안보 면에서나 경제 면에서나 미국에게 긴밀히 협력하고 있습니다. 그런 의미에서 나는 미국 사회가 한국이 많은 일을 협력하고 있음에도 불구하고 비판하는데, 프랑스는 제2차 세계대전 때 미국에 신세를 졌지만 이라크 파병 안 하고 미국을 비판하고, 독일도 독일 통일에서 미국의 신세를 졌습니다만 파병하지 않고, 얼마나 많은 점을 미국에 피해를 주었습니까? 나는 독일을 비판하는 것이 아니라 그런 관계에 있는 나라들은 덮어놓고 우리 한국에 대해서만 비판하는 것은 문제가 있다고 생각합니다. 또한 한국에서 전쟁이 일어난 원인은 미국과 소련이 한반도를 둘로 갈라놓았기 때문입니다. 이런 점에 있어서 나는 미국이 독일이나 프랑스와 똑같이 동맹국으로서 한국을 대해야 한다고 생각합니다. 여론조사를 해보면 한국 사람의 80~90%가 미국을 좋아합니다. 그러나 과반수의 사람들이 미국 정책에 대해서 문제를 가지고 있습니다. 나는 그것은 자연스러운 일이라고 생각합니다.

CNN 현재 미국 정부 내에서는 강경한 입장에 있는 사람들이 더 많다고 생각합니다. 그렇다면 이 북핵 문제를 해결하는 데 있어서 중국이 얼마나 영향력을 행사할 수 있다고 생각하는지요?

김대중 결국 북한은 가난한 나라지만 지독하게 병적일 정도로 자존심이 강한 나라입니다. 중국이 북한을 컨트롤할 수 없습니다. 물론 영향력은 있지만. 문제는 북한은 미국과 이야기하고 싶어합니다. 양보해도 미국에게 양보하고, 받아도 미국으로부터 받고 싶어합니다. 그것이 자기네가 안심하고 국제사회에서 살아 나가는 길이라고 생각합니다. 제일 중요한 것은 미국이 북한에 대해서 어떠한 태도를 취하느냐가 중요하고 그 다음이 중국이나 한국이라고 생각합니다.

CNN 대통령님께 개인적인 질문을 드리고 싶은데, 1973년 대통령님께서 납치를 당하고, 그 이후 많은 고통을 당하신 것을 잘 알고 있습니다. 그때부터 지금까지 대통령님의 많은 경험을 봤을 때 대통령님의 그러한 신념, 믿음을 지키기 위해서 많은 고통을 당하신 것이 그만큼 가치가 있었다고 생각하십니까?

김대중 미국의 건국 투사들 즉 조지 워싱턴이나, 토머스 제퍼슨 그런 분들이 '자유가 아니면 죽음을 달라' 하고 싸우지 않았습니까? 사람은 뜻을 가지고 삶의 보람을 느낄 수도 있지만 또는 자유나, 정의 그러한 대의를 위해서 목숨을 바치며 기꺼이 싸우는 사람들이 있습니다. 내가 미국 건국 위인들과 똑같은 사람이라고는 할 수 없지만 그런 사람들의 제자 격은 되어서 나도 그런 대의를 위해서 싸웠다고 생각합니다. 그러나 그런 공포 속에서 몇 십 년을 살아가고 사형 언도를 받아 목에 밧줄을 걸고 교수형에 처할 것을 생각하면 굉장히 두려웠던 것은 사실이었습니다. 나에게 사형 언도를 해놓고 군사 정부 사람들이 '당신이 우리와 협력하면 살려주겠다. 만일 그렇지 않으면 반드시 죽이겠다' 고 협상했습니다. 그때 제가 대답하기를 '내가 지금 당신들과 협상하면 일시적으로는 살지만 나는 영원히 죽는다. 그러나 내가 당신들과 협상 안 하면 나는 일시적으로 죽지만 우리 국민들의 마음과 역사 속에 영원히 살 것이다. 나는 역사 속에 영원히 사는 길을 택하겠다' 고 거절했습니다. 그때 나를 살리는 데 카터 대통령과 레이건 당선자 두 분이 아주 결정적인 역할을 했습니다. 그리고 일본에서 납치되어 끌려올 때 바다에서 수장될 위기에 있었는데 그것을 막아준 것도 미국중앙정보국이 정보를 확인해서 그 정보를 일본에 넘겨주어 그래서 비행기가 나타나서 구해 준 것입니다. 나는 2번에 걸친 죽음의 고비를 미국의 도움을 받아 넘겼는데 내 개인적으로도 미국에 대해서 큰 은혜를 느끼고 감사하게 생각합니다.

CNN 대통령님께서는 넬슨 만델라 대통령과 많은 비교가 된다고 말할 수 있습니다. 두 분 모두 재야인사로서 활동하시다가 나중에 대통령에 당선되어 큰 활동을 하셨습니다. 또 두 분 모두가 노벨평화상을 수상한 공통점을 가지고 있습니다. 대통령께서는 노벨평화상을 수상하신 것이 정상회담 그것으로 인해서 많은 논란이 있어왔다는 것을 알고 있습니다. 대북 송금 지원으로 정상회담이 이루어진 것이 아니냐는 비판도 있었습니다. 이런 것에 대해서 대통령님께서는 어떻게 생각하시는지요?

김대중 넬슨 만델라 대통령은 나보다 훨씬 더 고생도 많이 하셨고, 또 남아공이라는 우리나라보다 훨씬 나쁜 조건 속에서 그런 투쟁과 성취를 해낸 것에 대해서 존경하고, 나에게는 대선배로서 내가 배울 점이 많다고 생각하고 있습니다.

그리고 북한에 대한 문제는 정부로서는 돈을 준 적이 없습니다. 현대가 주었는데 그것은 엄청난 북한의 이익권을 장악하고 대가를 준 것입니다. 마치 영국의 디즈레일리 수상이 수에즈 운하를 살 때 프랑스보다 영국이 먼저 샀는데, 그때도 법적으로 문제가 있었습니다. 그러나 디즈레일리 수상은 어느 정도 문제가 있는 줄 알면서도 돈을 개인에게 주어서 계약을 하도록 한 것과 같이 나도 북한에게 장차 우리가 북한에서 발언권을 강화시키는 데 필요하다는 생각에 그렇게 했고, 그것이 지금 부분적으로 실천되고 있습니다. 이것은 우리가 앞으로 북한에 큰 영향력을 발휘하게 될 것입니다. 우리가 30~50년 동안 철도, 항만, 정보통신, 관광 시설 등을 확보했기 때문에 현대가 그러한 계약을 하는 것을 대통령의 특별권한으로 승인해 준 것입니다.

CNN 대통령님의 일생 동안 다른 사람들과 다르게 많은 일을 겪으셨고 또 많은 업적을 남기셨다고 생각합니다. 대통령님의 인생 중 가장 하이라이트가 될 만한 업적은 무엇입니까?

김대중 정치적으로는 50년의 독재를 종식시키고 여야 간 평화적 정권 교체를 한 것, 경제적으로는 외환 위기를 단시일 내에 극복한 것, 남북 관계에서는 정상회담을 한 것, 내 개인적으로서 노벨평화상을 받은 것. 이런 것이 해당된다고 생각합니다.

한반도의 현실과 4대국

전남대학교 초청 강연
2006. 10. 11

　존경하는 강정채 총장, 교수 여러분, 그리고 사랑하는 학생 여러분. 또한 이 자리에 계신 모든 여러분!
　오늘 민주 한국의 자랑인 전남대학교가 저를 강연에 초청해주시고 명예문학박사 학위를 수여해주신 데 대해서 큰 영광으로 생각하며 감사해 마지않습니다. 광주와 전남대학교는 이 나라 민주항쟁의 상징으로서 대한민국 역사가 계속되는 한 그 영광이 영원할 것입니다.
　존경하는 여러분!
　오늘 저는 이 자리를 빌려 '한반도의 현실과 4대국'에 대해서 몇 말씀드리고자 했습니다. 그런데 지난 9일 돌연 북한에서 핵실험에 성공했다고 선언하여 우리를 놀라게 했습니다. 마침내 북한이 또 한 번 일을 저지른 것입니다. 북한의 이번 핵실험은 절대로 용납할 수 없는 행위입니다.
　이번 핵실험으로 북한은 민족의 운명을 백척간두의 위기로 몰아넣었습니다. 북한은 1991년에 체결된 '한반도비핵화공동선언'을 정면으로 위배

이 강연은 2006년 10월 9일 북한이 핵실험을 실시한 이후 열린 첫 번째 강연이다. (편집자 주)

했습니다. 미일 강경 세력을 크게 고무했습니다. 북한은 이러한 핵실험을 통해서 북미 간의 직접 대화를 하고자 하지만 그러한 벼랑 끝 전술로는 성공하기 어렵습니다.

북한은 핵 무장을 단념해야 합니다. 미국의 거대한 핵 전력 앞에 별 성과도 얻지 못하면서 미일의 강경 정책만 부추기는 일은 그만두어야 합니다. 핵무기를 포기해야 합니다. 그 대가로 북미 양자 간의 직접 대화를 요구하는 것이 바람직하다고 생각합니다.

다음으로 미국에 대해서 몇 말씀드리겠습니다. 이번 북한의 핵실험은 북한의 핵확산금지조약 탈퇴, 국제원자력기구 요원 추방, 미북 간 제네바 합의의 파기와 함께, 미국의 대북 핵 정책의 실패를 입증하고 있습니다. 우리는 1994년 이래 주고받는 일괄타결을 주장했습니다. 클린턴 정권은 이를 적극 수용함으로서 거의 성공의 단계까지 갔습니다. 그러나 부시 정권은 이를 외면하다가 오늘의 실패를 가져온 것입니다. 이제 미국은 핵을 갖게 된 북한과 어떻게 대화할 것입니까?

하나는 군사적 조치를 취하는 것인데, 미국은 현재 그러할 능력이 충분치 않으며, 또한 우리는 이를 절대 반대합니다. 한반도에서의 핵 전쟁은 7천만 민족의 공멸을 의미하기 때문입니다.

두 번째로는 북한의 핵 보유를 악의적으로 무시하고, 압박과 경제제재를 계속하는 것입니다. 그러나 이는 오히려 북한의 도발을 조장하는 결과가 될 것입니다.

마지막으로 북미 대화를 통해서 해결하는 것입니다. 이는 미국의 한반도 문제 전문가들도 이를 적극적으로 주장하는 분들이 많습니다. 미국은 '악의 축'인 북한과 대화할 수 없다고 하지만, 이는 이론적으로나 역사적 사실로 보나 정당하지 않습니다.

대화는 친구를 사귀는 것이 아닙니다. 평화를 위해서 국가의 이익을 위해서 필요하다면 사악하다는 어떠한 정권과도 대화하는 것입니다. 닉슨 대통령은 '전쟁 범죄자'라고 낙인찍힌 중국의 마오쩌둥을 찾아가서 대화하였습니다. 레이건 대통령은 '악마의 제국'이라고 지칭하던 소련과 대화했습니다. 아이젠하워 대통령은 한국전쟁 중에도 북한과 대화하여 휴전협정을 맺게 했습니다. 오늘의 평화는 그 덕입니다.

대화를 위해서는 미국 의회에서 결정한 대북정책조정관을 조속히 임명해서 대북 정책을 재조정하도록 해야 합니다. 미국은 북한의 정권 교체를 노릴 것이 아니라, 주고받는 협상을 추진해야 할 것입니다. 그리하여 북한 핵을 제거하고 한반도 비핵화에 동참하도록 해야 할 것입니다. 북한도 한반도 비핵화에는 동조하는 자세를 보이고 있습니다.

현재의 사태를 해결하는 핵심은 북한이 핵을 포기해야 한다는 것입니다. 또한 이러한 결과를 도출하기 위해서는 미국과 북한 사이에 주고받는 협상이 있어야 합니다. 우리는 원칙을 확고히 지키면서도 사태를 파국으로 몰고 가지 않도록 현명한 판단과 자세가 필요합니다.

한반도에서의 햇볕정책에 대해서 여러 가지 논의가 있습니다. 그러나 지금까지 결과로 볼 때 햇볕정책은 남북 간에는 성공한 것입니다. 다만, 북미관계가 장애가 되어서 완전한 성공에는 이르지 못하고 있습니다.

그러나 지금까지도 이미 큰 성과를 올렸습니다. 무엇보다도 긴장이 완화되었습니다. 옛날 같았으면 지금처럼 북한이 핵실험을 했다 하면 공포 분위기 속에 피난하는 소동이 일어났을 것입니다. 그러나 우리나라는 지금 아주 안정되어 있습니다. 국제적인 신용기관도 북한 핵실험이 있음에도 불구하고 한반도의 안정에는 변화가 없을 것이라고 발표한 바 있습니다.

남북 간에는 이외에도 1만3천 명의 이산가족이 상봉했습니다. '국민의 정부' 이전에는 50년 동안에 겨우 200명이 만났습니다. 북한 사람들의 남한에 대한 적개심이 우호와 선망과 감사의 심정으로 크게 바뀌고 있습니다. 130만 명이 금강산 관광을 다녀왔습니다. 23만 명이 넘는 사람들이 남북을 왕래하고 있습니다. 개성공단이 열렸고 앞으로 35만 명의 북한 노동자가 그곳에서 일하게 될 것입니다. 휴전선의 상호 비방 방송이 중단되었습니다.

경의선과 동해선의 철도가 연결되었고 이제 개통만 남았습니다. 이 철도가 압록강을 넘어 동북아시아, 중앙아시아, 유럽으로 연결되면 유라시아 대륙을 관통하고, 태평양과 대서양을 연결하는 '철의 실크로드'가 될 것입니다. 엄청난 부와 발전을 우리나라에 가져오게 될 것입니다. 문자 그대로 '압록강의 기적'의 시대가 다가오는 것입니다. 북도 좋고 남도 좋은 원원의 결과가 될 것입니다.

존경하는 여러분!

다음에는 한반도를 둘러싼 4대국과의 관계에 대해서 몇 말씀드리겠습니다. 21세기는 아시아의 시대가 올 것이라고 합니다. 그러나 그 아시아 시대의 중심이 되는 것은 한중일 동북아시아 3국이 될 것입니다. 여기에 미국과 러시아 등이 참여하는 것입니다.

조선왕조 말엽에 우리나라가 국권을 상실할 때도 미일중러 등 4개국이 우리 운명을 좌우했습니다. 일청전쟁, 일러전쟁, 가쓰라-태프트 밀약 등에 네 나라가 관여했습니다. 이러한 지정학적 위치는 세계에서도 유례를 찾아보기 어렵습니다. 미국 예일대학의 폴 케네디 교수는 "한국은 네 마리의 코끼리 다리에 둘러싸여 있는 존재이다. 이 사이를 잘 헤쳐 나가는 것이 중요하다"고 말했습니다.

나는 35년 전 1971년 대통령에 출마했을 때 미일중소 4대국에 의한 한반도 평화 보장을 주장한 바 있습니다. 그리고 지금은 4대국에 남북을 합친 6자회담이 상설화되어야 한다고 강조하고 있습니다.

4대국에 둘러싸여 있는 우리의 위상으로 보아서 외교는 매우 중요한 의미가 있습니다. 외교적으로 4대국을 잘 활용하면 우리는 안정과 번영의 큰 성공을 이룩할 것입니다. 조선왕조 말엽과 같이 이에 실패하면 큰 불행이 다시 오지 않는다고 장담할 수가 없습니다.

우리 민족은 외교의 중요성을 무엇보다도 크게 생각하고 우리 전체가 외교 잘하는 민족이 되어야 할 것입니다. 한마디로 말해서 4대국 모두가 우호와 친선, 공동 승리의 협력 관계를 실현시켜 나가야 합니다. 단 한 나라와도 적대하면 그 나라가 우리나라를 도와줄 힘은 없어도 해코지할 힘은 충분히 발휘할 수 있습니다.

외교를 잘하는 것은 굴종이 아닙니다. 작은 나라가 대국 사이에서 살아나고 번영을 누리는 하나의 예술과도 같은 것입니다. 우리 민족은 그러한 일을 해낼 능력이 있다고 생각합니다. 다시 한번 말합니다. 외교 잘하는 민족이 됩시다.

이제 4대국별로 우리의 대응할 길을 말씀해보겠습니다.

먼저 미국과의 관계에 대해서 말씀드리겠습니다. 미국은 우리 안보에 가장 중요한 나라이고, 경제를 위해서도 그렇습니다. 우리가 미국과 튼튼한 방위 동맹을 유지해 나가는 한 북한이 도발할 가능성은 거의 없습니다. 미군의 한반도 주둔은 동북아시아에서 미국의 이익을 위해서도 필요한 것입니다. 4대국 중에 한반도에 대해서 영토적 야심을 갖지 않았던 나라는 미국뿐입니다.

현 단계에서 우리에게 가장 중요한 맹방은 미국이라는 것을 다시 한번 강조하고 싶습니다. 미국이 중요한 만큼 미국의 정책 여하는 우리의 운명에 지대한 관계가 있습니다. 우리는 미국이 한반도에서 평화를 유지하는 데 한국의 주장을 적극적으로 수용하기를 바랍니다. 한반도는 우리가 죽고 사는 터전이기 때문에 우리의 주장은 절대로 존중되어야 합니다.

우리는 공산주의를 반대합니다. 북한에 대해서도 군사적으로나, 경제적으로나, 정치적으로나, 우리는 자신을 가지고 있습니다. 그러므로 미국은 한국의 주장에 귀 기울이고 한반도 문제는 한국이 주도적으로 처리하도록 도와주어야 할 것입니다.

다음에는 일본에 대해서 몇 마디 하겠습니다. 일본은 우리의 경제와 안보를 위해서 중요합니다. 특히 안보에 있어서는 미일동맹이 한반도에서의 안보를 뒷받침하고 있는 이상 일본 역시 중요하지 않을 수 없습니다. 그러나 우리에게 큰 걱정거리는 일본이 급격히 우경화하고 있다는 사실입니다. 전쟁을 부인하는 평화 헌법을 개정하려 하고 있고, 한반도 침략과 태평양 전쟁의 책임을 부인하는 새로운 국가주의적 교육을 시도하고 있습니다. 이러한 경향은 신내각의 출범과 더불어 한층 더 강화될 것으로 예상됩니다. 일본은 지금 한국과 중국은 물론 동남아시아 국가들로부터 의혹의 눈초리를 받기 시작하고 있습니다. 미국에서도 대일 비판의 소리가 일어나고 있습니다.

일본은 제2차 세계대전 당시 공동의 침략자였던 독일로부터 배워야 합니다. 독일은 침략 전쟁의 잘못을 철저히 인정하고 충분한 사과와 배상을 했습니다. 독일은 침략 전쟁의 진실에 대해서 어린 세대부터 교육시켜 왔습니다. 이러한 독일의 반성과 시정의 태도는 주변 각국의 신뢰를 얻게 되어 독일 통일을 용이하게 할 수 있었습니다. 우리가 바라는 바는 아니지만 일본은 이대로 가면 아시아의 나라와 큰 갈등을 일으킬 가능성이 있다고 믿습니다.

다음은 중국에 대해서 몇 마디 하겠습니다. 중국은 우리의 중요한 경제 파트너이며, 한반도의 평화와 북한의 핵 개발을 억제하는 데 있어서도 상당한 협력을 같이 하고 있습니다. 중국은 21세기의 경제를 제패하는 패자가 될 가능성이 있습니다. 중국은 1820년경 당시 전 세계 GDP 중에서 영국이 5%, 미국이 1%일 때, 27%를 점유하고 있었습니다.

지금 미국과 일본 일부에서는 공동으로 중국을 봉쇄하려 하는 경향이 있으나 이것은 단견입니다. 중국을 봉쇄하면 봉쇄할수록 중국 군부를 중심으로 한 민족주의가 크게 일어나서 지금 모처럼 개혁 개방의 흐름 속에 일고 있는 민주화의 가능성을 말살하게 될 것입니다. 그리고 동북아시아에서의 긴장은 크게 고조될 것입니다.

마지막으로 러시아에 대해서 말씀드리겠습니다. 러시아는 이제 급속히 그 중요성이 높아지고 있습니다. 시베리아와 연해주에는 석유, 가스 등 기타 지하자원과 수산자원이 풍부하게 있습니다. 이제 러시아는 사우디아라비아를 제치고 세계 최대의 산유국이 되고 있습니다. 뿐만 아니라 한반도를 종단하고 유라시아 대륙을 관통해서 서부 유럽까지 가는 철도의 주요 선로 국가로서의 가치도 매우 큽니다.

'철의 실크로드'의 개통이야말로 우리나라가 육로로 유라시아 대륙과 유럽에 진출해서 큰 경제적 성공을 이룩하는 핵심적인 수단입니다. 따라서 러시아의 중요성도 우리는 크게 인식해야 할 것입니다. 또한 러시아는 6자 회담의 일원으로서 한반도의 평화와 북한 핵 문제의 해결을 위한 중요한 파트너이기도 합니다. '압록강의 기적'은 러시아의 협력 없이는 생각할 수 없습니다.

우리는 미일중러 4대국을 잘 활용하면 우리의 안전을 성공적으로 지켜낼 수 있을 것입니다. 4대 강국과 경제 협력을 증진시키면 우리는 21세기 경제적 선진국의 중추가 될 것입니다. 4대국 외교는 그토록 중요합니다. 그리고 우리가 4대국의 협력 속에 평화적인 통일을 이룩하면, 한국은 4대국 모두와 좋은 관계를 유지하는, 궁극적으로는 중립적 위치를 취하는 것이 우리를 위해서나 4대국 각 나라를 위해서나 현명한 조치가 될 것이라고 생각합니다.

사랑하는 젊은이 여러분!

마지막으로 여러분에게 인생을 살아가는 데 필요하다고 생각하는 몇 마디 말씀을 드리겠습니다.

첫째, '행동하는 양심'이 되십시오. 우리의 마음속에는 남을 나와 똑같이 사랑하는 천사가 있고, 나만 생각하며 남을 해코지하고자 하는 악마가 공존하고 있습니다. 그러나 우리 노력 여하에 따라서는 천사가 이기기도 하고 악마가 이기기도 합니다. 천사가 이기게 하기 위해서는 내 이웃을 사랑해야 합니다. 부모, 형제, 아내, 자식, 친구, 사회, 국민들을 사랑하는 것이 이웃을 사랑하는 것입니다. 그러한 이웃 사랑에 치중하는 사람은 높은 자리에 올랐든 오르지 못했든, 부자가 되었든 못 되었든, 오래 살았든 못 살았든, 인생의 삶에 성공한 사람이 될 것입니다.

둘째, '서생적 문제의식'과 '상인적 현실감각'을 간직하십시오. '무엇이 옳으냐, 무엇을 해야 하느냐' 하는 원리 원칙에 대한 문제의식을 갖고 판단하되, 이를 실천하는 데 있어서는 마치 장사하는 사람이 돈벌이 하는 데 지혜를 발휘하듯이 능숙한 실천을 해나가야 합니다. 이 두 가지를 겸비하는 것이야말로 인생의 사업을 성공적으로 이끌어가는 길입니다.

셋째, 모든 일을 결정할 때는 세 번 생각하십시오. 예를 들어 여러분이 학교를 졸업하고 어떤 직장에 취직할 때 먼저 어느 직장이 좋은지 선택을 합니다. 그 다음에는 거기에 문제점이 없는가, 내게 정말로 적합한가 하는 것을 살펴봐야 합니다. 그리고 마지막으로는 작은 문제점이 있다하더라도 그 직장을 택하겠다고 하든가, 문제점이 너무 크니까 포기하겠다든가, 결론을 내리게 됩니다. 이렇게 논리학의 변증법의 정반합과 같이 세 번 생각하게 되면 대부분의 일에 있어서는 실수 없이 성공적으로 처리해 나갈 수 있다고 생각합니다.

넷째, 외교하는 국민이 되십시오. 앞에서도 말한 바와 같이 한국은 그 지정학적 위치로 인해서 외교가 생명입니다. 그러나 우리 국민은 외교에 관심이 너무 적습니다. 성질이 급해서 외교를 그릇 칠 수도 있습니다. 앞서도 말한 바와 같이 외교가 우리의 운명을 좌우한다는 것을 깊이 깨닫고 우리 주위에 있는 외국인부터 사귀기 시작하십시오. 가능한 한 세계 여러 나라를 자주 다니십시오. 한국과의 관계를 돈독히 하고자 하는 벗들이 많이 생기도록 4천 7백만 전 국민이 외교 국민이 되어야 합니다. 19세기와 20세기는 민족주의 시대였지만, 21세기는 세계주의 시대입니다. 우리 모두가 세계인이 되어야 합니다.

사랑하는 학생 여러분!

여러분의 선배들은 오늘의 민주주의와 국가적 번영, 그리고 한류의 세계적 진출을 위해서 피와 땀과 눈물을 흘렸습니다. 한국은 이대로 가면 단군 이래 처음으로 세계 속에서 우뚝 서는 큰 봉우리가 될 것입니다. 선배들의 희생에 보답하기 위해서도 사랑하는 국민을 위해서도 여러분은 이러한 사명을 완수해야 할 것입니다.

사랑하는 여러분!

거듭 말합니다. 21세기는 지식 기반과 교육 수준이 뛰어난 한국의 세기입니다. 여러분 모두가 21세기의 승자가 되십시오! 여러분 모두가 민족의 통일과 발전의 일꾼이 되십시오!

감사합니다.

질 의 응 답

질문 1. 지난 9일 북한의 핵실험 이후 한반도의 위기설이 제기되고 있습니다. 노무현 대통령도 대북 포용 정책의 수정에 대해 언급하고 있습니다. 김 전 대통령께서는 대북 포용 정책의 수정과 포기에 대해 어떻게 생각하는지 여쭙고 싶습니다.

요새 내가 볼 때는 아주 해괴한 이론이 돌아다니고 있습니다. '북한이 핵실험을 하는 것은 햇볕정책의 실패를 말하는 것이다. 포용 정책 그만둬야 한다. 금강산 관광도 그만두고, 개성공단도 그만두어야 한다' 이렇게 말하고 있습니다. 그런데 여러분들이 기억을 더듬어 봐도 북한에서 '남한에서 햇볕정책 하니까 핵 개발하겠다' 고 한 적이 한 번도 없었습니다. '우리가 (북한이) 핵 개발한 것은 미국이 우리를 못 살게 굴고, 대화하자고 해도 안 하고, 우리의 살길을 안 열어주니까 살기 위해서 마지막 수단으로 핵 개발한다' 이렇게 말하고 있지 않습니까? 그런데 왜 죄가 없는 햇볕정책에다가 그렇게 합니까? 만만한 것이 햇볕정책이라고, 이렇게 하는 것은 내가 볼 때는 타당한 주장이 아니라고 생각합니다.

오늘 아침에 노무현 대통령께서 전화를 해서 같이 대화를 했습니다. 그 가운데 햇볕정책에 대한 말을 했습니다. '왜 포용 정책이 죄가 있느냐? 포용 정책은 남북 관계를 조금이라도 긴장을 완화시키면 시켰지 악화시킨 일이 없는데 어째서 그렇게 말하느냐? 나는 그렇게 생각한다' 했더니 대통령께서 자기도 전적으로 동감이라고 말씀했습니다. 그래서 오늘 참모들하고 회의하는 데 그 문제를 논의하겠다고 말씀했습니다.

나는 우리가 자학을 해서는 안 된다고 생각합니다. 왜 우리가 없는 죄를 있다고 떠들어 대야 합니까? 문제를 정치적으로 흐리게 만들면 바른 정책을 해나갈 수가 없습니다. 햇볕정책은 분명히 남북 관계에서는 성공했습니다. 아까 말한 대로 많은 성공을 한 것입니다. 금강산 관광, 개성공단 그것이 무엇을 의미합니까? 북한 영토 내에 우리가 들어갔다는 것을 의미합니다. 한쪽은 5km, 한쪽은 10km 그 만큼 휴전선이 올라갔다는 얘기입니다. 그렇게 해서 우리가 개성에서 돈 벌고 있지 않습니까? 금강산 관광으로 130만 명의 남한 사람들이 금강산에 갔는데 그들을 보고 북한 사람들은 '우리는 밥 먹기도 어려운데 남한 사람들은 배가 불러서 이제는 관광까지 다닌다. 얼마나 부럽냐?' 이런 생각을 북한 사회에 막 퍼지게 만들었습니다. 이것이 어찌 큰 성과가 아니겠습니까? 그래서 나는 우리가 잘못한 것은 잘못했다고 반성하지만 그렇지 않고 조금이라도 기여한 부분은 정당하게 평가해야 한다고 생각합니다. 그러지 않으면 지금 북한 핵 문제의 책임이 북한과 미국으로 돌아가야 할 것이 아무 책임도 없는 한국으로 돌아오는 어리석음을 범하고 있습니다. 이런 의미에서 햇볕정책은 그것 나름대로 상당한 성과가 있었다고 생각합니다. 그러나 더 큰 성공을 할 텐데 북미 관계가 나빠서 못했습니다. 이것은 여러분들이 다 아는 사실입니다. 이 문제를 해결하기 위해서 '햇볕정책은 잘못됐다' 고 선언하고 금강산이나 개성에서 철수하면 오히려 더 악화됩니다. 책임 있는 미국과 북한이 풀어야 합니다. 그것이 올바른 대처라고 생각합니다. 여러분도 공감할 것이라고 생각합니다.

질문 2. 북한 핵실험 발표 이후 유엔 안전보장이사회는 긴급회의를 열어 유엔헌장 7장을 통한 대북제재안을 집중 논의하고 있습니다. 유엔헌장 7장은 경제제재는 물론 군사적 제재를 가능케 하는 국제법적 근거를 제공하고 있습니다. 대북제재안이 통과될 경우 한반도는 전쟁 위기 상황에 놓일 가능성이 높습니다. 김대중 전 대통령께서는 군사적 제재까지 고려한 안보리 대북제재 결의에 한국이 동참하는 것에 어떻게 생각하고, 평화적 해결

방안은 무엇이라 생각하는지요?

　아주 좋은 질문을 하셨는데요, 유엔안보리의 제7장은 경제제재와 군사제재를 포함하고 있습니다. 41조는 경제제재, 42조는 군사제재 문제입니다. 그런데 지금 논의되고 있는 것은 41조를 원용하냐 하지 않느냐를 논의하고 있는데 그것도 아직 확정되지 않았습니다. 군사제재를 하는 방향으로 가는 것은 아주 가능성이 적다고 봐야 합니다. 아마 없을 것입니다. 그것은 중국이 단호히 반대하고 있는데 상임이사국 1개국이라도 반대하면 어떠한 결의도 하지 못한다는 것을 여러분들은 잘 아실 것입니다.

　그래서 경제제재 쪽으로 갈 가능성이 있고 우리는 그 문제에 대해서 어떻게 대처해야 합니까? 어제 전직 대통령과 노무현 대통령과의 모임에서 여러 가지 얘기가 나왔는데 저는 노 대통령에게 얘기했습니다. '우리가 북한에게 핵을 발사하지 말라고 막는 데는 앞장서야 했지만 북한 핵이 발사한 지금은 북한을 징계하는 문제에는 앞장설 필요가 없다. 유엔이 하는 것도 보고 러시아, 일본, 중국 등의 태도를 보고 마지막에 우리가 신중하게 결정하는 것이 좋다고 생각한다' 이렇게 말했습니다. 그리고 본문에서도 말한 대로 지금 미국은 전쟁할 힘이 없습니다. 중동에 묶여서 거의 없습니다.

　경제제재도 효과가 의문시됩니다. 이것은 미국 전문가들이 얘기하고 있습니다. '이제 대화밖에 없다' 하는 것은 아버지 부시 때 국무장관 하던 베이커 전 국무장관과 국회에서 민주당의 외교대표인 바이든 상원의원도 얘기하고 있습니다. 공화당 사람들도 얘기하고 있습니다. 결국 북한이 발사한 것은 잘못됐고 단호히 비난받아야 합니다. 그리고 북한은 핵무기를 취소시켜야 합니다. 북한이 핵무기를 갖고 있으면 우리가 제일 피해를 입게 됩니다. 그렇지만 이 문제를 우격다짐으로 해결하려고 하면 되지 않습니다. 설득을 통해서 해결해야 하는데 그러기 위해서는 미국과 북한이 대화를 해야 합니다. 왜 대화를 안 합니까? 평화를 위해서 옳은 일을 위해서는 악마와도 대화를 하는 것입니다. 이제까지 해오지 않았습니까? 그런 의미에서 이 문제의 해결은 반드시 미국과 북한이 직접 대화를 하고 6자회담이 이것을 도와주고 그렇게 해나가야 한다고 생각합니다. 그리고 대화에 성공하면 이미 작년 9월 19일에 상당한 성공을 했습니다. 그런데 그 후로 엉뚱한 마카오 은행의 북한 예금동결 문제가 나와서 사태가 이렇게 됐는데……. 그 문제만 하더라도 그렇습니다. 미국은 증거가 있으면 내놓고 북한이 책임지게 하든지 없으면 취소해야 합니다. 왜 세계 사람들 앞에서 말해놓고 증거를 안 내놓습니까? 문제는 우리가 순리대로 해야 합니다. 밉건 좋건, 잘하건 못하건, 핵 문제와 미사일 문제의 한쪽 상대는 북한입니다. 또 다른 상대는 대표가 미국입니다. 이 중심된 두 나라가 대화를 하지 않으면 어떻게 풀어 나갑니까? 아까도 말했지만 햇볕정책을 공격한다고 해결될 문제가 아닙니다. 이런 문제를 해결하는 데 있어서 북미 양측이 대화를 하고 세계가 협력해서 북한이 핵을 포기하고 그 대신 미국은 북한에 대해서 안전을 보장하고 경제제재를 해제하고 국교를 정상화해서 북한이 세계 속에서 살 수 있도록 해주어야 합니다. 못 살게 하니까 결국에는 갖은 수단을 동원하게 되는 것입니다. 이런 점에 있어서 한국은 원하건 원치 않건 직간접적으로 당사자이므로 문제가 평화적으로 해결될 수 있도록 이성적으로 생각해 갈등의 요소를 해소하는 데 도와줘야 합니다. 젊은 여러분들도 그러한 슬기로운 생각을 가지고 대처해주기를 바랍니다.

질문 3. 저는 우즈베키스탄에서 유학 온 학생입니다. 한국 민주주의 발전에 있어 김대중 전 대통령의 업적은 높이 평가되고 있습니다. 한국형 민주주의가 아시아 민주주의 발전의 모델이 될 수 있다고 생각하시는지요?

우즈베키스탄에서 온 학생이 너무 한국말을 잘 해서 한국 학생이 질문한 것보다 더 알아듣기 쉽습니다. 이렇게 중앙아시아에서 우리와 오랫동안 관계한 나라에서 여기로 공부하러 와서 이렇게 한국말을 잘하는 이런 것이 세계화의 조짐인데요, 이런 의미에서 전남대학이 큰 기여를 하고 있어서 감사하게 생각합니다.

민주주의에 있어서는 여러 가지 전설이 있는데, 민주주의는 서구의 것이니까 아시아에는 적합하지 않다는 이야기가 한동안 있었습니다. 그런데 저는 그때 싱가포르의 리콴유 수상과 〈포린 어페어스〉(Foreign Affairs)● 잡지에서 논쟁을 했는데, 그 분은 아시아에서 민주주의는 어렵다고 하고, 나는 아시아에서는 민주주의가 된다, 아시아에 민주주의적 요소가 있다, 중국, 우리나라의 예를 들면서 설명했습니다. 결국 지금은 아시아 과반수 이상의 나라가 민주주의를 하고 있고 나머지도 결국은 시간 문제입니다. 중국에서 조차 민주주의의 싹이 트고 있습니다.

민주주의는 보편적인 것이지 어느 특정한 나라의 것이 아닙니다. 한국적 민주주의라는 것은 나는 없다고 생각합니다. 물론 한국의 사정에 따라 대통령제로 가느냐 내각책임제를 하느냐는 등의 차이는 있지만 백성이 주인이 되어 나라의 운명을 결정하고, 백성이 나라의 운명을 책임질 지도자를 선출해서 위임하고 잘못하면 퇴출시킨다는 원칙은 세계 공통입니다. 그래서 우리가 우즈베키스탄 학생이 와서 우즈베키스탄도 한국과 똑같이 민주주의를 할 수 있고, 민주주의를 하는 데 여러분들이 노력해야 할 것입니다.

그러나 민주주의는 '공짜'가 없습니다. 미국의 3대 대통령 제퍼슨은 "민주주의는 인민의 피를 먹고 산다"고 했습니다. 그것이 바로 우리나라에서

● **〈포린 어페어스〉(Foreign Affairs)** 미국의 국제 관계 평론 잡지로서 1922년 외교위원회가 만든 기관지다. 비공식적으로 미국의 외교 정책을 대변하고 있다.

증명됐습니다. 얼마나 많은 사람들이 죽었습니까? 광주에서, 전국 도처에서 그랬습니다. 나도 사형 언도 받아 가지고 집행 직전에 살았습니다. 감옥살이도 6년 반하고, 망명 연금생활도 10년 이상 했습니다. 일생에 다섯 번 죽을 고비를 넘겼는데 그 중 4번은 군사독재 시절에 일어났습니다. 이것은 자랑도 아닙니다. 얼마나 많은 분들이 광주에서 목숨을 바쳤습니까? 그렇기 때문에 한국의 민주주의는 뿌리가 튼튼합니다. 이제는 어떤 군부 사람도 다시 군사 쿠데타 하는 것은 꿈도 꿀 수 없습니다. 우리는 3번 독재자를 극복했습니다. 이승만, 박정희, 전두환. 그리고 우리는 결국 민주주의를 반석 위에 올려놓았습니다. 여야 간에 정권 교체가 국민의 정부에서 이루어졌습니다.

　최근 일본을 보면 일본이 급격히 우경화하고 있습니다. 그것은 일본 사람들이 자기 손으로 민주주의를 이룩하지 못했기 때문입니다. 일본은 군국주의 하다가 제2차 세계대전 후 맥아더 장군에 의해 민주주의가 시행됐기 때문에 민주주의를 한 것입니다. 그래서 일본은 민주주의 주체 세력이 없습니다. 그래서 과거 군국주의 세력이 다시 부활한 것입니다. 최근 일본에는 군국주의 세력이 판을 치고 있고, 민주주의를 해야 하고, 그런 방향으로 가면 안 된다고 말하는 사람들의 목소리는 들리지 않습니다. 국민의 7~8할에게 전쟁한 것을 교육시키지 않았습니다. 그렇기 때문에 50~60대 이하의 사람들은 과거를 전혀 모릅니다. 일본 사람들은 '우리가 대한반도를 점령해서 조선 사람들을 도와주었다. 중국에서 남경대학살 했다는 것은 모두 거짓말이다. 대동아전쟁 해가지고 아시아 사람들을 서구 식민지로부터 해방시켰다. 평화헌법도 다른 나라와 같이 전쟁할 수 있는 헌법으로 바꾸자. 일본이 억울한 분야는 철저히 교육을 시켜서 일본이 잘못한 것이 없다고 교육시키자' 는 식으로 하고 있습니다. 일본은 지금 보다 앞으로가 더 문제입니다. 앞으로 한국, 중국, 동남아시아 나라들과 갈등을 겪게 될 것입니다. 이런 것을 볼 때 민주주의는 '공짜'가 없다는 것을 일본의 경우에서 참으로 느끼게 됩니다.

제가 그래서 우즈베키스탄 학생이 그러한 질문을 한 심정을 이해하고 가슴 아프게 생각하는데 우즈베키스탄 사람들도 민주주의 하는 것은 우즈베키스탄 사람들이 해야 합니다. 할 수 있습니다. 다만 거기에는 민주주의를 위해서 희생을 바칠 각오를 해야 합니다. 그래서 국민이 권위를 인정해야 합니다. 우리도 4·19 때 처음 학생들이 일어났고 마지막에는 국민들이 합세했습니다. 1980년 광주와 1987년 민주항쟁 때도 처음에는 학생, 정치인이 했지만 결국은 국민 전체가 참여했습니다. 그러니까 독재자들도 보는 눈이 달라져서 이 박사에게 '하야해라', 전두환 씨에게 '계엄해제해라' 압력을 가해서 결국 민주주의를 이룩했습니다. 시작은 우리가 해야 하고 우리가 희생해야 결국 국민이 참여하고 세계가 도와줍니다. 우즈베키스탄이나 중앙아시아 모든 나라가 그래야 할 것입니다. 또 그것은 반드시 그렇게 하리라고 봅니다.

경제가 발전되면 중산층이 생기고, 중산층이 생기면 중산층은 자유민주주의와 참정권, 투표권을 요구합니다. 또 피선거권을 요구하게 됩니다. 안 하면 문제가 생깁니다. 영국은 산업혁명을 한 후에 중산층이 생겼습니다. 중산층들이 그런 요구를 하니까 영국 귀족들이 순순히 내주었습니다. 그래서 평화혁명이 되었습니다. 프랑스는 귀족들이 말을 안 듣다가 대혁명이 일어나서 전부 몰살당했습니다. 이것은 어디서든지 진리입니다. 그래서 민주주의는 '공짜'가 없다는 것, 피와 땀과 눈물을 흘려야 한다는 것, 그래서 마지막에 국민이 동조하게 만들어야 한다는 것. 그러면 결국 민주주의는 성공한다는 것, 그렇게 해서 성공한 민주주의는 결코 흔들림 없이 뿌리를 박을 수 있다는 것. 그렇지 않고 외세나 우연에 의한 민주주의는 오래가지 못한다는 것을 말씀드리고 싶습니다. 나는 우즈베키스탄이나 카자흐스탄 등 중앙아시아의 여러 나라들이 풍부한 천연자원을 가지고 국민들이 행복하게 잘살기 위해서는 민주주의를 해야 한다고 생각합니다. 그런 의미에서 우즈베키스탄 여학생이 아주 좋은 질문을 해주었고, 앞으로 여러분의 나라에서 큰 성공이 있기를 바랍니다.

질문 4. 대북 경제 정책에 대해 일부 여론에서는 한국이 북한에 대해 퍼주고 있다는 여론이 있습니다. 금강산 관광과 개성공단 사업이 상호 경제 협력인지 아니면 일방적 퍼주기인지에 대한 견해를 말씀해주십시오.

우리가 상거래를 하더라도 물건을 주고 돈을 직접 받는 경우도 있고, 물건 주고 외상으로 줄 때도 있습니다. 필요에 따라서 그렇게 하는 것입니다. 현재 북한과 주고받기 식으로 경제협력을 하고 있지 않은 것은 사실입니다. 그러나 우리는 지금 북한에 엄청난 발을 내딛고 있는 것입니다. 첫째는 북한에서 사용하는 생필품의 80~90%가 중국에서 들어오고 있습니다. 중국시장화 되고 있습니다. 북한의 지하자원 개발에 중국이 들어와 있습니다. 이대로 가면 북한에 대해 미국이 봉쇄하고 우리가 진출을 못하면 북한은 중국의 지배 속에 들어가게 됩니다. 지금 어떤 의미에서 미국의 북한 봉쇄 정책은 북한을 중국으로 밀어버리는 것입니다. 그러면 중국의 힘이 북한으로 자꾸 들어오게 되고 결국 중국의 힘은 휴전선, 일본을 건너 태평양까지 가게 될 것입니다. 이런 점에 있어서 우리가 북한에 진출하는 것은 중국과 우리의 힘을 균형 잡는 노력의 하나로서 필요합니다.

둘째는 우리는 북한에 대해 엄청난 이권을 가지고 있습니다. 현대가 북한과 거래해서 북한의 철도와 전력, 항만, 금강산·백두산 관광 등 북한 경제의 핵심을 30~50년 사용토록 돼 있습니다. 당면한 핵 문제 등에 가려서 그렇지, 사실 우리가 북한 경제를 전반적으로 장악하고 있는 계약을 맺고 있다고 할 수 있습니다.

북한에서 경제를 하면 남도 좋고 북도 좋은 윈윈의 경제를 해나가야 할 것입니다. 그래서 남들이 손을 못 대도록 해야 합니다. 우리가 이렇게 거대한 경제적 이권을 갖고 있는데 왜 거기에서 손을 떼고 나와야 합니까? 그리고 경제가 들어가게 되면 민심의 변화를 가져오게 됩니다. 지금 북한에서는 한국 물건 하면 '좋은 것'으로 인식되고 있습니다. 우리 경제의 우수성을 북한 사람들에게 침투시키고 있습니다. 우리가 북한에게 쌀을 주고 비료를 주고 있는데 쌀포대에는 '대한적십자사'라고 씌어 있습니다. 비료에는 '남해화학'이라고 씌어 있습니다. 이 포대가 1년에 수천만 개가 북한에 들어가고 있습니다. 이러한 포대는 질이 좋아서 북한 사람들이 쇼핑백으로도 만들고 깨진 창문에 붙이기도 합니다. 그것이 얼마나 큰 선전을 하고 있는 겁니까?

우리가 북한에 들어가면 북한의 저임금 노동자, 중고등학교까지 의무교육을 받은 노동자, 군대에서 6~7년 훈련을 받은 노동자 등을 베트남보다도, 중국보다도 싼 임금으로 고용할 수 있습니다. 언어와 문화가 같고, 남한과 거리도 가깝습니다. 이런 노다지 시장이 어디 있습니까? 물론 북한도 그만한 덕을 보고 있습니다. 남한 시장에서 노동자들은 월 임금이 700~800불 하는데 거기서는 100불 미만 가지고 고용하고 있습니다. 그래도 북한 노동자들이 살아나는 것은 전기, 식량, 집 등을 무료로 지급하는 사회주의 경제 때문에 살아날 수 있습니다. 그래서 남북경제협력은 윈윈인 동시에 북한 사회를 변화시키고 있습니다.

지금 북한은 2002년 7월 1일 경제개선조치 이후 상업을 하는 것이 유행이 됐습니다. 최근에는 의사도 오전 진료 후 오후에는 장사합니다. 이것은 자본주의가 침투한 것입니다. 자본주의가 침투한다는 것은 사유재산이 늘어난다는 것입니다. 사유재산은 중산층의 증가를 가져오고 결국에 중산층은 정치적 자유를 요구하게 될 것입니다. 모르는 사이에 마치 물이 스며들듯 (자본주의가) 스며들고 있습니다. 이것이 우리가 북한과 햇볕정책을 한 결과입니다.

또 하나 아주 중요한 문제는 경의선과 동해선이 완공됐지만 개통하지 못하고 있는 것입니다. 개통을 하게 되면 우리는 북한 전역을 종단할 수 있고, 압록강을 건널 수 있습니다. 그렇게 되면 부산이나, 광양, 목포를 출발하는 기차가 만주와 시베리아를 거쳐 유라시아로 진출하게 될 것입니다. 이렇게 되면 한국은 태평양과 대서양을 연결하는 물류기지가 될 것입니다. 지금 중앙아시아 일대에 석유가 쏟아져 나오고, 가스, 지하자원이 매장되어 있습니다. 그런데 그곳을 우리가 들어가지 못하고 있습니다. 우리는 한반도라고 하지만 반도는 육지로도 진출하고 바다로도 진출할 수 있어야 반도입니다. 그러나 우리는 육지로 갈 수 없습니다. 이 문제를 빨리 해결해야 합니다. 나는 6·15 남북정상회담을 마치고 서울 공항에 도착하자마자 이런 얘기를 국민들에게 했습니다. 이것만 해내면 우리는 동방의 물류거점이 되고 물류가 일어나면 생산업과 보험, 문화 관광 산업 등이 일어납니다. 이것이 21세기 우리가 사는 길입니다. 북한과 관계 개선해서 철도가 북한을 거쳐 대륙으로 뻗어 나가고, '철의 실크로드'를 종횡무진으로 달려가 '압록강의 기적'을 만드는가가 (우리의) 21세기 우리의 운명을 좌우하는 경제적 아젠다입니다.

이런 의미에서 북한은 당면해서도 그렇고, 미래에서도 그렇고, 한반도 내에서 밖에서 경제적 입장에서 매우 중요합니다. 이런 점들을 여러분들이 앞으로 더욱 연구해서 내 말이 어느 정도 맞는지 검토해보시기 바랍니다. 감사합니다.

"대화 거부는 있을 수 없다"

미국 〈뉴스위크〉 회견
2006. 10. 13

　워싱턴이 평양에 대해 어떻게 대응해야 하는지에 대한 김대중 전 대통령의 생각. 현재 83세의 김대중 전 대통령은 거의 10년 전 대한민국 대통령으로 취임했을 때만큼 원기 왕성하지는 않다. 그러나 노벨평화상 수상자인 김 전 대통령은 그의 업적인 '햇볕정책'의 얘기를 시작하자 힘이 넘친다. 이번주 초 북한이 핵실험을 감행했다고 발표한 이후 햇볕정책은 비판을 받았다. 그러나 서울 자택에서 〈뉴스위크〉와 가진 40분가량의 인터뷰에서 김 전 대통령은 한반도 문제를 해결하기 위해서는 제재가 아닌 대화를 이용해야 한다고 강조했다. "미국이 대화를 거부하는 것은 있을 수 없다"라고 김 전 대통령은 강조하며, 오늘날의 핵 위기가 한반도 전쟁 도발로 이어지는 것을 막기 위해 미국에서 특사를 보내 워싱턴과 평양 간 협의를 해야 한다고 말했다. 그는 오늘날의 위기를 막지 못하면 전쟁으로 이어질 수도 있다고 말하면서, 그렇지만 핵 위협 없는 통일된 한반도에 대한 그의 꿈은 실현

• 김대중 전 대통령은 2006년 10월 북한 핵실험 후 서울 동교동 자택에서 〈뉴스위크〉와 회견을 갖고 대화를 통한 북핵 문제 해결을 강조했다. 인터뷰는 조지 위프리츠 홍콩 지국장과 이병종 서울 특파원이 함께 진행했다. (편집자 주)

될 수 있다고 말했다. 다음은 인터뷰 일부 발췌이다.

뉴스위크 대통령님께서 북한과의 화해 정책, 또한 일본과의 화해를 위해 노력하신 것을 알고 있습니다. 그러나 현재 북한의 군사적 도발 행위가 일어나고 있고 일본에서도 우경화되는 움직임을 보이고 있는데, 대통령님께서는 이런 문제에 있어 얼마나 우려를 하고 계십니까? 대통령님께서 지켜오신 유산에 대해 얼마나 우려를 하고 계십니까?

김대중 전 대통령(이하 김대중) 북한이 핵실험을 한 후로 유엔에서도 제재 논의가 되고 있습니다. 먼저 말할 것은 북한 핵은 절대 용납될 수 없고, 실험한 핵무기는 반드시 해체되어야 한다는 것입니다. 그런 전제로 얘기하겠습니다. 북한에 대한 제재는 3가지를 생각할 수 있습니다.

첫 번째 대책은 군사력을 써서 북한을 제재하는 것인데 지금 미국은 그렇게 할 여력도 없고 주변국인 한국, 중국, 러시아는 물론이고 일본도 군사력을 쓰는 것까지는 생각하지 않고 있는 것 같습니다.

두 번째는 경제적 제재를 하는 것이고 반드시 성공한다는 보장은 없다고 생각합니다. 그리고 하나 위험한 것은 경제제재를 하게 되면 북한이 그들의 핵 기술 시설 같은 것을 이란이나 베네수엘라 등의 나라에 팔 수가 있습니다. 이런 나라들은 석유가 생산되어 돈도 많기 때문에 거기서 경제적 혜택을 끌어올 수도 있는 것입니다.

세 번째는 대화를 하는 것입니다. 우리는 미국이 북한과 왜 대화를 안 하는지 이해할 수 없습니다. '북한이 악을 행하니까 대화 안 하고 있다'고 하는데, 대화는 악마하고라도 필요하면 하는 것입니다. 예를 들면, 닉슨 대통령은 중국을 '전쟁 범죄자'라고 규정했지만 중국의 마오쩌둥을 찾아가서 대화해서 성공했습니다. 미국은 소련을 50년 동안 냉전으로 봉쇄해도 안 되니까 결국 레이건 대통령이 소련을 '악마의 제국'이라고 했지만 대화해서 헬싱키 조약을 만들어내서 결국 오늘 소련과 동구라파를 민주화시켰습니다. 아이젠하워 대통령은 전쟁하는 적이었던 북한과 대화해서 휴전협정을 이뤄냈습니다. 그래서 지금 50년 이상 한반도에서 평화를 유지하고 있습니다. 이것이 세계 평화를 책임지고 있는 미국이 할 수 있는 얘기인가, 우리는 그 점에 대해 의심을 하지 않을 수 없습니다.

뉴스위크 햇볕정책을 고안해내셨습니다. 또한 클린턴 대통령과 함께 노력해 대화의 분위기를 조성했습니다. 클린턴 행정부 동안 한국, 미국과 북한은 북핵 위기를 거의 해결 직전의 단계까지 갔던 것을 알고 있습니다. 몇 달 뒤 새로 당선된 부시 대통령과 정상회담을 하셨고, 그 정상회담 중에 미국의 대북 정책이 바뀌었다고 해도 과언이 아닐 만큼 큰 변화가 있었다고 생각합니다. 이렇게 부시 대통령이 클린턴 행정부의 대북 정책을 변화시킨 것에 얼마나 큰 분노를 느끼셨습니까? 그리고 부시 대통령의 결정이 얼마나 큰 잘못이었다고 생각하십니까?

김대중 클린턴 행정부 동안 한미는 긴밀한 공조가 있었습니다. 그러나 클린턴 행정부가 끝나면서 이도 중단됐습니다. 클린턴 대통령이 몇 년 전에 저희 사무실에 왔는데 그때 '1년만 더 여유가 있었다면 북핵 문제는 해결될 수 있었을 텐데 아쉽다'고 했습니다. 저도 그렇게 생각합니다.

부시 대통령 당선 후 저는 2001년 미국에 갔습니다. 그때 파월 국무장관과 우리 정부와 합의해 공동발표문을 냈는데, 미국은 클린턴 정권의 정책을 계승하고 내가 앞장서면 우리 정책을 지지하겠다고 합의했습니다. 그러나 부시 대통령이 저와 공동 기자회견을 하는 자리에서 그런 합의는 제쳐놓고 "북한은 백성을 먹여 살리지도 못하는데 무슨 핵무기 개발이냐"면서 공격했습니다. 그래서 완전히 합의된 것이 뒤집혀버렸습니다.

그러자 그때부터 일이 틀어지기 시작했고, 북한은 핵확산금지조약을 탈퇴했습니다. 국제원자력기구 요원들을 추방시켰습니다. 그래서 이제 우리는 북한의 핵 활동에 대해 알 수 없게 되었습니다. 그리고 북한은 핵을 개발해 실험까지 하게 됐습니다. 만일 클린턴이 합의했던 것을 그대로 계승해서 했더라면 문제는 해결됐을 것이라고 확신합니다. 그 점에서 대해서 매우 아쉽게 생각하고 있습니다.

뉴스위크 그때 당시 한미정상회담을 하실 때에 열띤 논쟁을 하셨습니까? 눈을 똑바로 쳐다보면서 이 문제에 대해 실수를 해서는 안 된다고 강하게 말씀하셨습니까? 그렇다면 부시 대통령은 어떻게 반응하셨습니까?

김대중 물론 그렇게 했습니다. 2002년 2월 부시 대통령이 한국에 오기 한 달 전 이란, 이라크, 북한을 '악의 축'이라고 발표했습니다. 저는 부시 대통령과 대화를 한 시간 반을 했습니다. 제가 얘기했습니다. "우리도 공산주의 반대한다. 우리도 핵 반대한다. 우리도 북한 미사일 반대한다. 그러나 이 문제는 아무리 싫더라도 대화를 해서 풀어야지, 그렇지 않고 무슨 방법으로 풀겠는가? 무력 사용 밖에 없는데 그것은 해서는 안 되는 것이고 또 성공의 보장도 없다. 미국이 제2차 세계대전 이후에 공산국가와 상대해서 대화해서 성공 못한 예가 없다. 소련에서 성공하고, 중국에서도 성공하고, 베트남에서는 전쟁하다가 졌지만 대화해서 지금 좋은 관계를 유지하고 있다. 그러나 조그마한 섬 쿠바는 50년 동안 봉쇄해도 바꾸지 못하지 않았는가. 대화했으면 진작 해결됐을 것이다. 북한과도 마찬가지다." 이렇게 해서 부시 대통령은 마침내 제 의견에 동의했습니다.

그래서 부시 대통령이 내 의견에 전적으로 동감해서 합의를 봤습니다. 부시 대통령은 기자회견을 하면서 "첫째, 북한을 무력 공격하지 않겠다. 둘째, 북한과 대화하겠다." 그러면서 "레이건 대통령은 소련을 '악마의 제국'

이라고까지 했지만 대화했다"고 하는 내 말을 그대로 썼습니다. 그리고 "세 번째 북한에 식량을 주겠다"고 말했습니다. 그 후 그것이 실천이 안 됐습니다. 이런 사태에 대해서 제가 얼마나 실망을 했고 그리고 우리 국민이 얼마나 실망을 했겠나 생각해보면 알 겁니다.

뉴스위크 1994년에 긴장감이 고조되는 북핵 위기가 있었는데요. 그때 당시 대통령님께서는 미국의 특사를 북한으로 보내서 문제를 조정하는 것이 좋겠다고 제안하셨습니다. 그리고 그 특사로 지미 카터 전 대통령을 보내는 것이 좋겠다고 제안하셨습니다. 이런 계획이 실제로 옮겨졌고, 대통령님께서도 아시다시피 큰 성공이 있었습니다. 오늘날에도 이와 유사한 핵 위기가 있고 그때보다 더 긴장이 고조되고 악화된 상황에 있다고 말할 수 있습니다. 현재 미국에서는 제임스 베이커(James Baker) 같은 분을 특사로 보내는 것이 어떻겠느냐는 제안들이 있는 것으로 알고 있습니다. 이것이 좋은 생각인지 여쭤보고 싶습니다.

김대중 저는 북한에 특사로 간다면 미국 정부가 가장 신임하는 미국의 지도자가 가는 것이 좋다고 생각하고 그런 의미에서 제임스 베이커 씨가 가는 것이 좋을 것이라고 생각합니다. 그러나 그것에 앞선 문제가 있습니다.

  부시 대통령은 군사제재나 경제제재를 사용하지 않고 그 대신 대화를 추구하겠다는 결심을 해야 합니다. 북한은 미국과 관계 개선을 열망하고 있습니다. 지금도 핵실험 해놓고도 '대화해서 안전만 보장되면 무엇 때문에 우리가 핵이 필요하냐. 한반도 비핵화에 적극적으로 나서겠다' 이렇게 말하고 있지 않습니까? 지금 가능성이 있는 것입니다. 희망이 있는 것입니다.

뉴스위크 한반도에서 전쟁이 재발하는 것을 막기 위해 어떤 조치들을 취해야 한다고 생각하십니까?

김대중 먼저 유엔에서 결의를 하되, 너무 강도 높은 결의는 안 하는 것이 좋다고 생각합니다. 그리고 결국 이 문제를 푸는 것은 미국과 북한이 풀어야 합니다. 6자회담 테두리 내에서 하건 밖에서 하건 풀어야 합니다. 미국이 북한과 대화의 채비를 할 필요가 있다고 생각합니다. 그러지 않으면 해결책이 없습니다. 문제는 더 악화될 뿐이라고 생각합니다.

뉴스위크 한국이나 중국이 할 수 있는 일은 무엇이 있을까요?

김대중 중국과 우리는 북한하고 우리가 가지고 있는 통로를 통해서 평화적으로 북한이 한반도 비핵화 체제로 돌아가도록 설득하고 미국과 건설적인 대화를 하도록 유도하면서, 남북 관계에 서로 긴장을 조성시키는 일은 삼가하는 것이 좋다고 생각합니다.

뉴스위크 북한의 핵실험 이후 한 웹사이트를 봤는데, 그 웹사이트의 응답자의 3분의 1 정도가 '북한에서 핵실험을 한 것은 자부심을 가질 일이다. 우리 한민족은 이를 이용해 일본을 공격해야 할 것이다'라고 답하고 있었습니다. 민족주의적인 성향은 일본뿐 아니라 이렇게 한국에서도 있는 것 같습니다.

김대중 물론 그런 상호작용을 하지요. 그러나 지금 그런 지적을 하신 웹사이트의 얘기는 일반적인 얘기는 아니라고 생각합니다.

우리 국민의 절대 다수는 북한의 핵실험에 아주 충격을 받고 반대하고 있습니다. 우리는 한반도가 비핵화되어야 한다고 생각하고 있고, 북한의 핵실험은 1991년 남북 간에 맺은 비핵화공동선언에 정면으로 위배되는 것이기 때문에 이 점에 있어서는 어제도 여야 없이 국회에서도 만장일치로 비난 결의가 통과되었습니다.

북한 핵과 햇볕정책•

서울대 통일연구소 초청 강연
2006. 10. 19

    존경하는 이장무 총장, 박명규 통일연구소 소장, 그리고 교수, 학생 여러분! 내외 귀빈 여러분!

    서울대 개교 60주년과 통일연구소 출범을 진심으로 축하합니다. 특히, 남북 관계가 전례 없이 심각한 위기국면에 처해 있는 이때 통일연구소가 출범하게 된 것은 매우 뜻 깊은 일이라고 생각합니다.

    서울대학교는 이 나라 지성의 전당이자 학문의 중심입니다. 민족의 운명에 대해서 1차적인 책임을 감당해주어야 할 장소입니다. 이장무 총장께서는 통일연구소의 개소식에서 다음과 같이 말씀하셨습니다. '서울대 내부에서 다른 분야에 비해 분단과 통일에 대한 관심이 미약하다는 자성의 목소리가 높았다. 다가오는 미래의 핵심 과제인 통일과 평화에 기여할 수 있는 인재를 양성해야 한다.'

    그렇습니다. 통일 없이는 민족의 미래가 없습니다. 21세기 무한경쟁 속에서 활로를 열어갈 수도 없습니다. 유라시아 대륙의 방대한 시장으로의

• 서울대 통일연구소는 '21세기의 도전과 한국의 선택'이라는 주제로 강연 요청을 했으나, 이 강연 10일 전에 일어난 북한의 핵실험 사태로 '북한 핵과 햇볕정책'으로 강연 주제를 바꾸어 학생들과 토론을 가졌다. (편집자 주)

접근도 크게 제약을 받습니다. 무엇보다도 당면한 북한 핵 문제, 그리고 우리의 염원인 남북 통일 문제에 대한 이론과 정책의 수립에 서울대의 참여가 절실히 필요합니다.

때마침 북한 핵 문제가 큰 과제로 대두되고 있습니다. 그리고 과연 우리는 통일할 수 있을 것인가에 대한 의문도 여기저기서 제기되고 있습니다. 이런 점에 대해서 오늘 우리가 머리를 맞대고 의견을 교환하는 것은 그 의미가 매우 크다고 생각합니다.

존경하는 여러분!

지난 10월 9일 북한은 우리 국민과 전 세계 사람들의 반대를 무릅쓰고 핵실험을 강행했습니다. 우리는 북한의 핵 보유를 단호히 반대합니다. 이것은 우리의 생사와 동북아의 안보가 걸려 있는 문제이기 때문입니다. 무엇보다도 북한 핵실험은 1991년 12월에 체결한 '한반도비핵화공동선언'에 정면으로 위배됩니다. 그러므로 우리는 우리의 법적인 권리로서 북한 핵의 폐기를 다시 한번 단호히 요구합니다. 지난 10월 15일 유엔 안전보장이사회는 유엔헌장 7장 41조에 의거해서 북한에 대한 경제적 제재를 결의했습니다. 이제 우리는 북한 핵을 철폐시키는 목표를 달성하기 위해서 어떠한 수단을 취해야 하겠습니까? 세 가지를 생각해볼 수 있습니다.

첫째, 군사적 수단에 대해서 검토해봅시다. 결론적으로 말해서 군사적 수단은 결코 허용될 수 없다고 생각합니다. 핵무기까지 사용하게 될 가능성이 있는 군사적 제재 수단은 한반도를 초토화시키고 7천만 민족을 공멸하게 할 위험이 큽니다. 우리는 우리 민족의 생존을 위해서 군사적 수단에 의한 제재는 결코 지지할 수가 없습니다. 이번 유엔 안보리의 결의가 7장 42조의 군사적 수단을 포함하지 않은 것을 다행으로 생각하면서, 앞으로도 그러한 일이 없도록 강력히 다짐하는 바입니다.

둘째, 경제적 제재 수단에 대해서 생각해봅시다. 경제적 제재를 강행했을 때 북한은 상당한 고통을 받게 될 것입니다. 그러나 우리가 잘 알다시피 북한은 1990년대 중반 '고난의 행군'을 통해서 경제적 시련에는 익숙해져 있습니다. 중국은 북한 경제에 상당한 지원을 할 수 있습니다. 이란 등 몇몇 나라도 도움을 줄 수 있을 것입니다. 뿐만 아니라 미국이나 일본 등은 이미 상당 부분의 경제제재를 하고 있기 때문에 또다시 제재할 수단이 많지 않을 것입니다. 따라서 경제적 제재는 고통은 주겠지만 북한을 완전히 굴복시키는 데는 한계가 있을 것입니다. 오히려 북한이 제2차 핵실험이나 휴전선에서의 도발 등 반격에 나올 가능성도 큽니다. 그럼 효과 있는 무슨 대책이 있겠습니까?

셋째로 대화에 의한 해결을 모색하는 것입니다. 북한은 핵실험 이후에도 북미 양자 간의 대화를 통해서 그들의 안전을 보장받고 경제제재를 해제하면 한반도 비핵화에 적극적으로 응하겠다고 선언하고 있습니다. 우리는 북한에게 한번 기회를 주어야 합니다. 기회를 주어서 배신할 때는 더한층 철저한 제재를 할 수 있을 것입니다.

도대체 핵 문제의 양 당사자 간에 대화조차 하지 않겠다는 것은 납득할 수 없는 일입니다. 나는 2002년 2월에 방한한 부시 대통령에게 당시 한국의 대통령으로서 대화에 대해서 말한 바 있습니다. 대화는 친구를 사귀는 것이 아닙니다. 평화나 국가 이익을 위해서 필요하면 악마하고도 대화해야 합니다.

아이젠하워 대통령은 한국전쟁 당시 전쟁 중에도 북한과 대화해서 1953년 휴전협정을 체결했습니다. 그 협정은 지금도 유효하게 한반도 평화를 지키고 있습니다. 닉슨 대통령은 '전쟁 범죄자'로 규정된 중국을 방문해서 마오쩌둥을 만났습니다. 그것이 계기가 되어 중국의 개혁 개방이 실현되고, 오늘날과 같은 안전하고 개방된 중국이 되었습니다. 레이건 대통령은 소련을 '악마의 제국'이라고 했지만 그 악마의 제국과 대화해서 소련과 동구라파의 민주화를 가져왔습니다. 클린턴 대통령은 전쟁까지 한 베트남과 국교를 맺음으로써 오늘날 양국은 매우 양호한 관계를 유지하고 있습니다.

이러한 4명의 대통령 중 클린턴 대통령을 제외하고는 모두 공화당 출신의 대통령들입니다. 왜 같은 공화당 출신인 부시 대통령만 북한과 대화를 못한단 말입니까?

제2차 세계대전 이후의 역사는 증명합니다. 공산국가에 대해서 봉쇄와 제재로는 성공한 예가 없습니다. 오늘날 쿠바는 바로 미국 눈앞에 있는 조그마한 점에 불과하지만 50년 동안 제재해도 변화를 못 시키고 있습니다.

그러나 대화를 통하여 개혁 개방으로 유도해서 성공하지 못한 예가 없습니다. 북한도 마찬가지입니다. 공산주의는 억압에는 매우 내성이 강합니다. 그러나 개혁 개방에는 약합니다. 공산주의를 변화시키고자 한다면 개혁 개방을 유도하고 대화를 하는 것 외에는 길이 없습니다.

존경하는 여러분!

다음은 햇볕정책에 대해서 몇 말씀드리겠습니다.

최근 북한 핵실험 이후 햇볕정책에 그 원인이 있는 것 같이 주장하는 사람들이 있습니다. 참으로 이치에 맞지 않는 주장이라 아니 할 수 없습니다. 도대체 북한이 핵을 만들면서 남한에서 햇볕정책을 하니까 핵을 만들었다고 말한 일이 있습니까? 오히려 그들은 6·15 남북정상회담 이후를 '6·15 시대'라고 부르며 햇볕정책을 높이 평가하고 있습니다.

그리고 그들이 핵무기를 만든 것은 '미국이 대화에 응하지 않고 못살게 하니까 핵무기를 만들게 됐다'고 되풀이 얘기하고 있습니다. 그리고 '양자대화를 통해서 북한의 생존을 보장해주면 핵무기를 포기하겠다'고 선언하고 있습니다. 북한의 핵무기 제조를 햇볕정책 탓으로 하는 것은 이치에도 현실에도 맞지 않는 소리라고 하지 않을 수 없습니다.

오히려 햇볕정책을 통해서 남북이 화해 협력의 길을 열게 됨으로써 남북 간의 긴장이 크게 완화된 것을 우리는 잘 알고 있습니다. 6·15 정상회담 이전 같았으면 이렇게 북한 핵실험이 있으면 남한 내에는 일대 공포 분위기가 일어나고 피난 소동이 일어났을 것입니다. 그러나 우리 사회는 지금 지극히 평온합니다. 햇볕정책을 통한 긴장 완화의 덕입니다.

햇볕정책은 많은 성과를 올렸습니다. 남북정상회담 이전 50년 동안에 200명밖에 만나지 못한 이산가족이 이젠 1만3천 명이 만나기에 이르렀습니다. 이 얼마나 큰 인권과 인도주의의 승리입니까? 남북정상회담 이후 남북 간에 23만 명이 넘는 사람들이 왕래하였습니다. 금강산을 찾은 사람들은 130만 명이 넘습니다. 이러한 사람들은 남북 양측에 큰 영향을 주고 있습니다. 우리의 식량과 비료를 지원받고 북한 사람들은 남한에 대해서 과거의 오해와 증오의 태도에서 감사와 부러움으로 태도를 변하고 있습니다.

개성공단, 금강산 관광을 위시하여 우리는 북한에 거대한 경제적 이권을 확보하고 있습니다. 철도, 통신, 도로, 전기, 항만, 관광 등 굵직굵직한 경제적 권리를 30년 내지 50년의 기한으로 확보하고 있습니다. 표현을 바꾸면 북한 경제 전체를 우리가 장악하고 있다고 해도 과언이 아닙니다. 물론 그러한 경제적 진출은 남북이 다 같이 이익을 보는 원원의 협력 관계를 말하는 것입니다. 뿐만 아니라 개성공단과 금강산 관광은 우리가 북측으로 각기 5km, 10km까지 진출한 것입니다. 다시 말하면 휴전선이 그만큼 북쪽으로 올라간 것을 의미합니다. 이것이 우리 안보에 지대한 도움을 주고 있습니다.

햇볕정책의 대미를 장식할 것은 우리가 남북 철도를 개통시키면 이 기차는 유라시아 대륙을 관통해서 서구의 파리, 런던까지 가게 된다는 사실입니다. 우리는 반도국가라고 하지만 남한은 육로로 나가지 못함으로써 반도의 기능을 못하고 있습니다. 중앙아시아 지역은 지금 석유, 가스 등 지하자원이 풍부하여 엄청난 이권이 널려 있습니다. 우리는 기차로만 이 지역에 갈 수 있습니다. 나는 대통령으로 재임 중 이러한 철도의 연결에 대해서 북한, 러시아, 중국 등과도 합의한 바 있습니다. 이제 남북 간의 철도만 연결되면 우리는 모스크바, 파리, 런던까지 갈 수 있는 것입니다.

존경하는 여러분!

나는 햇볕정책을 실천할 때 미국과 긴밀히 협력했습니다. 나는 재임 중 클린턴 대통령에게 설명했습니다. '햇볕정책은 한반도 문제를 평화적으로 해결하자는 것이다. 평화공존, 평화교류, 평화통일의 3원칙 아래 제1단계 남북연합, 제2단계 남북연방, 제3단계 완전통일의 단계를 추진할 것이다. 우리는 베트남과 같은 무력통일도 바라지 않고 독일과 같은 흡수통일도 바라지 않는다. 평화적으로 같이 살면서 북한의 경제 회복을 지원하고 남북 7천만 민족 간의 화해 협력을 이룩해서 평화적으로 통일하는 것이 우리의 목적이다.'

이에 대해서 클린턴 대통령은 전적으로 지지하고, 공개적으로 여러 번 '김대중 대통령의 햇볕정책을 지지한다. 미국은 이를 뒤에서 밀어줄 것이다'라고 선언했습니다. 그리고 북한과의 접촉을 시작했습니다. 클린턴 대통령은 근자에 나를 만나서 '내 임기가 1년만 더 있었어도 당신과 같이 한반도 문제는 완전히 해결하는 것인데 매우 아쉽다'고 말한 적이 있습니다. 나는 북한에 갈 때도 미국은 물론, 일본이나 기타 주요 우방국에 나의 여행에 대해서 중요한 내용을 다 알려주고 그들의 협력을 받은 바가 있습니다.

한편 부시 대통령의 시대에 들어와서 사태는 일변했습니다. 공화당 정부는 민주당 정부의 대북한 정책을 전면적으로 부인하고 나섰습니다. 그러나 2002년 2월 부시 대통령과 내가 서울에서 장시간 회담한 결과 우리는 중요한 합의에 도달했었습니다.

그 결과 부시 대통령은 공동 기자회견을 통해서 세 가지를 선언했습니다. '북한에 대해서 공격하지 않겠다. 북한과 대화하겠다. 레이건 대통령은 소련을 '악마의 제국'이라고 했지만 대화했다. 나도 '악의 축'인 북한과 대화하겠다. 그리고 북한에 대해서 식량을 주겠다.' 그러나 이 중요한 합의는 실천되지 않고 말았습니다. 나와 우리 국민의 실망이 얼마나 컸는가 하는 것은 말로 다 표현할 수가 없었습니다.

존경하는 여러분!

북한 핵실험은 햇볕정책의 책임이 아니라, 북한과 미국의 공동 책임입니다. 북한은 벼랑 끝 전술을 구사하면서 번번이 6자회담의 참가를 거부함으로써 일을 어렵게 만들었습니다. 그리고 북한의 태도는 한국, 미국, 일본, 중국 등 여러 나라에서 일을 원만히 해결하려는 사람들에게 좌절감을 주고, 북한의 강경 정책을 구실로 사태를 악용하려는 사람들에게 힘을 보태 주었습니다.

한편 미국은 핵 문제의 당사자가 미국과 북한인데도 불구하고 그 당사자 간의 대화를 거부함으로써 해결의 실마리를 찾기 어렵게 만들었습니다. 그리고 미국의 목표가 핵 문제의 해결뿐만 아니라 북한의 체제를 바꾸는 데 있다고 주장하는 미국 정부의 지도자조차 나와서 북한의 경각심을 극도로 자극하고 핵의 제조까지 강행하는 빌미를 주었습니다.

북한 핵 문제 해결책은 보기에 따라서 매우 간단합니다. 북한은 핵을 완전히 포기하고 한반도 비핵화 체제에 동참해야 합니다. 미국은 북한에 대해서 그 안전을 보장하고 경제적 제재를 해제하고 국교를 열어야 합니다.

이것은 북한과 미국이 정말로 해결할 의지만 있다면, 그리고 무릎 맞대고 같이 대좌한다면 능히 해결할 수 있는 문제라고 생각합니다.

존경하는 여러분!

다음은 통일의 문제에 대해서 몇 마디 하겠습니다. 우리는 1,300년 동안 통일한 단일민족으로, 단일문화를 가진 세계에서 보기 드문 민족입니다. 우리의 분단은 우리가 원해서 한 것이 아니라 제2차 세계대전의 전후 처리에 있어서 미소 양국이 자기들 멋대로 38도선으로 갈라놓은 결과인 것입니다. 따라서 우리는 통일국가의 역사로 보나, 분단의 원인으로 보나 다시 재통일을 못할 이유가 없습니다.

그리고 그 재통일은 반드시 평화적으로 해야 합니다. 남도 좋고 북도 좋은 공동 승리의 통일이 되어야 합니다. 여러분 젊은이들이 다시는 총을 들고 조국 방위라는 이름 아래 동족상잔의 전쟁에 나서지 않는 그러한 통일을 해야 합니다. 북한이 '낮은 단계의 연방제' 라는 이름으로 종래에 주장하던 연방제를 완전히 포기한 이상 일종의 독립국가 연합과 같은 제1단계의 '남북연합' 은 언제든지 할 수 있습니다. '남북연합' 체제는 1민족 2독립정부 제도입니다. 남북은 남북정상회담, 남북장관급회담, 남북국회회담 등을 가질 수 있으며, 모든 안건을 만장일치로 처리함으로써 남북 어느 쪽도 불안을 가질 필요가 없게 될 것입니다. 그렇게 '남북연합' 을 10년이고 20년 한 후에 남북연방제나 완전통일로 들어갈 수 있습니다.

존경하는 여러분!

통일에의 희망을 간직합시다.

조상들이 피와 땀과 눈물로 통일시킨 이 민족을 다시 하나로 연결시킵시다. 남도 이기고 북도 이기는 공동 승리의 통일을 추진합시다. 21세기는 지식 기반 경제의 시대입니다. 지적 전통과 교육이 널리 보급된 한민족은 때를 만난 것입니다. 평화적 공존과 평화적 통일만 한다면 우리는 세계 속에서 우뚝 솟은 큰 봉우리가 될 것입니다. '철의 실크로드'가 부산항에서 파리, 런던까지 연결되도록 합시다. '압록강의 기적'이 이 땅에 이루어지도록 합시다. 서울대학교의 교수와 학생 여러분은 민족 통일의 선봉이 되고 민족 번영의 중추가 되기를 바랍니다.

사랑하는 학생 여러분!

다음에는 학생 여러분에게 인생을 사는 데 참고가 될 몇 마디 말씀을 드리겠습니다. (※ 전남대학교 연설문과 중복되어 생략합니다. 237페이지 참고)

다시 한 번 오늘의 모임을 만들어주신 서울대학교에 감사하며 한국 일류의 서울대가 세계 일류의 서울대로 도약할 것을 빌어 마지않습니다.

감사합니다.

질 의 응 답

질문 1. 김 대통령께서는 햇볕정책을 통해 남북 간의 정치·군사적 변화까지도 유도하고 통일의 기반을 제시하려고 하신 것으로 생각합니다. 하지만 실제로는 햇볕정책이 북한 체제의 변화와 특히 군사 분야에서의 변화를 가져왔다고 결론내리기는 어렵다고 생각합니다. 이번 북한 핵실험 역시 햇볕정책의 효용성에 대한 도전이라고 생각합니다. 햇볕정책이 어떠한 연결고리를 통해서 북한의 체제 변화나 정치·군사적 변화를 이루고 통일로 이루어질 수 있는지 궁금합니다.

첫 질문부터 아주 공격적으로 한 것 같습니다. 한마디로 말해서 햇볕정책은 남북 관계에는 성공했고, 완전히 성공하지 못한 것은 북미 관계가 나빠서 성공하지 못한 것입니다. 여기 6·15 남북공동선언문이 있습니다만, 우리는 북한과 모든 문제를 자주적으로 우리의 운명을 결정하기로 했습니다. 또한 남북 간의 통일에 있어서도 제1단계 남쪽의 '남북연합'과 북쪽의 '낮은 단계의 연방제'가 같다는 것이 합의가 되었습니다. 북한은 여러분이 아시다시피 처음에 연방제를 주장했습니다. 50년 동안 주장을 했어요. 연방제라는 것은 말하자면 미국과 같이 중앙정부가 군사적, 외교적, 기타 내정 문제의 상당 권한을 갖는 것을 말합니다. 2000년 남북정상회담 때 나는 김정일 위원장에게 얘기했습니다. '지금 현재 상황에서 어떻게 남북의 군사를 하나로 하며, 외교를 하나로 할 수 있느냐. 국방을 같이 하게 되면 자연히 세금이나, 기타 여러 가지 관계 법령 등이 내정 문제로 가는데 그것은 지금 현 단계에서는 불가능하지 않느냐. 불가능한 얘기를 자꾸 하니까 발전이 없는 것이다.' 나의 이 말에 북한은 결국 우리의 '남북연합제'와 거의 내용이 완전히 같다고 해도 과언이 아닌 '낮은 단계의 연방제'로 태도를 바꾼 것입니다. 이름만 '낮은 단계'라는 말을 붙인 것입니다. 이것은 여기 연설문에서 제가 설명했지만 1민족 2독립정부의 체제를 말합니다. 2독립국가라고 말하지 않는 것은 우리는 통일을 해야 하기 때문에 상대방을 국가로 인정하기는 어려운 것입니다. 그러나 국가와 마찬가지로 권능은 다 인정하는 것이 양측의 현재의 생각인 것입니다.

햇볕정책은 여러분이 아시다시피 북핵 문제에는 크게 진전은 안 되고 있지만 북한 민심은 많이 바뀌었습니다. 북한 주민의 과거 남한에 대한 증오심·적개심의 태도가 전부 부러움과 감사의 마음으로 바뀌었습니다. 1년에 북한에 지원한 비료, 식량의 포대만 해도 수천만 개에 달합니다. 그 포대의 질이 좋으니까 북한 주민들은 그것을 쇼핑백으로도 쓰고, 유리창이 깨지면 거기에 바르기도 합니다. 그것이 북에 주는 영향이 얼마나 크겠습니까?

군사적으로도 큰 진전이 없지만 남북국방장관회담도 내 재임 중에 이루어졌습니다. 그리고 남북이 서로 휴전선에서 비난하던 확성기도 철거했습니다. 남북군사실무회담도 하고 있습니다. 이렇게 우리는 이미 정치·군사적으로, 경제적 문제는 말할 것도 없이, 다 같이 발전시켜서 여러분들이 안심하게 살 수 있는 시대를 만들고자 노력하고 있습니다. 그렇기 때문에 6·15 정상회담 이후에는 과거에는 베트남전에서 미군이 지고 나와도 일대 소동이 일어나고, 휴전선에서 북한 군인들이 총 몇 방 쏘아도 난리가 났습니다만, 북한이 핵실험을 했는데도 우리나라가 아주 안전하지 않습니까? 그것이 한국 사람들이 안보불감증에 걸려서 그런 것이 아닙니다. 한국 사람들은 자기 몸의 피부로 남북 간의 긴장을 느낍니다. 그런데 북한을 많이 가서 보니까 우리가 북한에 대해서 정치적으로도 자신 있고, 군사적으로도 훨씬 앞선다는 것을 알고 있습니다. 핵 빼고 말입니다. 경제적으로는 말할 필요도 없습니다. 따지고 보면 우리가 방심해서는 안 되지만 북한을 두려워할 이유가 없는 것입니다. 이러한 것을 우리 국민들이 알고 있는 것입니다. 일일이 이론으로 정연하게 설명할 수 없지만 육감으로 알고 있는 것입니다. 그렇기 때문에 여러분도 마음 놓고 있는 것입니다. 옛날과 같았으면 만일 전쟁이 난다면 여러분도 '내가 전쟁 가야 하는데 어쩌나' 하고 불안해할 텐데 그런 사람 없잖아요? 그런 것이 모두 미안한 말이지만 햇볕정책 덕분입니다. 그래서 '햇볕정책 덕이다' 라는 부분에는 젊은 여러분들이 마땅히 박수를 쳐야 한다고 생각합니다.

다만 우리가 영향을 제대로 주지 못한 것은 북한의 핵 문제입니다. 북한 핵 문제는 남북의 문제가 아니라 근본적으로 미국과 북한의 문제입니다. 북미 간 대화를 안 하니까 발전이 없는 것입니다. 대화를 해서 미국이 북한의 안전만 보장해준다면 북한은 핵을 포기하고, '미국이 직접 감시해도 좋다'고까지 나오니까 한 번 해봐야 합니다. 그래서 안 하면 그때 제재를 해야지, 해보지도 않고 먼저 제재한다고 하니까 일이 안 되는 것 아닙니까?

그게 어째서 햇볕정책의 책임입니까? 그런 의미에서 우리는 분리해서 햇볕정책은 남북 관계를 발전시켰고 더 크게 발전시킬 것입니다. 그러나 북핵 문제는 북미 간에 대화하고 우리는 옆에서 협력하고, 중국, 일본, 러시아도 협력해서 해결해야 합니다. 그런 점에 있어서 억울한 햇볕정책을 너무 질책하지 않기를 바랍니다.

질문 2. 대통령님께서 북한 핵실험 파문에 대해서 북미 간의 공동 책임을 말씀하시고 해법으로서 북미 간에 조금씩 양보하면 간단히 해결할 수 있다고 말씀하셨지만은 문제는 북미 어느 쪽도 먼저 양보를 하려고 하지 않는데 문제가 있다고 생각합니다. 이런 상황에서 한국이 어떻게 외교를 펴야 하는지 말씀해주십시오.

 미국과 북한이 어떻게 책임을 지느냐, 또 어떻게 해야 할 것이냐. 이 문제의 해결을 위해서는 미국과 북한이 서로 주고받아야 합니다. 미국은 미국의 카드를 내놓고 북한은 북한의 카드를 내놓아야 합니다. 북한은 핵을 완전히 포기해야 합니다. 그리고 철저한 검증을 받아야 합니다. 그리고 한반도 비핵화에 적극 동참해야 합니다. 북한은 우리와 법적으로 합의를 본 일을 깼으니까 책임져야 합니다. 그리고 미국은 북한에 대해서 안전을 보장하고 경제적 제재를 해제하고 국교를 열어주어야 합니다. 유엔에 북한이 가입할 때 미국이 지지했습니다. 유엔 가입 국가는 국교를 열 이유가 있는 것입니다. 미국은 공산주의 북한이라서 안 된다고 말하지만 왜 소련, 중국과는 국교를 열고, 베트남과는 전쟁까지 한 나라지만 국교를 했습니까? 그래서 이 점에 있어서도 미국이 현재의 태도를 더욱 발전시켜야 한다고 생각합니다. 이것은 북미 양측이 서로 불신하니까 동시에 주고받아야 합니다.

 이 문제는 해결하려고 마음만 먹으면 해결할 수 있습니다. 나는 북한에서 김정일 위원장을 만났지만 그 사람의 최대 염원은 미국과 관계 개선하는 것입니다. 그것만이 자기들이 살길이라는 것을 알고 있어요. 북한이 지금 핵을 가지고 있어봤자 미국 앞에서는 완전히 장난감에 불과합니다. 그렇지 않습니까? 그리고 이 좁은 한반도에서 북한이 핵 공격하고, 미국이 핵 공격하면, 한반도 어디가 남아나겠습니까? 그때 우리 모두는 살아 있다는 보장이 없습니다. 그래서 우리는 절대로 핵의 사용을 반대해야 합니다. 그리고 우리는 절대로 전쟁을 반대해야 합니다. 왜 우리가 강제로 분단되어서 강대국들의 대리전으로 큰 전쟁을 치렀으면 됐지 또 전쟁을 해야 합니까? 그런 점에 있어서 나는 나이 먹은 사람으로서 전쟁에 나갈 가능성이 없습니다. 전쟁이라는 것은 물론 불가피하지만 젊은 사람들이 나갑니다.

찰리 채플린*이라는 희극배우가 있었는데 그 사람이 히틀러를 반대하고 전쟁을 반대한 사람입니다. 그 사람이 희극배우답게 말했어요. '전쟁은 전부 40대 이상의 사람만 가라. 나이 먹은 사람들이 자기들은 전쟁에 안 가니까 쉽게 결정해서 젊은 사람들을 죽게 만든다. 그러니까 나이 먹은 사람들이 전쟁에 나가서 죽든 살든지 해야 한다.' 나는 자주 '만일 전쟁이 난다면 젊은이들이 총 들고 나가야 하는데, 그런 일이 없어야 하는데……' 이런 생각을 갖습니다. 우리같이 나이 먹은 사람들은 또 국정에 참여했던 사람들은 어떻게 하든지 전쟁을 하지 않고 남북 간의 문제를 대화로 풀어서 평화적으로 통일이 되도록 노력하는 것이 우리들이 여러분들에게 죽기 전에 할 사명이 아닌가 하는 생각을 항상 갖고 있습니다. 여러분들은 여러분들이 살기 위해서라도 전쟁을 반대하고 햇볕정책을 지지하고 남북 간의 평화를 주장해야 합니다. 공부도 열심히 해야 하지만 평화를 위해서 남북 간의 화해를 위해서 열심히 노력하기를 바랍니다.

* **찰리 채플린**(Charles Spencer Chaplin 1889~1977) 영국의 희극배우 · 영화감독 · 제작자. 〈모던 타임스〉, 〈위대한 독재자〉 등 무성영화와 유성영화를 넘나들며 위대한 대작을 만들어냈다.

질문 3. 저는 평소에 햇볕정책이 남북 간의 화해 협력과 북한 주민들의 생활 개선에 기여한 바가 매우 크며 반드시 추진되었어야 하는 정책이라고 생각합니다. 다만 현재의 북한 핵실험과 같은 북한의 도발적 행위에 대해서 남한의 강경한 입장, 메시지를 전달하기에는 햇볕정책이 한계가 있지 않나 생각합니다. 대통령님께서 처음에 햇볕정책을 구상하실 때 이러한 한계점을 극복할 방안을 구상하신 것이 있다면 어떤 것이 있는지 여쭙고 싶습니다. 또한 현재 미국의 남한 정부에 대한 대량살상무기확산방지구상(PSI) 참여 요청과 금강산 관광 지속에 대한 비판도 있는데 남한 정부가 이러한 비판에 대해서 어떤 대책을 세워야 하는지 말씀해주십시오.

　요새 개성공단, 금강산 관광 문제가 크게 대두되고 있고, 폐기해야 한다느니 계속해야 한다느니 말들이 있습니다. 또 북한에 대해서 퍼주기만 한다는 비판도 있습니다. 그런데 우리가 알아야 할 것은 서독이 동독에 대해서 얼마를 주었냐면 매년 32억 불을 주었습니다. 우리는 매년 1억 불을 주고 있습니다. 지금까지 계산을 보면, 정부에서 7천만 불, 민간에서 3천만 불 그렇게 1억 불을 주었습니다. 서독과 비교해서 32분의 1을 주고 있습니다. 그러면 서독이 그렇게 동독을 지원했으니까 공산당이 더욱 힘을 얻어서 동독이 서독을 이겼습니까? 반대입니다. 여러분이 아시다시피 동독이 서독에게 망했습니다. 공산주의는 개혁 개방하고 외부의 민주적 바람, 자본주의적 바람을 받아들이면 결국 굴복하게 되어 있습니다. 서독이 그 증거입니다. 그런데 우리가 지금 얼마나 주었다고 시비하는 겁니까?

　그동안 우리를 원수로 생각하며 미워하고 '미 제국주의의 앞잡이로 모두 죽여야 한다'고 생각하던 북한 사람들이 우리가 지원한 비료, 식량을 받고 생각이 바뀌어서 '남한 사람들은 참 잘사는구나! 부럽다. 남한에 감사하다.' 이런 생각으로 지금 바뀌었습니다. 지금 북한 사회는 의사가 오전에 진찰하면 오후에는 장사합니다. 학교 선생들도 먹을 것이 없어서 과외를 가르치는 잘사는 학생의 집에 가서 얻어먹습니다. 눈칫밥을 먹어요. 그렇게 생활들이 어렵습니다. 이런 상황에서 북한 사람들이 우리가 지원한 식량이나 비료를 받았을 때 얼마나 고맙게 생각하겠습니까? 우리는 지금 북한을 정신부터 바꿔놓고 있는 것입니다. 북한은 2002년 7월 1일 경제 관리 개선 조치 이후로 인구의 거의 7~8할이 장사를 합니다. 이제는 자기가 벌어서 자기가 먹고 살아야 합니다. 북한 정부가 먹여 살릴 힘이 없습니다. 이렇게 장사하니까 자연히 자본주의로 흘러들어갑니다. 지금 김정일은 북한 체제가 변할까봐 겁을 내서 일방적으로는 개방을 하면서 일방적으로는 봉쇄하는 이런 일을 하고 있습니다. 이런 점에 있어서 개성은 우리가 돈을 버는 곳이고, 금강산은 휴전선이 10km 북상하는 효과가 있고, 거기 있던 군대가 다른 곳으로 모두 이동했습니다. 북한 사람들이 금강산에 관광 온 남한 사람들을 얼마나 부러워하고 있는가 여러분은 짐작이 갈 것입니다.

　이런 점에 있어서 우리는 우리가 하고 있는 일을 큰 시야로 봐야 합니다. 그리고 인간적으로 생각해봐도 같은 민족, 같은 문화의 단일 민족으로서 그런 사람들이 지금 밥을 제대로 못 먹고, 어린이들이 키가 줄고, 영양실조에 걸려 있고, 병이 나도 고치지 못하는 등 어렵게 살고 있는데 우리는 음식쓰레기가 산더미처럼 나옵니다. 북한을 좀 도와주는 것이 왜 그렇게 배가 아픕니까? 과거 소련과 국교 맺는다고 해서 몇 십 억불을 주지 않았습니까? 북한도 사람이 사는 사회입니다. 우리가 자기들을 도와주고 동정하고 선의로 대하면 그들도 우리에 대한 마음이 달라지고 또 이미 달라지고 있습니다.

　이런 점에 있어서 개성은 전략적으로도 중요하고 경제적으로도 중요합니다. 개성에서 현재 1만 명이 넘는 북한 노동자들이 일하고 있는데 1천만 평 모두 조성하고 나면 최소한도 35만 명의 사람들이 거기서 일하게 되니다. 개성은 우리의 북방에 대한 전진기지입니다. 또 북한 입장에서 볼 때 개성은 서울에 대한 전진기지인데 그것을 내준 것입니다. 우리가 안보 면에서도 아주 큰 것을 얻고 있는 것입니다. 동해안의 장전항에 있던 해군기지가 다른 곳으로 이전한 것도 우리에게 아주 큰 이익입니다.

북한은 입으로 큰소리하지만 전쟁을 바라지 않습니다. 할 능력이 없습니다. 북한의 무기는 30년, 40년 노후화된 무기입니다. 기름이 없어서 전차도, 비행기도 훈련을 못합니다. 군인들도 먹을 것이 없어서 식량을 훔치고 민가에 가서 강제로 식량을 뺏고 있는 실정입니다. 다시 말합니다. 공산주의는 억압하고 압박하면 더욱 강해집니다. 왜냐하면 그들은 이러한 것을 이용해서 선전합니다. '우리는 못살고 배가 고프다. 왜냐하면 미 제국주의가 우리를 못살게 만든다. 과거에는 남한 놈들이 미 제국주의의 앞잡이가 되어 우리를 못살게 굴었다. 봐라. 남쪽이 저렇게 잘사는 것은 미 제국주의가 막지 않기 때문에 잘사는 것이다. 우리도 막지만 않으면 잘살 텐데 못사니 미 제국주의를 타도하지 않을 수 없다.' 이렇게 국민을 선동하는 것입니다. 다른 이야기를 전혀 들을 수 없고, 외국 사람과의 접촉도 없는 상태에서 똑같은 소리를 아침부터 저녁까지 50년, 60년 듣고 있는 것입니다. 그러니 그 사람들의 정신이 어떻게 되겠습니까?

대량살상무기확산방지구상(PSI)에 대해서는 이번 유엔 결의에는 없는 것으로 알고 있습니다. 그 문제에 대해서는 오늘 미국 국무장관이 와서 정부와도 상의하고 있는 것 같으니 적절한 선에서 정부가 처리할 것으로 믿습니다. 그 결과를 봅시다.

질문 4. 과연 꼭 통일을 목적으로 하는 정책이 실효성이 있는지 궁금합니다. 통일이 아니라 자연스럽게 교류가 이루어지고 아까 말씀하신 연방이나, 연합제 수준에서 뭉치는

것이 통일을 목적으로 하는 것보다 더 현실성이 있다고 생각하는데 어떻게 생각하시는 지요?

  우리말에 점입가경이라는 말에 있는데, 이것은 점입난문이라고 생각합니다. 자꾸 어려운 문제가 나옵니다(웃음). 통일을 하지 않고 그냥 1민족 2국가 체제로 사이좋게 살면 어떠냐 그런 질문인데 그것은 첫째 북한이 듣지 않습니다. 북한은 통일 가지고 백성을 이끌고 가는 나라입니다. 그런데 그 사람들이 그것을 듣겠습니까? 민족의 반역자라고 할 것입니다. 그리고 현실적으로 그렇지만 우리가 생각해볼 때 1,300년 동안 조상들이 끌고 온 통일국가가 죄 없이 분단되었는데 60년 분단 가지고 우리가 통일 노력을 포기하고 그만둔다고 할 때 우리 조상의 영(靈)이 우리를 용서하겠습니까?

  통일이 되어야 할 이유는 소극적인 입장보다도 긍정적으로 볼 때 너무도 큽니다. 우리가 편안하고 평화롭게 살기 위해서는 통일을 해야 합니다. 통일을 안 하면 언제 또 6·25와 같은 전쟁이 일어날지 모릅니다. 언제 여러분들이 총대를 메고 일선에 나가야 할지 모릅니다. 그런 세상을 우리가 계속 살자는 것입니까? 북한은 아까 말한 바와 같이 1민족 2국가에 절대 동의하지 않습니다. 그리고 우리 남한의 국민들도 통일을 포기한다는 것에 절대 다수가 반대할 것입니다. 그래서 그런 것은 우리가 생각하기 어렵다고 생각합니다.

  과거와 달리 북한 사람들의 마음이 많이 달라져서 우리에게 접근하고 있습니다. 표면적으로 나타내지는 않지만 북한은 과거에 비하면 우리 쪽으로 상당히 기울어온 것입니다. 그리고 우리의 이익을 위해서도 군사적 문제도 있지만 경제적으로도 엄청난 이익이 나옵니다. 우리는 지금 북한에 엄청난 이권을 가지고 있습니다. 이것은 아주 중요합니다. 북한의 철도·전력·항만·관광·도로·통신 등 7가지를 우리가 확보하고 있습니다. 경제적 권리를 30년, 50년 기한으로 확보하고 있습니다. 북한 경제를 완전히 장악하고 있는 것과 마찬가지입니다. 우리가 이렇게 안하면, 중국이 들어옵니다. 지금도 북한의 소비품은 8~9할이 중국 것입니다. 그렇게 되면 북한은 중국의 식민지가 될 수 있습니다. 우리는 지금 그런 것을 막기 위해서도 북한으로 진출해야 합니다. 그래서 중국과 균형을 맞추면서 북한과 대화를 해야 합니다. 내가 김정일 위원장을 만나서 들은 것은, 여기에서 그때 말한 것을 그대로 옮길 수는 없지만, 절대로 중국에 기우는 것을 바라지 않습니다. 김정일이 가장 바라는 것은 우리와 화해 협력하는 것이고 미국과 관계 개선하는 것입니다. 그러므로 우리는 이 문제를 신중하게 생각해서 조금 고통스럽고, 짜증나고, 잘될 것 같지 않고, 여러 가지 문제점이 있는 것은 사실이지만 그래도 민족의 통일을 포기할 수는 없는 것입니다. 그런 의미에서 여러분들은 이 문제를 지켜봐주시기 바랍니다.

그리고 북한과의 관계 개선에서 우리가 앞으로 북한으로 진출하면 북한의 저렴한 노동력, 문화가 같고, 언어가 같고 혈통이 같이 사람들을 활용해서 북한도 좋고 우리도 좋은 경제 발전을 시킬 수 있습니다. 그리고 중요한 것은 우리가 북한과 손잡고 중앙아시아, 유라시아 대륙으로 진출해야 한다는 것입니다. 유라시아 대륙은 철도로밖에 나가지 못합니다. 우리가 반도 국가지만 육지로 나가지 못하니까 반도가 아닙니다. 그것은 북한과 연결이 안 되었기 때문입니다. 지금 유라시아는 석유, 가스 등 온갖 광물이 나오고 있는데, 그곳을 미국이 진출하고 있고, 소련, 유럽 국가 등이 진출하고 있습니다. 일본도 지금 유라시아 대륙으로 진출하려고 난리입니다. 우리도 지금 그곳으로 진출해야 합니다. 그래야 앞으로 21세기에 세계 5, 6위의 경제력을 갖는 국가가 될 수 있습니다. 잘하면 그렇게 될 겁니다. 유라시아 대륙을 거쳐 파리, 런던까지 가는 '철의 실크로드'가 되면 한국은 동쪽 태평양의 물류 거점이 됩니다. 물류가 일어나면, 생산과 수송, 관광, 공업 등 모든 것이 일어납니다. 우리나라가 단군 이래 최대 강국이 될 수 있는 것입니다. 그러므로 우리는 지금 힘들어도 그 길을 가야 합니다. 우리 조상들을 생각해야 합니다. 요새 TV를 보면 주몽이 나오고, 연개소문이 나오고 하는데 그것을 보면 당시 조상들이 거대한 중국의 한나라, 당나라와 싸워서 우리 민족을 지켜낸 것을 알 수 있습니다. 우리는 군사적으로는 그렇게 할 수 없고, 해서도 안 되겠지만, 반드시 북한을 관통해서 대륙으로 진출해서 동북아시아, 중앙아시아, 동구라파, 서구라파로 나가서 세계 5대 경제대국으로 발전할 수 있도록 해야 합니다.

한국은 할 수 있습니다. 왜냐하면 지금은 산업사회 시대가 아닙니다. 산업사회는 자본, 자원, 토지, 노동력이 많아야 하지만, 그러나 21세기 지식기반 시대에는 여러분과 같은 우수한 인재가 한국 제일이 아니라 세계 제일이 된다면 우리는 그렇게 될 수 있는 것입니다. 여러분들은 그것을 해낼 것입니다. 정보화를 해낸 것을 보십시오. 내가 대통령이 되어서 외환 위기를 맞아 급박한 시대에도 불구하고 정보화를 시작했는데, 우리 국민들이 그렇게 정보화를 잘 받아들여서 미국, 일본, 유럽보다도 더 정보화를 발전시키는 나라를 만들어냈습니다. 여러분은 할 수 있습니다. 그렇기 때문에 여러분께서는 우선 1민족 2독립정부 체제로 가다가 장차 1민족 1국가 체제로 통합시켜서 조상들의 통일의 은혜에 보답할 뿐 아니라, 우리 민족의 미래를 세계 속에서 우뚝 세우는 일을 해나가는 방향으로 노력해야 한다고 생각합니다.

질문 5. 대통령님 연설 중 행동하는 양심 부분에서 사람의 마음속에 천사와 악마가 공존하고 있다는 말씀에 충분히 공감하는데요, 천사가 이기려면 이웃 사랑을 해야 한다는 말

씀이 너무 종교적이 아닌가 생각됩니다. 대통령님 삶 속에서 종교가 차지하는 비중이 얼마나 되는지 궁금하고, 개인적으로 악마에게 지신 경험이 있으시다면 가장 큰 악마는 무엇이었는지 말씀해주십시오.

나는 가톨릭 신자입니다. 그리고 집의 사람은 감리교 개신교 신자입니다. 그러나 우리는 종교적 견해 때문에 다툰 적은 없습니다. 나는 기독교를 믿으면서도 항상 하느님이 정말로 계신가 때때로 의심했습니다. 아마 믿는 사람 중에 그런 사람이 많을 겁니다. 그런데 내가 하느님과 결정적으로 만날 때가 있었습니다. 1973년 일본에서 납치되어 중앙정보부 공작선에 실려 한국으로 오는데 그때 전신을 결박당했습니다. 입에 재갈을 물리고, 눈에 스카치테이프를 붙이고 그리고 판자 위에 나를 묶고, 오른쪽 팔과 왼쪽 다리에 무거운 물체를 매달고 그런 식으로 묶여 있었습니다. 그즈음 나는 매일 아침, 저녁으로 기도하고 기도문을 쓰고 그랬는데, 그때는 하느님 생각을 안 했어요. 그때는 정신이 어떻게 되었나 봐요. 나는 속으로 '이제 바다에 던져질 것인데, 물속에 들어가서 한 30분 정도 허덕이면 죽을 것이다. 이것이 차라리 잘됐다. 앞으로 고생도 안 하고······. 그때 일본에서 망명하고 있었거든요.' 그런 생각을 했어요. 또 '상어한테 물려도 좋은데 아래토막은 물려도 좋으니까 윗토막만이라도 살았으면 좋겠다.' 이런 생각도 하면서 결박을 풀어보려고 힘을 주어보는데 아무 가능성이 없는 일이었어요. 그렇게 딴 생각을 하고 있는데 갑자기 예수님이 옆에 서시더라고요. 그래서 내가 예수님 옷소매를 붙잡고 '주님! 저를 살려주십시오. 제가 아직도 우리 국민을 위해 할 일이 많습니다'라고 예수님에게 호소하는 것도 정치적으로 했어요.(웃음) 그런데 그때 '펑!' 소리가 나면서 눈에 빛이 지나가는 것 같았어요. 그때 옆에 있던 중앙정보부 요원이(그때는 중앙정보부인지도 몰랐어요) '비행기다!' 하면서 뛰어나가더라고요. 한 30분 지난 후에 젊은 사람 하나가 뛰어 들어오더니 경상도 사투리로 '김대중 선생님 아니십니까?' 하고 묻기에 '맞다' 고 고개를 끄덕끄덕하니까 그 사람이 귀에다 대고 '이제 산 것 같습니다.' 그러더니 와서 주스도 주고, 담배도 물려주고 하더라고요. 그때는 담배를 피웠어요. 담배는 1983년부터 끊었어요. 여러분 중에서도 피는 분 있으면 제발 끊으세요.(웃음). 배가 한 30분 속력을 내서 달리다가 나중에 속력을 늦추더라고요. 나중에 보니까 그것이 살아난 기회였어요. 어떻게 살게 되었냐면 나를 한국의 CIA가 납치하니까 그것을 미국 CIA가 캐치했어요. 그래서 일본에 알려주었어요. 미국에서 키신저 장관이 한국에 (김대중을) 죽이면 안 된다고 얘기하고 그래서 한국에 있는 미국 대사가 정부 국무총리인가 대통령인가를 찾아가서 나를 죽이면 중대한 문제가 된다고 하니까 그래서 도중에 죽이는 것이 중지되어 살아났대요. 그래서 그때 나는 하느님을 실감했어요.

그 후에 그때 내가 만난 것이 정말로 하느님인가 아닌가 궁금해서 어디 권위 있는 분에게 증명을 받고 싶어서 김수환 추기경에게 물어봤어요. 그랬더니 김수환 추기경께서 '당신이 그때 기도를 하고 있었다면 환각이라고 할 수 있지만 기도하지 않고 딴 생각을 하고 있는 상태에서 하느님이 나타난 것은 하느님일 가능성이 상당히 많다. 그것이 하느님이다 아니다 하는 것은 당신의 믿음에 있지 내가 증명할 수는 없다' 고 하더라고요. 그래도 나는 속으로 좀 불만이었어요. 이왕이면 권위 있는 추기경이 '그건 틀림없이 하느님이다' 이렇게 얘기했으면 좋았을 텐데 그걸 안 해주더라고요(웃음).

여하튼 저는 지금 하느님을 굳게 믿고 있습니다. 내가 살아온 모든 것을 보면 행동으로는 안 하지만 마음속으로 악한 생각을 많이 했어요. 또 남한테 참 못할 일을 한 것도 있는 것 같아요. 여러 가지 남에게 말하기 부끄러운 일도 있는 것 같고. 나는 사람들은 다 그렇다고 생각해요. 그래서 그런 점에 있어서 하느님 앞에 고백하고 용서를 구함으로써 우리는 마음의 안정을 얻을 수 있고, 우리가 죽더라도 하느님이 계시다는 것을 믿으면 훨씬 더 편안하게 마음을 안정시키면서 이 세상을 뜰 수도 있다고 생각해요. 나는 여기에 종교를 선전하러 온 것은 아니지만 거기에 대해서 질문을 하니까 확실히 하느님이 계시다는 것을 믿고 있습니다. 그리고 악에 져본 일이 있느냐는 질문은 미안하지만 그것은 내 사생활 문제이기 때문에 꼭 알고 싶으면 조용히 둘이 만나서 얘기해주겠어요(웃음). 감사합니다.

"대화만이 해결책이다"

미국 〈LA Times〉 Syndicate 기고문
2006. 10. 26

　북한이 마침내 핵무기 실험을 감행했다. 엄청난 공포와 위험의 검은 구름이 한반도를 뒤덮고 있다. 우리는 북한 핵의 보유를 단호히 반대한다. 특히 북한과 남한 사이에는 1991년 '한반도비핵화공동선언'에 의해서 일체의 핵무기에 대한 반입이나 제조 등을 금지했는데 이번에 북한 핵실험은 이 선언을 정면으로 위배한 것이다. 우리는 권리로서 북한이 핵을 포기할 것을 강력히 요구한다. 그러나 북한이 쉽게 포기할 것으로는 보이지 않는다. 우리는 여기에 대해서 확고한 의지를 가지고 대책을 세워 나가야 한다.
　그 대책은 세 가지를 생각할 수 있다. 첫째는 군사적 수단에 호소해서 북한을 응징하는 것이다. 그러나 이것은 주변 각국이 모두 원하지 않고 군사적 제재를 했을 때 북한의 반발로 그 피해는 엄청날 것이다. 한반도가 초토화되고 7천만 명의 국민이 공멸할 가능성도 있다. 일본도 무사하지 않을 것이다. 따라서 우리 한국 국민은 군사적 수단에 호소하는 것을 확실하게 반

---

* 이 기고문은 〈LA Times〉 Syndicate/ Tribune Media의 Global Viewpoint 서비스를 통해 〈Le Monde〉(프랑스), 〈El Pais〉(스페인), 〈Corriere della Sera〉(이탈리아), 〈Die Welt〉(독일), 〈IHT〉(프랑스), 〈LA Times〉(미국), 〈요미우리〉(일본) 등 세계 주요 신문사에 배포되었다. 이 기사는 〈인터내셔널 헤럴드 트리뷴〉(IHT)에 게재된 내용이다. (편집자 주)

대한다.

둘째는 경제적 제재 수단을 사용하는 것이다. 물론 경제적 제재는 북한에게 상당한 고통을 줄 것이다. 그러나 그들은 이미 경제적 궁핍에는 익숙해져 있다. 또한 중국이나 기타 그들의 우방 국가로부터 지원도 받을 수 있다. 핵무기까지 팔면 매우 큰 수입을 얻을 수 있을 것이다. 경제적 제재의 효과에도 한계가 있는 것이다. 그러면 무슨 대안이 있는가?

셋째로 제안하고 싶은 것은 북한과 미국 사이에 대화를 통해서 해결하는 것이다. 북한은 미국이 직접 대화를 하고 그들의 생존권과 경제적 활동을 보장해주면 핵무기를 포기하겠다고 얘기하고 있다. 또한 미국이 직접 자기네 핵 활동을 감시해도 좋다고 얘기하고 있다. 북한은 핵실험 이후에도 계속해서 '안전만 보장되면 무엇 때문에 핵무기가 필요하냐. 한반도 비핵화에 적극 협력하겠다' 고 말하고 있다. 물론 북한을 믿을 수 없다고 하지만 한 번 기회를 주는 것도 필요한 일이라고 생각한다. 기회를 주어서 잘 지키면 좋고, 안 지키면 그때는 6자회담 관계국과 기타 세계의 여러 나라들과 같이 북한을 총체적으로 압박하고 제재할 수 있다. 우리는 미국이 큰 결단을 가지고 대화에 나설 것을 바라 마지않는다.

그리고 북핵 문제의 최대 피해 당사자는 한국이다. 한국은 그 어느 나라보다도 북핵에 대한 위협이 절실하다. 따라서 사태를 파국으로 끌고 가지 않고 북한 핵 문제를 해결하는 데 가장 절실한 생각을 가지고 있다. 미국은 한국이 동맹국가인만큼 북한 핵 문제의 처리에 있어서 한국의 의사를 존중해주어야 할 것이다. 우리의 염원은 대화를 통해서 평화적으로 북한 핵을 포기시키는 것이다.

나는 2002년 한국의 대통령으로 재임 시 부시 대통령에게 말했다. 우리는 평화를 위한다면 또 국익을 위해 필요하다면 어떠한 악한 자와도 대화해야 한다. 아이젠하워 대통령은 한국전쟁 중 북한 공산주의자와 대화해서 1953년의 휴전협정을 이끌어내고 이후 그 협정에 의해서 반세기 이상 한반도 평화를 유지하고 있다. 닉슨 대통령은 한국전 참전으로 전쟁 범죄의 규탄을 받은 중국을 찾아가서 마오쩌둥과 대화했다. 그리하여 오늘의 개혁 개방된 중국의 길을 여는 데 결정적 역할을 했다. 레이건 대통령은 소련을 '악마의 제국'이라고 했지만 그 악마의 제국과도 대화했다. 역사를 통해서 공산국가를 봉쇄와 제재로서 성공한 예가 없다. 심지어 미국의 눈앞에 있는 조그마한 쿠바도 50년 동안 제재해도 변화 못 시키고 있다. 그러나 대화를 통해서 개혁 개방으로 유도해서 성공하지 못한 일이 없다. 소련, 동구라파, 중국 심지어 베트남은 전쟁까지 했지만 대화를 통해서 지금 좋은 관계를 유지하고 있다. 미국은 성공과 실패에 대한 역사의 교훈에서 배워야 할 것이다. 부시 대통령의 큰 결단을 바란다.

남북 관계와 '철의 실크로드'•

'UN ESCAP 교통장관회의 교통 물류 비즈니스 포럼' 연설
2006. 11. 8

존경하는 김학수 사무총장, 추병직 건설교통부 장관, 그리고 아시아 각국의 교통장관과 내외 귀빈 여러분!

아름다운 도시 부산에 오신 여러분을 진심으로 환영합니다. 그리고 유엔 '아시아태평양경제사회이사회'(ESCAP)의 교통장관회의가 성황리에 열리게 된 것을 축하하며 그 성공을 기원하는 바입니다.

21세기는 아시아의 세기라고 합니다. 아시아는 인구 40억 명으로서 세계 인구의 약 60%를 차지합니다. 풍부한 자원을 가지고 있습니다. 활기에 찬 국민들이 있습니다. 그리고 무엇보다도 아시아인들은 지적 능력이 탁월합니다. 21세기가 아시아의 세기가 될 것은 틀림없다고 생각합니다.

아시아는 과거에도 세계 경제의 큰 비중을 차지한 일이 있었습니다. 1820년경 중국은 세계 GDP의 27%를 차지했습니다. 인도는 14%를 차지했습니다. 그 당시 영국은 5%, 미국은 1%였습니다. 이제 다시 아시아의 시대

•
'UN ESCAP'(유엔 아시아태평양경제사회이사회) 교통장관회의는 아태지역 최고의 교통 물류 국제 행사이다. 이날 회의에는 41개국의 교통 관련 장·차관과 국제기구 대표단 등 2천여 명이 참석했으며, 아시아와 유럽 대륙 8만1천Km를 잇는 아시아횡단철도(TAR) 구축을 위한 정부 간 협정을 체결했다. (편집자 주)

가 올 가능성이 매우 커졌다고 볼 수 있습니다. 지식 경제 시대에 아시아의 강점은 높은 교육 전통과 교육열입니다.

천년 동안 한국과 중국은 지배층의 세습 제도가 배제되고 과거라는 고등 고시를 통해서 인재를 등용했습니다. 최고위직인 영의정의 아들이라도 과거에 합격하지 못하면 등용될 수 없었습니다. 따라서 시험에 합격하기 위해서는 교육이 매우 중요시되었습니다. 이러한 교육 중시의 전통은 아시아의 여타 국가에도 널리 퍼져 있습니다. 지식 기반 경제 시대에 교육은 이를 뒷받침하는 핵심 요소인 것입니다. 아시아가 바로 그러한 지역인 것입니다.

존경하는 여러분!

한국은 제2차 세계대전 이후 여러 가지 수난을 겪었습니다. 1,300년 동안 지속된 통일국가가 타의에 의해서 분단되었습니다. 그 결과 동족상잔의 전쟁이라는 참화도 겪어야 했습니다. 지금까지 60년 동안 군사적 대립을 하고 있으며 휴전 상태만이 유지되고 있습니다. 거기다 외환 위기도 겪은 바 있습니다. 그러나 우리는 이러한 모든 난관을 극복하고 지금 세계 11위 경제 대국의 자리에 부상하고 있습니다. 이것은 국제적인 지원과 우리 국민의 애국적 헌신, 그리고 정부와 기업인의 노력에 힘입은 바가 컸습니다.

이제 우리 한민족에게 진정한 안전과 발전을 위해서 중요한 것은 남북한 간의 화해 협력입니다. 무엇보다도 중요한 것은 그러한 화해 협력의 바탕 위에 남북한을 종단하는 철도가 운행되는 것입니다. 이미 남북한 간의 철도는 동서 양측 두 곳에서 연결되었습니다. 그러나 북미 대결의 여파로 아직 운행은 되지 못하고 있는 현실입니다. 만일 운행이 본격화되면 남북한 간의 경제, 문화, 체육 등 각 분야의 교류 협력은 급진전할 것입니다. 남한과 북한은 원원의 공동 이익을 향유하게 될 것입니다.

그리고 본격적인 경제 발전을 위해서는 압록강을 넘어서 유럽까지 가는

'철의 실크로드'가 개통되어야 합니다. 한반도를 종단하는 TKR(Trans-Korea Railway), 시베리아를 횡단하는 TSR(Trans Siberian Railway), 몽골을 횡단하는 TMGR(Trans-Mongolia Railway), 만주를 횡단하는 TMR(Trans-Manchuria Railway), 그리고 중국을 횡단하는 TCR(Trans China Railway) 등 동북아시아, 중앙아시아를 거쳐 유럽으로 가는 '철의 실크로드'가 운행되어야 합니다. 물론 이 기차는 동에서 서로 가는 과정에서 남과 북의 주변 각국이 빠짐없이 연결될 것입니다.

이곳 부산은 태평양 쪽의 물류 거점이 될 것입니다. 일본과 기타 태평양 국가의 많은 물류가 한반도를 종단해서 유라시아 각국으로 전달될 것입니다. 부산발 기차는 파리, 런던까지 연결될 것입니다. 유라시아 대륙을 횡단하는 '철의 실크로드'는 해상 수송에 비해 20~30%의 물류비용과 시간을 절감하고 안전 수송도 보장될 것입니다. 옛날 번창을 누렸던 '실크로드'가 다시 한번 '철의 실크로드'의 모습으로 등장하여 유라시아 번영의 시대를 실현시킬 것입니다. 역사는 되풀이됩니다.

이러한 철도 수송의 전성시대를 가져오기 위해서는 먼저 한반도 종단철도가 운행되어야 합니다. 그리고 효율적인 운영을 위해서는 북한 철도의 노후화된 시설의 보수와, 현재 단선으로 운영하고 있는 철로의 복선화가 시급한 과제가 될 것입니다.

2001년 2월 러시아의 푸틴 대통령은 서울 방문 당시, 그때 대통령으로 재임 중이던 나와 장시간 동안 시베리아 횡단철도와 남북한 종단철도의 연결에 대해서 협의하고 의견 일치를 본 바 있습니다. 북한과도 같은 합의를 본 것으로 알고 있습니다. 중국도 중국횡단철도(TCR)의 운행에 대해서 찬성하고 있습니다.

부산발 유라시아 횡단철도의 운행에 대해서는 러시아와 중국뿐만 아니라 아시아 각국이 모두 찬성하고 이를 열망하고 있습니다. 일본의 고이즈미 전 수상도 '철의 실크로드'가 열리면 한일 간의 해저터널을 건설하고 싶다는 뜻을 밝힌 바 있습니다. 그럼에도 불구하고 이것이 제대로 이루어지지 못하고 있는 것은 북핵 문제를 둘러싼 한반도의 긴장 상태가 저해 요소가 되고 있기 때문입니다.

존경하는 여러분!

북한 핵 문제는 오늘 회의의 본래 의제와는 관계가 없습니다. 그러나 현실적으로 유라시아 대륙을 횡단하는 '철의 실크로드'를 이룩하기 위해서는 한반도를 종단하는 철도 운행이 필수적입니다. 한반도 종단철도 운행을 위해서는 북핵 문제가 해결되어야 합니다. 그렇게 됐을 때 한반도 종단철도가 원만하게 연결되고 운행될 수 있습니다. 이런 의미에서 당면한 핵 문제에 대해서 몇 마디 말씀을 드리겠습니다.

북한 핵 문제는 우리의 최대 관심사입니다. 우리는 북한 핵을 절대로 용납할 수 없습니다. 북한 핵은 세계 평화와 한반도의 안정에 역행하는 것입니다. 북한 핵은 1991년에 남북한 간에 합의된 '한반도비핵화공동선언'에 정면으로 위배됩니다. 우리는 북한이 조속한 시일 내에 핵을 포기하고, 핵확산금지조약에 복귀하는 동시에 국제원자력기구의 엄격한 사찰을 받아야 한다고 주장합니다.

이와 동시에 미국은 북한의 안전을 보장해주고 경제제재를 해제해주어야 합니다. 방코델타아시아의 북한 자금 억류 문제는 부정의 증거가 있으면 제시해서 북한으로 하여금 책임지게 해야 할 것입니다. 그러나 증거가 확실치 않으면 자금의 억류를 해제해주어야 할 것입니다.

우리는 6자회담을 적극 지지합니다. 그러나 북한 핵 문제는 미국과 북한이 직접 대화로써 해결하고 이를 6자회담이 지지하고 그 실천을 공동 보장해야 할 것입니다. 문제는 북한과 미국이 직접 대화를 해야 한다는 것입니다. 대화하지 않고 문제가 풀릴 수는 없습니다. 미국은 '북한이 악을 행하니까 대화할 수 없다'고 말합니다. 그러나 대화는 선한 자와도 하지만 필요하면 악한 자와도 하는 것입니다.

미국의 아이젠하워 대통령은 한국전쟁 당시 전쟁 상대인 북한과 대화해서 휴전협정을 체결했습니다. 그 결과 한반도에는 50년 이상 평화가 유지되고 있습니다. 닉슨 대통령은 '전쟁 범죄자'로 몰았던 중국의 마오쩌둥을 찾아가서 대화했습니다. 이 대화의 결과 중국은 개혁 개방의 길로 나감으로써 오늘과 같이 우리가 안심하고 여행하고 투자할 수 있는 나라가 되었습니다. 레이건 대통령은 소련을 '악마의 제국'이라고 비난했지만 대화했습니다. 대화의 결과는 소련과 동구라파의 민주화로 나타났습니다. 미국은 베트남과 전쟁까지 했지만 대화를 통해서 오늘날 매우 좋은 관계를 유지하고 있습니다. 그러나 쿠바에 대해서 미국은 50년 동안 봉쇄했지만 미국 눈앞에 있는 조그마한 섬을 지금도 변화시키지 못하고 있습니다.

여기에서 우리는 하나의 교훈을 얻습니다. 공산국가는 억압과 봉쇄로는 결코 변화시킬 수 없습니다. 오히려 더욱 강해집니다. 정부가 모든 불행을 외부 탓으로 돌리고 주민들을 세뇌할 수 있기 때문입니다. 그러나 개혁과 개방으로 유도했을 때 공산국가의 국민들은 세계를 알고 그들이 얼마나 불행한 생활을 히고 속고 있었는지 알게 됩니다. 이와 같이 안에서 각성하고 변화한 국민에 의해서 공산국가는 변화합니다.

북한도 마찬가지입니다. 미국이 북한과 대화해서 북한의 핵을 포기시키는 동시에, 양국이 국교를 정상화하고 여러 가지 제재를 해제해주었을 때 북한은 '제2의 중국', '제2의 베트남'이 될 것입니다. 그리고 결국에는 민주화의 길을 가게 될 것입니다. 왜냐하면 자유로운 시장경제 체제하에서는 중산층이 성장하게 되고, 중산층이 성장하게 되면 반드시 민주화가 이루어지기 때문입니다. 오늘날 아시아 각국의 민주화 현상이 이를 증명하고 있습니다.

우선 핵 문제가 해결되어야 합니다. 한반도 평화가 이루어져야 합니다. 남북한 간의 종단철도(TKR)가 개통되어야 합니다. 열악한 상태에 있는 북한 철로를 보수하고 나아가 복선화를 실현시켜야 합니다. 이렇게 하여 남한을 출발한 기차가 북한을 거쳐 압록강과 두만강을 넘어서 동북아시아, 중앙아시아, 동구라파, 서구라파를 향해 달려가는 '철의 실크로드'가 개통되어야 할 것입니다.

이번 회의에서 아시아 대륙 28개국을 연결하는 8만km의 아시아횡단철도(TAR, Trans-Asian Railway)의 정부 간 협정식을 갖게 됩니다. 이런 점에서 이번 유엔 '아시아태평양경제사회이사회' 교통장관회의는 유라시아 대륙의 내일의 번영을 가져오게 될 막중한 의의가 있습니다.

존경하는 여러분!

우리 모두가 북한 핵의 평화적 해결을 지원합시다.

한반도에 평화가 빨리 오도록 도웁시다.

그리하여 태평양과 대서양을 연결하고 유라시아 전 대륙을 하나로 묶는 '철의 실크로드'의 창창한 미래를 열어갑시다.

여러분의 건승을 빕니다.

감사합니다.

"미국은 북한 제재를 해제해야"

미국 〈블룸버그〉(Bloomberg) 방송 회견
2006. 11. 21

앵커 김대중 전 대통령을 스티브 잉길(Stephen Engle) 기자가 서울 김대중도서관에서 만났습니다. 북핵 문제와 관련해 김 전 대통령은, 부시 행정부에 의해 비판받고 있는 햇볕정책이 아직도 최선의 길이라고 말했습니다.

김대중 전 대통령(이하 김대중) 햇볕정책은 북한 핵실험과 직접적인 연관이 없습니다. 북한은 미국이 자기들을 괴롭히기 때문에, 그리고 정권 교체를 바라기 때문에 생존을 위해서는 어쩔 수 없이 핵실험을 했다고 말하고 있습니다. 미국도 북한이 핵실험을 한 이유가 햇볕정책 때문이라고 말한 적이 없습니다. 햇볕정책에 대한 비판은 국내에서 정치적인 의도로 사용되고 있는 것입니다.

햇볕정책은 오히려 한반도 긴장 완화를 가져왔습니다. 개성공단, 금강산 관광 사업은 한국의 영향력이 휴전선을 넘어 5km, 10km 위로 올라간 것을 의미합니다. 이는 한반도 안보에 큰 도움이 되고 있습니다. 그렇기 때문에 남북 관계에 있어서는 햇볕정책은 상당한 성과를 올렸습니다. 그러나 현재 북미 관계가 정체되어 있기 때문에 더 이상 진전이 없는 것입니다.

스티브 잉길(이하 잉길) 포용 정책의 3원칙 중에는 북한의 무력 도발 행위는 용납될 수 없다는 것이 있습니다. 대통령님께서는 북한의 핵실험을 무력 도발 행위로 보십니까?

김대중 북한이 핵무기를 가지거나 핵실험을 하는 것은 그 어떤 경우에도 용납될 수 없습니다. 이는 한반도 평화, 세계 평화를 저해하는 것입니다. 또한 이는 1991년 남북한 간에 맺은 한반도비핵화선언에 위배되는 것입니다. 그렇기 때문에 북한이 핵무기를 보유하는 것은 절대로 받아들일 수 없습니다.

잉길 미국의 중간선거가 끝나고 또 지금까지도 김정일 국방위원장이 협상 테이블로 나오지 않은 것을 보고 이제 미국은 태도를 완화해야 한다고 생각하십니까?

김대중 첫째는, 북한과 미국 간의 대화가 있어야 합니다. 미국은 악한 자와는 대화를 하지 않겠다고 하고 있습니다. 그러나 과거에도, 아이젠하워 대통령이 공산 정권과 대화해 휴전협정을 가져왔고, 이로 인해 53년 동안 한반도에는 평화가 유지됐습니다. 또한 레이건 대통령도 소련을 악마의 제국이라고 했지만 대화를 추구했고 헬싱키 조약을 성사시켜 소련은 개혁과 개방의 방향으로 나아갔습니다. 닉슨은 중국을 방문해 마오쩌둥을 만나, 이제는 중국도 크게 변화해 우리가 자유롭게 방문하고 투자할 수 있게 되었습니다. 미국은 베트남과는 전쟁까지 했습니다. 그렇지만 교역과 외교를 통해 좋은 관계를 유지하고 있습니다. 쿠바는 미국 주변의 아주 작은 섬인데, 50년 봉쇄해도 변화시키지 못했습니다. 그렇기 때문에 북한과의 문제를 해결하기 위해서도 대화를 추구해야 합니다.

두 번째로, 방코델타아시아 자금동결 문제와 관련해서는, 미국이 불법자금과 위조지폐에 관한 확실한 증거가 있으면 증거를 내놓고 그에 따라 북한을 처벌해야 할 것입니다. 그러나 그렇지 않다면 제재를 해제해야 합니다. 적대적 관계에 있어서는 주고받는 협상이 필요합니다.

잉길 제가 한 가지 덧붙여서 질문을 드리고 싶은 것은, 언제 "우리가 참을 만큼 참았다"고 할 수 있겠습니까?

김대중 북한은 현재 안전보장과 경제제재 해제를 받을 수 있으면 핵을 포기하겠다고 하고 있습니다. 미국이 직접 검증해도 좋다고 말하고 있습니다. 그렇기 때문에 미국은 북한에게 기회를 줘야 한다고 생각합니다. 그래도 약속을 안 지키면 그때 전 세계가 북한에 대해 제재를 가할 수 있습니다.

잉길 부시 대통령과 후진타오 주석이 아시아태평양경제협력체에서 회담을 가졌습니다. 정상회담에서는 북한 문제에 대한 논의가 있었는데, 회의에서 미국은 한반도 종전을 가져올 수 있도록 하는 제안을 언급했습니다. 김정일 국방위원장은 이에 귀를 기울이고 또 이를 환영할 것이라고 생각하십니까?

김대중 저는 북한이 미국의 그런 제안을 진지하게 생각할 것으로 봅니다. 그러나 아직 구체적인 사항들이 제시되지 않았기 때문에 이런 제안을 받아들일지 그렇지 않을지는 정확하게 말할 수 없습니다.

잉길 대통령님 생전에 한반도 평화를 보실 것이라고 생각하십니까? 또한 통일의 전망은 어떻게 보십니까? 또한 통일의 대가는 무엇일까요?

김대중 북미 관계가 정상화되면, 중국과 베트남처럼, 한반도에 평화가 급속하게 진전될 것으로 봅니다. 우리는 통일을 3원칙을 바탕으로 추진해야 합니다. 바로 평화공존, 평화교류, 협력, 그리고 평화통일입니다. 평화통일의 경우 약 10년, 20년이 걸릴 것입니다. 그렇기 때문에 제 생전에는 보기 어려울 것입니다.

"김대중 전 대통령, 워싱턴과 평양의 대화 당부"

프랑스 〈리베라시옹〉(Libération) 회견
2006. 11. 21

북한이 6자회담 복귀를 결정한 오늘날, 1998년부터 2003년까지 한국의 대통령을 지냈으며 북한과 거리를 좁히는 "햇볕정책" 노력으로 2000년 노벨평화상을 수상한 김대중 전 대통령은 〈리베라시옹〉(Libération)지와의 인터뷰에서 미국과 북한이 과거 "클린턴 시대처럼" 직접 양자 대화를 재개할 것을 당부했다.

리베라시옹 북한의 10월 9일 핵실험에 대해 어떻게 생각하십니까?

김대중 전 대통령(이하 김대중) 한반도의 긴장이 한 단계 고조됐습니다. 어둠의 그림자가 위협하고 있습니다. 하지만 남한과 북한이 1991년 12월 공동으로 한반도의 비핵화를 약속했다는 것을 잊어서는 안 됩니다. 10월 9일의 핵실험은 분명히 비핵화공동선언을 위배하는 것입니다. 1991년 약속의 정신을 회복하고 평화를 가져오기 위해서는 북한이 우선 핵 프로그램을 포기해야 합니다.

리베라시옹 핵실험 후 한국은 망설이고 있습니다. 북한을 혹독하게 처벌해야 한다고 생각하십니까?

김대중 여기에는 두 가지 가능한 방안이 있습니다. 군사적 조치와 경제적 제재입니다. 만약 군사적 방법이 사용된다면 막대한 피해와 희생을 초래할 것입니다. 7천만 명의 한민족이 사는 한반도는 잿더미로 변할 것입니다. 우리는 군사 조치에 강력히 반대합니다. 미국과 일본은 이미 북한에 대해 경제적인 제제들을 가했고 북한은 이런 종류의 제재에 익숙합니다. 만약 이러한 제재들 때문에 경제적 상황이 위험으로 치닫게 된다면 중국이 그들에게 손을 내밀 것입니다. 그러므로 북한 정권의 붕괴를 기다려서는 안 됩니다. 이 위기의 해결 방법은 북한과 미국 간의 대화를 통해서만 찾을 수 있습니다.

리베라시옹 대통령님은 핵실험의 책임은 부시 대통령에게 있다고 하셨습니다. 왜입니까?

김대중 핵실험의 일차적 책임은 물론 북한에게 있습니다. 그들은 실험에 관해 가장 비난받아야 할 사람들이며 모든 책임을 가지고 있습니다. 하지만 미국에게도 또한 책임이 있습니다. 북한이 핵 프로그램을 폐기하기 위해서는 미국이 북한에 대해 안전보장을 제공하고 제재를 해제해줘야 합니다. 그리고 이에 대한 주고받는 협상이 필요합니다. 미국은 이런 협상을 끝까지 하지 않았다는 책임이 있습니다. 북한은 안전보장을 받으면 핵을 포기하겠다고 여러 번 언급한 바 있습니다. 미국은 그러한 협의를 끝까지 하지 않았다는데 책임이 있습니다. "6자회담" 참가국(북한, 남한, 미국, 중국, 러시아, 일본) 중에 미국과 북한이 가장 중요한 당사국입니다. 이 두 나라 간의 대화 없이는 현 위기 상황을 해결할 수 없습니다. 그러나 시간은 흘러가고 있고, 북한은 핵확산금지조약에서 탈퇴했습니다. 그들은 또한 국제원자력기구 요원들을 추방했고 이제 오늘날 핵실험의 위협까지 이른 것입니다.

리베라시옹 그렇다면 미국이 김정일이 대담에 복귀하는 데 조건을 달은 것이 잘못했다는 것입니까?

김대중 미국은 악마와는 대화하지 않겠다고 말했습니다. 하지만 대화에는 강요가 따르지 않습니다. 만약 그것이 국가적 이익과 결부된다면 악마와의 대화도 가능합니다. 우리는 이미 미국 대통령들이 그렇게 하는 것을 봤습니다. 아이젠하워 대통령은 한국전에서 북한과 대화를 시도했고 1953년 휴전협정을 이루어냈습니다. 그 협정으로 현재까지 한반도에서 평화가 유지되고 있는 것입니다. 또한 레이건 대통령은 소련을 '악마의 제국'이라고 불렀지만 대화를 택했습니다. 심지어 닉슨 대통령은 중국으로 가서 마오쩌둥과 직접 대담을 가졌습니다. 그는 마오쩌둥에게 개혁과 개방을 촉구했습니다. 미국은 베트남전을 일으키고 패하기까지 했었지만 오늘날 외교와 교역을 통해 대화했고 이제 좋은 관계를 유지하고 있습니다. 반대로, 미국은 쿠바에 대해 50년 동안 봉쇄 정책을 폈지만 아무 변화를 보지 못했습니다. 이는 양국 간 대화가 없었기 때문입니다. 역사는 우리에게 미국 대통령들이 적들과 대화를 했다는 것을 보여줍니다. 이를 시도할 때마다 변화가 있었습니다. 대화를 거절할 때에는 관계는 실패로 끝나버리게 되는 것입니다. 부시 대통령은 역사의 가르침을 수용해야 할 것입니다.

리베라시옹 빌 클린턴과 함께 평양과의 대화를 당부하셨습니다. 2000년에는 미국과 북한이 협정에 가까워졌었습니다. 하지만 부시 정권이 들어서면서부터는 대화가 안 되고 있습니다.

김대중 클린턴 정부와는 대북 정책에서 같은 방향을 취했었습니다. 클린턴은 저의 개방 정책을 지지했습니다. 저의 평양 방문(2000년 6월) 이후 미국과 북한과의 관계는 어느 때보다도 가까워졌습니다. 북한의 고위 간부는 미국을 방문했고 올브라이트 장관은 초대를 받고 북한을 방문해 김정일 국방위원장을 만났습니다. 관건은 빌 클린턴 그가 직접 북한을 방문하는가였는데 이 계획은 그의 정권이 끝나면서 어긋났습니다. 클린턴 집권하에서는 큰 진전이 있었습니다. 그러나 부시 행정부가 들어서면서 상황은 급진적으로 바뀌었고 저는 매우 불안했습니다. 미국은 즉각 북한과의 대화를 거절했습니다. 2002년 1월 부시 대통령은 북한을 "악의 축"이라고 표현했습니다. 한 달 후, 정상회담을 위해 서울 방문에서 저는 그에게 대화를 재개할 것을 조언했습니다. 그는 저의 제안을 받아들이고 세 가지를 약속했습니다. 첫째, 미국은 북한을 공격하지 않을 것이다. 둘째, 미국은 북한과 대화를 할 것이다. 셋째, 미국은 식량 보급을 지원할 것이다. 그러나 이러한 약속들은 이행되지 않았습니다. 그는 나를 실망시켰습니다.

"터널의 출구가 가까이 오고 있다"•

'밴 플리트상' 수상 연설문
2006. 12. 7

  존경하는 임채정 국회의장, 한명숙 국무총리! 존경하는 도널드 그레그 '코리아 소사이어티' 회장, 노추전 전 중국인민외교학회 회장! 존경하는 김근태, 정의화, 한화갑, 문성현, 신국환 여야 정당 대표 여러분! 존경하는 '한반도 평화의 밤' 행사준비위원회 백낙청, 최학래 공동위원장과 위원 여러분. 그리고 주한 외교사절을 비롯한 내외 귀빈 여러분!

  연말의 많은 행사 속에 다망하신데도 불구하고 오늘 저녁 이와 같이 성대한 '밴 플리트 상' 수상식과 '한반도 평화의 밤'을 갖도록 도와주신 데 대해서 진심으로 감사를 드립니다.

  존경하는 여러분!

  밴 플리트 장군은 한국전쟁 당시 공산 침략군을 격퇴하는 데 혁혁한 공로를 세웠습니다. 퇴역 후에도 한미 양국의 친선을 위해서 쉬지 않고 노력했습니다. 특히, 코리아 소사이어티를 창설하여 지난 반세기 동안 한미 양

• 미국 코리아 소사이어티(Korea Society)에서 수여하는 '밴 플리트상'(James A. Van Fleet's Award)은 한국전쟁에 참전한 밴 플리트 장군을 기리기 위해 1992년에 제정되었으며, 한미 관계 발전에 뛰어난 공헌을 한 특별한 한국인 또는 미국인에게 매년 수여된다. 조지 H.W 부시·지미 카터 전 대통령, 이건희 회장, 반기문 유엔사무총장 등이 이 상을 수상하였다. (편집자 주)

국의 우호 협력 증진에 큰 역할을 하는 기초를 닦았습니다. 이처럼 우리의 진정한 벗인 밴 플리트 장군을 기리기 위해 창설된 '밴 플리트상'의 수상자가 된 것을 큰 영광으로 생각합니다. 저는 그 뜻을 새겨 앞으로 더 한층 한미 양국 관계 증진과 한반도 안보와 평화를 위해 미력이나마 노력하고자 합니다.

또한 오늘 직접 상의 수여 절차를 주관해주신 그레그 회장에게 깊이 감사드립니다. 그레그 회장은 일찍이 주한대사로서 한미 양국 관계 발전에 큰 역할을 하신 분입니다. 또한 지난 13년 동안 코리아 소사이어티 회장으로서 미국에서 한국에 대한 인식과 한미 우호 협력 증진을 위해 크게 공헌하신 분입니다. 그레그 회장은 남한뿐 아니라 북한도 자주 왕래하면서 한반도 평화와 북미 관계 개선을 위해 노력했습니다. 미국과 남한으로부터는 물론 북한으로부터도 큰 신뢰와 존경을 받는 분입니다. 우리의 소중한 친구이자 가장 도움이 되는 협조자라고 생각합니다. 그레그 회장은 1973년 제가 한국의 중앙정보부에 의해 일본에서 납치되었을 때, 저의 목숨을 구하기 위해서 결정적인 역할을 해주신 은인이기도 합니다. 다시 한번 깊은 감사를 드립니다.

존경하는 여러분!

저는 1971년 대통령 선거에 출마했을 때 남북한 간의 화해 협력을 제창한 바 있습니다. 특히 1998년 대통령에 취임한 이후 한반도에서 냉전의 찬바람을 몰아내고 따뜻한 화해 협력의 시대를 열자고 제안했습니다. 냉전의 망토를 벗어던지자고 북한에 제안했던 것입니다. 그리하여 2000년 6·15 남북정상회담이 이루어졌고, 그 결과는 성공적으로 발전되었습니다.

무엇보다 한반도에 긴장이 크게 완화되었습니다. 이제 우리 국민은 한반도 평화에 대한 커다란 자신감을 갖게 되었습니다. 북한 사람들의 남한에 대한 인식도 우호적 심정으로 크게 호전되고 있습니다. 이러한 가운데 1만 3천 명의 이산가족이 상봉을 했습니다. '국민의 정부' 이전 과거 50년 동안에는 불과 200명이 만났을 뿐입니다. 130만 명이 금강산 관광을 다녀왔습니다. 이것은 우리 국민에게 북한에 대한 인식과 자신감을 심어주는 큰 성과를 거두었습니다. 북한 사람들은 의식주 걱정 없이 관광까지 다니는 남한 사람들이 한없이 부러울 것입니다. 개성공단에는 지금 1만 명이 넘는 북한 노동자가 남한 기업에서 일하고 있으며 장차 35만 명까지 늘어날 것입니다.

햇볕정책은 큰 성공을 하고 있습니다. 그러나 완전한 성공을 이루지 못한 것은 그동안 북미 관계가 경색되어 있었기 때문입니다. 아무리 현실이 답답하더라도 햇볕정책 외에는 대안이 없다는 것은 많은 국내외의 전문가들과 국민 여론이 일치하는 바입니다.

존경하는 여러분!
한반도 평화를 위해서는 어떻게 해야 합니까?
첫째, 남북이 6·15 공동선언의 정신에 따라 평화공존하고 평화교류하다 평화통일하는 원칙을 고수해야 합니다. 우리는 일체의 무력 사용과 적대관계 강화를 배제하고, 인내심과 성의를 가지고 평화적으로 공존하면서 서로 협력하고 공동 이익을 추구해야 할 것입니다. 그러는 가운데 평화적 통일의 날이 반드시 오고야 말 것입니다.

둘째, 한미동맹을 굳건히 유지해서 북한의 어떠한 도발도 봉쇄해야 합니다. 남북 간 교류 협력과 더불어 이루어지는 확고한 한미 안보 태세는 평화를 위한 양 날개와 같습니다. 이러한 가운데 일본, 중국, 러시아와 같은 주변 강대국과 한반도 평화에 대한 공동 노력을 강화시켜 나가야 합니다. 6자 회담은 성공해야 하고, 상설화돼야 합니다.

셋째, 북미 관계가 개선되도록 적극적으로 노력해야겠습니다. 북미 관계의 해결 없이 한반도에서의 평화는 있을 수 없습니다. 북한은 미국과의 관계 개선을 열망하고 있습니다. 북한은 말로만이 아니라, 행동으로 세계가 믿을 수 있도록 평화를 향한 확고한 자세를 보여주어야 할 것입니다. 그와 더불어 미국도 북한에게 기회를 주어야 합니다. 그렇게 하여 한반도에서 신뢰와 협력 관계가 이루어질 수 있도록 해야 할 것입니다. 이러한 북미 관계의 개선을 위해서는 당면한 핵 문제 해결이 가장 시급하고 중요합니다. 이 문제만 해결되면 한반도는 평화의 길로 발전해 나아갈 수 있을 것입니다.

존경하는 여러분!

거듭 말씀드립니다. 한반도 평화를 위해서 가장 중요하고 시급한 문제는 북한 핵 문제의 해결입니다. 북한은 핵을 완전히 포기하고 철저한 검증을 받아야 합니다. 미국은 북한의 안전을 보장하고 경제제재를 해제해주어야 합니다. 그러기 위해서는 북미 간의 직접 대화가 매우 중요합니다. 저는 10월 9일 북한 핵실험을 전후해서 '북한과 미국은 직접 대화하라, 주고받는 협상을 하라, 실천은 동시에 하라'고 거듭 주장했습니다.

다행히 최근에 이르러 미국은 북한과의 대화를 시작하고 있습니다. 이것만으로도 매우 고무적인 현상이라 하겠습니다. 그리고 북한 핵 포기에 대한 반대급부에 대해서도 언급하기 시작하고 있습니다. 아직 단언하기에는 이르지만 북미 관계가 해결의 실마리를 찾아가고 있지 않느냐 하는 느낌이 듭니다. 터널의 출구가 가까이 오고 있는 것 같습니다. 저는 북미가 직접 대화하고 6자회담이 협력하면 북한 핵 문제는 풀릴 것이고 한반도에 평화는 올 것이라고 믿습니다.

북한은 핵을 언제까지나 가지고 있을 수는 없을 것입니다. 그 이유는 첫째, 북한에 결정적 영향력을 가지고 있는 중국이 이를 절대로 용납하지 않기 때문입니다. 둘째로 북한이 핵 보유 국가가 되면 일본, 대만을 포함한 동북아시아 나라들이 핵 보유 국가가 될 가능성이 있습니다. 일본에서는 이미 그러한 주장이 일어나기 시작하고 있습니다. 그랬을 때 북한의 핵은 그 힘이 크게 상실될 것입니다. 셋째로 북한이 계속 핵 보유 국가로 남게 된다면 유엔과 국제사회의 제재 속에 경제가 파탄되어 북한의 생존권이 위태롭게 될 것입니다. 북한은 적절한 협상을 통해서 핵을 포기하지 않을 수 없을 것입니다.

한편 미국도 대화와 협상을 거부하고 제재만으로 북한을 굴복시킬 수 없을 것입니다. 미국은 지금 북한에 대해서 군사력을 사용할 여유가 없다고 봅니다. 대량살상무기확산방지구상이나 유엔 제재 결의만으로는 북한을 굴복시키는 데 충분하지 못하다는 것이 전문가들의 견해입니다.

이와 같이 미국이나 북한이 종래의 주장을 계속 고집하기에는 그 효력에 한계가 있습니다. 그러나 길은 있는 것입니다. 북미가 직접 대화하고 6자회담이 이를 지원해야 합니다. 줄 것은 주고, 받을 것은 받아야 합니다. 작년 9월 19일 베이징에서 있었던 6자회담의 합의대로 '말 대 말', '행동 대 행동'의 합의가 지켜져야 할 것입니다. 북미 관계는 결국 대화를 통한 협상 외에는 해결의 길이 없습니다. 그것이 바로 공동 이익의 원칙 속에 평화를 실현하려는 햇볕정책의 원칙이기도 합니다.

존경하는 여러분!

제2차 세계대전 이후 우리는 공산국가와 50년 동안 냉전의 대결을 했습니다. 그러나 비난과 봉쇄만 가지고는 어느 공산국가도 변화시키지 못했습니다. 반면에 화해 협력하고 개혁 개방으로 유도했을 때는 모두 성공했습니다. 소련과 동구라파에서 성공했고, 중국과 베트남에서 성공했습니다. 북한도 마찬가지입니다. 북미가 더 적극적으로 대화해야 합니다. 줄 것은 주고, 받을 것은 받는 공정한 협상을 대담하게 진행시켜야 합니다. 그렇게 되면 북한 핵 위기도 해결되고, 북한도 크게 변화할 것입니다. '제2의 중국', '제2의 베트남'의 길을 가게 될 것입니다.

존경하는 여러분!

한반도 평화는 반드시 이루어져야 하고 이루어질 것입니다. 우리는 평화적으로 공존하고 평화적으로 협력하다가 평화적으로 통일하는 그 날을 맞이하게 될 것입니다. 1,300년 동안 통일국가를 이뤄온 우리가 타의에 의해서 분단된 그 유산을 계속 감내할 수만은 없습니다. 아니, 분단은 우리의 안전과 발전을 근본적으로 저해하는 문제이기 때문에 용납할 수가 없습니다.

자신감과 인내심을 가지고 남북 관계를 발전시키고 미국과의 긴밀한 협력을 강화시켜 나갑시다. 6자회담을 한반도 평화는 물론 장차 동북아 평화를 지키는 상설기구로 발전시키는 방향으로 관계국과 협력해 나갑시다.

평화는 내 이익만이 아니라 상대의 이익도 배려해야만 합니다.

평화는 신념을 가지고 노력하는 자만의 것입니다.

감사합니다.

"부시의 ABC 정책이 대북 정책 실패 초래"•

일본 〈오마이뉴스 재팬〉 창간 기념 특별 회견
2006. 12. 11

오마이뉴스 재팬 10월 9일 북한 핵실험을 전후해서 북미 직접 대화, 주고받는 협상, 동시 실천, 이 세 가지를 거듭 주장해왔는데, 최근 북미 대화가 시작되고 부시 대통령도 한미정상회담에서 핵 폐기를 전제로 한국전쟁 종전선언 의향까지 있다고 내비쳤다. 북핵 문제 해결을 위한 6자회담과 북미 관계를 어떻게 전망하시는지요?

김대중 전 대통령(이하 김대중) 미국 중간선거를 계기로 북한 핵 문제가 해결 방향을 찾아가지 않겠는가 그렇게 본다. 북이고 미국이고 이 문제는 대화를 통해 해결할 수밖에 없고, 그 외에 가령 미국이 무력을 행사하는 것은 불가능하고 경제 봉쇄도 한계가 있다. 해결책은 북미가 직접 대화하고 이를 6자회담이 뒷받침하고, 주고받고 동시에 말 대 말, 행동 대 행동으로 해나가야 한다. 그것 외에는 해결책이 없는 걸 가지고 이렇게 (시간을) 끌고 있는 것이다. 그러나 미국 중간선거를 계기로 제대로 방향을 잡아가지 않겠나 기대한다.

• 인터넷 신문 〈오마이뉴스〉의 일본판인 〈오마이뉴스 재팬〉의 창간을 기념하여 회견한 내용이다. (편집자 주)

오마이뉴스 재팬 한반도 비핵화를 위한 한국의 역할은 어디에 있다고 보시는지요?

김대중 한반도 비핵화는 한반도비핵화공동선언에서 남북이 합의한 것이다. 북한 핵실험은 그 공동선언을 위반한 것이다. 절대 용납이 안 된다. 결국 북은 핵을 포기하고 철저하게 검증받는 그런 길로 나가야 한다. 그러면 미국은 좀 줄 것은 주고 그래야 한다. 한국은 한반도비핵화공동선언의 당사자로서 북에 대해 선언 위반의 책임을 추궁하고, 한반도 비핵화로 적극적으로 나가도록 항의하고 설득도 해야 한다. 또 미국에 대해서는 북한과 대화를 안 하고 압박을 가해 성과 없이 북한이 오히려 핵확산금지조약을 탈퇴하고 국제원자력기구 감시요원들을 추방하고 핵실험까지 하도록 사태를 악화시켰다는 점을 설득해 이제 해결의 길을 찾아 대화를 해나가도록 해야 한다. 바로 그런 데에 한국의 역할이 있지 않겠는가.

오마이뉴스 재팬 한국이 북에 대해 항의도 하고 설득도 하지만 '햇볕정책'에 대한 비판과 의문의 목소리도 있다. 앞으로도 '햇볕정책'을 계속하는 게 좋다는 생각인가?

김대중 햇볕정책으로 한반도 긴장이 얼마나 완화되었나? 많은 성과가 있었다. 이산가족 상봉만 해도 남북정상회담 이전까지 50년 동안 200명이 만났는데 그후에는 1만3천 명이 만났다. 이산가족 문제가 얼마나 큰 인권 문제이고 인도적으로도 중요한가. 그리고 개성공단·금강산 관광 사업은 단순히 경제 교류뿐만 아니고 휴전선을 개성 쪽으로 5km, 동해안으로 10km를 북상시킨 것이나 마찬가지다. 개성의 인민군 1개 사단이 이동했고, 동해안의 장전항에 있던 해군 군항이 이전해 갔다. 그러니 안보를 더 튼튼히 한 것이다.

그뿐이 아니다. 북한이 과거에 우리(남한)에 대해 나쁘게만 생각했다. 미

제국주의의 앞잡이다, 우리(북한)를 죽이려고 한다, 남쪽은 몇 사람만 잘살고 다 거지다, 이렇게 믿고 있었는데 남쪽의 비료와 쌀이 들어가면서 남한이 잘산다, 우리가 속았다, 남한이 우리를 도와주고 있다, 우리도 저렇게 잘살았으면 좋겠다, 이렇게 북한 민심이 바뀌고 있다.

금강산 관광을 130만 명이 다녀왔는데 북한 사람이 볼 때, '우리는 밥도 못 먹는데 남쪽 사람들은 저렇게 관광을 다닌다' 면서 얼마나 부러워하겠나. 그래서 과거에 냉담하고 표독하게 대하던 북한 사람들이 지금은 남한 사람들을 이웃사촌처럼 대한다. 그만큼 마음을 바꿔 놓았다. 얼마나 큰 성과인가? 남한에서도 공산주의는 반대지만 동족 간에는 사랑하고 아끼고 지내야 한다는 생각들이 확실해졌다.

이처럼 햇볕정책은 많은 것을 했다. 햇볕정책이 완전한 성공을 못한 것은 북미 관계가 안 좋아져 장애가 와서 못한 것이다. 그러나 앞으로도 햇볕정책 이외는 딴 길이 없다. 세계 각국의 전문가들도 다 그렇게 말한다. 이번에 마치 햇볕정책 때문에 북이 핵실험을 했다고 하는데, 언제 북한이 햇볕정책 때문에 핵실험한다고 했나? 북한은 미국이 자기들을 못살게 하니까 (자위권 차원에서) 핵실험 한다고 했다. 미국도 북한 핵실험을 비난했지만 햇볕정책 때문이라고 하지 않았다. 햇볕정책은 부당한 비판을 받았지만 크게 개의할 필요는 없다고 본다.

"북한은 중국 때문에도 핵 갖기 어렵게 되어 있다"

오마이뉴스 재팬 북한에 1차적 책임이 있고, 그 다음에 북과의 대화를 거부한 미국에게도 책임이 있다는 김 전 대통령의 주장이 언론에서는 '미국 책임론' 을 제기한 것으로 정리되었다. 그러나 지난 7일 그레그 전 주한미국대

사는 "평양의 핵 개발 추진의 원동력은 한국이 아니라 미국에 대한 북한의 의심, 두려움과 공포"라고 강조했다. '미국 책임론'의 근거를 좀 더 명확하게 구체적으로 밝혀 달라.

김대중 클린턴 대통령 때는 나하고 같이 협력해서 북한 문제가 거의 해결되어 갔다. 그러다가 정권이 교체되었다. 그 이후로 부시 정권이 대북 정책을 계승하지 않고 이른바 'ABC(Anything But Clinton) 정책'이라고 해서 클린턴 시절의 정책은 다 반대하지 않았느냐? 그 결과가 큰 실패로 나타났다. 결국 북한의 핵확산금지조약 탈퇴와 국제원자력기구 요원 추방 그리고 핵실험이 현실로 나타나게 되었다. 이런 것이 외교적 과오와 정치적 판단 착오가 아니고 무엇이겠나?

내가 대통령 재임 중에 2002년 2월 부시 대통령이 서울에 와서 '북을 공격 안 하고 대화하겠으며 식량을 주겠다'고 나와 세 가지 합의를 했다. 기자들 앞에서 발표도 했다. 그런데 실천이 안 되었다. 그런데 그것(강경책)이 북의 핵을 막았나? 막지 못했다. 북한은 '미국이 우리와 대화도 안 하고 우리를 멸망시키려고 하니 핵을 만들지 않을 수 없다'고 말하고 있다. 협상은 서로 만나서 얘기하고, 줄 것은 주고받을 것은 받고 하는 것인데 서로 불신이 있으니 그 실천을 동시에 해야 하고 그게 협상의 원칙이다. 그걸 안 해서 북이 마침내 핵까지 갖게 되었다. 그걸 (미국 대북 정책의) 성공이라고 할 수는 없지 않나.

오마이뉴스 재팬 부시 행정부의 외교적 판단 착오가 북핵 억제 실패의 큰 원인이 되었다는 말씀인데…….

김대중 부시 대통령이 지금 현재 잘못했다고 얘기하는 것이 아니라 내가 대통령 재임 때부터 얘기한 것을 저쪽에서 실천을 안 해서 이렇게 되었다는 것이다.

오마이뉴스 재팬 지난 2002년 10월에 미국이 '고농축우라늄' (HEU) 문제를 제기했는데 그 이후에 지금까지 아무런 증거를 제시하지 못했다. 고농축우라늄 문제가 결국 북한이 핵실험까지 이르게 한 중요한 전기가 되었다고 보는데요.

김대중 (고농축우라늄 문제를 계기로) 결국 북한이 '우리가 (고농축우라늄을) 가지고 있지 않은데도 몰아세우는 것 보니까 미국이 우리와 타협할 생각이 없다, 우리의 핵 문제가 아니라 정권 자체를 넘어뜨리려고 하는 것이다' 이렇게 해석을 했고 또 미국 '네오콘' 이 그런 얘기를 많이 하지 않았나? 말하자면 북한이 너 죽고 나 죽자 하는 막다른 골목에 있으니 핵이라는 '카드'를 가지고 나가게 된 것 아닌가?

오마이뉴스 재팬 북한의 핵은 어디까지나 카드라고 생각하는 것인지, 북한이 핵 자체를 가지고 싶다기보다는 미국과 협상하기 위한 카드라고 생각하는지요?

김대중 현 단계에서는 (협상) 카드라고 본다. 왜냐하면 북한이 핵을 가져봤자 큰 목적을 달성할 수 없다. 우선 북한 핵은 중국에게 악몽이다. 대만이나 일본이 핵을 가지는 길을 열어주는 것이다. 일본과 대만이 핵을 갖는 것은 중국으로서는 악몽이다. 그러니 절대로 북한 핵을 용납할 수 없는 것이다. 그 때문에 중국이 북에 대해 아주 엄중하게 통보를 하고 있는 걸로 알고 있다. 그리고 현재 북한이 고립되고 여러 가지 경제제재를 받는데 앞으로 핵 포기를 안 하면 그 제재는 훨씬 더 강화될 것이다.

결국 북한은 중국 때문에도 핵을 갖기 어렵게 되어 있고, 핵을 가져도 일본과 대만이 핵을 갖는 사태가 오면 북핵은 위력이 크게 감소되어 쓸모가 없다. 그렇기 때문에 북한 핵은 현 단계에서는 '협상용' 이다. 미국이 북의 안전을 보장하고 경제제재를 해제하고 국제사회에 나오게 하면 북한은 핵을 포기할 것이다. 또 북한 사람들이 중요하게 얘기하는 것이 '한반도 비핵화는 돌아가신 김일성 주석의 유훈'이라는 것이다. 북에서 김일성의 얘기는 '신성 불가침'이다. 그래서 현 단계는 핵을 통해 협상을 성공시키려는 목적이 아닌가 싶다.

"베트남식 무력통일도, 독일식 흡수통일도 안 된다"

오마이뉴스 재팬 생전에 한반도 평화 통일을 보실 것이라 생각하시는지요? 또한 어떤 통일이 되어야 한다고 전망하는지요?

김대중 우리가 해방 이후 분단되었을 때 60년 넘게 분단될지 누가 알았나? 통일은 한쪽만 하려고 한다고 되지 않고 상대가 있다. 우리를 둘러싼 미일중러 4대국 영향도 크다. 중요한 것은 남북이 통일의 방향으로 정책의 기본을 세워 한발 한발 나가는 것이다. '햇볕정책'은 통일을 빨리 하자는 것이 아니라 착실하게 하자는 것이다. 우선 평화적으로 같이 살자, 그리고 교류 협력 하자는 것이다. 북한 경제가 어려우니 경제를 회복시키고 서로 교류를 많이 하고 만나면 상호 이해가 늘어나고 상대방에 대한 부정적인 인식도 바꿔지는 것이다.

그 다음에 서로 안심하고 살 수 있다고 생각할 때 통일을 하는 것이다. 평화공존, 평화협력, 평화통일 3원칙 밑에서, 그리고 제1단계 남북연합, 이건 지난 6·15 정상회담 때 남쪽의 '남북연합'과 북쪽의 '낮은 단계의 연방제'는 합의가 되었다. 그 다음은 미국식의 연방제이고 그 다음은 완전통일이다. 결국 언제 통일이 되느냐가 중요한 게 아니라 그런 방향으로 나가고 있느냐가 중요하다. 그러면 언젠가 통일이 되는 것이다.

절대 통일을 서둘러서는 안 된다. 우리는 베트남식 무력통일도 안 되고 독일식 흡수통일도 안 된다. 독일식으로 하면 북한 경제 살리고 북한을 먹여 살릴 능력이 안 된다. 엄청난 부담이고 국민의 큰 반발이 일어난다. 우리는 서로 전쟁까지 했기 때문에 아직도 증오심이 많다. 북한 또한 공산주의로 남한을 적화하겠다는 기본 정책을 바꾸지 않았다. 하나가 되기는 아직 여건이 성숙되지 않았다. 평화공존, 평화협력, 평화통일의 3원칙과 남북연합, 남북연방, 완전통일의 3단계로 차분히 가면 완전한 통일이 안 되어도 서로 안심하고 왕래하고 같이 사업하고 북한에 가서 사는 '사실상의 통일' 단계가 오는 것이다.

오마이뉴스 재팬 참여정부하에서 주한미군 문제와 관련 여러 가지 변화가 있었고 앞으로도 협상이 있을 것인데 주한미군 재배치 문제에 대해 어떻게 생각하시는지 궁금하다.

김대중 주한미군 재배치와 감축은 미국 자체의 세계 전략에 의해서 하는 것이지 한미 관계가 안 좋아서 그렇다는 것은 사실이 아니다. 그런 차원에서 해결할 문제가 아니다. 한국과 미국은 기본적으로 관계가 나쁠 것이 없다. 이라크에도 미국, 영국 다음으로 한국이 군대를 많이 보냈다. 미군의 전략에 따라 2사단을 후방으로 옮기는 것도 동의해줬다. 용산 기지의 평택 이전도 농민들 반대를 경찰이 제재하면서까지 미군 기지가 들어가도록 해주고 있다. 군사 분야에서는 큰 문제없이 협력하고 있다.

한미방위조약은 미국의 이익도 되고 우리의 이익도 된다. 국가 간의 이익은 서로의 이익이 되어야 한다. 미국이 한반도에, 또 아시아 대륙에 군대를 가지고 있는 것은 동아시아 전체에 대한 미국의 영향력 유지에 얼마나 중요한지를 알 수 있다. 그러기 때문에 한반도에 미국이 있는 것은 우리를 위해서만 있는 게 아니고 미국을 위해서 있는 것이다. 앞으로도 한미방위조약의 협력 관계는 유지되어 갈 것이고 그것이 한미 양측의 공동의 이익이 될 것이다.

　미국 예일대학의 폴 케네디 교수가 '한국은 미국·일본·중국·러시아라는 네 마리 코끼리 다리 사이에 끼어 있으니 그 사이를 잘 헤쳐 나가야 한다'고 얘기했는데 참 옳은 말이다. 나는 1971년 대선에 출마해서 '4대국 한반도 평화보장론'을 말했는데 지금의 6자회담은 거기에 남북을 합친 것이다. 6자회담은 상설화되어야 하고 한미일 3국의 공조 협력 관계도 앞으로 공고히 유지해 나가야 한다.

오마이뉴스 재팬 김대중도서관 1층 전시관을 둘러보니 1998년 대통령에 취임하면서 15가지 대통령 수칙을 적은 국정 노트를 봤다. 영광스런 때도 있었지만 어려울 때도 있었을 것이다. 특히 박정희 시절에 어려움이 많았지만 집권 후반기에도 어려움이 적지 않았을 텐데 어떤 자세와 신념으로 극복했는지 궁금하다.

김대중 나는 어려움에 처할 때 그걸 피하지 않고 사실대로 받아들인다. 그런 가운데 세어보면 여러 가지 좋은 점도 있다. 국정이 어렵더라도 외환 위기를 극복했다든가, 남북 관계의 큰 물꼬도 텄다든가, 정보화를 실현했다든가, 우리 국가가 그만큼 세계적으로 위상이 높아졌다든가 하는 것이 그렇고, 개인적으로 또 여러 어려움이 있지만 생각해보면 우선 신안군 하의도라는 섬에서 태어난 사람이 서울에 와서 대통령까지 된 게 큰 것 아닌가? (웃음) 또 세계에 수많은 대통령이 있지만 재직 중에 노벨평화상을 탄 사람이 누가 있나? 이처럼 세어보면 많다. 양면을 본다. 나쁜 때는 좋은 면을 보고, 좋은 때는 나쁜 면을 경계하고, 심지어 아내하고 사이가 좋다든가, 건강이 좋다든가, 좋은 친구들이 있다던가 등 세어보면 많다. 양면을 보니까 좋을 때 경계가 되고 나쁜 때는 위안이 된다.

오마이뉴스 재팬 김 전 대통령은 민주화의 상징적 인물인데 참여정부의 인기가 떨어지면서 김 전 대통령과 함께 민주화운동 했던 사람들이 '도매금'으로 같이 떨어지는 현상이 있다. 그래서 민주화운동 했던 분들이 마음의 상심을 많이 받고 있다. 그런 분들에게 어떤 자세로 임했으면 좋을지를 말씀해달라.

김대중 내가 한 일에 대해 옳은 일을 했다, 역사적으로 의미 있는 일을 했다, 이렇게 생각하면 한때 평이 좋거나 나쁘다든가 하는 것은 인간사에서 흔히 있는 일이다. 그 대신 우리가 엄청난 독재를 상대로 수많은 희생을 치르면서 역사를 바꾼 큰일을 해낸 것은 누구도 부인할 수 없지 않나? 그런 의미에서 역사 속에선 반드시 승리자가 된다.

내가 사형 언도를 받았을 때도, 신군부 사람들이 와서 타협하면 살려준다고 했다. 그러나 내가 당신들에게 협력하지 않으면 일시적으로 죽지만 사람은 어차피 죽는데 나는 영원히 산다, 나는 영원히 사는 길을 택하겠다고 했다. 길게 보면 사람이 죽을 때 내 인생을 값있게 살았다, 이럴 수 있는 사람이 제일 성공한 사람이다. 민주화에 헌신했던 것을 후회할 사람이 누가 있나. 일시적으로 여론이 좋고 나쁘고는 상관할 것 없다.

이번에 핵 문제가 터졌을 때 모두 폭풍에 휩쓸리듯이 하는데, 내가 정면으로 받아서 나간 것도 내가 소신을 가지고 한 일이다. 옳은 일이기 때문에 이런 때 국민에게 바른 방향을 얘기해줘야 한다, 그게 내 의무다. 이 때문에 내가 타격을 받거나 희생을 받을지 모르지만 내가 볼 때 북미 직접 대화와 주고받는 협상, 그리고 동시 실천의 세 가지 외에는 길이 없다. 전쟁은 못하는 것이고 해서도 안 되는 것이다. 이렇게 하니까 내 마음의 정리가 확 되더라. 그렇게 사는 것 아니겠나?

"아베 정권서 한일 관계 잘될 거라는 확신 지금 가지고 있지 못해"

오마이뉴스 재팬 조만간 '김대중 납치' 사건에 대해 국정원이 조사 결과를 발표할 것으로 예상되는데 그때 박정희 정권 시절 정보기관의 관여가 공식적으로 확인되면 한일 관계에도 영향이 있을 것 같다. 한일 양국은 그 문제를 어떻게 해결해야 한다고 보나?

김대중 양국 정부가 정도를 걸어야 한다. 다 알고 있는 일을 지금 감추고 있지 않나? 사실은 사실대로 인정하고 잘못은 잘못대로 책임을 져야 한다. 일본 정부가 한국의 중앙정보부 요원이 한 것이라는 증거를 쥐고도 한국 정부에 적극적으로 타협한 것은 부끄러운 일이다. 또 한국 정부가 그 문제에 대해 책임을 지지 않은 것도 말할 수 없이 잘못된 일이다. 이번 기회에 양국 정부가 공동으로 잘못한 것은 잘못대로, 사실은 사실대로 용기로써 결단해야 한다.

오마이뉴스 재팬 김대중 전 대통령께서 1998년 10월 오부치 게이조(小淵惠三) 일본 총리와 한일 공동성명(21세기 새로운 한일 파트너십 공동선언)을 발표하면서 한일 관계가 많이 좋아졌고 돌이켜보면 '사상 최고의 한일 관계'였다. 그런데 고이즈미 준이치로 총리 때에 와서 한일 관계가 악화되었다. 지금 민간 교류는 활발하지만 정부 관계는 좋지 않은 상태다. 이렇게 된 문제점과 책임은 어디에 있다고 보는지, 그리고 아베 신조 총리에 대해 어떤 기대를 하는가?

김대중 오부치 총리와는 아주 잘 합의가 되었다. 그렇게 해서 일본이 과거사에 대해 정식으로 사죄하고 우리는 일본이 민주화와 평화로 가는 것을 평가하고 앞으로 미래지향적으로 나가자 이렇게 했다. 실제 집권 5년 동안 한일 관계는 매우 좋았다. 그때도 야스쿠니 신사 문제가 있었다. 상하이 아시아태평양경제협력체 정상회담에서 고이즈미 수상과 7가지 항목에 합의했는데 그중에 야스쿠니 문제는 고이즈미 총리가 '새로운 추모 시설을 만드는 것을 고려하겠다'고 자진해서 제안했다. 그런데 실천이 안 되었다. 그 뒤에 고이즈미 총리가 야스쿠니를 참배했다.

전쟁에 나갔다가 희생한 사람에 대해 추모하고 참배하는 것은 당연하다. 우리가 문제삼는 것은 전범이 합사되어 있기 때문이다. 과거 침략 전쟁에 대한 반성이 있다면 도저히 할 수 없는 일이다. 그것은 그 사람(전범)들 때문에 아까운 생명을 바쳐 전사한 다른 합사된 희생자들에 대한 모욕이다. 그것은 우리 한국과 중국, 동남아 사람들에게 도저히 용납이 안 되는 근본적인 문제다. 그런 점에서 한일 관계의 악화가 시작되었다.

일본에 대한 우리의 걱정은 과거에 대한 반성이 매우 부족하다는 것이다. 일본은 해가 갈수록 과거를 정당화, 미화하려고 한다. 일본이나 독일이나 다 제2차 세계대전 '침략국' 이다. 일본은 독일과 비교하면 싫어하지만, 독일은 반성하고 사과하고 보상하고 국민에게 철저히 과거를 교육시켰다. 독일은 철저한 반성을 했기 때문에 침략을 당한 주변국들로부터 신뢰와 지지를 받게 되었다. 또 철저한 과거 청산의 결과로 독일은 통일을 이루고 현재 유럽연합의 중심 국가가 되었다. 일본이 '보통 국가' 가 되려면, 우선 침략을 한 다른 보통 국가들이 하듯 과거 청산을 해야 한다. 그런데 일본이 군사력 강화와 자기 정당화를 하면서 보통 국가를 얘기하면 침략당한 사람들이 얼마나 걱정하겠나?

한국과 일본, 중국은 반드시 함께 손잡아야 한다. 그래야 동북아와 동아시아 전체 그리고 세계가 안정된다. 이건 절대적 조건이다. 그런데 세 나라가 모래알처럼 각자 흩어져 있는 상태여서 걱정스럽다. 일본은 독일 얘기를 하면 화내지 말고 '왜 우리에게 그렇게 말하는가'를 반성할 필요가 있다. 그런 점에서 일본이 크게 생각을 바꿔야 한다. 그런데 불행하게도 일본의 아베 정권에서 그럴 가능성은 적지 않은가 싶어 상당히 걱정스럽다.

오마이뉴스 재팬 아베 총리 취임 이후에도 앞으로 한일 관계가 어려울 것이라는 얘기인가?

김대중 그렇게 안 되길 바라지만 잘될 것이라는 확신을 지금 가지고 있지 못하다.

"일본인 납치 문제, 두 말할 것 없이 북한 잘못"

오마이뉴스 재팬 한반도 비핵화, 동아시아 지역의 안정을 위해 일본의 역할이 크지만 납치 문제 등으로 북한에 대한 일본 여론은 나쁜 상황이다. 앞으로 일본의 역할을 어떻게 보나?

김대중 납치 문제는 두 말할 것 없이 북한의 잘못이다. 그런 인권 유린이 어디 있나? 북한의 사과는 당연하고 상당수 사람을 돌려준 것도 당연한데 아직 일본으로서는 미진한 것 아닌가 싶다. 이 문제는 피해자가 납득할 때까지 해결해야 한다. 북한이 어차피 납치한 것 인정하고 사죄했으면 더 이상 감출 것도 없지 않나? 그런데 북한이 왜 그러지 않는지 모르겠다.

나는 사실 지난 6월에 북한에 가면 그 얘기를 하려고 했다. '그 문제는 일본의 속이 확 풀릴 때까지 다 해줘라, (일본측과) 같이 찾아다니면서 여기저기 무덤을 파서라도 빨리 문제를 해결해라, 일본의 유족들이 계속 문제삼고 있는데 언제까지 처음 고이즈미와 약속하고 다르다고만 주장할 것이냐, 그것은 인권 문제이기 때문에 인권 침해를 당한 사람들이 납득할 때까지 해주어야 한다.' 이렇게 얘기하려고 했다.

다만 일본에서 납치 문제를 정치적으로 이용하는 것은 별도 문제다. 그렇게 해서는 안 된다. 결국 일본은 북한과 국교를 정상화해야 한다. 과거 일본이 침략했던 상대와 국교 수립을 못하고 있는 것은 일본으로서도 자랑스러운 게 아니다. 그러기 때문에 납치 문제는 납치 문제에 그쳐야지 납치 문제를 정치적 문제로 발전시키는 것은 일본이 할 일이 아니다.

오마이뉴스 재팬 북일정상회담도 추진해야 된다고 보는가?

김대중 그런데 지금 일본에서 그런 얘기가 안 통하지 않나? 우선 납치 문제를 빨리 마무리하면서 그 문제(정상회담)로 나가야 한다. 그런데 납치 문제가 미진한 상태여서 일본 정부 방침도 (정상회담 추진을) 안 하고 있고 일본 국내 여론에서도 (정상회담은) 쉬운 일이 아니다. 우선 빨리 북한이 납치 문제를 풀어야 한다. 그리고 국교 정상화로 나가야 한다.

오마이뉴스 재팬 마지막으로 〈오마이뉴스 재팬〉의 3천 명 시민 회원과 일본 국민에게 메시지를 달라.

김대중 일본이 전후에 경제적으로 크게 일어나고 많은 성취를 했는데 중요한 것 하나가 부족한 게 있다. 일본이 민주주의를 싸워서 쟁취한 게 아니라는 것이다. 고문당하고 목숨 바치고 희생해서 된 게 아니라는 것이다. 한국은 얼마나 많은 사람이 죽었나? 나도 사형 언도를 받아서 죽을 사람이 기적으로 살아난 것 아닌가? 일본은 그런 일이 없다. 그렇기 때문에 일본 민주주의는 주체 세력이 없다.

그러니까 조금 수틀리면 북한과 국교하겠다는 사람의 집에 폭탄 던지고, 중국과 관계 개선하자는 사람 집에 불을 지르고 하는데도 그런 것에 맞서는 세력이 약하다. 내가 일본 친구에게 말한 적이 있지만 민주주의는 공짜가 없다. 토머스 제퍼슨이 '민주주의라는 나무는 인민의 피를 먹고 자란다'고 말했다. 그게 그냥 해본 소리가 아니다.

일본의 민주주의라는 것이 전쟁에 지고 나니까 맥아더 원수가 와서 '이제부터 민주주의 하라'고 하니까 하다시피 한 것 아닌가. 일본의 민주주의는 근간이, 뿌리가 약하다. 일본의 뜻있는 사람들이 그것을 굉장히 심각하게 생각해야 한다. 그래서 이제 지금 지키는 데라도 목숨을 바칠 필요가 있으면 바쳐야 한다. 그것을 제대로 못하면 일본은 앞으로 한쪽으로 끌려가고 국제사회에서 친구를 많이 잃을 것이다. 일본이 민주주의 뿌리가 확고하지 않고 주체 세력이 약한 것, 그걸 어떻게 보완하느냐에 일본의 뜻있는 사람들이 자기 희생을 각오하고 노력해야 한다.

"남북정상회담
노 대통령도, 다음 대통령도 해야"

〈연합뉴스〉 회견
2006. 12. 26

김대중 전 대통령은 26일 병술년 한해를 마감하며 6자회담 및 북핵 문제 해결 전망에 대해 "명년에는 해결될 것"이라는 희망 섞인 관측을 내놓았다.

연합뉴스 김 전 대통령은 북핵 해법으로 북미 직접 대화, 주고받는 협상을 강조했다. 하지만 이번 6자회담은 가시적 성과가 없었다는 평가가 있다. 향후 6자회담을 어떻게 전망하는가?

김대중 전 대통령(이하 김대중) 변화는 미북이 직접 대화를 했다는 것이다. 미국과 북한, 6자회담 대표들이 얘기를 많이 해 상대방이 무엇을 생각하고 있다는 것을 알게 됐다. 그런 것은 소득이다. 손에 쥔 성과는 없지만 갈라서지 않고 대화했고, 속단하기는 빠르지만 명년부터는 변화가 오고, 그렇게 될 수밖에 없지 않겠는가? 신중한 기대를 가지고 있다.

연합뉴스 방코델타아시아 실무자그룹 회의 등 북핵 문제 해결을 위해 미국과 북한은 어떠한 자세를 취해야 하는가?

김대중 방코델타아시아 문제와 관련된 증거가 있으면 미국이 내놓은 뒤 북한이 책임져야 할 것이고, 그렇게 명확하지 않으면 미국이 좀 더 변화된 태도를 보여야 한다. 북한은 증거를 대면 책임지겠다고 했다. 미국이 고발한 것이니까 고발한 측에서 증거를 대야지 고발당한 측에서 '잘못했소'라는 고백을 기대하기 어렵다.

연합뉴스 노무현 대통령과 정부는 북핵 문제에 어떻게 대처해야 한다고 보는가?

김대중 대북 포용 정책을 누가 얘기했는가보다는 옳은 방법, 가능한 방법이냐가 중요하다. 포용 정책 비판자들이 대안을 내놓는 것을 보지 못했다. 전쟁하려고 하면 북한과 원수지고 관계를 끊어버리고 개성공단 철수, 금강산 관광을 중단하면 그만이다. 하지만 대화 협력 외에는 길이 없다.

연합뉴스 포용 정책 지속 여부가 차기 대선의 주요 이슈가 될 것 같다. 대북 포용 정책의 변화 가능성을 어떻게 보는가?

김대중 누가 정권을 잡든지 바꿀 수 없다고 본다. 바꿔서 무슨 도움이 되는가? 개성공단에서 철수하고 금강산 관광 사업을 중단하면 무슨 이익이 되는가? 긴장만 고조되고, 휴전선에서 총소리 한 방만 나도 도망가는 시대가 다시 올지 모른다. 북한과 접촉하고 포용해서 손해 볼 게 뭐 있는가? 또 북한을 도와야 북한이 극단적으로 나오지 않는다.

연합뉴스 최근 정치권에서 남북정상회담의 필요성이 제기되고 있다. 정상회담이 필요하다고 보는지, 또 성사 가능성은 있다고 보는가?

김대중 나는 남북정상회담을 하는 게 좋다고 정부 사람들한테 얘기하고 있다. 6자회담이 일진일퇴하는 상황에서 우리가 역할을 하려면 정상회담을 해야 한다. 또 남북 정상이 만나 협력 증진을 얘기해야 하고, 북핵실험은 한반도비핵화선언 위배이기 때문에 그 문제도 따져야 한다.

이 때문에 노 대통령도 정상회담을 해야 하고 그 다음 대통령도 해야 한다고 생각한다. 노 대통령도 가서 만나면 좋은 얘기가 있을 것이고, 맨손으로 헤어지지는 않을 것이다. 그 다음에 어느 정부가 들어서든지 길을 열고 왕래하면 된다. 국가원수가 민족의 운명과 장래, 국민의 행복을 좌우하는 문제에 대해 정상회담이라는 기회를 이용하지 않으면 무엇을 하겠는가?

연합뉴스 지난 6월 김 전 대통령의 방북 계획이 북한의 미사일 발사라는 돌발 상황으로 무산됐다. 상황이 호전돼 여건만 조성된다면 방북할 의향이 있는가?

김대중 나는 북쪽과 남쪽 정부가 다 같이 평양을 방문하기를 바라면 가겠다. 그러나 양쪽에서 접촉을 바라지 않는다면 내가 전직 대통령이라는 입장이 있기 때문에 함부로 움직일 수가 없는 상황이다.

연합뉴스 미국은 행정부의 파워가 강하기 때문에 민주당이 중간선거에 승리해도 대북 정책은 변하지 않을 것이라는 지적도 적지 않다. 미국의 대북 정책이 어떻게 변화할 것으로 전망하는가?

김대중 민주당의 승리가 북미 직접 대화와 미국의 유연한 태도에 영향을 준 것으로 보인다. 미북은 이제 겪을 만큼 겪었고, 올 때까지 왔다고 생각한다. 명년은 뭔가 변화가 오지 않겠는가? 대화하다 말다 하면서 (협상을) 끊는 일도 없을 것이다.

　미국 부시 대통령은 이라크, 아프가니스탄 대외 정책 면에서 잘 안 됐다. 한국에서라도 성공해야 하지 않겠는가? 그래야 부시 대통령의 업적도 될 수 있다. 북한은 핵실험 성공으로 어떤 면에서 상한가이지만 동북아 국가의 핵 보유가 시작되면 북한의 핵은 값이 떨어지고 시간을 끌면 끌수록 약효가 떨어지게 된다.

연합뉴스 일본 내에서 대북 정책에 대해 강경한 우파가 득세하고 있다. 일본은 6자회담에서 어떠한 역할을 해야 하며, 우리의 대일 외교 자세는 어떠해야 하는가?

김대중 일본이 지금 급속도로 우경화되고 있다. 엊그제 일본 국회는 교육기본법을 통과시켜 애국주의를 고취하고 있으며, 헌법 개정 얘기도 나오고 있다. 문제는 일본의 젊은 세대들이 더 우경화한다는 것이다. 하지만 그럴수록 한미일 공조를 튼튼히 하고 한일 양국이 협력을 위해 가능한 노력을 해야 한다.

"북핵 해법에 전환점이 되는 해 낙관"•

〈한겨레〉 신년 회견
2007. 1. 8

한겨레 올해 북미 관계와 6자회담의 전망과 관련해 '변화를 예견하면서 신중한 기대'를 한다고 말씀하시고 북미 관계가 긴 터널을 빠져 나오고 있다는 말씀도 한 것으로 알고 있습니다. 북한의 부시 행정부에 대한 불신, 부시 행정부의 대북 정책이 과연 변했는가라는 의문 등을 들어 비관적 견해도 많은데 상대적으로 낙관적으로 보시는 듯합니다. 왜 그렇게 보시는지 듣고 싶습니다. 또 북한은 부시 행정부와의 협상을 통해 관계 정상화와 북핵 문제를 해결할 의지가 있다고 보십니까? 아니면 부시 이후를 겨냥하고 있는지, 그런 문제를 어떻게 보시는지요?

김대중 전 대통령(이하 김대중) 내가 낙관한다는 것보다는, 올해는 북한 핵 문제가 가부간에 하나의 전환점이 될 것이다, 그런데 잘못될 가능성도 있지만 또 풀려갈 가능성도 있다, 그렇게 보는 것입니다. 양면이 있는데 풀려갈 가능성이 작년보다는 높다는 생각입니다. 이유는 서로 그런 필요성이 있고, 또 그렇게 안 하면 손해를 보는 이유가 있는 것입니다. 미국 같은 경우를 보면

•〈한겨레〉의 오귀환 편집국장과 가진 회견 내용이다. (편집자 주)

민주당이 중간선거에서 이겼고, 민주당은 클린턴 대통령 때 하던, 북한과 대화하고 줄 건 주고 받을 건 받고 그런 길을 주장하는 거거든요. 그런데 아시다시피 미국에서는 국회가 굉장히 힘이 있지 않습니까? 또 부시 자신도 북한에 대해 안 그러면 어떻게 할 것이냐? 북한에 대해 전쟁할 것이냐? 지금 중동에서도 저 모양인데 전쟁할 처지가 못되지 않습니까? 또 경제제재 한다는데 중국이 경제제재를 안 하는 이상은, 이미 미국과 일본은 경제제재를 하고 있거든요. 중국이 나서야 북한이 움직여줘요. 그러니까 그 문제에 있어서도 미국이 결정적인 힘을 갖고 있지 않다, 또 2년 후 미국 대통령 선거인데 공화당으로서도 부시로서도 북한 문제라도 해결이 돼야지, 이라크도 저 모양이고, 아프가니스탄도 위험한 상황이거든요. 북한 문제가 어쩌면 잘될 수 있다는 전망이 있고 그러니까, 미국으로선 필요성과 현실적인 면에서 그 이외에는 길이 없다, 그래서 금년까지도 아무것도 없이 넘어가면 자꾸 북한 사태가 악화되거든요. 부시 정권 돼서 제네바 협정 파기해버렸죠, 핵확산금지조약을 북한이 탈퇴했죠, 국제원자력기구 요원들을 추방해버렸죠, 모라토리움(미사일 시험발사 유예) 깨고 미사일 쐈죠, 핵실험하고……. 이렇게 미국으로 봐선 나쁜 것만 나왔단 말이에요, 얻은 것은 없고. 또 이대로 가면 북한이 더 그런 길로 나오지 않겠느냐 하는 가능성도 있는 것이고. 그래서 미국은 현재의 자기의 한계로 보나 필요성으로 보나, 미국 국회의 변화로 보나 해결할 수 있으면 대화로 해결하겠다 그렇게 나온 것이고 그래서 이번에 그동안 악을 행한 자와는 대화를 안 한다고 하다가 이번에 대화했잖아요. 그리고 심지어 방코델타아시아 그 문제로 미국 대표가 북한 대사관도 가고, 내가 알기로는 이번에 6자회담에서도 미국이 상당히 구체적으로 핵을 포기한다면 뭔가를 해줄 수 있다고 (북한에) 얘기한 것으로 알고 있습니다. 그래서 미국이 이젠 보따리를 풀기 시작했거든요. 공개적으로 부시가 노무현 대통령에게 평화 서명을 하겠다든가, 종전 선언을 하겠다든가, 김정일 위원장과 같이 만나겠다 했잖아요. 그래서 그렇게 전체적으로 보면 미국 입장에서 볼 때도 금년은 풀리는 방향으로 가지 않겠냐, 그 이외에는 딴 길이 없지 않겠냐 이런 생각입니다.

북한 입장에서도 지금이 상한가입니다. 핵을 쏴서 자기네 힘을 보였고, 주변에 많은 위력을 발휘했다고도 볼 수 있고, 그래서 여기서 해결을 해야지 이걸 안 하고 계속 밀고 가면 그때 가서는 문제가 생기는 거예요. 중국도 북한이 끝내 해결을 안 하면 북한에 대해 강력한 태도, 예를 들면 지원을 중단한다든가 이런 쪽으로 나오든지, 아니면 북한이 핵을 가질려면 가져라 이렇게 나오든지, 둘 중에 하나를 해야 할 처지에 있어요. 그런데 내가 보기엔 중국이 북한 핵을 용납할 가능성은 없다고 봅니다. 왜냐하면 북한 핵을 용납하면 당장 일본이 핵 가진다는 소리가 나올 것이고, 대만도 그럴 가능성이 있고, 한국도 그런 소리가 나올 겁니다. 동북아 전체가 핵 지뢰밭이 되는 것이고, 중국으로서는 일본이 핵 갖고 대만이 핵 갖는 것은 악몽과 같은 일이거든요. 그래서 북한(의 핵보유)을 용납 안 한다고 봅니다. 그리고 북한이 영 (말을) 안 듣고 제2차 핵실험도 하고 그렇게 나가면, 지금은 북한에 대한 원조를 어느 정도 그대로 유지하면서 설득을 하지만 그때 가면 강한 태도로 나오지 않겠느냐. 그렇게 되면 북한도 견디기 어렵다는 생각이고. 만약 북이 해결을 안 하고 지금처럼 계속 버티면 유엔에서도 제2차 결의도 할 수 있을 것이고, 미국도 훨씬 더 강경한 태도로 나오고, 세계도 더 동조할 가능성이 있고, 그러면 북한이 이겨내기 어렵습니다. 북한이 지금도 힘들게 견뎌내고 있는데, 핵이 국민들 밥 먹여줍니까, 핵이 옷을 입혀줍니까? 그런 점에서는 북한도 어려운 처지에 부딪친다, 이렇게 보고 있습니다. 또 예상해서 한국이나 일본이나 대만이 다 핵을 가진다면 북한이 혼자 가질 때나 큰소리하지, 다 가지면 큰소리할거리도 못되는 것 아닙니까? 그리고 북한에 핵이 몇 개 있다고 해봤자 미국 핵 앞에 가면 어린애 장난감도 안 되는 것이고. 그러니까 북한으로서는 지금 해결을 할 수 있는 좋은 찬스가 아니냐는 생각이고. 내가 만났던 김정일, 또 북한을 들여다보고 있으면 북한은 지금도 미국과 관계가 개선돼서 미국이 자기네를 승인해주고, 외교 관계를 맺고, 안전을 보장해주고, 그리고 북한도 핵을 해결해서 국제통화기금이나 아시아개발은행에서 돈도 빌리고, 일본과 국교 정상화를 해서 약 100억 달러로 예상되는 과거 식민지 시절 통치에 대한 보상금도 받고, 이렇게 하는 것을 북한이 지금 열망하고 있다고 봐야죠. 그래서 그런 점에 있어서 올해에는 나쁘게 되면 아주 나쁘게 되겠죠, 더 이상 자꾸 질질 끌지는 못할 것이고. 하지만 극적인 전환을 가져올 수 있는 가능성도 있다고 생각합니다.

한겨레 좀 전에 말씀하신 것처럼, 미국의 부시 대통령이 김정일 국방위원장과 만나서 핵 폐기와 연결해 한반도 종전 선언까지 할 수 있다는 정도로까지 양보할 수 있을까요?

김대중 당연히 그렇죠. 그리고 미국이 지금 우리나라에서 상당히 군대를 빼내고 있지 않습니까? 그렇다면 북한과도 긴장을 완화시키는 것이 안심하고 (미군을) 빼내는 길이 되는 거니까 북한과 평화협정을 맺는다든가 이렇게 하는 것이 절대 필요한 것이고, 또 우리도 그런 방향으로 유도를 해야죠.

한겨레 그런 식으로 나아갈 것이라고 기대는 하고 있는데, 이번 6자회담 5차 2단계에선 몇 가지 교착상태에 빠진 게 있었습니다. 교착상태를 풀기 위해서는 양쪽이 각각 어떤 입장 변화랄까, 양보 조처를 취해야 하는 것인지 말씀해주시죠.

김대중 간단해요. 북한은 핵을 포기하고 철저한 검증을 받아야 돼요. 그리고 미국은 북한을 안전보장하고 경제적 제재를 해제해줘야 해요. 방코델타아시아 문제를 포함해서. 그것을 서로 합의 안 하니까 계속 문제가 되고 있는 거예요. 이제 미국만 그런 방향으로 결심하면 북한이 핵 포기하겠다고, 한반도 비핵화를 김일성의 유훈이라고까지 말하고 있으니까 한다고 봐야 하고, 만일 그렇게 미국이 해줬는데도 북한이 핵 포기 안 하면 그때는 중국도 가만히 안 있을 거고, 우리도 가만있지 않을 것이고, 세계가 가만히 안 있을 거예요. 그때는 북한 못 견뎌요. 그러니까 이 문제는 한번 마음만 먹으면 되는 문제예요. 이 문제가 1994년부터 얘기해온 거예요. 말하자면 주고받고 일괄 타결해야 된다. 부시 대통령이 여기 왔을 때 얘기인데, 당신이 악을 행한 자와는 대화하지 않는다고 하는데, 아이젠하워 대통령은 전쟁 중에 북한과 대화했지 않았냐, 그래서 휴전협정을 해서 지금 50년 동안 평화를 유지하고 있지 않느냐, 레이건 대통령은 소련 보고 '악마의 제국'이라고까지 했는데, 소련과 대화해서 소련과 서방 세계가 구주안보협력조약(OSCE)을 만들어서 그 결과로 소련이 개혁 개방했는데 그 여파로 동유럽이 민주화됐다. 닉슨 대통령은 중국 마오쩌둥을 만나서 개혁 개방을 유도했고, 심지어 베트남하고는 전쟁까지 했는데 지금 전쟁한 원수와 국교 맺고 잘 지내고 있지 않냐, 그러면 왜 북한하고만 못한다고 하느냐, 그래서 나하고 얘기가 돼서, 그게 2002년 2월인데, 부시 대통령이 청와대에서 기자들 앞에서 세 가지를 얘기했어요. 북한을 공격 안 하겠다, 그때는 북한에 대한 공격 얘기가 있던 때예요. 그리고 북한과 대화하겠다, 북한에 식량 주겠다, 그런데 그게 지켜지지 않았어요. 그래서 내가 볼 때, 부시 대통령이 6년 동안 하면서 북한으로서는 손해만 봤지, 얻어낸 건 없어요. 그런 문제 때문에 우리도 남북 관계가 자꾸 가다가 막히고 가다가 막히고 그래요.

한겨레 북한 핵 문제와 남북정상회담이 반드시 연결된 것이 아닐 수도 있고 서로 순서가 바뀔 수도 있는데, 두 가지 주제는 어떤 식으로 풀어가는 게 좋을까요?

김대중 남북정상회담을 하게 되면 핵 문제 얘기 안 하고, 6자회담 문제 얘기 안 하고 뭘 얘기하겠습니까? 그게 제일 중요한 의제지. 그걸 갖고 우리는 북한에 대해 핵 포기를 요구하면서 그렇게 되면 미국이 이렇게 할 것이다 얘기도 해주고, 또 북한은 자기네가 미국에 대해 믿을 수가 없으니까 뭘 가지고 우리 보고 믿고 포기하라고 하느냐 이런 얘기도 나올 것이고, 그런 가운데서 우리가 역할을 할 수 있는 것 아닌가 해요.

한겨레 노무현 대통령 임기가 1년밖에 안 남았는데도 올해 여건이 되면 정상회담이 가능할 수 있을까요?

김대중 그렇죠. 나는 오래 전부터 정상회담 하라고 권유했는데, (노무현) 대통령도 물러나기 전에 정상회담을 해야 돼요. 나로부터 시작해서 재임하는 대통령마다 정상회담을 하면 다음 대통령도 하게 돼요. 그런데 여기서 걸려버리면 맥이 끊어질 가능성도 있죠. 북한으로서도 서울 답방하기로 약속했는데, 서울로는 못 오는 한이 있더라도 정상회담을 해야 약속을 지키는 것이고, 또 그렇게 하는 것이 북한이 남한으로부터 지원받고 하는 데도 도움이 될 거라고 생각해요.

한겨레 정상회담은 상황적으로 우리 민족의 운명과 관련해 굉장히 중요한 시기에 해야 할, 굉장히 중요한 주제임에도 불구하고 대선 때문에 자칫 야당이나 보수 세력 쪽에서는 정치적으로 이용한다는 식의 반대 여론을 조성할 수도 있거든요. 그런 반대 여론을 뚫고 노 대통령이 올해 정상회담을 관철할 만한 의지가 있는지, 상황이 그렇게 흘러갈 수 있을까요?

김대중 그건 노 대통령에게 물어보시죠(웃음). 북한이 하겠다고 한다면 노 대통령도 응할 것으로 봅니다.

한겨레 지난해 4월 북한 방문을 하시려다 잘 안 됐지 않습니까? 올해 여러 여건이 갖춰진다면 방북하실 의향은 있으신지요?

김대중 나는 원칙적으로 남북 양쪽 정부가 내가 평양에 가는 것을 바라면 가겠다는 생각인데, 지금은 상황이 노 대통령 임기도 얼마 안 남아서 내가 가는 문제보다는 노 대통령과 김정일 위원장이 직접 정상끼리 대화하는 문제가 더 당면한 문제로 등장한 것이 아닌가 생각됩니다.

한겨레 북한으로서도 노무현 대통령과 정상회담을 하고자 하는 진지한 의사가 있다고 보십니까?

김대중 북한으로서는 서울 답방을 해야 할 책임도 있고, 노무현 대통령과 대미 관계에 대한 협의도 할 수 있는 것이고, 경제적 지원도 요청할 수 있는 것이고, 남북 관계에서 긴장 완화를 위한 여러 조처도 할 수 있는 것이고, 그러니까 북한으로서도 나쁠 것이 없죠.

한겨레 한나라당에서 대선 후보로 거론되는 사람들과 대화를 해보셨는데, 햇볕정책, 대북 포용 정책에 대한 평가가 국내에서도 엇갈리고 있고, 국외에서도 엇갈리고 있는데…….

김대중 국외에서는 엇갈리지 않아요(웃음).

한겨레 햇볕정책이나 포용 정책이 정치적 여건에 따라서는 계속 (논란이) 불거질 가능성이 있거든요. 한나라당 대선 후보들이 대북 포용 정책에 대해서 어떤 반응을 보일까 궁금한 대목들이 많이 있었습니다. 한나라당 대선 후보들이 경청하는 자세를 보여줬다고 하는데, 누가 집권하든 대북 포용 정책이랄까 햇볕정책이 필요한 정책이라는 이유를 설명해주시겠습니까?

김대중 나는 이번에 만난 한나라당 대선 후보들이 내 말을 긍정적으로 들었다 안 들었다기보다는 한나라당에 대해서도 걱정 안 해요. 한나라당이 집권하면 북한과 대화 안 하고 어떻게 하겠습니까? 전쟁하겠습니까? 긴장이

고조돼서 국민들이 총 한 번만 쏴도 보따리 싸서 도망갈 준비하고, 외국에서 온 투자자들이 자꾸 빠져 나가려는 상황, 그런 일을 한나라당이 하겠습니까? 나는 한나라당이 집권하더라도 어느 정도 북한에 대한 인도적 지원은 안 할 수가 없을 것이고, 개성공단이라든가 이런 것 철수시킬 수도 없을 것이고, 남북 간에 사람이 왕래를 할 수밖에 없을 것이라고 봅니다. 만일 사태가 악화돼 북한과 딱 단절시키면 국민들이 그것을 지지하겠습니까? 지금 이렇게 핵실험한 상태에서도 여론조사하면 북한과 포용 정책은 계속되야 한다는 국민들이 상당수가 있는데 그렇게 하겠습니까? 정권 잡을 때 한 얘기와 잡고 나서 현실적인 필요성이 부딪힐 때와는 다른 것입니다. 난 그래서 그 문제에 대해서는 걱정 안 해요. 솔직하게 얘기하면 햇볕정책 이외에는 딴 길이 없지 않습니까? 딴 대안이 없어요. 게다가 미국이 북한과 대화를 시작하고 있고, 줄 건 주고 이렇게 하려고 합니다. 올해에 미국과 북한 관계나 6자회담이 파탄나 버리면 상황은 악화될 것입니다. 그러나 저는 그렇게 되지는 않을 것이라 보고 있고요. 미국이 북한과 대화를 시작하고 해결하는 방향으로 한발 한발 가는데 우리만 햇볕정책 포기하는 그런 상황을 어느 정권이 하겠습니까? 나는 그런 일이 없을 거라고 봐요.

한겨레 6자회담이나 그 안에 포함된 북미 대화에서 전체적인 기류는 낙관적으로 흘러갈 가능성이 있다고 보시는데, 최악의 경우 나쁘게 되는 것은 어떤 경우에 그런 일이 벌어질 수 있을까요?

김대중 미국에서 나쁘게 하는 일은 없을 것으로 봅니다. 왜냐하면 미국은 중동 문제에 묶여 있고, 또 부시 정권 내에서 한국 정책을 강경 쪽으로 몰아부쳤던 네오콘들이 상당히 퇴조해 있고, 민주당이 클린턴 때의 정책을 주장하고 나서고 있기 때문입니다. 북한의 군부 중에 강경파가 득세해서 제2차 핵실험하고 이런 사태가 온다면 상당히 악화될 것으로 봅니다. 그러나 북한이 중국 지원도 거부하면서 세계적으로 한층 더 고립하는 상황으로 (2차 핵실험을) 하기가 쉽지 않을 것이라고 봅니다. 그래서 금년엔 나빠질 수도 있지만 오히려 풀리고, 그렇게 풀리는 방향으로 미국이나 북한도 안 갈 수가 없다, 내가 다 알겠습니까만은 그런 생각을 갖습니다.

한겨레 상황이 풀리는 쪽으로 갈 때, 남북이 힘을 합쳐 이 문제를 풀어 나가기 위해 민족 내부의 단결을 선행하는데 6자회담 틀을 활용해야 한다는 생각도 듭니다. 그런 점에서 남과 북이 주도적으로 해야 될 일들이 어떤 것이 있을지 말씀해주시겠습니까?

김대중 예. 6자회담에서 푸는 것과 남북 간에 푸는 것을 병행해야 하는데, 남북정상회담이 그런 계기가 될 것이라고 생각합니다. 나도 (북한에) 올라갈 때는 아무것도 합의 없이 갔어요. 가서 딱 앉아서 얘기하니까, 우리가 7천만 민족 앞에서 이렇게 수십 년 만에 만났는데, 여기서 아무것도 해결하지 않고 맨손으로 갈 수는 없지 않으냐 하는 분위기가 되더라고요. 그래서 김정일 위원장이 상당히 양보를 했습니다. 연방제도 양보를 했고, 서로 모든 것을 평화적으로 한다는 것도 합의가 잘됐고, 특히 서울 방문 같은 경우는 굉장히 어려운 고비를 넘기면서도 기어이 설득이 됐어요. 발표문도 김용순하고 임동원 이름으로 한다는 것을, 무슨 소리냐고 우리 둘이 만났는데, 그렇게 하면 세계가 웃을 것이라고 해서 그렇게 둘이 한 것으로 다 얘기가 되더라구요. 그래서 사실 처음에 올라갈 때는 그저 간 것만도 의미가 있다, 이산가족 상봉만 얻어내면 괜찮을 것 같다, 정 안 되면 그렇게 하자고 했는데 그런데 그보다 훨씬 더 잘됐어요. 이번에도 만나면 그렇게 돼요. 그리고 지금 남과 북이 싸워서 남이나 북이나 득 될 게 아무것도 없잖아요. 서로 한발한발, 가령 앞으로 군사회담을 상설화한다든가 여러 가지 안보에 대한 합의도 하고, 미국 포함해서 평화협정을 앞으로 맺는다고 하든가, 그런 것을 합의한다면 한반도 전체에서 분위기가 확 달라질 것 아니에요.

한겨레 전시 작전 통제권 문제와 관련해, 북한 핵실험 이후에도 한미 간에 어느 정도 가닥을 잡아 합의를 했는데 이 문제는 어떻게 풀어 나가야 할 것으로 보시는지요?

김대중 나는 군사 전문가가 아니라 자신 있게 말할 수는 없으나 작전권 환수 문제는 사실은 우리보다 미국이 더 그렇게 세계 전략을 바꾸면서 바라고 있는 것 아닙니까? 그렇기 때문에 미국이 그 문제에 대해서는 요지부동이거든요. 여기서 작전권 환수하지 말라고 반대하는 분들이 있는데, 사실은 그분들은 미국 가서 얘기해야 돼요. 여기가 아니라(웃음). 또 미국이 여러 가지 어려운 여건 속에서 세계적인 전략을 변화시키고 솔직히 얘기하면 해·공군 위주로 하고 육군은 빼는 것 아닙니까? 미국이 그렇게 안 할 수 없는 처지에 있다고도 보여지거든요. 그래서 우리가 미국한테 자꾸 (작전권 돌려주지 말라고) 주장해봤자 안 통하는 얘기거든요. 그 대신 우리는 어떻게 미국이 한미방위조약을 철저히 지키면서 만일 북한이 도발한다면 틀림없이 (남한을) 지원하느냐, 북한이 지금 핵을 가졌다고 하는데 그러면 미국의 핵우산이 우리에게 확고한 것이냐, 이런 등등을 철저히 하면서 작전권 환수 문제도 2009년이 아니라 2012년까지, 지키려는 사람이 2012년까지 줘야 우리가 안심하고 해결해낼 수 있다고 하니까, 미국이 그것을 들어줘야 한다고 내가 자꾸 얘기합니다. 그런 식으로 처리하는 것이 지금 현 단계에서 우리가 그 문제를 처리하는 길이 아닌가 생각됩니다. 또 어떻게 보면 우리가 작전권을 갖게 되면 미국이 한반도 안보 문제에서는 한발 빼는 결과가 되거든요. 그렇게 되면 북한과 긴장 완화도 될 수 있고요. 그래서 모든 것이 다 나쁜 게 아니거든요. 어떻게 우리가 활용하느냐가 중요한 것이고, 그렇기 때문에 미국의 태도가 저렇게 확고한 이상은 우리가 받아들일 수밖에 없는데, 받아들이면서 거기에 대한 사후 조처를, 보완 조처를 철저히 잘하고 북한을 설득하는 것으로 활용하고 이런 것도 생각해볼 수 있지 않나 합니다.

한겨레 북한 핵 문제 해결에서 중국이라는 존재가 새롭게 부각되고 있습니다. 강대국에 둘러싸여 있고 분단된 상황에서 우리 민족은 어떻게 슬기롭게 북한 핵 문제나 강대국들과의 관계 정립 문제를 풀어 나가야 하는지 말씀해주시겠습니까?

김대중 6·15 정상회담에서 합의한 그 원칙에 입각해서 우리 민족 문제는 우리가 해결한다, 통일은 단계적으로 서서히 해서 어느 쪽도 불리함 없이, 어느 쪽도 부담 없이 한다, 그리고 통일은 10년, 20년 뒤에 된다 하더라도, 우선 지금 당장은 평화적으로 같이 살면서 평화적으로 교류 협력하자, 중국만 경제적으로 북한에 진출하고 있는데, 우리도 북한에 진출해서 북한과 손잡고 북한의 건설을 도와주고, 우리도 거기서 사업을 하고, 개성에서 하듯이 그런 것을 자꾸 북한에서 확대해 나가는 원원 협력을 해나가고, 그리고 어떤 일이 있어도 무력으로 문제를 해결해선 안 된다, 거기에 대해서는 아주 분명하게 약속을 하고 다짐을 하고 보완을 해야 합니다. 남북이 교류를 해나가면서 말이죠, 6·15 이후에 북한 사람이 얼마나 달라졌습니까? 우리도 얼마나 달라졌습니까? 북한이 과거에 우리를 원수처럼 생각하고 미제국주의 앞잡이가 돼서 민족 반역자처럼 생각하고 했잖아요. 6·15 정상회담 이후 남북 왕래하고 비료 주고 식량 주고 의약품 주고 하니까, 지금 북한 사람들이 가보시면 알지만 이웃사촌 대하듯이 대하지 않습니까? 그리고 우리에 대해 감사하다, 남한 참 잘사는구나 부럽다, 우리도 저렇게 잘살 수 있었으면 좋겠다, 이렇게 바뀌었거든요. 말하자면 햇볕정책이 정말 햇볕의 역할을 하고 있는 것입니다. 우리는 자꾸 부정적으로만 보는데, 긍정적인 면이 구체적으로 있는 것 아닙니까? 개성이나 금강산만 보더라도 거기서 경제적 이득이라든가, 우리가 북한으로 개성 쪽으로 5km나 올라가 있지 않습니까? 거기 있던 북한군 사단이 딴 데로 옮겨가지 않았습니까? 개성은 서울 공격의 최전방입니다. 그런데 그 전방에 우리가 들어간 거예요. 동해항 쪽에서는 장전항에 있던 해군이 딴 데로 옮겨가지 않았습니까? 10km나 올라간 겁니다. 전쟁하지 않고도 어떤 의미에서도 5km, 10km 북방으로 한계선이 올라간 것이나 마찬가지입니다. 그만큼 안보에 도움이 되면 됐지 손해 보는 것은 없습니다. 나는 남북 관계에 있어서는 우리도 좋고 북도 좋은 일을 해야 되고, 우리에게도 손해되고 북한에도 손해되는 일은 안 해야 되고, 그런 생각 갖고 서로 대화해 나가고, 또 조금 막힐 때도 성급하게 하지 말고, 지난번 (북한) 핵실험 이후 일거에 폭풍 같은 반발이 일어났는데 털고 선 지금 다시 대화하지 않습니까? 정상회담 소리까지 나오고. 부시 대통령이 김정일 위원장 만나서 종전 선언한다는 소리 나오고, 그렇게 할 수밖에 없는 거예요. 그렇게 안 하고 미국이 북한을 군사적으로 점령할 길도 없고, 중국 손목 붙잡고 경제 지원 못하게 할 수도 없고, 결국 부정적으로 나아갈 가능성도 있지만 금년에는 해결의 길로 나아갈 가능성도 있다, 그렇게 생각하는 겁니다. 그냥 희망적으로 그렇게 한 것이 아니라, 구체적으로 따져보면 그렇습니다.

한겨레 오래 전부터 민족, 통일 문제를 고민해오셨고, 대통령으로서 큰 업적도 세우셨습니다. 궁극적으로 우리 민족이 어떤 식으로 갔으면 좋겠는지, 꿈에 대해 말씀해주십시오.

김대중 첫째, 우리 민족이 통일이 가능하냐 통일이 필요하냐, 이런 문제인데, 세계에서 단일민족으로서 통일국가를 1,300년이나 유지한 나라는 거의 없습니다. 우리가 분단된 것도 우리가 하고 싶어서가 아니라 제2차 세계대전 끝나고 소련과 미국이 멋대로 갈라놓은 겁니다. 우리의 분단엔 이유도 없고, 역사적 배경도 없습니다. 다시 하나 되는 것이 당연하다, 우리 민족을 남이 맘대로 했는데, 우리의 자존심상, 이해 관계상 원상회복 안 하고 뭐 하겠습니까?

통일은 남북이 다 같이 필요하고 도움되는 원원 통일이 돼야지, 한쪽만 할려고 하면 안 됩니다. 베트남같이 무력통일도 안 되고, 독일같이 흡수통일도 안 됩니다. 흡수통일 하자면 북한 경제를 다 책임져야 하고 먹여 살려야 하는데 우리가 그런 능력도 없습니다. 우리가 먹여 살린다고 하더라도 60년 동안 이질적으로 발전해왔고 적개심이 남아 있고, 여러 가지 정신적 갈등이 있습니다. 독일 보세요. 지금까지도 정신적 갈등이 해소 안 되고, 앞으로 적어도 2~3백 년이 걸린다고 합니다. 동서독은 대놓고 미워하고 욕하는 상태에 있습니다. 서두를 필요는 없어요. 먼저 평화적으로 공존하고 평화적으로 교류 협력해서 지금 같이 하면, 도와주면 고맙다고 합니다. 그런데 하나가 되면 니가 먹여 살려라, 왜 너만 잘살려고 하냐, 우리는 고생했는데, 너희는 그동안 잘살아놓고 왜 우리한테 안 하냐, 고맙기는커녕 잘 안 해준다고 시비하게 됩니다. 자꾸 책임지라고, 우리가 정권 잡았으니까. 통일은 적어도 10년, 20년 뒤를 내다보고 서로 독립적인 입장에서 있으면서 교류 협력하고 해나가서, 북한의 경제를 자기 힘으로 재건하도록 우리가 돕고 투자하고 외자 끌어들이고 해줘야 합니다. 그래서 북이 자기 힘으로 먹고살고 할 만할 때가 됐을 때, 그때 통일을 하면 우리가 큰 부담도 없어지니까 남쪽 국민들도 불만 없고 북쪽 사람들도 열등감 없고, 그러면서 같이 힘 합치면 됩니다.

우리가 개성공단 입주하고 있는데, 중국이나 베트남보다 개성공단이 훨씬 좋은 조건 아닙니까? 서울에서 아침에 출근해 저녁에 퇴근할 수 있고,

말이 통하고, 문화가 같아요. 북한 사람들이 군대에 다녀와서 우수한 인재들이고, 임금도 중국보다 싸고, 하나도 손해볼 것이 없어요. 상황만 좋아지면 공단들이 해주로, 원산으로 올라가게 됩니다. 그렇게 하면 남쪽에서 경쟁이 안 되는 중소기업들이 그쪽으로 올라가면 다 해결이 돼요. 그렇게 되면 북도 좋고 우리도 좋아요.

그 다음에 중요한 것은 한반도 종단철도를 거쳐서 유라시아 대륙으로 뻗어 나가는 거예요. 그래서 동북아시아, 중앙아시아, 유럽의 파리, 런던까지 기차가 가는 겁니다. 부산을 출발한 기차가 파리, 런던까지 가는 거죠. 중앙아시아는 석유, 가스가 나와서 노다지판인데 우리가 못 가고 있어요, 가게 되는 거죠. 그렇게 되면 엄청난 발전을 가져옵니다. 물류가 일어나면 산업 시설이 생겨나고, 그러면 금융, 보험이 일어나고 그에 대해서 왕래가 되면서 관광이 일어나고 그러면서 문화 교류가 됩니다. 한국은 그렇게만 되면 내가 볼 때 세계에서 5~6위까지 진출할 수 있어요.

한겨레 우리 민족 전체의 저력과 역량을 그렇게 크게 평가하십니까?
김대중 중국이란 나라가 엄청남 흡인력을 가진 나랍니다. 중국에 쳐들어갔던 흉노니 거란이니 다 중국화됐어요. 심지어 만주족이 중국 가서 청나라를 세워서 270년 동안 통치했는데, 지금 만주족이 없어요. 다 중국에 동화됐어요. 그런데 우리는 중국으로부터 2,000년 이상 유교, 불교 등 고급문화의 영향을 받았어요. 심지어 조공을 바치고 그랬는데, 동화되지 않았어요. 우리밖에 없습니다. 중국에서 가져온 불교, 유교를 우리 것으로 재창조했고, 그런 힘이 한류에도 영향을 주고 있습니다.

우리 국민들이 자기 힘으로 생명을 바치면서 민주화했는데, 중국은 아직 민주화 못하고 있어요. 중국에 대해 우리가 얼마나 우월적인 현상입니까? 한국 민족은 절대로 우리 스스로 비하해선 안 되고 자랑스럽게 생각해야 해요. 물론 오만해선 안 되지만. 세계에서 유엔 회원국 200여 개국 가운데 그 중에서 영국, 프랑스, 독일 등 20개국 빼면 다 한국을 모범으로 생각해요, 한국을 부러워해요. 제2차 세계대전 이후 독립한 나라들 가운데 민주주의하고 경제도 11위 대국이고 한류가 세계로 뻗어 나가고, 정보화에서 세계 선두에 나가고, 조선, 철강, 석유 화학, 이런 분야에서 세계 선두 대열에 선 그런 나라가 어딨나요?

우리 국민들은 다 좋은데 자기를 비하하거나 자신감 못 가지는 그런 점이 있어요. 그런 점은 자만해선 안 되지만 정당한 자신감은 가져야 합니다. 남북만 합치면, 1+1이 아니라 1+1이 5도 되고 6도 돼요. 첫째, 군사비 많이 안 쓰게 되죠. 우리가 인력이 모자라서 외국에서 많이 데려오는데, 인력이 넘쳐납니다. 유라시아 대륙을 관통해 진출할 길이 열립니다. 그런 의미에서 통일은 단순히 우리의 소원이라는 감상적, 민족적 정서만이 아니라 생존과 발전에 절대로 불가결한 것입니다. 그것은 세계에서 정말로 큰 도약을 하게 만드는 길이 될 거예요.

한겨레 북한이 문호를 개방하고 마음도 열어야 하는데, 남쪽은 남쪽대로 할 일이 있고요. 북한 핵 문제도 해결돼야 하고 북미 관계도 개선돼야 하는데, 그런 몇 가지 조건이 갖춰졌을 때 북한은 우리 민족의 미래를 위해서 바람직한 방향으로 모든 걸 열고 그런 쪽으로 발전할 수 있을까요?

김대중 좋은 질문을 해줬습니다. 내가 지난 2000년에 김정일 위원장을 만났을 때 첫 번에 이런 말을 했어요. 사람이란 누구나 영원히 사는 사람도 없고, 높은 자리에 있더라도 영원히 그 자리에 있는 사람도 없다, 당신과 나는 남과 북의 높은 자리, 책임자로 있는데, 우리가 맘 한번 잘못 먹으면 민족이 공멸하게 된다, 그러나 우리가 다르게 생각하고 협력하고 이렇게 해서 양쪽 국민을 단결시켜서 민족이 서로 힘을 합치면 우리는 큰 발전을 하고 우리 국민들은 물론, 후손들에게 감사받을 것이라고 했어요. 어느 쪽을 택해야 할 것이냐, 그런데 그렇게 말만 하지 말고 구체적으로 얘기해야 한다. 당신들이 남쪽을 공산화시킨다고 생각하면 아무것도 안 된다, 남쪽 사람들은 아무리 평화를 주장해도 공산주의를 받아들이는 것은 아니다, 만약 억지로 하려고 하면 무력 충돌 밖에 없다. 그리고 당신들은 독일식으로 흡수통일 하려 한다고 생각할지 모르지만 우리는 안 한다, 우리는 안 하는게 아니라 못 한다, 그럴 능력이 없다. 독일의 예를 봐도 이질적인 사회에서 수십 년 살다가 갑자기 통일하면 절대로 안정의 길이 안 된다, 뭐가 급하냐, 서로 평화적으로 살고, 평화적으로 교류 협력 하면서 오순도순 살자, 다 같이 원원하고 다같이 이익이 되는 것으로 하고 한쪽만 이익되는 것은 안 하고 그렇게 하다가 완전통일은 10년 가면 어떻고 20년 가면 어떻냐, 통일 때도 승자도 패자도 없는 공동 승리의 통일을 해야 한다. 한쪽이 통일을 해서 한쪽을 숙청하는 일은 안 된다, 그렇게 하면 조상들 앞에서 이 민족이 다시 하나로 뭉치는 일을 못할 게 없지 않느냐. 내가 볼 때 그 말에, 우리 민족의 미래라든가 통일에 대한 생각에 김정일 위원장이 굉장히 인상을 받은 것 같아요. 굉장히 얘기가 잘됐어요. 이제 한쪽만 잘되라고 하고 한쪽은 손해 보게 하려고 하면 그걸(통일을) 누가 하겠어요. 손해 볼 일 누가 하려고 하겠어요. 두 개의 파이가 있는데, 혼자 하면 내가 다 먹는 줄 알지만 하나도 못 먹는 결과가 됩니다. 같이 협력하면 파이 2개가 아니라 5개 되고 10개가 돼요. 중앙아시아로 뻗어 나가는데 북한 사람들이 같이 덤벼서 같이 하고 공장 짓고 개성에서 하듯 하면 다 좋지 않나, 이건 못하는 게 아니에요. 우린 같은 민족이고 같은 문화 있으므로 아주 쉬워요. 이렇게 단일민족으로서 이런 능력을 가진 (민족이) 별로 많지 않아요.

한겨레 평화 문제가 이번 대선에서 가장 큰 이슈가 될 것 같은데, 어떻게 생각하십니까?

김대중 평화 문제가 가장 중요한 문제가 아니면 어떤 게 되겠습니까? 북한이 이제 핵까지 가지고 있는데, 전쟁하면, 오늘도 통신에 보니 전쟁나면 당장 수도권에서 100만 명 죽는다고 합니다. 94~95년 그때 미국이 북한하고 전쟁하려다가 유엔군 사령부에서 추산해보니까 150만 명 죽는다고 하니 전쟁 못했다는 것 아닙니까? 평화 문제 이상으로 중요한 게 뭐가 있겠어요. 평화만 유지되면, 평화 속에서 잘살다가 통일하면 세계에서 남부러울 게 없는 나라로 발전할 수 있는데, 무슨 망조가 들어서 우리끼리 전쟁하고 죽이고 그렇게 해서 남도 북도 다 망하는 일을 합니까? 평화 문제는, 정책은 구체적으로 당에 따라 다르지만, 전쟁은 절대 안 된다, 반드시 평화적으로 남북이 화해 협력하면서 통일해야 한다, 이것만은 여야가 차이가 있어선 안 돼요. 그에 대해선 언론도 분명히 국민들을 설득해야 합니다.

한겨레 중국의 민주화가 미중 대결 구도, 자본주의와 공산주의의 대결 구도를 어떻게 바꿀까요? 앞으로 중국은 미국과의 관계를 매끄럽고 지혜롭게 풀어갈 수 있을까요?

김대중 어려운 질문입니다. 그에 앞서, 결국 북한 핵 문제를 해결하는 데엔 중국이 키를 쥐고 있다. 중국이 북에 대해 어떤 일이 있어도 핵을 포기시키겠다, 북한 체제가 잘못되는 한이 있더라도 핵은 안 된다는 생각을 갖느냐, 아니면 북한 체제가 흔들리면 안 되니 핵에 대해선 마땅치 않지만 묵인할 수밖에 없지 않으냐, 어떤 태도를 갖느냐에 따라 북한 태도가 크게 좌우될 것입니다. 중국이 딱 결심하면 북한도 무시할 수가 없어요. 내가 아는 한 중국이 북한 핵을 용납하지 않을 것이고 할 수가 없는 처지라는 생각이 들어요.

　중국 얘기가 나왔는데, 지난번에 헤리티지재단의 애드윈 퓰너 회장이 오셨길래 내가 얘기했어요. 내가 당신한테 중국 얘기 한마디할테니 들어보겠냐고 했어요. 당신네 나라 강경파들이 중국을 잠재적인 적으로 생각하고, 북한을 이용해서 중국에 대비하는 미사일방어 체제를 위시해서 군비 (증강) 을 하고 일본 군비를 증강시키고, 이런 것을 하지 않느냐는 판단도 있다, 나는 당신들이 중국을 군사적으로 제압하려고 하면 그렇지 않아도 강한 군부가 중국에 득세할 것이라고 했어요. 군부 발언권이 강해지고 군비 확충할 것이다, 그래서 상당히 어려운 국면이 전개될 것으로 본다, 그렇게 되면 일본까지 끌어들이면서 여러 가지 문제가 있는 그런 길이 하나가 있다고 했어요. (또 다른 길은) 당신들이 중국 정부가 지향하는 대로 평화 속에서 경제 건설하고 백성들을 먹여 살리려는 것, 어떻게 해서든 잘살려는 쪽으로 가는 것을 도와주고 협력하게 되면 어떻게 되느냐, 군비 증강하고 강화하자는 세력은 (중국에서) 약해질 것이다, 중국은 경제가 발전되면 중산층이 늘어난다, 중산층이 지금도 1억 명이 된다고 하는데 앞으로 2억, 3억 명으로 늘어날 것입니다.

   과거 산업혁명 때 영국이 산업혁명을 해서 중산층이 늘어나니까 투표권 달라, 우리도 정치 참여하자고 하니까 영국 귀족들이 좋다고 들어줬어요. 그래서 영국 민주주의는 평화적으로 이뤄졌어요. 그런데 프랑스 귀족들은 안 들어줬고 그러니까 프랑스 중산층, 부르주아지들이 다 들고 일어나서 대혁명을 해서 귀족들을 다 죽여버렸어요. 중국은 그런 역사적 교훈을 압니다. 중국이 영국식을 택하려고 해요. 그 증거로는 중국 장쩌민 주석이 세 개의 대표론을 제시해서 중국공산당의 당원 자격을 과거 노동자·농민에서 기업인과 지식인을 참가시키는 쪽으로 확대했어요. 기업인과 지식인은 중산층입니다. 지방 향 단위에서는 선거도 하고 있고, 지방에선 정부 비판도 하고, 매일 수백 군데에서 시위도 하고 그래요. 이런 걸로 봐서 조금씩 개혁을 하고 있는 것 같다, 중국이 민주화된 중국, 평화에 협력하는 중국이 된다면 미국이 나쁠 게 뭐가 있느냐, 그렇게 생각해볼 필요가 있지 않느냐, 외골수로만 생각해서 중국이 커나가는 것 무섭다, 큰 일이다라고만 볼 게 아니다, 중국도 빈부 문제, 국민들의 자유에 대한 욕구도 있고 해서 맘대로 못한다, 그럴려면 민주화해야 한다, 민주국가가 되면 (미국의) 적이 될 게 없지 않나, 그런 얘기를 (풀너 이사장에게) 했어요. 그랬더니 굉장히 새로운, 탁월한 생각이라고 하더군요. 중국 미래에 대해서, 미국이나 일본이 몰아붙이면 군부가 득세해서 긴장 국면으로 갈 것이고, 그렇지 않고 같이 공존해가면서 평화 국면으로 가면 중국이 영국식으로 갈 가능성도 있지 않나, 현 중국 정부는 그런 생각을 가진 것 같아요.

한겨레 오랜 시간 인터뷰에 감사드립니다.

"북한은 이 기회를 놓쳐서는 안 된다"

일본 〈교도통신〉 회견
2007. 2. 15

【 6자회담 】

고토 겐지 편집국장(이하 고토 겐지) 2·13 6자회담에서 합의문서가 채택되었습니다. 이 합의를 어떻게 평가하십니까?

김대중 전 대통령(이하 김대중) 저는 6자회담이 올해 한반도 혹은 동북아시아에 평화의 빛을 가져다줄 것이라고 생각합니다. 미국도 북한도 본격적으로 핵 문제를 해결하려고 하고 있습니다.

고토 겐지 적극적으로 평가하시는 겁니까?

김대중 네. 적극적으로 평가하고, 북미 양측 모두 그렇게 하지 않을 수 없다고 생각합니다. 미국에서는 북한이 핵실험까지 강행한 현재 상황에서 양자택일 즉 북한을 군사적으로 징벌할지 혹은 대화로 해결할지 둘 중 하나밖에 선택할 수 없습니다. 현재 미국은 중동에서 발목이 잡혀 있어서 북한을 군사적으로 징벌할 힘과 여유가 없습니다. 그러므로 대화하는 방법밖에 없습니다. 아무것도 하지 않고 북한에 끌려 다닌 부시 정권 6년간 북한은 핵확산금지조약을 탈퇴하고, 국제원자력기구의 감시원을 추방하고, 장거리

탄도 미사일을 발사하고, 핵실험을 하는 등 나쁜 일만 진전시켰습니다. 이제 미국 중간선거에서 민주당이 이겼고, 민주당은 클린턴 대통령이 했던 것처럼 '주고받는 협상'(give and take)과 대화로 문제를 해결하려고 하고 있습니다. 그런 주장을 하는 민주당이 이겼다는 것은 부시 정부로서는 정책을 바꾸지 않을 수 없는 것입니다. 북한을 경제적으로 제재하려고 해도 미국과 일본이 이미 경제제재를 하고 있고, 가장 중요한 중국이 경제원조를 하고 있는 이상 그 효과에는 한계가 있습니다. 부시 대통령으로서는 지금 중동에서 실패하고 있기 때문에 무언가 성공하지 않으면 안 됩니다. 대통령 선거를 눈앞에 두고 있습니다. 이러한 것이 맞물려 미국은 지금까지와는 달리 직접 대화를 하고, '주고받는 협상'을 하고 거래를 하고 있는 식으로 변해온 것이라고 생각합니다.

고토 겐지 북미 관계가 크게 진전될 가능성은 있습니까?

김대중 있다고 생각합니다. 그 이외에는 방법이 없습니다.

고토 겐지 그렇다면 부시 대통령과 김정일 위원장의 회담 가능성도 있다고 보십니까?

김대중 물론 있다고 생각합니다. 그것은 부시 대통령으로서는 성공을 세계에 알리는 절호의 기회이기 때문에 할 거라고 생각합니다.

고토 겐지 북한이 이번 합의를 성실하게 이행할 것인지에 대한 의구심은 없습니까?

김대중 북한이 합의를 이행하지 않으면 어떻게 하겠습니까? 성실하게 이행하지 않으면 미국은 북한의 안전을 보장하지 않고, 국교도 정상화하지 않고, 경제제재도 해제하지 않을 겁니다. 또 6자회담이나 유엔은 북한을 압박할 것입니다. 미국은 이번에 국교 정상화나, 일본과의 국교 정상화 혹은 경제 지원 등 여러 가지 북한이 지금까지 희망해왔던 모든 것을 제공할 용의가 있다는 것을 보여주고 있는데 북한이 하지 않을 이유가 없습니다. 북한이 하지 않고 버틴다면 이번에는 중국이야말로 인내의 끝을 잘라버리는 입장이 되어 북한의 경제제재에 동참하기 시작하여 북한은 오래가지 못할 것입니다. 북한은 지금 바랐던 많은 것을 얻을 호기를 잡았는데 이것을 활용하지 않을 리가 없습니다. 활용하지 않는다면 북한은 나쁜 일만 생길 겁니다. 이번에 협력하지 않아서 중국과 한국이 경제제재에 가담하고, 미국, 일본까지 가담한다면 어떻게 할 것입니까? 그렇게 되면 북한은 오래 가지 못할 것입니다. 이것은 낙관적으로 보고 싶어서 낙관적으로 보고 있는 것이 아닙니다. 북한이 협력하지 않으면 어떻게 될 것인지 생각해보면 북한에 좋은 일은 아무것도 없습니다. 미국의 입장도 그렇습니다. 북핵 문제는 1994년부터 시작해서 13년간 끌어왔던 문제로 결국 대화하고, '주고받는 협상'으로 거래를 하는 것 말고는 다른 길이 없다는 것이 판명되었을 뿐입니다. 저는 단언하지는 않지만, 좋은 방향으로 발전할 가능성이 많다고 생각합니다.

【 납 치 문 제 】

고토 겐지 일본은 납치 문제라는 큰 여론이 있습니다. 이번에 북한에 5만 톤의 중유 제공에 대해서 협력은 해도 지원은 하지 않는다는 태도를 정부에서 표명하고 있습니다. 일본의 외교적인 대응에 대해서 어떻게 생각하십니까?

김대중 이렇게 분위기가 좋은 방향으로 가면 납치 문제도 해결될 수 있다고 생각합니다. 북한은 이미 납치 문제에 대해서 일본에 사죄하고 있습니다. 그리고 상당수의 사람들을 일본에 보냈습니다. 이제 남은 문제는 남은 사람들에 대한 생사 확인, 또 남아 있는 사람들이 있다면 그에 대한 일본 측의 요구를 북한이 수용한다는 그러한 문제만이 남아 있습니다. 될 수 있다고 생각합니다. 저는 일본이 기본적으로 납치 문제에서 북한 측을 비판하고 요구하는 것은 당연하다고 생각합니다. 북한이 일본에 모처럼 사죄하고 협력하면서도 왜 남은 문제에 대해서 피해자가 희망하는 대로 적극적으로 협력하지 않는지 모르겠습니다. 그런데 일본도 북한에 대해 나쁜 일을 했지만 그것에 대해 사죄하고 일부 사람들이 돌아왔다는 점은 인정하면 좋겠습니다. 남아 있는 문제를 너무 몰아세우면 결국 반발만을 가져올 것입니다. 기본적으로 납치 문제는 완전히 납득할 때까지 해결해야 한다는 것은 당연한 일이라고 생각합니다.

고토 겐지 납치 문제에서 일본의 입장에 협력해주실 생각이 있으십니까?

김대중 저는 그것을 언론을 통해 말하고 있습니다. 또 일본 언론에도 말하고 있습니다. 그것은 북을 위해서도 북은 피해자 측이 납득할 때까지 성의를 가지고 협력해야 한다는 것을 기회가 있으면 말할 예정입니다. 모처럼 납치 문제에서 적어도 50% 이상은 협력하고 있는데도 남은 문제 때문에 무위로 돌아가버리는 것은 북한에도 좋은 일은 아니라고 생각합니다. 유감스럽게 생각합니다.

고토 겐지 앞으로 평양에 가실 의향이 있으십니까?

김대중 잘 모르겠습니다. 갈 기회가 있다면 갈 예정입니다만, 지금은 남북 간 당국자 회담이라든지 정상회담이 하루빨리 열려야 한다고 생각하고, 가능성이 있다고 생각합니다.

고토 겐지 김 전 대통령께서 가셔서 정상회담이 열리는 것이 아니라, 먼저 남북 간 정상회담이 열려야 합니까?

김대중 남북정상회담은 제가 간다는 것과 직접 관계가 없는 것이라고 생각합니다. 그것은 정부가 하는 일입니다.

고토 겐지 지금 김정일 위원장을 만난다면 어떤 말을 하고 싶으신지요?

김대중 6자회담이 합의된 이 기회를 절대로 놓쳐서는 안 된다고 말하고 싶습니다. 그리고 무엇보다도 신뢰를 얻는 것이 지금부터는 중요하기 때문에 6자회담 참가국은 물론 세계에 대해 북한이 성의를 가지고 일을 진행한다는 신뢰를 얻는 것이 무엇보다도 중요하다고 말하고 싶습니다. 그리고 일본과의 관계에서도 납치 문제 같은 것은 일본이 납득할 때까지 협력해서 빨리 일본과 국교 정상화를 하라고 말하고 싶습니다. 일본의 경제 협력을 얻는 일이 북한의 발전을 위해서는 중요하기 때문에 작은 일에 연연하지 말고 대범한 입장에서 일본과 관계를 개선하도록 하라는 그러한 말을 하고 싶습니다.

【 남북정상회담 】

고토 겐지 남북장관급회담 개최가 결정되었습니다. 이제부터 스피드를 올려서 남북 관계가 진전될 것으로 보십니까?

김대중 2000년에 남북정상회담을 했는데 결국 지금까지 남북 관계에 표면적으로 큰 진전이 없었던 것은 북한과 미국의 관계가 가장 큰 문제였기 때문입니다. 그것이 지금 눈이 녹는 듯한 시대가 온 것이기 때문에 남북 간도 급속한 발전이 이루어질 것이라고 생각합니다. 그동안 남북은 여러 형태로 교류를 해왔기 때문에 서로 이해나 신뢰가 상당히 진전되어 있습니다. 앞으로 보다 더 기대할 수 있다고 생각합니다.

고토 겐지 어떤 점에서 남북이 실마리가 풀리기 시작했다고 생각하십니까?

김대중 가장 먼저 남이 북에 대해 그동안 중지했던 식량과 비료를 지원하고 북한은 이산가족 상봉 문제에 협력했기 때문이라고 생각합니다. 그리고 지금은 2차 공사가 진전되고 있지 않는 개성공단이 급속히 발전되어 갈 것이고, 이제 조금 시간이 지나면 남북 간 관광, 특히 남에서 북으로 가는 관광이 마치 일본인이 하와이에 가는 것처럼 되는 그런 시대가 올 것이라고 생각합니다. 그리고 북한의 '해주'라든지 '원산' 같은 곳에도 공단이 들어서게 될 수 있습니다. 특히 철도는 아직 개통되어 있지 않지만 개성까지의 개통은 임박해 있습니다. 개성공단의 근로자들이 서울에서 버스로 통근하고 있는데 버스 100대가 매일 오고 갑니다. 그 버스의 좌석이 거의 다 가득 찹니다. 2차 공사를 끝내면 통근버스가 이제 100대 정도 더 늘어날 것 같습니다. 어쨌든 기차를 운행해야 할 필요가 생겼습니다. 철도가 개통되어 운행하는 것은 굉장히 의미가 깊습니다. 그렇게 하면 북한 전체를 종단하는 철도가 남쪽 가까이 다가와 있게 됩니다. 철도가 연결되면 북한을 통해 유라시아 대륙으로 발전해 갈 수 있습니다. 머지않아 그렇게 되어갈 것이라고 생각합니다.

고토 겐지 연내에 남북정상회담 가능성은 있습니까?

김대중 70~80% 정도 있다고 생각합니다. 북한으로서는 남북공동선언문 안에 포함되어 있기 때문에 일종의 의무입니다. 그리고 이쪽에서 대통령도 6자회담의 결과가 좋으면 할 수 있다고 말하고 있습니다. 정부도 정상회담에는 상당히 적극적이기 때문에 실현될 가능성이 있다고 생각합니다.

고토 겐지 2000년 합의에서는 김정일 위원장이 서울에 오기로 되어 있습니다. 서울에 와야 한다고 생각하십니까?

김대중 노무현 대통령은 이미 장소에 구애받지 않는다고 말하고 있기 때문에 어디에서 하는가는 모르지만 가능성이 높다고 생각합니다.

【 김대중 납치 사건 】

고토 겐지 납치 문제에 대한 진상규명위원회의 발표가 늦어지고 있는데, 최종적으로 어떻게 결론이 나야 한다고 생각합니까?

김대중 그것은 제가 요구하는 것이 아닙니다. 진상규명위의 위원들에게도 '당신들이 진상을 규명하지 않고 적당하게 한다면 역사가 반드시 그것을 문제삼을 것이다' 라고 했습니다. 지금까지 이 문제에 관해서 몇 번이나 발표가 있었습니까?

그러나 매번 진실을 말하지 않았기 때문에 다시 하게 되었습니다. 제가 들은 바에 의하면 이번에 조사 발표가 늦어지고 있는 이유가 일본 정부와 외교 문제 때문이라는 이야기도 있지만, 저는 위원들에게 '당신들이 있는 그대로 진실을 발표할 수 없다면 발표하지 말라' 고 말했습니다. 그러나 '진상을 적당하게 발표하는 것은 허락하지 않겠다. 참을 수 없다. 그것은 역사와 국민에 대한 배신이다' 라고 이야기했습니다. 제가 먼저 진상 규명을 하라고 요구하지 않았습니다.

이것은 어떤 의미에 있어서는 일본의 주권을 침해한 사건입니다. 왜 일본은 그런 것을 감추고 있습니까? 자기 나라의 주권이 침해당했는데 감추는 나라가 세상에 어디에 있습니까? 인권의 문제를 일본이 어떻게 양보할 수 있는 것입니까? 나의 인권이라 해도, 나는 일본 국민은 아니지만, 누구의 인권이라도 민주국가라면 양보해서는 안 될 것입니다. 그리고 최근 다나까(田中) 총리의 측근이 금전 문제까지 폭로하고 있습니다. 왜 이런 일을 일본이 확실히 밝히지 않는 것인지 모르겠습니다. 현재의 정부가 이 사건과 관계가 없으면서 그런 식으로 하기 때문에 신뢰를 잃을까 걱정하고 있습니다.

그것이 미국이나 영국이었다면 그렇게 감추었겠습니까? 그렇게 하지 않았을 것입니다. 따라서 일본이 세계의 지도 국가, 일류 국가가 되려고 한다면 인권 문제에 대해서 또 주권 문제에 대해서 확실하게 누구라도 납득할 수 있도록 해야 합니다. 그러면 일본이야말로 세계로부터 존경을 받게 된다고 저는 생각합니다.

납치 문제에 있어서는 저는 살아났고, 안전하게 있기 때문에 이해(利害)는 없습니다. 하지만 인권 문제를 한 개인의 인권 문제라고 해서 정부, 권력 양측이 적당히 공모해서 정치 결착을 했습니다. 그것을 언제까지 끌고 갈 것입니까? 이 사건은 이미 30년 이상 지나서 현재의 한국 정부도, 일본 정부도 책임이 없는데, 진상까지 발표하지 않고 숨기려는 그런 태도로 어떻게 민주국가라고 할 수 있습니까? 어떻게 세계의 지도 국가라고 할 수 있습니까? 그것은 한국도 일본도 같다고 생각합니다.

저는 복수의 심정이 타오르고 있는 것도 아니고, 일본을 욕보이고 싶어하는 의도도 없습니다. 단지 한국과 일본이, 한국도 그 당시 권력이 잘못된 일을 했고, 일본도 그것을 적당하게 처리했으므로 그런 과거의 잘못된 일은 적극적으로 양국의 국민과 세계에 발표하고, 잘못한 것은 잘못했다고 사과하고, 그것으로 결착을 지으면 그만 아닙니까? 왜 그렇게 하지 않는 것입니까? 제가 일본에 대해 심한 말을 한 것입니까? 저는 일본의 참된 친구입니다. 과거의 정권이 모두 반일을 이야기할 때도 저는 그것은 안 된다고 당당하게 말한 사람 중의 하나였습니다. 저는 일본의 진정한 친구라고 생각하고 있습니다. 제가 대통령에 재임했을 때 일본의 친구로서 태도를 직접 보여주지 않았습니까? 그런 제가 일본의 현재에 대해 염려하고 있다면, 여러분들도 한번 생각해볼 여지가 있다고 생각합니다.

【 햇볕정책 】

고토 겐지 북한이 핵실험을 실시했을 때 햇볕정책, 포용 정책의 실패라는 비판이 있었습니다. 지금 현재 그 비판에 대해 어떻게 생각하시는지요?

김대중 지금 이처럼 좋아졌기 때문에 당시 실패했다고 말한 사람은 어떻게 말할지 모르겠지만, 햇볕정책과 핵 문제는 전혀 관계가 없습니다. 북한이 언제, 핵실험을 하면서 햇볕정책이 싫으니까 핵을 가지겠다고 말한 적이 있습니까? 그들은 미국이 우리를 괴롭히기 때문에, 어떻게 해서라도 살아남을 길이 없기 때문에 최후의 수단으로서 했다고 그렇게 이야기하고 있습니다. 그러므로 북한의 핵 문제는 미국과의 관계에서 옳고 그름을 논할 문제이고, 햇볕정책은 그런 북한의 군사 대국이랄까 모험주의적 태도를 조금이라도 약하게 만드는 데 공헌한 것이라고 생각합니다. 북한이 핵실험을 했을 때에 여기서도 일제히 역풍이 불었습니다. 그러나 저는 많은 대학에서의 연설과 언론 회견을 통해서 정면으로 반론했습니다. 〈CNN〉, 〈AP〉, 〈LA타임즈〉, 〈뉴욕타임즈〉, 〈로이터〉, 〈르 몽드〉 등 세계의 많은 언론과 만나서 이야기했습니다. 저는 이 나라에서 잘못된 생각에 단호히 제어했고 결국 지금 중국에서 6자회담이 성공하였습니다. 많은 사람들이 그때 당신이 용기를 가지고 해주지 않았더라면 지금 엄청난 방향으로 역행하고 있었을 것이라고 얘기하고 있습니다. 지금 생각하면 섬뜩한 생각이 들 사람이 많이 있을 것입니다.

【 미국과 중국 】

고토 겐지 미국과 중국은 어떻게 보십니까?

김대중 미국은 경제보다도 군사력에 의존해 많은 돈을 비생산적인 군사력에 쏟아 넣고 있습니다. 미국은 재정과 무역이 매년 5000억 달러 이상 적자일 것입니다. 일본이라든지 중국이라든지 한국이 미국의 국채를 사거나 예금한 것을 내놓으면 미국은 그 자리에서 터질 것입니다. 그런 약한 경제입니다. 물론 일본도 중국도 그렇게 할 수는 없습니다. 그렇게 해서 미국이 파산한다면 일본이나 중국의 경제에도 영향이 올 것이기 때문에 하지 않겠지만, 어쨌든 그런 상황입니다. 그래서 미국은 세계 제국이 되어 너무 빨리 힘이 쇠약해져 가고 있는 것은 아닌가 생각됩니다.

결국 중국과 인도의 시대가 올 것입니다. 그러나 중국의 시대가 온다고 해도 중국이 제대로 고개를 넘지 않으면 안 됩니다. 안심할 수 없습니다. 그것은 민주화입니다. 중국은 지금 경제가 발전하고 있고 중산계급이 급속하게 증가하고 있습니다. 지금 중국에서는 매일같이 수백 곳에서 시위가 일어나고 있습니다. 정치적이라기보다도 농민들이 대부분이지만 어쨌든 정치성을 띠고 있는 것은 사실입니다. 중국이 이에 어떻게 대응할지, 탄압해 나갈지, 또는 중산계급을 정치의 중심에 받아들일지, 그것이 중국의 운명을 좌우한다고 생각합니다.

영국은 산업혁명 가운데에서 중산계급이 일어났습니다. 중산계급이 민주주의를 요구하고, 투표권도 요구했습니다. 영국의 귀족은 그것을 중산계급에게 부여했습니다. 그래서 영국은 평화혁명이 가능했습니다. 반면에 프랑스는 중산계급이 그것을 요구했을 때에 거부했습니다. 그래서 프랑스대혁명이 일어나 귀족이나 왕까지 전부 죽임을 당했습니다. 러시아도 어느 정도 비슷합니다. 그리고 중국도 그렇습니다. 중국은 지금 보면 잘해 나가지 않을까 하는 생각도 듭니다. 그것은 장쩌민 전 주석이 2, 3년 전에 중국 공산당의 당헌을 바꾸었습니다. 지금까지 공산당원에 노동자 하나였던 것을 바꾸어서 기업인과 지식인을 더해 세 개의 대표가 되었습니다. 지식인과 기업인은 중산계급입니다. 이렇듯 중국은 중산계급을 받아들여 체제를 정비했습니다. 그러나 템포가 중산계급의 요구에 부합하지 않으면 문제가 일어날 수 있습니다. 문제가 일어나면 탄압하고, 그래서 압박하면 폭발합니다. 그런 식으로 가게 될지, 그렇지 않으면 요구에 부합해 빠른 템포로 개혁을 해나갈지, 거기에 중국의 운명이 달려 있다고 생각합니다.

얼마 전에 저는 미국 헤리티지재단 회장인 애드윈 퓰너 씨를 만나 말했습니다. "당신들은 지금 일본과 함께 중국을 잠재적인 적으로 보고 여러 가지 대응을 취하고 있지만, 너무 본질적으로 압박한다면 중국 내의 군부가 들고 일어나 중국이 군사 대국화하는 방향으로 가게 되고, 그러면 민주화의 가능성이 없어진다. 그러나 그렇게 하지 않고 어느 정도 중국이 지금 후진타오 주석이 평화적으로 해나가려 하는 것에 여유를 준다면 결국 중국이 평화국가, 민주국가로 바뀔 가능성이 있다. 그러므로 그것을 잘 판별해서 하라." 저는 이러한 내용을 일본에게도 말하고 싶습니다. 현명하게 대처해야 합니다. 중국의 군부는 지금 강합니다. 정치가들도 상당히 무시할 수 없습니다. 특히 군부는 일본에 대해 반감이 강합니다. 그런 점을 일본도 현명하게 대응해야 한다고 생각합니다.

"북한을 껴안는 것이 미국의 이익"•

포트랜드 평화연구소 인터뷰
2007. 2. 22

김대중 전 대통령(이하 김대중) 한국에 오신 걸 환영합니다.

스파노비치 사무총장(이하 스파노비치) 대통령께 질문드리겠습니다. 오늘날의 상황 즉, 북한의 핵 문제를 비롯한 미사일 발사 시험, 핵실험 등 이런 상황이 이루어지고 있는 한반도의 현 상황에 대해서 어떻게 통일이 가능한지 여쭤보고 싶습니다.

김대중 우리는 한반도에서 베트남 같은 전쟁에 의한 통일도 바라지 않고 독일 같은 흡수통일도 바라지 않습니다. 우리는 남북이 평화적으로 공존하고 평화적으로 교류 협력하다가 양쪽이 하나가 되어도 좋다는 그러한 단계가 오면 그때 통일의 방향으로 나가야 한다는 것이 저의 생각이고 또 많은 국민들도 그렇게 생각하고 있습니다.

스파노비치 대통령께서 그렇게 명확하게 말씀해주셔서 감사합니다. 왜냐하면 많은 사람들이 독일의 통일 과정을 모델로 생각하는 경우가 있기 때문입니다.

•
미국 오리건 주의 포트랜드 평화연구소 게리 알렌 스파노비치(G.A Spanovich) 사무총장과 마이클 마샬(Michael Marshall) 〈UPI〉(United Press International) 편집장과 가진 인터뷰 내용이다.

김대중 우리는 서독과 같은 강력한 경제력이 없기 때문에 지금 당장 북한을 맡아 감당할 여력이 없습니다. 또 하나 문제는 우리는 남북이 전쟁까지 했고 반세기 이상 대결해왔기 때문에 서로 정신적 갈등이 큽니다. 그러므로 갑자기 통일을 하면 많은 문제가 생길 겁니다. 동서독과 같은 여건에서 이룬 통일도 지금 얼마나 갈등을 겪고 있는가를 보면 알 수 있습니다. 그래서 우리는 경제적 입장에서 보나 또 정신적 입장에서 보나 통일을 서둘러서는 안 됩니다. 그래서 통일의 과정을 단계적으로 추진해서 마지막에는 아주 성공적인 통일로 가야 한다고 생각합니다. 현 단계에서 우리가 바라는 것은 평화적으로 같이 살면서 교류 협력하는 것으로써 그것이 통일에 앞서 중요합니다.

스파노비치 최근 6자회담의 결과에 대해서 어떻게 평가하고 계십니까? 또 진정으로 이번 6자회담이 돌파구를 마련했다고 보시는지요? 그리고 북한이 현시점에서 핵을 포기할 의향이 있다고 보십니까?

김대중 저는 이번 합의를 아주 중요하게 생각하고 있습니다. 미국의 입장에서나 북한의 입장에서나 이제는 합의에 따라서 모든 것을 처리해야 한다고 생각하고 있습니다. 저는 6자회담의 전도에 대해서는 조심스럽게 낙관하고 있습니다.

미국의 입장에서 보면 미국은 현재 중동에서 매우 어려운 상황에 처해 있습니다. 북한에 대해서 군사적 조치를 취할 여유가 없습니다. 결국은 대화로서 풀지 않을 수 없는 입장입니다. 이것은 미국 대통령도 계속 얘기하고 있는 사실입니다. 결국 부시 정권이 들어서서 북한과 직접 대화를 거부하고 주고받는 협상을 거부하다가 결과가 어떻게 되었습니까? 북한이 핵확산금지조약을 탈퇴하고, 국제원자력기구 요원을 추방하고, 미사일 모라토리엄을 폐기하고 그리고 핵실험까지 하는 등 사태가 악화된 것뿐입니다.

그렇다고 지금 미국이 군사력을 사용할 처지도 못 되고 결국 대화로 풀 수밖에 없는 단계로 온 것입니다. 이제까지 미국은 경제제재로 북한을 굴복시키려고 했습니다. 그러나 미국이나 일본이 이미 북한에 대해 경제제재를 하고 있고, 중국은 북한에 대해서 경제 지원을 하고 있는 상황에서 경제적 제재만으로는 북한을 굴복시키는 데 한계가 있습니다. 그런 데다가 지금 부시 대통령은 중동 지방에서 실패하고 임기는 얼마 남지 않은 상황이라 한반도에서라도 성공해야 할 필요성이 있습니다. 그러므로 북한에 대해서 줄 것은 주고, 받을 것은 받는 협상을 한다면 성공할 가능성이 있기 때문에 부시 대통령으로서는 자기의 필요성으로서도 이번 일을 성공시키려고 노력할 것으로 봅니다. 그리고 중요한 것은 지난번 중간선거에서 민주당이 이겼는데 민주당은 클린턴 대통령이 추진한 포용 정책을 주장하고 있는 입장이기 때문에 부시 대통령도 정책의 전환을 안 할 수가 없는 처지라고 생각합니다.

한편 북한의 입장에서 보면 미국이 북한의 안전을 보장해주고 경제제재를 해제하고 국교를 정상화해준다면 – 마치 중국이나 베트남에 대해서 하듯이 – 북한은 핵을 완전히 포기하고 한반도 비핵화에 협력하겠다는 것을 거듭 얘기하고 있습니다. 미국이 만일 북한에 대해서 지금 말한 안전을 보장하고 경제제재를 해제하고 국교를 정상화한다면 중국도 북한이 마땅히 받아들여야 한다고 생각할 것입니다. 중국은 북한이 핵을 갖는 것을 절대로 반대하기 때문입니다. 중국 입장에서 대만이나 일본이 핵을 갖는다는 것은 하나의 악몽과도 같은 일이기 때문에 절대로 안 되는 것입니다. 그러기 때문에 미국이 북한이 원하는 것을 주고 북한에게 핵을 포기하라고 한다면 중국은 적극적으로 북한에 압력을 가할 것입니다. 만일 이런 상황에서도 북한이 말을 안 듣는다면 중국은 미국의 북한 제재에 적극적으로 동참하지 않을 수 없는 상황이 되기 때문에 북한도 마냥 버틸 수만은 없는 것입니다. 현재 미국은 북한이 요구하고 중국이 권고하는 지금 말씀한 3, 4가지 조건을 충족시켜준다고 하기 때문에 북한은 더 이상 거부할 명분도 없고 만일 그런 식으로 끝까지 간다면 북한은 중대한 위기에 처할 것입니다.

일부에서는 북한이 약속을 안 지키고 또 속이면 어떻게 하느냐고 하는데 그것은 염려할 필요가 없습니다. 만일 북한이 속이면 미국은 북한의 안전을 보장하지 않고, 경제제재를 해제했다가 다시 또 제재로 돌아설 것이고 국교 정상화도 안 해줄 것이기 때문에 이제는 하나 주고 하나 받는, 말 대 말, 행동 대 행동으로 가는 것이기 때문에 속일 수는 없다고 생각합니다. 그리고 북한으로서도 그렇게 속이고 중국으로부터도 버림받을 그럴 여유가 없습니다. 이번에 미국이 북한이 원하는 안전보장, 국교 정상화, 경제제재 해제를 주고 6자회담의 북한을 뺀 나머지 5개국이 공동으로 북한으로 하여금 약속을 이행하도록 압력을 가해서, 북한이 약속을 지키면 좋고 안 지키면 공동으로 북한을 제재하면 북한은 살아남을 수가 없습니다. 그래서 저는 이번 문제는 북한만 핵 가지고 큰소리 하는 것이 아니라 이쪽도 5개국이 합쳐서 북한에 압박을 가할 수 있기 때문에 이번에는 성공할 수 있다고 생각한 것입니다.

과거에는 미국이 북한과 직접 대화도 안 하고 줄 것 주겠다는 약속도 안 하면서 북한에게만 먼저 핵을 포기하고 미사일 모라토리엄을 폐기하지 말라는 등 북한에게만 일방적으로 요구했기 때문에 문제가 잘 해결이 안 된 것입니다. 그러나 이번에는 미국도 그 점에 있어서 태도를 바꿔서 줄 것은 주고, 받을 것은 받겠다는 태도로 나왔기 때문에 서로 얘기가 되는 그런 상황이 됐고 북한도 미국이 그렇게 나온 이상은 거부할 이유가 없는 것입니다. 거부했다가는 북한은 중대한 위기에 처하게 됩니다. 중국을 포함한 5개국이 완전히 제재로 나서게 되면 북한이 무슨 수로 그것을 견뎌내겠습니까? 우리는 북한에 대해서 앞으로 성실하게 나오도록 요구하지만 동시에 미국에 대해서도 미국 내의 강경파들이 모처럼 진행되고 있는 협상을 뒤집지 않도록 해야 한다고 생각하고 또 그것을 걱정하고 있습니다.

스파노비치 한미 관계에 관한 질문을 드리겠습니다. 한미동맹 관계가 장기적으로 봤을 때 전략적 이해 관계에 바탕을 두고 있다고 생각하십니까? 현재 이런 이해 관계가 어떤 상황에 와 있다고 생각하십니까?

김대중 우리나라의 입장에서 볼 때는 우리 주변에는 중국, 러시아, 일본 등 강대국이 있습니다. 그 나라들이 과거 19세기 말 20세기 초에 우리나라를 차지하기 위해서 모두 전쟁을 했습니다. 일청전쟁, 일러전쟁을 했습니다. 그때 만일 미국이 적극적으로 개입했다면 우리나라가 일본에 병탐되지 않았을 것입니다. 그러나 그때 미국은 일본의 병탐을 지지했습니다. 그래서 우리나라가 일본의 식민지가 되어버렸습니다. 그러나 지금은 상황이 다릅니다. 그리고 또 우리나라 사람들은 부시 대통령의 정책을 반대하는 사람은 있어도 미국을 우리 원수로 삼고 우리나라에서 미국은 나가라는 이런 반미는 거의 아주 극소수입니다. 그런 정도의 반미는 일본에도 있고 영국에도 있고 프랑스에도 있습니다. 그래서 그런 점에 있어서 우리는 미국하고 긴밀한 동맹 관계를 유지하는 것이 일본, 중국, 러시아와 같은 강대국 사이에서 우리가 안전을 지키고 살아남는 데 아주 중요하다고 생각하고 있습니다.

얼마 전에 부시 대통령의 전 비서실장 앤드류 카드 씨와 국무성 부장관을 하던 리처드 아미티지 두 분을 만난 적이 있습니다. 그때 제가 이런 말을 했습니다. "지금 미국에서 '한국이 반미로 가고 있다. 중국 쪽으로 흐르고 있다' 이런 얘기들을 하고 있는데 나는 그건 대단히 잘못된 생각이라고 생각한다. 그 이유는 이렇다. 우리는 미국이 6·25 때 도와준 것과 큰 희생을 한 것에 대해서 언제나 감사히 생각하고 있다. 그러기 때문에 우리는 미국이 베트남 전쟁 참전을 요청했을 때 참전해서 5천 명 이상이 사망하고, 1만여 명이 부상당하는 희생을 치렀다. 우리는 또 이라크 전쟁에 대해서도 프랑스같이 미국에 대해서 많은 신세를 진 나라도 참전을 안 했고, 독일과 같이 미국에 큰 피해도 주고 신세를 진 나라도 참전을 안 하고 오히려 비판을 하는데 우리는 미국, 영국, 다음으로 많은 숫자의 군인을 파견했다. 이런 모든 것을 여러분들이 보고 있지 않느냐. 또 우리는 국내에서 서울 휴전선 최전방을 지키는 가장 중요한 위치를 차지하고 있던 2사단이 미국 전략의 필요성에 의해서 후방으로 배치하는 것을 우리가 수용해서 지금 협력하고 있다. 서울에 있는 미군 사령부가 후방 평택이란 곳으로 옮겨 가는데 현지 주민이 반대하는 것을 경찰 수만 명을 동원하여 강력한 시위를 억제하고 시민들을 설득해서 미군 기지가 안전하게 옮겨갈 수 있도록 조치를 취하고 있다. 또 미군 이전에 필요한 많은 돈도 우리가 모두 지불하고 있다. 이렇게 우리는 미국에 협력하고 있다." 이렇게 얘기했습니다.

우리가 미국에 대해서 불만을 갖게 된 것은 미국이 북한과 직접 대화를 해서 문제를 해결하도록 요구했는데도 불구하고 '나쁜 사람들과는 대화할 수 없다. 또 잘못 주었다가는 속는다'고 하면서 우리의 얘기를 안 들어서 갈등이 있었던 것입니다. 그러나 이번에 미국이 태도를 바꿔서 북한과 대화를 시작하니까 이제 갈등의 이유가 없어졌습니다. 우리는 일본, 중국, 러시아 등 강대국에 둘러싸여 있는 입장에서 미국이 꼭 한반도에 있어야 하고 또 미국은 극동 전체의 전략과 일본을 방어하기 위해서도 한반도가 중요합니다. 이렇게 서로의 이해가 일치해서 우리는 미군을 여기 받아들이고 소중하게 생각하고 또 미국도 여기에 주둔해서 우리를 북한의 공격으로부터 방어하는 데 협력하고 있습니다. 그래서 우리는 서로 이해가 일치하고 또 다 같이 민주주의를 신봉하고 공산주의를 반대하기 때문에 미국과 관계가 나쁠 이유가 없는 것입니다. 그런데 미국 일부에서 우리가 6·25 때 은혜를 모른다고 하는데 그런 식으로 얘기하면 일본에서도 한때 반미 운동이 일어났고, 아이젠하워 대통령이 반미 시위 때문에 일본을 방문하지 못했던 적도 있습니다. 그러므로 국가 간의 관계라는 것은 어느 때는 아주 좋을 때도 있고 어느 때는 갈등이 있을 수도 있지만 그런 문제는 해결해가면서 관계를 발전시켜 나가야 한다고 생각합니다.

스파노비치 오리건에 사는 저희들의 생각으로는 그때 부시 대통령이 '적과는 대화를 할 수 없다'고 얘기를 했는데 그것은 어리석은 생각이라고 생각이 됩니다.

김대중 아미티지 부장관은 저의 이러한 설명에 대해서 자기는 한국에 대해서 비판하지 않고 한국이 협력한 것에 대해서 감사하고 있다고 말했습니다.

스파노비치 어떻게 하면 저희 평화연구소, 미국의 국제비정부기구들, 그리고 나아가서는 노벨평화상 수상자들께서 김 전 대통령과 대통령의 햇볕정책을 위해서 일을 할 수 있는지에 대해서 여쭤보고 싶습니다. 대통령의 햇볕정책이라는 것은 지금까지 성공에 가장 근접할 수 있었던 정책이라고 저는 생각하고 있습니다.

김대중 좌우간 제일 중요한 것은 미국 정부가 북한과 이번 6자회담에서 좋은 출발을 했는데 그런 방향에 흔들림 없이 나갈 수 있도록 정부를 격려하고 미국 내의 소위 네오콘들이 북한에 대해서 자꾸 적대적인 방향으로 발전시키려고 하는 것을 견제해주어야 합니다. 미국 정치가 대화를 통해서 줄 것은 주고, 받을 것은 받는 그렇게 해서 중국이나 베트남을 국제사회로 끌어내듯이 북한을 아무 위험이 없는 그런 존재로 만드는 것이 중요합니다. 이런 정책을 미국이 계속 하도록 국제비정부기구라든가 지식인들이 정부를 격려하고 여론을 조성하고 그렇게 하는 것이 우리를 도와주는 것이라고 생각합니다.

 제가 2000년 6월에 북한에 가서 김정일 위원장하고 약 10시간 가까이 얘기를 했습니다. 분명한 것은 김정일 위원장은 미국과 관계 개선을 열망하고 있습니다. 당시 김정일 위원장은 "미국이 우리의 안전만 보장해준다면 무기건 미사일이건 그것이 다 무슨 필요가 있냐. 미국이 경제제재 해주고 국교 정상화 해서 중국이나 베트남과 같이 우리를 상대해주면 미국이 직접 와서 무기 같은 것 감시해도 좋고 미국이 시킨 기관이 와서 감시해도 좋다." 이렇게까지 얘기하고 있었습니다. 김정일 위원장은 미국과 관계 개선 안 하면 살길이 없다는 것을 잘 알고 있습니다. 그러므로 북한에게 한 번 기회를 주어야 합니다. 6자회담의 북한을 뺀 5개국이 협력해 가지고 북한이 원하는 것을 주되 북한도 내놓을 것은 내놔야 합니다. 핵 포기라든가 미사일 문제라든가 내놔야 합니다. 그렇게 하면 북한을 국제사회에서 받아들이겠다고 하고 거기에 중국이나 러시아도 틀림없이 똑같이 동조하도록 다짐을 받고 그렇게 해나가야 됩니다. 저는 그렇게 되면 이 문제는 성공한다고 봅니다. 중국이나 러시아도 북한이 핵을 갖는 것은 절대 반대하기 때문에 협력하게 될 겁니다.

스파노비치 마지막 질문을 드리겠습니다. 조금 전에 통일 전망으로 평화교류, 평화협력, 마지막 단계로 평화통일을 말씀하셨는데 이러한 과정이 어느 정도의 시간이 걸릴 것이라고 봅니까?

김대중 우리에게 제일 중요한 것은 남북 간에 평화적으로 공존하는 것입니다. 전쟁을 막는 것입니다. 동시에 미국과 북한 간에 핵 문제가 잘 해결되면 남북 간의 교류 협력이 진전되는데 그렇게 되면 10년 뒤에는 통일의 길로 들어설 것이라고 생각합니다. 제가 볼 때 북한은 미국과 가까이 하려고 하는데 지금까지는 미국이 안 받아주었습니다. 물론 거기에 미국으로서는 또 나름대로 이유가 있습니다. 미국이 나쁘다는 것이 아닙니다. 그러나 미국이 북한을 받아들이면 결국 한반도의 북쪽인 북한도 친미적인 국가가 될 것입니다. 그러나 안 받아들이고 끝내 몰아붙이면 북쪽은 중국에 붙게 될 것입니다. 북쪽은 중국에 대해서 상당히 경계하고 있습니다. 그러나 살길이 없으니까 결국 중국한테 붙게 될 겁니다. 그렇게 되면 지금도 이미 중국이 경제적으로 상당히 북한에 진출하고 있는데 그렇게 되면 남한이 중국의 압박을 받게 됩니다. 그건 미국에도 좋은 일이 아닙니다. 그러기 때문에 미국이 이제까지 한국이 북한과 접근하는 것을 싫어했는데 그럴 일이 아닙니다. 우리가 접근해서 북한을 껴안지 않으면 중국이 전면적으로 북한을 안게 됩니다. 우리도 북한에 진출해서 지금 일부라도 안고 있잖아요. 북한 사람들이 과거하고 달라서 이제 남한 사람에 대한 생각이 많이 달라졌습니다. 과거에는 '남한은 나쁜 사람들이다. 미국 제국주의의 앞잡이다. 우리를 죽이려고 한다' 이렇게 생각했는데 우리가 식량도 주고 비료도 주고 의약품도 줌으로써 이제 북한 사람들이 남한을 미워하지 않습니다. 오히려 '남한이 우리를 도와주고 있다. 남한이 잘 산다. 부럽다.' 이렇게 해서 북한 내에 소위 한류인 남한 문화가 광범위하게 퍼져 있습니다. 그래서 비밀리에 남한의 TV, 드라마를 보고 있고 남한의 노래도 배우고 있습니다. 북한 사람의 마음을 그만큼 바꿔 놨습니다. 이것은 우리에게도 재산이 되지만 미국에게도 재산이 됩니다. 중국이 북한에 들어가서 지배적으로 모든 것을 하는 것을 그만큼 막고 있기 때문입니다. 그래서 앞으로는 미국이 북한을 적극적으로 안고 그래서 남북이 같이 협력하면 미국이 한반도 전체에서 가장 강력한 기반을 갖게 될 것입니다.

스파노비치 그게 바로 저희 평화연구소의 정책이 되겠습니다.

김대중 북한이 또 약속을 안 지키는 것도 걱정이지만 미국 내에서 강경파들이 또 들고 일어나서 모처럼 접근해가고 있는 것을 뒤집어버리지 않을까 제일 걱정하고 있습니다.

마지막으로 하나 더 첨가하면 북한은 단순히 안전보장이나 경제제재 해제, 국교 정상화 등을 원하지만 더 구체적으로 얘기하면 미국이 도와주어야 북한은 세계하고 외교를 할 수가 있습니다. 미국이 도와주어야 국제통화기금이나, 국제부흥개발은행(IBRD)에서 돈을 빌려 경제적 재건을 할 수 있습니다. 미국이 도와주어야 일본과 국교를 정상화해서 과거 식민지 지배의 배상을 – 약 100억 불 정도로 보는데 – 받을 수 있습니다. 또 미국이 도와주어야 세계 금융기관이 북한을 상대합니다. 지금 방코델타아시아 문제를 보면 그렇습니다. 미국이 도와주어야 미국을 위시한 전 세계의 기업인들이 북한에 투자를 합니다. 북한의 생존을 위해서는 미국과의 관계 개선이 절대적으로 필요합니다. 그러므로 북한을 너무 의심하지 말고 대담하게 한 번 줄 것은 주고, 받을 것은 받는 협상을 진행시켜 보십시오. 그렇게 해서 북한을 중국이나 베트남과 같이 미국에 협력하는 나라로 만드는 것이 미국에도 도움이 될 것입니다.

스파노비치 대통령의 이러한 메시지를 저희 평화연구소에서 어떻게 더 확실하게 전달할 수 있는지를 배울 수 있는 시간이었습니다. 감사합니다.

6자회담은 성공할 것인가

국제기자연맹(IFJ) 특별총회 특별 강연
2007. 3. 13

  존경하는 에이든 화이트 국제기자연맹(IFJ) 사무총장, 남영진 조직위원장, 정일용 한국기자협회 회장, 그리고 국내외 언론인 여러분!
  '한반도 평화와 화해'를 주제로 열리는 국제기자연맹 특별총회를 진심으로 환영하고, 그 성공을 빌어 마지않습니다.
  지금 진행 중인 6자회담에 대해서 우리 모두는 그 성공을 빌면서, 과연 이번에는 북핵 문제가 해결될 것인가에 대해서 걱정하고 있습니다. 저는 다음과 같은 이유로 금년이야말로 북한 핵을 다루는 6자회담이 성공하고, 한반도에 평화와 협력의 새 봄이 올 것이라는 큰 기대를 가지고 있습니다.
  첫째, 최근의 베를린 북미회담과 베이징 6자회담에서 북한과 미국은 직접 대화를 통해 처음으로 중요한 원칙에 합의했습니다. 북한은 핵을 완전히 포기하고 한반도의 비핵화에 동참하기로 약속했습니다. 미국은 북한이 일관되게 요구해온 북한의 안전보장, 경제제재 해제, 국교 정상화를 보장하기로 처음으로 동의했습니다. 이제 양측이 이를 충실히 실천하면 북핵 문제 해결과 한반도의 평화는 실현될 것입니다.
  둘째, 미국은 북핵 협상을 타결시켜야 할 적극적인 이유가 있습니다. 군사적으로 중동에 발목이 잡혀 있는 미국은 북한을 공격할 여유가 없습니다. 경제제재도 중국이 적극 동참하지 않는 현 상황에서는 그 성과를 기대할 수 없습니다. 한편 미국 중간선거에서 민주당이 승리한 마당에 언제까지나 북한에 대해서 대화 거부와 봉쇄 정책을 유지할 수도 없습니다. 그리고 부시 대통령은 중동에서 성공하지 못한 이상 한반도에서라도 외교적인 성공을 거둬야 할 절실한 필요성이 있습니다.

셋째, 북한도 이번에야말로 기회를 놓치지 말고 6자회담을 성공시켜야 할 이유가 큽니다. 미국이 안전보장과 경제제재 해제, 국교 정상화 요구를 모두 들어주겠다고 나선 마당에, 북한이 핵 포기와 한반도 비핵화를 위해 타협하지 못할 이유가 없는 것입니다. 북한의 핵 보유는 중국이 가장 절실히 반대합니다. 그 이유는 북한의 핵 보유가 일본이나 대만의 핵 보유를 정당화할 구실을 줄 수 있다고 우려하기 때문입니다. 이 두 나라의 핵 보유는 중국으로서는 하나의 악몽 같은 것입니다. 한편 북한이 핵을 갖는다 하더라도 일본이나 대만이 핵을 갖는 상황에서 북한 핵의 효용 가치는 크게 떨어질 것입니다. 북한이 이 단계에서 기회를 놓치고 타협하지 않는다면, 이번에는 중국을 포함한 6자회담의 5개국이 일치해서 경제제재 등 전면적인 제재로 나설 가능성이 있습니다. 그렇게 되면 북한은 존립하기 어려울 것입니다.

이와 같이 미국이나 북한 양자가 다 같이 핵 문제를 해결해야 할 적극적인 필요성이 있는 것입니다. 다시 강조합니다. 저는 금년이야말로 북한 핵 문제가 6자회담의 적극적이고 현명한 협력을 통해서 해결될 전망이 크다고 봅니다.

존경하는 여러분!

6자회담의 성공과 더불어 동북아에도 평화의 봄이 찾아올 가능성이 큽니다. 저는 지금부터 36년 전인 1971년에 대통령 선거에 출마했을 당시 선거 공약으로 한반도에서의 미일중소 4대국에 의한 평화 보장을 주장했으며, 지금까지 이 주장을 계속해왔습니다. 또한 중국이나 미국 지도자를 만났을 때 6자회담이 성공하면 이를 해체하지 말고, 한반도와 동북아의 평화보장 기구로서 상설화할 것을 제안하고 긍정적 반응을 얻은 바 있습니다.

한국은 4대국에 둘러싸인 세계에서도 보기 드문 지정학적 위치를 차지하고 있습니다. 미국 예일대학의 폴 케네디 교수는 "한국은 미국, 일본, 중국, 러시아라는 네 마리의 코끼리에 둘러싸여 있는 나라이다. 한국의 운명은 그 네 마리의 코끼리 다리 사이를 어떻게 슬기롭게 헤쳐 나가느냐에 따라서 결정된다"는 의미의 말을 한 바 있습니다.

이러한 4대국 중에서도 미국은 특별히 중요한 나라입니다. 조선왕조 말엽에 일본, 청나라, 러시아가 한국을 병탐하기 위해서 각축할 때, 우리가 미국을 견제 세력으로 갖지 못한 것이 망국의 큰 원인이 되었습니다. 우리의 안보와 한반도 평화를 위해서는, 그리고 평화적인 통일을 위해서는 무엇보다도 미국의 역할이 중요하며, 나머지 세 나라의 역할도 중요합니다. 6자회담은 한민족의 안전과 평화와 통일을 위해서 매우 중요한 협력을 제공할 수 있을 것입니다. 우리 민족의 슬기로운 지혜와 외교 역량이 필요한 대목입니다.

존경하는 여러분,

한반도의 현재 상황과 미래 전망은 어떤 것이겠습니까? 2000년 6·15 남북정상회담 이래 남북 간에는 큰 변화가 있었습니다. 무엇보다도 전쟁의 공포에서 해방되는 긴장 완화가 크게 이루어졌습니다. 남쪽 사람이나 북쪽 사람이 서로 상대를 바라보는 의식이 과거의 적대 일변도에서 동족의 애정을 가지는 경향으로 크게 바뀌었습니다.

특히 북한에서 그 같은 의식의 변화는 두드러진 경향을 보여주고 있습니다. 북한 사람들은 남쪽에서 보내온 쌀과 비료와 의약품을 보고 남쪽에 대한 적개심과 불신의 의혹을 많이 버렸습니다. 그리고 동족애와 신뢰와 감사의 생각을 갖게 되었습니다. 지금 북한 사람은 남쪽 사람을 만나게 되면 과거와 달리 이웃사촌 대하듯이 다정하게 대합니다. 남쪽의 문화에 대한 동경심도 큽니다. 남쪽의 드라마와 유행가가 북한 사회에서 암암리에 널리 퍼지고 있습니다. '한류'가 보급되고 있는 것입니다.

남북 간의 인적 교류 협력도 빈번하게 이루어지고 있습니다. 6·15 남북정상회담 이전까지 50년 동안 불과 2백 명의 이산가족이 상봉했는데, 2000년 남북정상회담 이후 지금까지 1만 3천 명이 만났습니다. 앞으로는 더 많은 사람이 만날 것입니다. 금강산 관광에 130만 명이 다녀왔습니다. 민간인 교류도 매년 10만 명이 넘었습니다. 개성공단에는 1만 명 이상의 북한 노동자들이 일하고 있습니다. 북한 주민들 사이에는 그곳에서 서로 일하려고 경쟁이 벌어지고 있습니다. 머지않아 35만 명이 일하게 될 것입니다.

그러나 이것은 초보적인 것이라 할 수 있습니다. 6자회담을 통해서 북미 관계가 개선되면, 남북 관계는 봇물이 터지듯이 전면적인 교류와 협력의 시대로 들어설 것입니다. 그리고 통일의 희망이 무지개처럼 솟아오를 것입니다.

그러나 우리는 성급한 통일을 바라지 않습니다. 우리는 베트남식의 무력통일을 배제합니다. 독일식의 흡수통일도 바라지 않습니다. 우리는 평화적으로 공존하고, 평화적으로 교류 협력하다가, 때가 되면 평화적으로 통일할 것입니다. 아마 완전한 통일까지 10년 내외의 세월이 걸릴 것입니다.

그런 점진적이고 평화적인 통일만이 남북의 경제를 다 같이 안정 속에서 발전을 유지하게 하고, 양쪽 국민들이 서로 시간을 두고 이룩한 상호 이해

속에 정신적 갈등 없이 통일을 성공시키게 될 것입니다. 통일은 공동 승리의 통일이 되어야 합니다. 한쪽이 승리하고, 한쪽은 숙청당하는 그러한 통일은 양쪽 모두에게 불행을 가져올 것입니다.

평화와 안정 속에 이룩한 통일은 통일 한국을 세계적인 강대국으로 부상시킬 것입니다. 한국은 지적 전통과 교육 수준이 높고, 민주화를 자력으로 이룩했습니다. 또한 외환 위기도 극복하고, 정보화도 세계 선두 주자로 발전시켰습니다. 골드만삭스는 최근 2050년까지 한국은 미국 다음 가는 경제 강국이 될 것이며, 국민 1인당 소득은 8만 1천 달러가 될 것이라고 예측한 바 있습니다.

존경하는 여러분!

6자회담은 한반도에 평화를 가져올 것입니다. 한반도 평화는 남북 간의 화해 협력 시대를 열 것입니다. 남북 간의 화해 협력은 평화적인 통일의 대로로 힘차게 나아가게 할 것입니다. 그리고 평화적인 통일은 통일 한국이 세계의 선두 대열에 서서 국제적인 협력과 개발도상국 지원에 헌신하도록 할 것입니다. 우리가 그러한 꿈을 성취할 수 있도록 여러분의 많은 성원을 바라 마지않습니다.

마지막으로 미국과 북한에 부탁합니다.

첫째는 미국에 대해서입니다. 미국은 이번에야말로 북한과의 대화 속에 줄 것은 주면서 북한을 국제사회의 품으로 끌어안아 주십시오. 이것은 한반도에서 미국의 안정적 존재를 유지하는 길이기도 합니다.

둘째는 북한에 대해서입니다. 북한은 이번 기회를 놓치지 마십시오. 핵의 완전 포기라는 확고한 결심 속에 미국과 세계로부터 안전보장과 경제제재 해제, 국교 정상화라는 오랜 숙원을 이루도록 하십시오.

이제 저의 연설을 마치면서 참석하신 기자 여러분께 특별히 부탁드릴 말

쯤이 있습니다. 우리 한국은 지금 2014년 동계올림픽을 강원도 평창에서 개최하는 것과 2012년 세계해양박람회를 여수에 유치하는 것을 목표로 노력하고 있습니다. 두 곳 다 지난번 경쟁에서 근소한 차이로 지명에 실패했습니다. 이번에는 꼭 성공해서 한국은 물론 국제사회의 발전과 평화에 기여할 수 있기를 바랍니다. 여러분이 적극 도와주실 것을 부탁드려 마지않습니다. 그리고 이 두 행사가 한국에서 열릴 때는 여러분을 최고의 빈객으로 초대하고자 합니다.

존경하는 여러분!

다시 한번 이번 특별총회의 성공을 기원하고, 한국에 계시는 동안 유쾌한 체류 경험을 가지시길 바라 마지않습니다.

감사합니다.

질 의 응 답

질문 1. 남북의 화해와 한반도 평화를 위한 강연 감사합니다. 우리 모두가 김 전 대통령과 함께 한반도 평화 통일을 위한 희망을 공유하고 있습니다. 2·13 합의에 대해 모든 당사국들이 함께 앞으로 나아가야 한다는 우려를 하고 있는데 김 전 대통령이 보시기에 6자 회담에서 이뤄진 좋은 합의가 좋은 결과를 가져올 수 있을지, 북한 정부와 미국 정부가 그것을 보장할 태도가 보인다고 생각하십니까?

지금 우리가 보기에는 미국과 북한이 다 같이 적극적인 자세를 취하고 있고, 이대로 가면 성공할 가능성이 많다고 생각한다. 미국은 종래 북한과의 직접 대화를 거부해왔는데 이제 적극적으로 직접 대화를 하고 있다. 북한이 요구하는 북한의 안전보장, 경제제재 해제, 외교 등 이런 문제들에 대해서도 적극적인 찬성 의사를 표시하고 있다. 미국이 이대로 가면 북미 관계의 성공은 의심할 여지가 없다고 생각한다. 그리고 북한도 매우 태도가 적극적이다. 핵시설을 불용화하도록 다시 사용할 수 없도록 조치하는 데 동의했다. 그리고 문제가 되고 있는 고농축 우라늄 문제에 대해서도 입장을 밝히겠다고 한다.

과거 클린턴 정권 당시 제네바 합의 때에는 북미 간 연락사무소 설치도 북한이 꺼렸는데 이제는 연락사무소를 제치고 바로 외교 관계로 들어가자고 이렇게 나오고 있다. 이런 등등을 볼 때 북한의 태도는 성공을 저해할 어떠한 장애도 없다고 생각한다. 우리 모두는 이러한 좋은 징조를 격려하고 잘못되지 않도록 감시해서 이번에야말로 6자회담이 완전히 성공하도록 도와야 한다. 앞서 연설문에서 얘기했듯이 미국, 북한 양쪽이 다 이번에야말로 핵 문제에 있어서 협상에 성공해야 할 이유가 있고, 성공을 못했을 때 엄청난 손해를 입게 되기 때문에 현실적으로 성공 가능성이 있다고 생각한다.

질문 2. 김 전 대통령이 보시기에 2·13 회담의 합의가 북한이 전략적으로 핵무기를 폐기할 용의를 갖는 것인지, 아니면 시간을 벌기 위한 속임수인지 어떻게 생각하십니까?

북한은 자기들이 살기 위해서는 국제사회에 진출해야 하고, 미국으로부터 안전보장을 받아야 하고, 국제통화기금이나 아시아개발은행 등으로부터 돈도 빌리고 국제 투자도 받아야 하며, 일본과의 국교 정상화를 통해 과거 식민지 지배에 대한 약 100억 달러에 이르는 배상도 받아야 하는 등의 절실한 처지에 있다. 그러지 않으면 현재 핵무기를 갖고 있어도 북한은 경제를 유지하기 어렵다. 그런 필요성에서 볼 때 북한에서 이번에 이것을 잘못되게 할 이유가 없다고 본다.

미국 입장에서 보면 지난 6년 동안 북한과의 대화를 거부하고 주고받는 협상을 거부하다가 엄청난 손해를 봤다. 북한이 핵확산금지조약을 탈퇴했고, 국제원자력기구 요원을 추방했다. 또한 제네바 합의를 무효화시켰고 미사일 모라토리엄을 파기했고 마침내 핵실험까지 했다. 이런 점에 있어서 미국은 시간을 끌고 직접 대화와 주고받는 협상을 거부한 결과 마이너스 효과를 가져왔다는 것을 알고 이번에는 미국도 진지하게 자기 이익을 위해서도 협상을 할 것이라고 생각한다.

질문 3. 현재 2·13 합의가 이뤄지고 있고 미일 대화도 시작되고 있는데, 북한이 한국에 위협이 된다고 생각하십니까?

우리는 북한이 남한과 평화협정을 맺지 않고 있는 상황과 방대한 군사력과 핵무기까지 갖고 있는 현 상황에서 북한이 남한에게 위협이 된다는 부분에 대해서는 의심의 여지가 없다. 그러나 대화를 통해서 평화적인 방법으로 개선할 수 있다고 믿고 있고 또 그런 희망을 갖고 있다. 2000년 6·15 공동선언 이후 북한은 많은 변화를 보였다. 북한 사람들의 남한에 대한 적대감이 사라지고 남한의 지원에 대해 감사하게 생각하고 있다. 남한에 대해 과거 '침략자', '미국의 앞잡이', '우리의 원수'라고 생각하는 것이 크게 후퇴한 것도 남북 관계가 개선되는 데 도움이 될 것이라고 생각한다.

남한 사람도 6·15 공동선언 이후 북한에 대해서 공산주의는 반대하지만 북한 사람에 대해서는 같은 동족으로 평화롭게 잘 지내고, 그들이 살기 어려우니 돕겠다는 쪽으로 의식이 바뀌었다. 이미 의식 면에서는 상당히 평화의 방향으로 전진하고 있다. 이번 6자회담으로 한반도 평화협정이 이뤄지고 북미 국교가 정상화되면 한반도에는 일거에 따뜻한 햇볕이 내리쬘 것이다.

여러분은 한국 대중문화가 '한류'라고 해서 동북아에 널리 퍼져 있는 것을 알고 있을 것이다. 그런데 놀랍게도 지금 북한 사회에서 한국 드라마와

의복, 패션, 노래 등이 암암리에 널리 유행되고 있다. 그래서 북한 정부가 대단히 신경을 쓰고 있는 것으로 알고 있다. 이것은 바로 북한 사람의 마음이 남쪽을 향해서 열리고 있다는 증거라고 생각한다. 이러한 열린 마음은 전쟁을 억제하는 데도 크게 도움이 될 것이라고 생각한다.

질문 4. 한국과 미국의 정치 지도자들은 한반도 평화에 있어서 미국의 중요성을 인식하고 있지만 미국의 대중은 이해가 높지 않습니다. 한반도 화해, 평화 협력의 가치에 대해 보통 미국인에게 어떻게 이야기할 수 있겠습니까?

미국의 입장에서 볼 때 아시아는 매우 중요하다. 아시아가 경제적으로나 외교적, 문화적으로 중요한 나라가 됐는데 특별히 21세기 전반, 이미 지금부터 아시아는 세계 경제에서 중요한 자리를 차지하고 있다. 그 중에서도 중국과 한국, 일본은 매우 중요하다. 미국은 지금 중국이 최대의 교역 대상국이고 한국과도 많은 교역을 하고 있다. 일본도 마찬가지이다. 또 이 세 나라에 미국은 많은 투자를 하고 있다. 이것을 지키기 위해서는 동아시아 특히 동북아시아의 평화와 안전이 필요하다. 중국과 일본 사이 중간에 위치한 한반도의 평화와 안정이 절대적으로 필요하다. 이것은 미국 국익에 절대적인 것이라고 생각한다. 그런 점에서 남북이 화해 협력하여 안정이 되고, 미국 기업들이 북한에 진출하여 투자하고 외교도 하면, 미국 국익에 아주 큰 도움이 될 것이라고 생각한다. 그래서 한반도의 평화를 위해서는 물론 미국의 국익을 위해서도 남북 관계가 안정되고 전쟁의 그림자가 사라져야 한다. 미국은 남쪽은 물론 북한과도 - 지금 마치 중국, 베트남과 하듯이 - 외교와 교역을 하는 상태가 미국에 더 큰 이익이 될 것이라고 생각한다.

거꾸로 북한과의 관계가 계속 악화될 경우, 북한은 더욱 중국의 영향권에 들어가게 된다. 현재 중국은 북한에 비료와 식량을 지원하고 있고 북한 생필품의 80% 정도가 중국으로부터 들어오고 있다. 북한은 지금 경제적으로 중국의 영향하에 들어가고 있다. 이런 상태에서는 중국의 힘이 한반도로 뻗어 내려오고 있는 것이다. 미국은 태평양 지역의 안정을 위해서 절대적으로 일본을 방위하고 있다. 그런데 만일 중국의 힘이 한반도에 계속 뻗어 내려오면 미국은 일본에 대해서 상당히 위협을 느낄 것이다. 그래서 한반도 평화, 동북아 평화, 미국의 이익, 이런 것들을 위해서 북한과 관계를 개선하는 것은 미국에게 매우 중요한 일이 될 것이라고 본다.

질문 5. 6자회담 관련국의 역할이 중요하다고 하셨는데 김대중 전 대통령의 개인의 역할도 중요하다고 생각합니다. 6·15 정상회담이라는 과업을 이뤘는데 올해 안에 특별한 계획이 있다면 어떤 것이 있고, 김정일 국방위원장과 만날 계획이 있다면 시기는 어느 정도라고 생각하십니까?

나도 잘 모르는 문제를 질문하니까 난감하다. 여러분이 알다시피 작년 6월에 김정일 위원장 초청으로 북한을 가기로 했다가 미사일 실험으로 중단되고 연이은 북핵 실험으로 실현되지 못했다. 그러다 이번에 다시 2·13 6자회담이 성공적으로 합의가 되고 이제는 남북 정부 간에도 긴밀한 대화가 진행되게 됐다. 그래서 내가 볼 때에는 6자회담의 성공을 위해서 북한이 좀 더 적극적으로 나설 수 있도록 격려하기 위해서 남북정상회담을 하는 것이 가장 좋다고 생각한다. 또 남북 간의 평화 체제라든가 교류 협력을 위해서도 좋을 것이라고 생각해서 지금 단계에서는 남북정상회담에 주안점을 두고 노력해야 하지 않는가 생각한다.

그러나 만일 북한과 남한 정부 양쪽에서 나의 북한 방문을 바라는 그런 일이 이뤄지면 북한을 한번 가보고 싶다. 그래서 김정일 위원장과 함께 21세기 세계를 어떻게 봐야 할 것인가, 또 아시아는 앞으로 과연 어떤 방향으로 변화되어 나가고 발전되어야 하는가, 이런 가운데 한민족의 갈 길은 무엇인가, 공동 승리의 통일은 무엇인가, 우리가 후손에게 어떠한 한반도를 물려주어야 할 것인가 등 우리의 책임에 대해서 얘기하고 싶다. 그리고 물론 당면한 문제들에 대해서도 얘기하고 싶다. 그래서 그런 기회가 되면 한번 방문하겠다는 생각을 갖고 있다. 그러나 지금 가장 중요한 것은 6자회담의 성공과 남북정상회담의 실현이라고 생각한다.